山东省"十一五"语言文字应用研究项目

中华经典诵读研究

ZHONGHUA JINGDIAN SONGDU YANJIU

曲文军　主编

教育科学出版社

·北 京·

主　　编：曲文军

编　　委：（以姓氏笔画为序）

　　　　　　王纪明　　刘玉章　　曲筱鸥　　李　鹏

　　　　　　宋希芝　　张国伟　　周云钊

前　言

　　经典是持久地影响一个国家或民族的著作。汉语"经典"的概念有广义和狭义之分。狭义的"经典"主要是指儒家典籍，同时也包括宗教典籍，如佛家典籍。广义的"经典"可统称为"中华经典"，是中华各民族在不同历史时期共同创造的，包括儒家经典在内的一切典范性和权威性的著作。中华经典是中华民族文化的深厚积淀，是中华民族精神的灵魂与象征，更是中华民族不断创新进步的原动力。在中华民族精神流变的进程中，这些经典明显地起到了执守、支撑、警世和导向的重要作用。中华经典体现出的人生智慧和主流价值观，如"己所不欲，勿施于人"，"修身、齐家、治国、平天下"，"先天下之忧而忧，后天下之乐而乐"等，以其丰富性、深刻性和普适性等特点，具有超越时空的永恒价值。

　　本书所讲的中华经典诵读主要是针对幼儿园、小学、中学、大学开展的传统文化教育，其主要目的是通过对中华经典的诵读，使学生掌握传统文化中的优秀思想，汲取古人的成功经验，从而使中华民族精神得以继承和发扬。经典诵读主要有三个方面的作用。第一，经典诵读有助于学生的审美教育与人文思想教育。经典诵读可以披文入情，因情悟文，由文明理，让学生通过审美体验感悟人生，实现自我。经典诵读的核心是以德育人，因为每一篇经典往往都蕴含着一定的人文思想，让学生接受经典诵读教育，接受传统文化的熏陶，有助于学生进一步树立正确的世界观、价值观和人生观。第二，经典诵读有助于培养学生的语感，提高写作能力。大量诵读经典诗文，除了让学生在耳濡目染中陶冶情操之外，还可以让学生大量积累语言材料，丰富自己的语汇，了解多种语言表达方式，从而在作文中准确地表达自己的观点，正确地引经据典，抒发自己的感情，增强文章的文化底蕴。第三，经典诵读可以使学生的记忆力明显增强，启迪智慧。"诵"绝不仅仅是"口"的发音活动，它包含了丰富的思维活动和情感活动。在使无声的书面语言变成有声有色的口头语言的过程中，人的眼、口、耳、心、脑等多种感官并用，会大大促进记忆力的提高。经典诵读会让诵读者在反复诵读的实践中形成一种习惯，从而在对记忆力的拓展和优化基础上产生对学习能力的影响，起到开拓思维的效果。

著名作家梁实秋先生在《岂有文章惊海内》中说："我在学校上国文课，老师要我们读古文，大部分选自《古文观止》、《古文释义》，讲解之后要我们背诵默写。这教学法好像很笨，但无形中使我们认识了中文文法的要义，体会到撷词练句的奥妙。"国学大师南怀瑾先生曾袒露自己的读书心得："我们以前读书是这样读的，会背来的……不要讲理由，老师说读啊，我们就开始吟唱了……结果几十年过去了，还装在脑子里。"诺贝尔奖获得者、物理学家杨振宁上初中的时候，身为数学教授的父亲让他背诵了《孟子》，非但没有影响到他的学习，反而对他的科学研究产生了终生有益的影响。

然而，在100多年的时间里，经典诵读开始被忽略甚至被废弃。民国元年（1912年）元月十九日，第一任教育总长蔡元培颁布政令："小学堂读经科一律废止。"同年五月，蔡元培又下了第二道政令："废止师范、中、小学读经科。"新中国成立后，我们的文化发展道路也十分坎坷。十年浩劫痛批所谓的"封、资、修"，把历代先贤、儒家经典"妖魔化"，更使传统文化丧失了太多的民众基础。20世纪之后，中国在陆续失去了王国维、陈寅恪、胡适、郭沫若、冯友兰、钱锺书、季羡林、南怀瑾等饱读中华经典又学习了现代科学的国学大师之后，就鲜有国学大师出现了。

100多年来，人们对经典文化的漠视造成了严重的后果，致使国人大多对国学知之甚少，学生文化修养缺失、文化信心不足、文化特点缺乏、文化基础非常薄弱。当下国人的情况是：比起经典诗词，了解更多的是美国大片；比起诸子百家，知道更多的要数电影明星和歌坛新秀。当代青少年对圣诞节趋之若鹜，却往往不知道端午节的来历；一个大学里的优等生，能轻松背出一万个英语单词，但对《论语》、《老子》等中国经典著作知之甚少。很多学生不仅不读经典著作，甚至连快餐书籍也懒得读。调查显示，我国公民一年的书籍阅读量是每人0.7本，而韩国是7本，日本是40本，俄罗斯是55本。与日本、俄罗斯相比，当下中国人的阅读量真是少得可怜。

　　一个不读书的民族是没有希望的民族，一个不懂得继承传统文化的民族是没有未来的民族。进入21世纪以来，中华经典诵读活动开始得到重视。2006年9月13日，中共中央办公厅、国务院办公厅发布的《国家"十一五"时期文化发展规划纲要》明确指出，中小学各学科课程都要结合学科特点融入中华优秀传统文化内容；在社会教育中，广泛开展吟诵古典诗词、传习传统技艺等优秀传统文化普及活动，努力提高全民族的人文素养，树立良好社会风气。从2007年起，国家语言文字工作委员会在全国启动了以推广普通话、推行规范汉字和弘扬民族优秀传统文化为主题的"中华经典诵读"活动。2008年，教育部、国家语委、中宣部、中央文明办、民政部和文化部等六部委联合举办了以传统节日为内容的"中华经典诵读"和"中华赞·诗词歌赋征集"活动。2009年5月23日，"中华经典诵读工作研讨会"在北京召开。教育部部长周济表示，近年开展的"中华古诗文诵读工程"系列活动是新时期推广普通话、推行规范汉字的有效载体，是传承中华文明、开展爱国主义教育的重要平台。中华经典诵读活动的广泛开展，在某种程度上说是对中华经典诵读的重新审视和定位。

　　语文界也一直在探讨提高现代语文教学效率的问题，但收效甚微。正如特级教师于漪所说的："现在的语文教学面临一个悲哀，不少学生已经对语文失去了兴趣。在各门学科中，语文已排到了'小四子'、'小五子'的地位。"我们认为，现代语文教学存在的问题主要有两个方面。一是按照所谓"听说读写"四种能力的要求，把整体的有血有肉的语文文本割裂成一堆碎片。在高考"指挥棒"的调控下，教师们往往习惯于把文质兼美的文本化繁为简，把浑然一体、个性鲜明的文章"过滤"成毫无血肉的"框架结构"；把生动活泼、富有情趣的语言"凝练"成组合规范的文字；把丰富灵动的内容"梳理"成言简意赅的内容提要；把深刻隽永的意蕴"提炼"成简单明白的段落大意和空洞的中心思想。二是识字教学的效率低下。依照《义务教育语文课程标准（2011 年版）》规定，依然还要用 6 年的时间才能让学生累计认识常用汉字 3000 个左右，其中 2500 个会写。按照课时计算，平均每天认识和会写的汉字才 1 个多字。即使是如此低的要求，也难以达到实际的效果。当下中小学生写错别字的现象相当严重，尤其是同音字随意替代，别字泛滥成灾，令人堪忧。

任何一篇好文章绝不是字词句段的拼盘，是不可以随意拆散组合的。唐代诗人杜牧在《答庄充书》中说，好文章是"以意为主，以气为辅，以辞采章句为兵卫"的。我们现在常常是让学生断章取义地"选择背诵你喜欢的段落"，这种碎片似的记诵缺少整体意境，往往记得不深刻。因而，大多数学生对课文中的字词句都没有多少印象，只是了解内容，难以达到对文义的深刻感受，更谈不上对作者行文"气势"的参悟了。

我们认为，第一，传统的经典诵读教学可以解决现代语文教育割裂文本的问题。中国传统的以诵读"四书五经"为代表的私塾授课，实质上是一种"整体"的教学法，整体到仅有一种教学方法，即"背诵"。日本学者七田真把这种私塾授课方式的"背诵"定义为"素读"。他在《超右脑照相记忆法》中介绍说："'素读'就是不追求理解所读内容的含义，只是纯粹地读。明治以前的日本教育就是这样按字面来教孩子'素读'中国的'四书五经'的。"他还说："这种不求理解、大量背诵的方法是培养天才的真实方法，也就是右脑教育法。犹太教育培养出了很多诺贝尔奖获得者，他们的教育就是以记忆学习为中心，强调反复朗读。"毫无疑问，"素读"的奇妙功效是不言自明的。古代私塾的"素读"，不追求讲解的精深透彻，学生有足够的诵读时间，在反复的朗读中实现自悟自得。

第二，传统的经典诵读教学可以解决现代语文识字教学效率不高的问题。据张志公先生考证，传统语文教学在"识字写字"和"属对作文"方面均取得了不俗的成绩。"识字写字"和"属对作文"更贴近汉语言自身的规律和特性，从而为学子们顺利地解道和述道作了很好的铺垫。比如一篇《千字文》，不用一个月学生就可背得滚瓜烂熟，文中只有6个字是重复使用过一次的。也就是说，不用一个月背熟它，基本能够认识990多个汉字，而四字一句的《千字文》每一句都有具体的意境可以帮助学生记忆，背熟了自然终生难忘。由此可见，旧时私塾讲求"背诵"的初衷和终极目标都体现为"积累"：在童蒙时期输入大量经典的完整信息，为言辞行文确立可效仿的典范，以期达到将来的厚积薄发之功。这正是遵循了语文的习得之道。

面对现代语文教育存在的问题，以及传统语文诵读教育的优势，按说提倡经典诵读应该是水到渠成、顺理成章的事情了，但问题却远没有这样简单。时至今日，社会上仍有一批人以"死记硬背"为由，拒绝让孩子诵读经典。他们认为现在是信息社会、数字时代，创新是时代的主旋律，经典诵读与当今时代相去甚远，强化经典诵读，会将孩子的创造意识扼杀在摇篮之中。其实，这是一种认识上的误区。台湾台中师范学院语教系副教授王财贵先生说，从来没有听说任何东西是可以"活背"的。一个人从婴儿起就开始"死记硬背"了。比如"电话"、"冰箱"这两个词，一定要先"死背"下来才可以拿来"用"。不然，"活背"成"电冰"、"话箱"就不能"用"了。我们认为，王财贵举的这个例子不如家长让婴儿背诵1到100的数字的例子更能说明问题。能够背诵1到100的数字时，似乎没有哪个婴儿能够深刻理解这100个数字所蕴含的玄机。但几乎没有哪一个家长不重视孩子对这100个数字的记忆，不仅希望孩子能够死记硬背，甚至还希望孩子能够倒背如流。

中华经典诵读的实质就是"口诵心惟"。唐代韩愈在《上襄阳于相公书》中说："口诵其言，心惟其义。"诵，即诵读；惟，即思考。即一边读一边思考它的意义和道理。宋代陈亮在《送吴恭父知县序》中也说："侪辈往往口诵心惟，吟哦上下，记忆不少休。"经典诵读要求忠实原文，一字不漏地背诵。不追求讲解的精深透彻，而是保证学生有足够的诵读时间，在反复的朗读中参悟道理。古代童蒙教材《三字经》、《弟子规》、《百家姓》、《千字文》、《千家诗》、《声律启蒙》、《笠翁对韵》、《唐诗三百首》等韵文或诗词，每个汉字都置于具体的语言环境中，学童在大量的诵读中不知不觉熟知了文字的音、形、义，无须独立识字。经过"口诵心惟"的训练，一两年时间就可以认识大量的汉字，为早期的拓展阅读和写作提供了条件。在大量识字的基础上，学生经典诵读的兴趣会更加浓厚，经典诵读的奇妙功效会更加突出。

重积累是传统语文教学的基本特点，而经典诵读是"积累"的主要方法。经典诵读是深层次的阅读，时时静心咀嚼经典会使贫瘠的心灵得到春雨般的滋润。在天长日久、水滴石穿、绳锯木断的诵读中，积累的是语言，培养的是诗性，内化的将是精神气质。古人有言，"熟读唐诗三百首，不会作诗也会吟""读书破万卷，下笔如有神""读书百遍，其义自见""文选烂，秀才半""操千曲而后晓声，观千剑而后识器"等，强调的就是在熟读背诵经典的过程中，学习者可以逐渐理解、领会其精髓要义，并通过理解、玩味，得到赏心悦目、怡情养性的审美享受。正如本书所积极倡导的，通过经典诵读，可以达到"幼儿养性、童蒙养正、少年养志、青年养德、中老年养身"的目的。一句话，经典诵读只是手段，其终极目的是"体悟"经典，将经典内化为自己的功底、禀赋、气质，从而提升个人的修养和魅力。

从这个角度说，开展中华经典诵读，对社会、学校、家庭和个人都具有重要意义。站在中华民族振兴的高度讲，开展中华经典诵读是培育民族精神的德育工程，是培养合格的社会主义建设者和接班人的人才培育工程，是中华民族文化的传承与创新工程。对学校来说，开展中华经典诵读有利于学校增强文化底蕴，有利于形成和谐进取的工作局面，有利于学生的全面发展，有利于学校形成独特的竞争力。对家庭来说，开展中华经典诵读有利于家庭美德的养成，有利于孩子的心智健康，有利于构建和谐幸福的家庭。对学生来说，开展中华经典诵读有利于完善道德品质，提高文化修养，增长才干和智慧。由此可见，无论对社会、学校、家庭，还是对学生来说，开展中华经典诵读都是必要和有益的。

正是基于这种想法，我们申请了山东省语言文字工作委员会的"十一五"语言文字应用研究课题，并被获批为重大项目。经过近三年的研究和实践，我们完成了这个课题。本书就是这个研究课题的结题成果。本书的研究是建立在教学实践基础之上的，是对教学实践经验的概括与总结。它探索了"经典诵读"进入幼儿园、小学、中学、大学课程体系的必要性和可行性，使经典诵读课程更加符合学生的学习实际，进而从理论的层面指导经典诵读教学。以中华经典吟咏和背诵为突破口，有计划、有目的地探索"经典诵读"的课程目标、内容结构、实施途径和评价方法，为经典诵读教育探索出一条切实可行的路子。

本书共分为六章，从中华经典诵读的历史、现状到学校经典诵读的具体实施，再到具体的诵读技巧都作了具体阐述。在此，我非常感谢与我一同完成本书写作的同事和朋友——李鹏（第一章），张国伟（第二章），宋希芝（第三章），周云钊、曲筱鸥（第四章），王纪明（第五章），刘玉章（第六章）。本书在撰写过程中，参考了部分研究专著和研究论文，借鉴和吸收了部分经典诵读学者们最新的研究成果。由于国内鲜见中华经典诵读方面的专著，缺乏足够的参考文献，加之作者水平所限，行文风格也不尽统一，本书难免存在疏漏，敬请广大读者不吝赐正。

曲文军

2013 年 2 月于临沂大学

目　　录

第 一 章
中华经典诵读的历史

　　经典诵读在我国的教育史上有着悠久的传统。《周礼》载："大司乐以乐语教国子兴、道、讽、诵、言、语"，汉郑玄注曰，"倍文曰讽，以声节之曰诵"。① 所谓"乐语"当指语文与音乐的结合。"兴、道、讽、诵、言、语"都包含在"乐语"的教育之中。一直到明清时期，诵读都是最基本，甚至是唯一的教学方式和学习方式，并形成了较为完备的诵读课程体系。在此期间，传统的儒家经典"十三经"②，诸子百家之书《老子》、《庄子》，古典文学精品《文选》、唐诗、宋词，史学名著《史记》、《汉书》、《三国志》，乃至蒙学课本《三字经》、《百家姓》、《千字文》、《千家诗》等，都成为诵读教学的重要教材和内容。而诵读理论则经历了一个从诵读思想的吉光片羽到理论体系逐渐完备的过程。期间既有孔子、荀子这样的诵读理论开创者，更涌现出了朱熹、王阳明、曾国藩这样的诵读理论大家。他们对诵读活动及其规律的探索，对当时的经典诵读教学产生了很大的影响，对当今的经典诵读教学仍有着很大的启示。现在，经典诵读又重新受到了全社会广泛的重视和认可，一些学校也纷纷开设了相关的课程。在这种情势下，对古代经典诵读教材、诵读课程，特别是诵读理论进

---

　　① 郑玄注，贾公彦疏. 周礼注疏［M］. 上海：上海古籍出版社，2010：833.
　　② 十三经：儒家的十三部经书，即《周易》、《尚书》、《诗经》、《周礼》、《仪礼》、《礼记》、《春秋左传》、《春秋公羊传》、《春秋谷梁传》、《论语》、《孝经》、《尔雅》、《孟子》。由于儒家文化在封建时代居于主导地位，故其在中国文化史上地位之尊崇，影响之深广，是其他任何典籍所无法比拟的。

行梳理，无疑有着重大的现实意义。

第一节　古代的中华经典诵读教材

在中国古代教育史上，涌现出了众多的经典诵读教材。无论是儒家经典、诸子百家之书，还是专门的蒙学经典，这些教材的选择，无不反映出当时的文化思想、教育思想与价值取向，并充分展示着中国传统社会的人文风情，成为了解中国传统文化的重要媒介。尤其是《三字经》、《百家姓》、《千字文》、《增广贤文》、《弟子规》等蒙学经典汇集了古代圣贤的智慧，凝聚着政治、经济、军事、道德、伦理、天文、地理、历史、文学、语言等多方面的知识以及传统的中华美德。这些传统经典诵读教材不仅在中国，甚至在全世界都有极其重要的影响，时至今日仍有非常大的传承价值。

一、儒家经典

儒家思想也称为儒教或儒学，由孔子创立。"儒"最初指的是司仪，儒学后来逐步发展为以尊卑等级的"仁"为核心的思想体系。自汉武帝"罢黜百家，独尊儒术"，又因历代统治者大力提倡及隋唐之后科举取士的推动而被广泛接受，儒家学派成为中国影响最大的思想流派，成为中国古代的主流意识和中国传统文化的重要基石。承载这一思想的经典文籍，如"十三经"、"四书五经"① 等，理所当然地成为流传最久、最广泛的诵读教材。今兹举其要。

---

① 四书五经："四书"和"五经"的合称，是中国儒家的经典书籍。"四书"指的是《论语》、《孟子》、《大学》和《中庸》；"五经"指的是《诗经》、《尚书》、《礼记》、《周易》、《春秋》，简称为"诗、书、礼、易、春秋"。"四书五经"是南宋以后儒学的基本书目，儒生学子的必读之书。

（一）《易经》

《易经》又称《易》，原为卜筮之书。《易》原有三名：《连山》、《归藏》、《周易》，分别形成于夏、商、周三代。《周礼·春官·太卜》曰："掌三《易》之法，一曰《连山》；二曰《归藏》；三曰《周易》。"① 现存于世的只有《周易》，相传是周文王所著。汉代以《易》为"六经之首"和"六艺之原"。扬雄谈到《易》为"六艺"之首的话，"以为经莫大于《易》"②。班固认为《易》在"六艺"中最重要。《乐》、《诗》、《礼》、《书》及《春秋》五者，"相需而备"，但五常之道，只有"《易》为之原"。"《易》不可见，则乾坤或几乎息矣，言与天地为终始也"③。

秦汉之时，《易》学传授一直没有中断。当时最为著名的易学大师为田何，其弟子王同、周王孙、丁宽、服生等，都著有《易传》，在各地施教。其中丁宽著《易说》在梁地教授，易学的施、孟、梁丘之学都出自丁宽。后来汉武帝立五经博士，包括《易》。汉宣帝时又立施雠、孟喜两家《易》于学宫。汉宣帝甘露三年（公元前51年），石渠阁讲五经异同，又立梁丘《易》。三国两晋时期，王肃、荀辉、陆绩、虞翻、王弼等都有《周易》的注本。其中，王弼《周易注》受到普遍的重视。

唐代因科举取士之需，要对经学进行统一。孔颖达、颜师古、司马才章等以王弼注为主，撰《周易正义》。宋代程颢、程颐于《周易》用力最勤，著有《周易程氏传》，朱熹则著有《周易本义》、《易学启蒙》等，因为他们都是理学的代表人物，加之统治阶层的推崇，故这些著作影响很大。

元代仁宗延祐年间（1314—1321年）科举取士的教材中，《易经》以二程的《周易程氏传》和朱熹的《周易本义》为主。明代科举取士承袭元制，《易经》的诵读版本也主要用《周易程氏传》和《周易本义》。清代

---

① 郑玄注，贾公彦疏. 周礼注疏［M］. 上海：上海古籍出版社，2010：921.
② 班固. 汉书［M］. 北京：中华书局，1962：3583.
③ 同②：1723.

官方尊崇程朱理学，康熙年间官方编写《日讲易经解义》等，朱熹的注释成为解释经文的权威准则，作为诵读教学的重要教材。

（二）《诗经》

《诗经》，又称《诗》、《诗三百》，原为乐歌总集，产生于周代，系周代社会生活及礼乐制度的产物。《周礼》所称"大司乐教国子以乐德、乐语、乐舞"，《诗》当为教本之一。春秋时期史书文献、诸子文集载《诗》之语甚多，可知此书在当时社会政治、文化生活中具有非常重要的地位。孔子非常重视《诗》，把其作为教授弟子的教材之一，有"不学诗，无以言"（《论语·季氏》）的感慨。《礼记经解》称"温柔敦厚，《诗》教也"。可知在战国末期，《诗》已被称为"经"。《诗经》之名，始见于《史记·儒林列传》。

秦始皇焚书坑儒之后，有齐人辕固作《齐诗》，鲁人申培公作《鲁诗》，燕人韩婴作《韩诗》，在西汉十分盛行，文景之时便立为学宫，是用"今文"写的。毛亨、毛苌作《毛诗》是用"古文"写的，出现得也较早。虽然当时没有立为学宫，但在民间仍广为流行。汉代经学有"今古文"① 之争，《诗经》也没有幸免。东汉郑玄作《毛诗传笺》，融合今古文而成为天下通行的传本。《毛诗》流行，《齐诗》、《鲁诗》、《韩诗》则分别消亡于魏、西晋和北宋。郑玄的《毛诗传笺》流行之后，成为学习《诗经》通行的教材。三国魏经学家王肃注《毛诗》和郑玄所著相抗，因司马氏推崇而在魏晋时亦颇流行。唐代孔颖达作《毛诗正义》以调和两家。因为《毛诗正义》属于政府修撰的《五经正义》之一，是科举考试的官方教材，故能流传天下，成为一千多年以来通行的教材。

北宋王安石变法，为统一思想文化，亲自领导注释了《诗经》、《尚书》、《周礼》，名为《三经新义》，作为统一的教材颁行全国。南宋流行

---

① 所谓"今古文"是指记载经典所使用的文字。今文指的是汉代通行的隶书，古文则指秦始皇统一中国以前的古文字（"蝌蚪文"），即大篆或籀书。

的《诗经》教材中，最著名的是朱熹的《诗集传》，为"诗经宋学"的权威著作。此书在阐释诗义之外，还注重以文学的观点读诗。因朱熹是大教育家，其著作影响很大。元代忽必烈在大都设立国子学，学生先读《孝经》、"小学"、《论语》、《孟子》、《大学》、《中庸》，然后读《诗经》、《尚书》、《易经》、《春秋》、《周礼》、《礼记》等。至元仁宗延祐年间，科举取士的教材《诗经》则采用朱熹的著作。后来明代因袭元代的制度，所以《诗集传》在元、明两朝盛极一时。清初，朱熹诗学仍有相当基础。王鸿绪等奉敕编《钦定诗经传说汇纂》集朱学之大成，成为《诗经》教学的重要资源。而乾隆时期的《钦定诗义折中》则公开号召改从毛传郑笺，从而将《诗经》变为宣扬道德伦理的教科书。

明清科举八股取士，出现了大量关于《诗经》的科举用书，如王钟毅的《诗经比兴全义》、王心敬的《丰川诗说》、赵灿英的《诗经集成》、汪桓的《诗经衍义大全合参》等，但立论全本朱熹的《诗集传》，缺乏创新，多为应付科举考试的读物。

（三）《尚书》

《尚书》为商周时期记言史料的汇编，分虞、夏、商、周四书。战国时期总称《书》，汉代改称《尚书》，即"上古之书"，又称为《书经》。其中，《虞书》、《夏书》是由后人追记而成，并不是虞夏时的作品。《商书》、《周书》基本上可以认定为殷商、西周时的作品，但也经过后人的加工。西周末，《尚书》已成书，相传孔子曾编定过《尚书》。

汉初传《尚书》者为济南人伏胜，传《尚书》28篇，教授于齐鲁间，此即《今文尚书》。汉文帝时，伏氏《尚书》传入官府。《汉书·艺文志》录有伏胜的《尚书大传》。汉景帝时，鲁恭王从孔子故居墙壁中发现《古文尚书》，比《今文尚书》多出16篇。汉武帝置五经博士，正式为《诗》、《书》、《礼》、《易》、《春秋》设置博士。武帝之后经学日隆，五经流派纷出。汉宣帝甘露三年（公元前51年），石渠阁讲五经异同，大、小夏侯的《尚书》立于学宫。《古文尚书》一直在民间传授，王莽时列于学宫。

东汉后期，今文经学日渐衰微。经学教育传授者几乎全为古文。《尚书》较流行的教本是马融、郑玄等古文学家的注本，特别是郑注本影响最大。魏晋时王肃注《尚书》列于学官。晋元帝建武元年（317年），豫章内史梅颐献《尚书》58篇，豫章太守范宁据此撰成《尚书集解》。稍后，谢沈、李颙也都注《尚书》，于是，新本《尚书》在东晋广泛流传。南朝宋姜道成、梁费魁分别作《尚书集解》、《尚书义疏》。到了唐代，孔颖达、王德韶、李子云等奉唐太宗诏命撰《尚书正义》，该书以孔安国注《伪古文尚书》为本，作为统一经学的教材。

北宋王安石变法，编写《三经新义》，作为统一的教材颁行全国学校。其中就有《尚书》。元、明两代科举取士所用的教材中，《尚书》以蔡沈的《书集传》为主。清代康熙年间重视程朱理学，官方编写的《日讲书经解义》作为官方教学的指导。

（四）"三礼"（《仪礼》、《周礼》、《礼记》）

《仪礼》亦名《士礼》，为儒家"十三经"之一。《史记·儒林列传》曰："《礼》固自孔子时而其经不具，及至秦焚书，书散亡益多，于今独有《士礼》，高堂生能言之。"[1] 西汉初年，鲁人高堂伯传《士礼》，此即后世之《仪礼》。《仪礼》一书的内容主要是冠、昏、丧、祭、朝、聘、燕享等典礼的详细仪式，阐述了春秋战国时期士大夫阶层的礼仪。

《周礼》为儒家"十三经"之一。周公制礼作乐，此礼便是周礼。故传《周礼》是周公的旧典。但今天所说的《周礼》应该是在战国时出现的。战国时，儒家将商、周、春秋各时期的官制汇编在一起，形成《周礼》一书。《周礼》所涉及内容极为丰富。大至天下九州，天文历象；小至沟渠道路，草木虫鱼。凡邦国建制，政法文教，礼乐兵刑，赋税度支，膳食衣饰，寝庙车马，农商医卜，工艺制作，各种名物、典章、制度，无所不包，堪称为上古文化史之宝库。

---

① 司马迁. 史记 [M]. 北京：中华书局，1959：3126.

《礼记》为儒家"十三经"之一，是战国至秦汉年间儒家学者解释说明《仪礼》的文章选集，属于资料汇编，汉代有 131 篇，后来刘向增至 214 篇。汉代戴德从中选了 85 篇教学生，即《大戴礼记》，在后来的流传过程中时断时续，到唐代只剩下 39 篇。戴德的侄子戴圣选了 49 篇，即《小戴礼记》。东汉末年，郑玄为《小戴礼记》作了出色的注解，后来这个本子便盛行不衰，并由解说经文的著作逐渐成为经典，到唐代被列为"九经"之一，到宋代被列入"十三经"之中，《大戴礼记》的地位反而降低。

"三礼"之中，《周礼》偏重政治制度，《仪礼》偏重行为规范，而《礼记》则偏重对"礼"作出符合统治阶级需要的理论说明。由这"三礼"所涉及的各种礼制的总和，也就是"礼"的全部内容，成为我国古代非常重要的三部儒家经典。

魏晋之际，"三礼"之学有郑玄、王肃两家。受司马氏推崇，王肃注"三礼"一时显赫。然而郑玄对"三礼"的注释特别精湛，使"礼学"在后世成为专门之学，其注本流行于南北朝。唐代孔颖达、朱子奢等奉诏撰《礼记正义》70 卷，该书以郑玄注为主，作为科举考试的定本。唐玄宗时期，明经考试增加《周礼》、《仪礼》，则用贾公彦疏。宋时"三礼"之学讲习亦盛。北宋王安石变法，以《周礼》取士。王安石主张用新学思想注释《周礼》，作为《三经新义》之一，作为统一教材颁行全国。《仪礼》有李如圭《集释》、《释宫》等。南宋朱熹撰《仪礼经传通解》，以《仪礼》为经，包括《家礼》、《乡礼》、《学礼》、《邦国礼》、《王朝礼》等。元代科举取士，《礼记》用古注疏。宋末元初著名理学家、教育家陈澔的《礼记集说》也较为著名。虽然清人修《四库全书》对陈氏之书评价不高，认为此书太过于像乡间私塾的课本，没有什么学术含量。但也正因为它浅显、简便，作为蒙训教材却十分恰当，具备了广为流传的条件。明成祖永乐十二年（1414 年），胡广等奉诏修《四书大全》，其中《礼记大全》主要以陈澔《礼记集说》为底本。

（五）"春秋三传"

《春秋》是鲁国的编年史，记载鲁国自隐公到哀公共 242 年的历史。

据传是由孔子修订。其记载史实为纲要性质，过于简略。后世对书中的记载进行解释和说明，称之为"传"。据《汉书·艺文志》记载，为春秋作传者共五家：《左氏传》、《公羊传》、《谷梁传》、《邹氏传》、《夹氏传》。其后两种已不存。前三家即我们所说的"春秋三传"，作者分别为左丘明、公羊高、谷梁赤。其中，《左氏传》用秦朝以前的古代字体所写，称为古文；《公羊传》和《谷梁传》成书于汉初，用当时通行的隶书所写，称为今文。

西汉前期，社会上最为兴盛的是公羊、谷梁两家。如董仲舒是当时修习《春秋公羊传》的大师。汉宣帝时《春秋谷梁传》立于学宫。又因为家法师法的不同，还有《严氏公羊传》、《颜氏公羊传》等，都分别作为教材进行传授。

汉灵帝时，服虔著《春秋左氏传解》，在汉魏时非常流行。东晋元帝时曾被立博士。东晋时流行的主要是西晋杜预的《春秋左氏经传集解》。南北朝时，北方学习《左传》用服虔注，南方则用杜预注。

唐代孔颖达、杨士勋撰《春秋正义》，以杜预《集解》为宗。唐玄宗时，明经考试增加《公羊传》、《谷梁传》。《公羊传》用徐彦疏，《谷梁传》则用杨士勋疏。

元代科举考试的《春秋》用"春秋三传"及胡安国传。明朝除用"春秋三传"和胡安国传以外，还兼用张洽的《春秋集注》。清代康熙年间则有库勒纳、牛纽奉旨编写的《春秋传说汇纂》，推崇朱熹的注释，作为官方审定的教材。

（六）《孝经》

《孝经》是阐述儒家"孝道"的专著。其作者众说纷纭，或说孔子，或说曾子，或说孔子门人、曾子门人、子思、孟子等，还有说汉儒所作。现在通常的说法是孔子或曾子门人归纳整理，记录而成。至于成书年代，当在战国末期。《孝经》以"经"为名，和《诗》、《书》等称"经"不同。《诗经》等是后人把儒家著作奉为经典后所加，《孝经》的"经"则是"原则"、"方法"之意，并非后人所加。

《孝经》从成书之日起就一直受到人们的重视。汉文帝时，《孝经》被列入官学，置博士。郑玄《孝经》注本流传颇广，北朝读《孝经》便以其为宗。魏晋时王肃有解《孝经》一卷。历代皇帝基于各种原因颇重孝道，纷纷为《孝经》作注。如晋元帝有《孝经传》，晋武帝亦作《总明馆孝经讲义》，南朝梁武帝有《孝经义疏》，梁简文帝作《孝经义疏》等。至唐代，唐玄宗用今文本为《孝经》作注，又于天宝二年（743 年）增补修订，作为定本颁布天下。天宝四年（745 年）又将《御注孝经》刻石于太学，这就是现保存于西安碑林的《石台孝经》。宋代邢昺为《御注孝经》作疏，此即清代阮元《十三经注疏》本中的《孝经注疏》。唐玄宗之后，清顺治皇帝又有《御注孝经》等。由此，《孝经》作为古代诵读的经典，成为古代诵读最为广泛的经典教材之一。

（七）《论语》

《论语》是儒家学派的经典著作之一，由孔子的弟子及其再传弟子编撰而成。它以语录体和对话文体为主，记录了孔子及其弟子言行，集中体现了孔子的政治主张、伦理思想、道德观念及教育原则等。《汉书·艺文志》称："孔子应答弟子、时人及弟子相与言而接闻于夫子之语也。当时弟子各有所记，夫子既卒，门人相与辑而论纂，故谓之《论语》。"[①] 现存《论语》20 篇，492 章，其中记录孔子与弟子及时人谈论之语约 444 章，记录孔门弟子相互谈论之语 48 章。《论语》的政治思想核心是"仁"、"礼"和"中庸"。内容博大精深，浅显深入，质朴高雅，自古就有"半部《论语》治天下"的佳话。

西汉时，《论语》有今文《齐论语》、《鲁论语》和《古文论语》三种本子。西汉末，张禹以《鲁论语》为基础，综合《齐论语》和《古文论语》而成《张侯论》。因为张禹是汉成帝的老师，所以他的本子被当时的

---

① 班固. 汉书 [M]. 北京：中华书局，1962：1717.

儒生所尊奉。今本《论语》基本上就是由《张侯论》而来。东汉末年，郑玄以《张侯论》为依据，参照《齐论语》和《古文论语》作《论语注》。

魏晋时期，王肃、虞翻、谯周等都有《论语》注本。三国魏何晏的《论语集解》收集孔安国、马融、郑玄、王肃等诸家学说，成为即使在玄风独擅的东晋南朝都大行于世的读本。北朝则以郑玄注本为主。南宋朱熹著有《论语孟子集注》，用何晏的《论语集解》为底本。《论语》又为"四书"之一，在宋代列于学官，后来作为科举考试的出题内容，成为士人修习的必读教材。清代刘宝楠《论语正义》也很著名，在《论语》诠释方面为后人留下了一部集大成之作。

（八）《孟子》

《孟子》是记录战国时期的儒学大师孟子言论之书，由孟子和其弟子所著，记录了孟子的语言、政治观点（仁政、王霸之辩、民本、格君心之非，民贵君轻）和政治行动，属儒家经典著作。其学说出发点为"性善论"，提出"仁政"、"王道"，主张德治。孟子继承了孔子"仁"的思想并将其发展成为"仁政"思想，被称为"亚圣"。

汉人赵岐的《孟子章句》是《孟子》最早的注本。赵岐在《孟子题辞》中把《孟子》与《论语》相比，认为《孟子》是"拟圣而作"。所以，尽管《汉书·艺文志》仅仅把《孟子》放在诸子略中，视为子书，但实际上在汉代人的心目中已经把它看作辅助"经书"的"传"书了。汉文帝把《论语》、《孝经》、《孟子》、《尔雅》各置博士，便叫"传记博士"。到五代后蜀时，后蜀主孟昶命令人楷书十一经刻石，其中包括《孟子》，此为《孟子》列为经书的开始。宋太宗又加以翻刻。南宋朱熹将其列为"四书"之一，与《论语》并列，进一步提高了它的地位，其《孟子集注》被广为传诵。明清两代，科举考试的八股文题目从"四书"中选取，所以《孟子》便成为天下文人必读的书目。

（九）"四书"

"四书"是《礼记》中的《大学》、《中庸》两篇以及《论语》、《孟子》的合称。将此四书合并为"四书"系统，是宋代经学区别于汉唐经学的"五经"系统的一个显著特点。据说它们分别出于早期儒家的四位代表性人物曾参、子思、孔子、孟子，所以称为"四子书"，简称即为"四书"。其名起自南宋，为理学家所重。程颢、程颐兄弟曾大力提倡。南宋光宗绍熙元年（1190 年），朱熹将《大学》、《论语》、《孟子》、《中庸》汇集到一起为《四书章句集注》。后来，朝廷以朱熹《大学》、《中庸》、《论语》、《孟子》章句集注立于学宫。元代延祐年间恢复科举考试，把出题范围限制在朱熹所注"四书"之内。此时较著名的教本为倪士毅的《四书辑释》，为应付科举考试阐释经义之作。

明代科举取士，仍以"四书五经"为题。明永乐十二年（1414 年），成祖下诏编选《四书大全》、《五经大全》、《性理大全》等。明代二百多年科举考试都从此出题。清人入关之后，官方亦树立朱学正统地位。清康熙年间编写《日讲四书解义》等，以朱熹注为准则。科举取士的题目也都是在"四书五经"中。程朱理学成为官方正统学术。所以，"四书"不仅成为了儒学的重要经典，也成了每个学子的必读书。

二、先秦诸子

春秋战国时代是中国文明的开拓创新时期。此时，礼崩乐坏，天下大乱，传统的政治秩序受到很大的破坏。处于乱世中的学者们纷纷提出自己的救世主张，聚徒讲学、互相驳难，形成了学术上"百家争鸣"的局面。据汉代刘歆《七略》记载，当时有儒家、道家、墨家、法家、阴阳家、名家、纵横家、杂家、农家、小说家等许多学派，形成所谓的"九流十派"。诸子学说在当时各有影响，对中国文化的繁荣起到了非常重要的推动作用。他们著作中的很多名篇，至今仍被广泛传诵，成为诵读教材的重要组成部分。

（一）《老子》

《老子》又名《道德经》、《道德真经》、《五千言》、《老子五千文》，是中国古代先秦诸子分家前的一部著作，为其时诸子所共仰，传说是春秋时期的老子李耳（似是作者、注释者、传抄者的集合体）撰写，是道家哲学思想的重要来源。《老子》分上下两篇，原文上篇《德经》、下篇《道经》，不分章，后改为《道经》37 章在前，第 38 章之后为《德经》，共分为 81 章。《老子》是中国历史上首部完整的哲学著作。

就中国传统文化的内涵而言，儒道互补为一大特色。古人在各自的人生际遇面前，在仕途名利与个体自由之间，在出世与入世之间，或挣扎徘徊，或寻求平衡与解脱，从而形成了儒道互补的双重人格。道家的经典《老子》理所当然地成为古代流传非常广泛的诵读教材。

《老子》作为古代学术名著，历代流传注本很多。《河上公老子章句》在现存注本中成书较早，对后世很有影响，但是关于其作者及成书年代却聚讼纷纭。汉代以严遵的《老子指归》较为著名，后亡佚。魏晋南北朝时期玄学独大，《老子》作为"三玄"之一，成了时代的显学。《老子》一书的诵读也成为风气。据《隋书·经籍志》记载，此时围绕着《老子》而著书立说者多达数十人。其中王弼的《老子注》，因创新性的解读方法及出色的文采备受后人瞩目，为《老子》一书的传承作出了重要的贡献。隋唐两代道学的地位很高，尤其是唐代出于神话李姓的目的，对老子大为推崇，至唐玄宗时期达到高潮。唐玄宗笃好玄学，所以老子之书尤行于世。唐玄宗著有《御注道德真经》与《道德真经疏》，并将《老子》置于诸经之首，使得《老子》一书在唐代的传诵蔚然成风。宋徽宗也著有《老子注》，如唐玄宗一样，因为其最高统治者的地位，《老子注》受到当世学者的高度重视，加之此书确有可取之处，故而一直备受青睐。明清时期，则有薛蕙的《老子集解》、焦竑的《老子翼》、王夫之的《老子衍》、魏源的《老子本义》等，影响较大。

（二）《庄子》

《庄子》为道家经典著作之一，被道教奉为《南华经》。《汉书·艺文志》著录《庄子》52 篇，但留下来的只有 33 篇。分为外篇、内篇、杂篇等三部分。其中内篇 7 篇，一般定为庄子著；外篇、杂篇可能掺杂有他的门人和后来道家学者的作品。《庄子》的作者庄周，宋国蒙人，做过漆园吏，为战国时期伟大的思想家、哲学家和文学家，道家学说的主要创始人。与老子并称为"老庄"。《庄子》一书为后世竞相传诵的经典文本。

《庄子》从一开始就有较大影响。如荀子对《庄子》多有批判，《吕氏春秋》对《庄子》思想资料大量引用。汉代刘安、司马迁等对《庄子》也多有研究。《庄子》盛行在魏晋时期。以阮籍、嵇康为代表的"竹林七贤"对庄子思想大加倡导。沈约《宋书·谢灵运传论》曰："在晋中兴，玄风独振，为学穷于柱下，博物止乎七篇，驰骋文词，义单乎此。"① 此时注《庄子》者甚多，据《世说新语》称达数十家。较著名的有向秀注、司马彪注、郭象注、李颐集解等。其中向秀《庄子注》"于旧注外为解义，妙析奇致，大畅玄风"②。而郭象《庄子注》则把司马彪 52 篇本《庄子》删节为 33 篇，并借鉴了向秀"以儒道为一"等观点，阐释"游外宏内之道"，是魏晋时期玄学思想主流的集大成之作，受到时人的追捧，并为后世研究《庄子》的人所推崇。郭象删定的《庄子》33 篇本也成为后世诵读的定本。到唐代，道教地位陡然提高，对老庄大为推崇。唐玄宗诏号《庄子》为《南华真经》，并在科举中加以重视，促成《庄子》一书在唐代的流行。唐代《庄子》著作传世者有陆德明的《庄子音义》、成玄英的《庄子疏》等。特别是《庄子疏》在继承郭象注的基础上，融合佛道与六朝多种学术思想精华，成为与郭象注并传千年的庄学著作。宋代《庄子》著作影响较大者有林希逸的《庄子口义》，此书既继承了成玄英等以佛解庄的思想成果，"又近继北宋王安石、苏轼等人以儒道为一的思维模式，为适应宋代'三教合一'的文化发展态势而把唐宋时期偶有出现的以儒、释解释《庄子》的思维模式发展到了前所未有的'完美'程度"③，所以影响很大，在此书初版之后就有人改版重刻。明代较著名的有沈一贯的

---

① 沈约. 宋书 [M]. 北京：中华书局，1974：1778.
② 刘义庆. 世说新语 [M]. 上海：上海古籍出版社，1982：120.
③ 方勇. 庄子学史 [M]. 北京：人民出版社，2008：138.

《庄子通》。王世贞的《南华经评点》则从文学的角度欣赏《庄子》，成为学习《庄子》的重要读本。清代《庄子》的研究达到了新的高度，如林云铭的《庄子因》、吴世尚的《庄子解》、宣颖的《南华经解》、胡文英的《庄子独见》、刘凤苞的《南华雪心编》等，都是后世诵读《庄子》的优秀读本。清代郭庆藩的《庄子集释》，以自己的心得融合西晋以来研究《庄子》的精华于一体；王先谦的《庄子集释》，以简明扼要的文字阐释《庄子》，两书都成为近百年来流行最广的《庄子》读本。

（三）《墨子》

《墨子》是墨家学派的代表性著作，一般认为是墨翟的弟子及再传弟子对于墨翟言行的记录。在先秦诸子百家中，儒、墨两家号称"显学"，墨子在当时的声望与孔子差不多。由于墨子倡导尚贤、尚同、兼爱、非攻、节用、节葬等主张，基本反映了广大劳动阶层的呼声，因此，墨子又被誉为劳动人民的哲学家。《墨子》就是记载墨翟言论和墨家学派思想资料的总集。

《汉书·艺文志》载《墨子》共71篇，《隋书·经籍志》、《旧唐书·经籍志》、《新唐书·艺文志》、《宋史·艺文志》等都称《墨子》十五卷。《墨子》原有71篇，现存53篇，佚失18篇，其中8篇只有篇目而无原文。《墨子》可分为五个部分。第一部分是《亲士》、《修身》、《所染》、《法仪》、《七患》、《辞过》、《三辩》等7篇，无明确主题，一般认为是后墨学者所作。第二部分是《尚贤》、《尚同》、《兼爱》、《非攻》、《节用》、《节葬》、《天志》、《明鬼》、《非乐》、《非命》等，称为"十论"，这是墨学大纲，一般认为是墨子所述，是把握墨子思想的关键。第三部分为"墨经"，包括《经上》、《经下》、《经说上》、《经说下》、《大取》、《小取》6篇，胡适认为是墨子之后明辨之学的产物。其作者应为后墨学者。第四部分为"墨语"，包括《耕柱》、《贵义》、《公孟》、《鲁问》、《公输》5篇。主要记录墨子言行事迹，为墨子的门徒所作。第五部分包括《备城门》、《备高临》、《备水》、《备穴》、《备突》、《备蛾傅》、《迎敌祠》、《旗帜》、

《号令》、《杂守》、《备梯》共 11 篇，主要记述防御、守城的技术，可以成为"墨技"。为秦汉时墨者所作①，是研究墨家军事学术的重要资料。

在战国时期，诸子百家对墨学都投入了相当多的关注，就墨学是非展开辩论。从《孟子》、《庄子》、《韩非子》中，我们都能发现他们对墨家学说的论述，可见墨子学说在当时的巨大影响。两汉时期，由道而儒。汉武帝"罢黜百家，独尊儒术"，儒显而墨隐。虽然此时仍有人将儒墨并称，但随着时间的推移，墨家的影响已经大不如前。至南北朝时期，佛、道并兴，墨家学说逐渐式微。隋唐乃至宋元，墨学更加沉寂。这种情况直接影响了《墨子》一书的传播，其书散佚严重。这种情况到明清时期开始转变。其中，李贽的《墨子批选》对墨家主张加以赞扬。清代孙诒让的《墨子间诂》则是对历代《墨子》文本校释、整理成果的集大成之作。梁启超赞曰："古今注《墨子》者固莫过此书。"②

（四）《荀子》

《荀子》为战国时期荀况所著。《史记》称荀子"著数万言而卒"。西汉刘向校定编次成书，共 32 篇。《汉书·艺文志》、《隋书·经籍志》等都记作《孙卿子》。唐代杨倞为之注，始称《荀子》。一般认为，从《劝学》以下至《赋》26 篇是荀子自著。《大略》以下至《尧问》当是荀子门人弟子辑录。

荀子不仅是儒家思想的集大成者，也是战国学术的集大成者，他对诸子百家都有吸收和借鉴，形成兼融综合的思想特色。荀子在战国时期影响很大，韩非、李斯等均出其门。但在汉代，荀子却受到批判。特别是唐宋时期，受到更多排斥。朱熹甚至告知弟子可以不理会荀子，但《荀子》的传播却绵延不绝。我们可以根据它的版本情况，推知其传播情况："北宋熙宁以前，《荀子》无刊本，籍写本以流传。熙宁监本流传于北宋熙宁元

---

① 墨者，即墨家的成员。墨家是一个有着严密组织和严密纪律的团体，最高的领袖称为"巨子"，墨家的成员都称为"墨者"。

② 梁启超. 中国近三百年学术史［M］. 北京：中国书店，1985：230.

年（1068 年）以后至南宋前期。南宋前期又有二浙西蜀本、闽本等坊间俗本流传。台州本、钱佃本流传于南宋淳熙八年（1181 年）以后，光宗后有纂图分门类题注本流传，宁宗以后又有浙北本流传。南宋中期又流传监刻《四子纂图互注》本、坊刻删《纂图互注》巾箱本、龚士卨《纂图互注》本、《音点大字荀子句解》本等。南宋后期历元代直至明初，《纂图互注》重言重意诸本大行。明中期以后，世德堂本及其诸翻刻本大行，直至清朝中期。明中后期同时流传数种白文诸子汇刻本及评注本。清中期以后，谢刻本及其翻刻本大行，直至清末为王先谦《荀子集解》所取代。由清末至今，通行本为王氏《荀子集解》及其翻刻本，新注本亦多以之为据。"①

（五）《韩非子》

《韩非子》一般认为是韩非的弟子或后学所编，旧称《韩子》，宋代以来因韩愈被称"韩子"而改称《韩非子》。《韩非子》现存 55 篇，约十余万言，大部分为韩非自己的作品。韩非虽然师奉荀子，但思想观念却与荀子大不相同。他没有承袭儒家的思想，在战国末期的新形势下，他顺应时代发展的需求，"喜刑名法术之学"，并"归本于黄、老"，继承并发展了法家思想，成为战国末年法家之集大成者。对于民众，他吸收了荀子的"性本恶"理论，认为民众的本性是"恶劳而好佚"，要以法来约束民众，施刑于民，才可"禁奸于为萌"。因此他认为施刑法恰恰是爱民的表现。容易让人忽视的是韩非是主张减轻人民的徭役和赋税的。他认为严重的徭役和赋税只会让臣下强大起来，不利于君王统治。当时的中国思想界以儒家、墨家为代表，崇尚"法先王"和"复古"，韩非子的法家学说坚决反对复古，主张因时制宜。韩非子主张法治，反对"仁爱"的儒家学说，提出重赏、重罚、重农、重战政策，提倡君权神授。

《韩非子》一书在韩非生前即已流行，如《史记》载秦始皇见韩非书之事。秦汉易代，法家作为原有的学术流派和政治集团不复存在，但其影

---

① 高正. 荀子版本源流考［M］. 北京：中华书局，2010：113.

响一直在隐性地发挥作用。《韩非子》中的名篇如《五蠹》、《说难》、《内储说》、《外储说》等流传颇广。《韩非子》刊本，重要者如元代何犿的注本、明代赵用贤的《管》、《韩》合刻本，其中赵本为明代万历之后最流行的版本。晚清王先慎的《韩非子集解》值得重视，该本甚多发明，且又汇集了多家校释，便于阅读，成为 20 世纪最通行的本子。

（六）《孙子兵法》

《孙子兵法》又称《孙武兵法》、《吴孙子兵法》、《孙子兵书》、《孙武兵书》等，为春秋时孙武所著。《孙子兵法》有丰富的辩证法思想，书中探讨了与战争有关的一系列矛盾的对立和转化，如敌我、主客、众寡、强弱、攻守、胜败、利害等。《孙子兵法》正是在研究这种种矛盾及其转化条件的基础上，提出其战争的战略和战术的。《孙子兵法》谈兵论战，集"韬略"、"诡道"之大成，被历代军事家广为援用。其缜密的军事哲学思想体系，变化无穷的战略战术，在世界军事思想领域拥有广泛的影响，成为中国古典军事文化遗产中的璀璨瑰宝和中国优秀文化传统的重要组成部分。

汉高祖、汉武帝、汉孝成帝时期，官方都组织人力对《孙子兵法》进行整理。对《孙子兵法》的定位、定型和流传都具有重要意义。《汉书·艺文志》载《吴孙子兵法》82 篇。魏晋时期，曹操《孙子略解》只注"十三篇"，标志着《孙子兵法》真正进入了注解的时期。因曹操是军事家，其注兼顾理论与实践，对后世有重大影响。

隋唐五代是《孙子兵法》注释的高峰时期，主要有隋代的萧吉注、唐代李筌注、贾林注，以及杜佑《通典》中的训解《孙子》、杜牧注《孙子》、陈皞注《孙子》、孙镐注《孙子》等。宋朝官方也非常重视兵学研究和整理。宋神宗时，朱服、何去非奉诏校定《孙子兵法》等七书，号"武经七书"，以官方名义颁行。同时重办武学，以"七书"试士。至此，《孙子兵法》在一定意义上取得了与儒家经典同等重要的地位。此后《武经》本《孙子兵法》成为后世流传的最主要的版本。宋代私人著述方面的代表作是大约成书于两宋期间的《十家孙子会注》。学界一般认为，此书就是存世的《十一家注孙子》。其将各家之说辑在了一起，成为后来研究《孙子兵法》者的必读之书。

明清时期，有刘寅的《孙子直解》、赵本学的《孙子书校解引类》、李贽的《孙子参同》、黄献臣的《武经开宗》、朱墉的《孙子汇解》、顾福棠的《孙子集解》、黄巩的《孙子集注》等。这些书在注释、理论阐发等方面都多有新见。如李贽主张"以《七书》与《六经》合而为一，以教天下万世"①，王阳明合心学、兵学于一体等，都表明古人对《孙子兵法》的重视与学习一直没有间断。

三、史学经典

中国有着非常浓厚的重史传统，如《诗经》称："殷鉴不远，在夏后之世"（《大雅·荡》），表现为"一种向着历史，向着传统寻求意义的习惯"②。对历史的重视，表现为历朝历代都对修史十分重视。同时，史书也成为古人学习的重要典籍。《晋书·刘殷传》载："（殷）有七子，五子各授一经，一子授《太史公》，一子授《汉书》，一门之内，七业俱兴，北州之学，殷门为盛。"③"博涉经史"也一直是古代衡量士人才能的一个重要因素。在科举考试中，唐代列史科，其中《史记》、《汉书》、《后汉书》都是考试的内容。在明代，书院教育中对史书也十分重视。明人王承裕曾订立《弘道书院学规》，在"诵读"一条中讲道，史书一般要读"《通鉴纲目》、《续通鉴纲目》、《通鉴节要》、《续通鉴节要》、《史略》、《史断》之类"，并且"随其资质高下，限以遍数，多读熟记，厥明升堂背诵"④。

① 李贽. 孙子参同序［M］//邱复兴. 孙子兵学大典：第9册. 北京：北京大学出版社，2004：81.
② 葛兆光. 中国思想史：第1卷［M］. 上海：复旦大学出版社，2001：86.
③ 房玄龄等. 晋书［M］. 北京：中华书局，1997：2289.
④ 邓洪波，陈吉良. 从学规看明代书院之课程建设——以弘道、大科、湖南三书院为例［J］. 湖南大学学报，2007（6）：28.

这些都促进了古人诵读史书的教学活动。古人诵读的史书，既有如《尚书》、《春秋》等后来被列为儒家经典的作品，也有如《国语》、《战国策》这样的国别史，还有所谓的纪传体史书如"二十四史"等。

（一）《国语》

《国语》是我国第一部国别史，分周、鲁、齐、晋、郑、楚、吴、越八语，记载了上起周穆王十二年（公元前990年）征犬戎，下迄周贞定王十六年（公元前453年）韩、赵、魏三家分晋的五百余年历史，记载了春秋时期的经济、财政、军事、兵法、外交、教育、法律、婚姻等各种内容，是研究先秦历史的重要典籍。《国语》在内容上有很强的伦理倾向，弘扬德的精神，尊崇礼的规范，认为"礼"是治国之本，突出忠君思想。《国语》的政治观比较进步，反对专制和腐败，重视民意，重视人才，具有浓重的民本思想。

《国语》的作者相传为春秋末年鲁国人左丘明。此书以记言为主，所记多为朝聘、飨宴、讽谏、辩诘、应对之辞，主要反映儒家崇礼重民等观念，长期被目录学家列在《经部·春秋类》中，处于"准经典"的地位，故颇受后人重视。东汉郑玄，三国的王肃、虞翻、唐固、韦昭，西晋的孔晁等，都有《国语》注本，可惜大多未传。韦昭的《国语解》是现存最早的《国语》注本。又北宋宋庠《国语补音》为《国语》注音，方便阅读；清代汪远孙的《国语校注本》亦很知名。

（二）《战国策》

《战国策》是古代的一部史学名著，是一部国别体史书。全书按东周、西周、秦国、齐国、楚国、赵国、魏国、韩国、燕国、宋国、卫国、中山国依次分国编写，共33卷，约12万字。是先秦历史散文成就最高，影响最大的著作之一。该书为战国时游说之士的策谋和言论的汇编，主要记述了战国时期的纵横家的政治主张和策略，展示了战国时代的历史特点和社会风貌，是研究战国历史的重要典籍。该书文辞优美，语言生动，富于雄辩与运筹的机智，描写人物绘声绘色，常用寓言阐述道理，著名的寓言就有"画蛇添足"、"亡羊补牢"、"狡兔三窟"、"狐假虎威"、"南辕北辙"等，在我国古典文学史上亦占有重要地位。

《战国策》初有《国策》、《国事》、《事语》、《短长》、《长书》、《修书》等名称，西汉末刘向编定为33篇。宋时已有缺佚，由曾巩作了订补。有东汉高诱注本，今残缺。南宋鲍彪改变原书次序，作新注。元代吴师道作《战国策校注》。近代金正炜有《战国策补释》，今人缪文远有《战国策新注》。湖南长沙马王堆汉墓出土的西汉帛书，记述战国时事，定名《战国纵横家书》，与《战国策》的内容非常相似。

（三）《史记》

司马迁的《史记》为我国第一部纪传体通史，全书共130篇，为12本纪、10表、8书、30世家、70列传。记载了自黄帝时代至汉武帝元狩元年间共三千多年的历史，又称"太史公书"、"太史公传"等。司马迁本着"究天人之际，通古今之变，成一家之言"的精神书写历史，气魄宏大，包罗万象而又融会贯通。从体例来看，首创的纪传体编史方法为后来历代"正史"所传承，被冠为"二十四史"之首。从艺术性而言，宏阔的画面、深邃的意蕴以及浓郁的悲剧气氛和强烈的传奇色彩等，对后世史学和文学都产生了重大的影响，被鲁迅誉为"史家之绝唱，无韵之离骚"。

从《史记》的流传情况来看，《史记》开始被认为是对抗汉代正宗思想的离经叛道的"谤书"。随着唐代古文运动的兴起，文人对《史记》给予了高度的重视，特别是韩愈、柳宗元等的推崇，使它受到越来越多的重视。宋元之后，欧阳修、郑樵、洪迈、王应麟，以及明朝的公安派、清朝的桐城派，都特别重视《史记》的文笔。《史记》注本影响最大者为三家注本，即南朝宋裴骃的《史记集解》、唐代司马贞的《史记索隐》、唐代张守节的《史记正义》。明代归有光的《史记评点》是关于《史记》评点的上乘之作。此书特点是只作圈点，没有评语，通过圈点表现自己的感悟，影响很大。

（四）《汉书》

东汉班固的《汉书》包括本纪 12 篇，表 8 篇，志 10 篇，列传 70 篇，共 100 篇，记载了汉高帝刘邦元年（公元前 206 年）至王莽地皇四年（20 年）的历史。与《史记》是一部纪传体通史相比，《汉书》则是一部纪传体断代史。班固曾批评司马迁"论是非颇谬于圣人"，表现出其修史以儒家思想作为封建正统的思想。该书在艺术风格上重视规矩绳墨，行文谨严有法，形成了和《史记》疏荡往复的笔法截然不同的风格。

《汉书》问世之初就出现"当世甚重其书，学者莫不讽诵"的情况。①经学大师许慎曾注《汉书》，为现知最早注解《汉书》的人。《隋书·经籍志》录有应劭《汉书集解音义》、服虔《汉书音训》等。三国时期，《汉书》的传播与影响进一步扩大。《三国志·魏志·司马朗传》裴松之注引司马彪《序传》曰："（朗）父防……雅好《汉书》名臣列传，所讽诵者数十万言。"②可知当时诵读史书之风。两晋南北朝时期，《汉书》的传播与影响继续深入。晋代人晋灼在服虔、应劭二家基础上，汇集伏俨、刘德等十余家而成《汉书集注》。晋代左思、陆机等人都曾讲《汉书》于朝廷。隋唐五代时期《汉书》几乎成为当时士人的必读之书。《新唐书·敬播传》曰："是时《汉书》学大兴。"③此时有刘伯庄的《汉书音义》、顾胤的《汉书古今集》、李善的《汉书辨惑》等。颜师古所注《汉书》是集大成之作，至今仍为《汉书》最通行之文本。北宋时期，余靖、王洙等参校整理的《汉书》，为现存第一个系统整理的《汉书》版本。此后又有宋祁校本，南宋建安本，明嘉靖南监本，毛晋汲古阁本等，较好解决了《汉书》在长期流传中存在的讹、脱、衍、倒等错误，对《汉书》的传播与普及起到了极大的推动作用。明代评点文学风气盛行，对《汉书》的著名评点有茅坤的《汉书评抄》、钟人杰的《汉书批评》、凌稚隆的《汉书评林》

---

①　范晔. 后汉书 [M]. 北京：中华书局，1965：1334.
②　陈寿. 三国志 [M]. 北京：中华书局，1959：466.
③　欧阳修. 新唐书 [M]. 北京：中华书局，1975：5656.

等。清代则有杭世骏的《汉书蒙拾》、沈钦韩的《汉书疏证》、周寿昌的《汉书注补正》、王先谦的《汉书补注》等，而以王注为集大成之作。

（五）《后汉书》

《后汉书》为南朝宋范晔著，记载了刘秀起兵推翻王莽至汉献帝禅位于曹丕，共195年的历史。该书以《东观汉记》为基本史料依据，以华峤《汉后书》为主要蓝本，吸取其他各家书的长处，删繁补缺而成。《后汉书》大部分沿袭《史记》、《汉书》的现成体例又有所创新。首先，它在帝纪之后添置了皇后纪。东汉从和帝开始，连续有六个太后临朝。把她们的活动写成纪的形式，既名正言顺，又能准确地反映这一时期的政治特点。其次，《后汉书》新增加了《党锢传》、《宦者传》、《文苑传》、《独行传》、《方术传》、《逸民传》、《列女传》七个类传。范晔是第一位在纪传体史书中专为妇女作传的史学家。尤为可贵的是，《列女传》所收列的17位女性并不都是贞女节妇，还包括了并不符合礼教道德标准的才女蔡琰。

至唐代，范晔的《后汉书》成为与《史记》、《汉书》并称的"三史"，盛行于世。南朝时，为范书作注的有吴均、刘熙、刘昭等。唐代则有李贤注。唐人科举考试规定用李贤注，并取刘昭《注补后汉志》合为一史，以补李贤注之缺。因为李贤皇太子的身份，所以其所注释的《后汉书》颇受唐人重视。清代王先谦的《后汉书集解》则被认为是继唐代李贤之后《后汉书》研究之集大成者，不失为学习《后汉书》的一部总结性的著作。

（六）《三国志》

《三国志》为西晋陈寿著，65卷，包括《魏书》30卷，《蜀书》15卷，《吴书》20卷，详细记载了从魏文帝黄初元年（220年）到晋武帝太康元年（280年）60年的历史。《三国志》行文以善于叙事、文笔简洁、剪裁得当著称，不仅是一部史学巨著，更是一部文学巨著。陈寿在尊重史实的基础上，以简练优美的语言为我们绘制了一幅幅三国人物肖像图。人物塑造得非常生动，可读性极高。刘勰《文心雕龙·史传》评价曰："陈寿'三志'，文质辨洽，荀（勖）、张（华）比之（司马）迁、（班）固，非妄誉也。"① 后来《三国志》与《史记》、《汉书》、《后汉书》并称"前四史"。宋文帝时，裴松之奉诏为《三国志》作补注，成为流传至今的注本。

除了"前四史"之外，还有《晋书》、《宋书》、《南齐书》、《梁书》、《陈书》、《魏书》、《北齐书》、《周书》、《隋书》、《南史》、《北史》、《旧唐书》、《新唐书》、《旧五代史》、《新五代史》、《宋史》、《辽史》、《金史》、《元史》、《明史》等，合称"二十四史"。近人又加入《清史稿》，合称"二十五史"。这些史书不同于"前四史"，均为官修史书。

（七）《资治通鉴》

《资治通鉴》由北宋司马光主编，其以时间为纲，事件为目，从周威烈王二十三年（公元前403年）写起，到五代的后周世宗显德六年（959年）征淮南停笔，涵盖十六朝1362年的历史，为我国第一部编年体通史，在中国官修史书中占有极重要的地位，是中国古代著名的历史著作。此书的编著目的为"鉴前世之兴衰，考当今之得失"，历来为人们所重视和阅读学习。《资治通鉴》不仅成为历代君王的教科书，也受到历代学者的极力推崇。被清人王鸣盛赞为"天地间必不可无之书，亦学者必不可不读之书"②。其版本有宋代余姚官刻本、元刻明修补本、清同治十年湖北崇文书局本等。在注本方面，宋元之际史学家胡三省的《资治通鉴音注》的注本是最为人称道，也是现在最通行的版本。

《资治通鉴》的续书有清代毕沅的《续资治通鉴》。该书上与《资治通鉴》相衔接，即起于宋太祖建隆元年（960年），下迄元顺帝至正三十年（1370年），以编年体形式记载宋、辽、金、元共410年的历史，是仿

---

① 范文澜. 文心雕龙注 [M]. 北京：人民文学出版社，1958：285.
② 王鸣盛. 十七史商榷：下册 [M]. 上海：商务印书馆，1937：1142.

《资治通鉴》体例编写的一部较完备的宋、辽、金、元编年史，全书共220卷。梁启超对该书评价极高，认为"盖自此书出，而诸家《续鉴》皆可废矣"①。

四、文学读本

在中国古代的教育中，文学教育是非常重要的一个方面。特别是在文学创作进入自觉阶段以后，经典诵读作为感受文学的美感与魅力的重要途径，以及作为学习创作的重要方法，一直为古人所津津乐道。在文学发展的历史长河中，无论是楚辞、汉赋，或者唐诗、宋词，乃至元代戏曲、明清小说，名家不胜枚举。如屈原、司马相如、陶渊明、李白、杜甫、白居易、苏轼、陆游、辛弃疾、关汉卿、王实甫、罗贯中、曹雪芹等，他们的作品或者文集令人倾心拜读，千百年来魅力不减。其中，具有经典诵读教材性质的主要是一些文学总集和选集。

（一）《楚辞》

《楚辞》为我国第一部浪漫主义诗歌总集，西汉末年由刘向搜集屈原、宋玉等人的作品辑录而成。因其作品的特点为"书楚语，作楚声，记楚地，名楚物"，所以称为"楚辞"。《楚辞》主要是屈原的作品，因其代表作是《离骚》，所以后人又称《楚辞》为"骚体"。《楚辞》对后世文学影响深远，成为我国浪漫主义诗歌创作的源头。

关于《楚辞》的诵读情况，《史记·酷吏列传》中载："始长史朱买臣，会稽人也，读《春秋》。庄助使人言买臣，买臣以《楚辞》与助俱幸，侍中，为太中大夫，用事。"② 又《汉书·王褒传》载："宣帝时修武帝故事，讲论六艺群书，博尽奇异之好，征能为《楚辞》九江被公，召见诵

---

① 梁启超. 中国近三百年学术史［M］. 北京：中华书局，1936：274.
② 司马迁. 史记［M］. 北京：中华书局，1959：3143.

读。"① 在皇帝的提倡下，汉代《楚辞》的诵读之风是比较盛的。淮南王刘安奉汉武帝之命作《离骚传》，为《楚辞》学史上的第一个注本，分为总体评论与文字训释两部分，但大部分已佚，今仅存51字。王逸的《楚辞章句》则是现存最早、最完整的《楚辞》注本，它诞生于东汉时期，为汉代《楚辞》注释的集大成者，其后的《楚辞》注本，一般都是重视借鉴《楚辞章句》。

　　魏晋南北朝时期，《楚辞》依然受到重视。《世说新语·任诞》载："王孝伯言，'名士不必须其才，但使常得无事，痛饮酒，熟读《离骚》，便可称名士。'"② 据《梁书·萧洽传》载，"洽幼敏寤，年七岁，诵《楚辞》略上口。"③《陈书·高祖章皇后传》称："后善书计，能诵《诗》及《楚辞》。"这一时期的《楚辞》注本，有晋代郭璞的《楚辞注》、徐邈的《楚辞音》，南朝宋何偃的《楚辞删王逸注》、诸葛民的《楚辞音》，南朝梁刘杳的《楚辞草木疏》等。《楚辞音》的出现，是《楚辞》作为文学的经典读本被普遍接受的有力证明。

　　宋代著名的《楚辞》注本为洪兴祖的《楚辞补注》及朱熹的《楚辞集注》。《楚辞补注》以王逸注本为蓝本，参校善本、异本近20种，订正了王逸不少谬说以及《楚辞》流传过程中出现的伪误，是对《楚辞》注释和研究的一部总结性注本。《楚辞集注》则在集合王逸、洪兴祖等人名物训诂的基础上另辟蹊径，重点阐释作品的"义理"，表现出对"楚辞"注释的新取向。明代前期，在对屈原及其作品的认识上以朱熹的《楚辞集注》为尊，并奉之为研读《楚辞》的经典。明中叶以后的《楚辞》注本，较有影响的有汪瑗的《楚辞集解》、黄文焕的《楚辞听直》、陆时雍的《楚辞疏》、李陈玉的《楚辞笺注》等。其中汪瑗的《楚辞集解》开始把《楚辞》作为真正文学意义上的诗歌来看待。清代则有王夫之的《楚辞通释》、蒋骥的《山带阁注楚辞》、戴震的《屈原赋注》，这些注本对楚辞的

① 班固. 汉书 [M]. 北京：中华书局，1964：2821.
② 余嘉锡. 世说新语笺疏 [M]. 北京：中华书局：1983：764.
③ 姚思廉. 梁书 [M]. 北京：中华书局，1973：589.

流传和诵读都起到了积极的作用。

（二）《文选》

《文选》又称《昭明文选》，南朝梁太子萧统编选，收集了自周代迄于南朝梁代诗文辞赋 700 余篇。以"事出于沉思，义归乎翰藻"为选录标准，并作了分体工作。后人编辑诗文总集，无不受到此书的启发。《文选》一问世就产生了很大的影响，李善《上文选注表》称"后进英髦，咸资准的"，指出《文选》是士人必读之书。唐代杜甫曾明确地告诫他儿子要"熟精《文选》理"（《宗武生日》）。至唐代又有"文选学"之称。据《旧唐书·儒学传·曹宪》载："（宪）所撰《文选音义》，甚为当时所重。初，江淮间为《文选》学者，本之于宪。又有许淹、李善、公孙罗复相继以《文选》教授，由是其学大兴。"① 加之唐代科举考试以诗赋为主，作为"诗赋之祖"的《文选》自然成为学子广泛学习的教科书。到宋代甚至出现了"《文选》烂，秀才半"的谚语。后来理学的兴起，人们对《文选》的重视开始弱化，但到了清代，《文选》一书再度受到人们的重视。加之康熙十八年（1679 年）以诗赋为考试内容的博学鸿词科等的刺激作用，《文选》重新为举业群体所重视。至康熙中期，出现了"天下向风"的场景。直到今天，"选学"成为与"红学"一样以书命名的专门之学。正如钱锺书所说："昭明《文选》，文章奥府，入唐尤家弦户诵，口沫手胝……正史载远夷遣使所求，野语称游子随身所挟，皆有此书，俨然与儒家经典并列……词人衣被，学士钻研，不舍相循，曹宪、李善以降，《文选》学专门名家。词章中一书而得为学，堪比经之有《易》学、《诗》学等，或《说文解字》蔚成许学者，惟《选》学与《红》学耳。寥落千载，俪坐俪立，莫许参焉。"②

《文选》的注本，隋朝有萧该的《文选音》。隋唐之际，曹宪以《文

---

① 刘昫. 旧唐书［M］. 北京：中华书局，1975：4945.
② 钱锺书. 管锥编：第 4 册［M］. 北京：中华书局，1986：1400－1401.

选》教授弟子，并作《文选音义》十卷。唐高宗时，李善的《文选注》成为注本的杰出代表，历来受到研读《文选》者的推崇。唐玄宗时，又有吕延济、刘良、张铣、吕向、李周翰等为《文选》作注，称为"五臣注"，得到唐玄宗的支持，得以流行。此书相较李善注，多了一些串讲，故对初学者有较大的帮助。北宋末年开始，为便于携带和阅读，出现《文选》的六家本，即将五臣注和李善注合在一起。明代有刘履的《文选补注》、胡焕文的《文选粹语》等。清代则有吴湛的《选诗定论》、朱琏的《文选集释》、于光华的《文选集评》、胡绍瑛的《文选笺证》等。

（三）《万首唐人绝句》

宋代洪迈编的《万首唐人绝句》为中国唐代绝句诗总集。本收唐人绝句5000多首，后进呈宋孝宗后，补辑备足万首之数。原本100卷，每卷100首。其中七言绝句75卷，五言绝句25卷。此书汇集了唐代诸家诗文集、野史、笔记、杂说中的绝句诗，有保存资料的劳绩，但为凑满万首，不免滥收，窜入少数非唐人作品，并且有割截律诗为绝句、一人之诗分置几处等现象。洪迈称此书原为"时时教稚儿诵唐人绝句，则取诸家遗集"（《万首唐人绝句》）而成，可知此书编辑原本作为教科书之用。现最为常见之本为明万历丙午赵宦光刊本、明代陈敬学仿宋刊本。至清代，王士禛有《唐人万首绝句选》7卷，共选作者264人，保留绝句895首，成为较流行的读本，影响很大。

（四）《唐百家诗选》

北宋王安石编选的《唐百家诗选》是一部重要的唐诗选本，共20卷，选诗人104家，诗歌1262首。《唐百家诗选》选取王维、李杜、元白、韩柳、刘禹锡、杜牧、李商隐等名家，多取中晚唐诗作，显示出王安石立意独特的个性。这部选本在宋代一直为人所关注，并成为多种诗话的"话题"，流传甚广，甚至形成了不同的版本，这是一个值得关注的现象。也有学者认为："《唐百家诗选》应是宋敏求、王安石合作编纂而成的，杨蟠是王安石的追随者，本书初刊于杨蟠在温州太守任上，编者独归王安石一个，与当时新党新造王氏著作的风气相关。"① 北宋末至南宋绍兴前期《唐百家诗选》影响较大，并作为习诗教材流行于当地的各类学校中。南宋中后期，王学失势，而《唐百家诗选》一书仍流传甚广。吕祖谦的《宋文鉴》收本书王序，南宋四大书院之一的丽泽书院以此为教材。丽泽书院是其时仅次于临安国子监的一个教育中心，对当时学子很有影响。书院与塾学教材的角色进一步强化了本书的权威地位，使之成为初学者必读之书。南宋其他几种唐诗选本多受其影响，对多数读书人诗学观念的形成具有重要的作用。

（五）《唐宋八大家文钞》

明人茅坤编纂的《唐宋八大家文钞》原本是家塾课读子侄的文学选本，后万历初刊刻时又增加了许多载道之文。全书 164 卷，收文达 1313 篇。计收入韩愈文 16 卷、柳宗元文 12 卷、欧阳修文 32 卷（附《五代史抄》20 卷）、王安石文 16 卷、曾巩文 10 卷、苏洵文 10 卷、苏轼文 28 卷、苏辙文 20 卷。卷首有总序、论例，各家文章前有小引和本传，是一部集中体现唐宋派文学理论，并给学习古文的人提供范例的文章总集。"唐宋八大家"在中国古代散文中的正统地位也由此书的流行而得以确立。为了便于诵读教学，明末以后出现的"唐宋八大家"再选本都对八大家的选文进行了精简，其中大部分都是用作家塾教材的。如明代钟惺的《唐宋八大家选》、孙慎行的《精选唐宋八大家文钞》，清代吕留良的《八家古文精选》、沈德潜的《唐宋八家文读本》、刘大櫆的《唐宋八家文百篇》等。

（六）《古文观止》

《古文观止》是清人吴楚材、吴调侯于康熙三十三年（1694 年）选定

---

① 查屏球. 名家选本的初始化效应——王安石《唐百家诗选》在宋代的流传与接受 [J]. 安徽大学学报：哲学社会科学版，2012（1）：62.

的古代散文选本。二吴均是浙江绍兴人，长期设馆授徒，此书是为学生编的教材。清代吴兴祚审定并作序，称"以此正蒙养而裨后学"，可知其为当时读书人的启蒙读物。书名"观止"，意指文集所收录的文章代表文言文的最高水平，学习文言文除此之外不用再读别的了。《古文观止》所选之文上起先秦，下至明末，共 12 卷，222 篇，反映了先秦至明末散文发展的大致轮廓和主要面貌。其中，《左传》34 篇，《国语》11 篇，《公羊传》3 篇，《礼记》6 篇，《战国策》14 篇，韩愈文 17 篇，柳宗元文 8 篇，欧阳修文 11 篇，苏轼文 11 篇，苏辙文 3 篇，王安石文 3 篇。在体例上，一改前人按文体分类的习惯，而是以时代为经，以作家为纬。所选文章以散文为主，间有骈文辞赋，入选之文皆为语言精炼、短小精悍、便于传诵的佳作。每篇文章都有简要的评注，辅助读者理解文义，掌握行文的章法。本书亦有入选不当者，因为选编主要是着眼于科举时做策论，但作为古代散文的入门读本，仍有着极高的价值。

（七）《唐诗三百首》

清孙洙（蘅塘退士）编选的《唐诗三百首》是历史上最具生命力、最成功的唐诗选本。其编选目的是考虑到《千家诗》"随手掇拾，工拙莫辨，且止五七律绝二体，而唐宋人又杂出其间，殊乖体制"，而想重新编选以替代《千家诗》成为新的"俾童而习之，白首亦莫能废"的家塾课本。①《唐诗三百首》收诗家 77 人（包括无名氏二人），所选诗歌分体编排，每体中诗歌略依作者时代先后编次。选诗题材广泛，如山水田园诗、边塞诗、闺怨诗、咏史怀古诗、咏物诗，同时也收录了一些奉和应制之作。在科举制的背景下，表现出了很强的实用性。《唐诗三百首》产生了很大的影响。光绪年间四藤吟社主人称此书"风行海内，几至家置一编"，足见其在清代传布之广。《唐诗三百首》版本繁多，在两百余年中，除孙洙原刻本翻刻流传外，还有多种注疏、续编、补注本流行于世。如章燮的《唐

---

① 蘅塘退士. 唐诗三百首 ［M］. 北京：中华书局，1959：3.

诗三百首注疏》，为清代翻刻最多的普及本。于庆元的《续选唐诗三百首》合刻本，一定程度上拓展了《唐诗三百首》的选诗面，开拓了初学者的视野。另外，这个版本的书眉增录了各家评语，对全面赏析学习唐诗也有一定帮助，被朱自清先生称为读《唐诗三百首》最好的本子。

（八）《古文辞类纂》

《古文辞类纂》是清代姚鼐编的各类文章总集。全书75卷，选录战国至清代的古文，依文体分为论辩、序跋、奏议、书说、赠序、诏令、传状、碑志、杂记、箴铭、颂赞、辞赋、哀祭共13类。所选文章，以"唐宋八大家"之作为主，其次是《战国策》，《史记》，两汉散文家，明代归有光，清代方苞、刘大櫆等的古文。书首有序目，略述各类文体的特点、源流及其义例。该书成于乾隆四十四年（1779年）。清末王先谦曾编《续古文辞类纂》34卷，黎庶昌编有《续古文辞类纂》28卷，选录清中叶以后散文，都是姚氏选本的续书。康绍镛《古文辞类纂后序》称姚鼐"凡语弟子，未尝不以此书；非有疾病，未尝不订此书。"①《古文辞类纂》是代表"桐城派"散文观点的一部经典选本，清代后期逐渐成为重要的家塾文学选本。

五、启蒙读物

我国古代的启蒙读物通俗易懂、蕴意深厚、历史悠久、流传广远。远在周秦汉魏时期，我国就有儿童启蒙读物《史籀篇》、《仓颉篇》、《急就篇》、《博学篇》、《凡将篇》等。南北朝时期，颜之推的《颜氏家训》作为中国传统社会的典范教材，直接开后世"家训"的先河，是我国古代家庭教育理论宝库中的一份珍贵遗产。蒙学至宋代日益完备。我国古代通行的经典蒙学教本俗称"三、百、千、千"，即《三字经》、《百家姓》、《千

---

① 康绍镛. 古文辞类纂后序［M］//姚鼐. 古文辞类纂. 长沙：岳麓书社，1988：982.

字文》、《千家诗》，大多为宋人编撰或改订，是蒙学的主要课本。这些蒙学教材具有多韵语，音调优美；多故事，富于形象性等特点，便于儿童吟诵记忆。清代郭臣尧的《捧腹集诗抄》中的一首俳体诗，诙谐幽默地记载了儿童诵读蒙书的情形：“一阵乌鸦噪晚风，诸生齐逞好喉咙。赵钱孙李周吴郑，天地玄黄宇宙洪。《千字文》完翻《鉴略》，《百家姓》毕念《神童》，其中有个聪明者，一日三行读《大》《中》。”① 尽管有个“聪明者”一天才读三行《大学》和《中庸》，但“诸生齐逞好喉咙”还是说明在中国古代的蒙学教育中，朗读、背诵一直是非常重要的学习方法。如朱熹便强调读书不但要大声读，还要多读、反复读。这些都表明蒙学读物是古代诵读教学中非常重要的教材。据徐梓《中国传统蒙学书目》统计，蒙学教材有 1300 余种，实际数目或许还远不止此数。

(一)《史籀篇》

《史籀篇》约成书于春秋战国之交，是中国历史上记载最早的儿童识字课本。班固说《史籀篇》是西周时史官“教学童书也”，为太史所作，其书体为大篆。《史籀篇》共 15 篇，经春秋、战国、秦代广泛流传，直至西汉还完整无缺。东汉初失 6 篇，存 9 篇，西晋全书散佚。汉许慎《说文解字叙》曰：“尉律，学僮十七以上始试，讽籀书九千字乃得为史。”② 学僮是学做官府吏员的，是吏的学徒。“讽”即诵读，“籀书九千字”说明《史籀篇》的篇幅并不短。段玉裁注，“《竹部》曰：籀，读书也。”③ 王国维则认为“籀”是诵读之意，原书首句“太史籀书”，便以“史籀”二字作书名。王国维认为其文体“当如秦之《仓颉篇》。《仓颉篇》据许氏《说文叙》、郭氏《尔雅注》所引，皆四字为句。又据近日敦煌所出残简，又知四字一句，二句一韵。仓颉文字既取诸史篇，文体亦当仿之。”④ 王国

① 徐珂. 清稗类钞：第 4 册 [M]. 北京：中华书局，1984：1620.
② 许慎. 说文解字 [M]. 北京：中华书局，1963：315.
③ 段玉裁. 说文解字注 [M]. 上海：上海古籍出版社，1981：190.
④ 王国维. 史籀篇证序 [M] //王国维. 观堂集林. 北京：中华书局，1991：257.

维推测《仓颉篇》是仿《史籀篇》的，故《史籀篇》的文体也是四字一句，二句一韵，以便蒙童诵读。

（二）《仓颉篇》与"三仓"

秦朝教育学童识字的3篇字书称为"秦三仓"，分别是李斯的《仓颉篇》、中车府令赵高的《爰历篇》和太史令胡毋敬的《博学篇》。其中最为著名的是李斯的《仓颉篇》。秦始皇统一中国后，大刀阔斧地统一文字，将标准字书"秦三仓"颁行天下，废除六国的异体字。汉初，民间书师合《仓颉》、《爰历》、《博学》3篇，断60字为一章，凡55章，计3300字，统称《仓颉篇》，流行到东汉，唐以后才完全亡佚。汉代称《仓颉篇》为仓颉上篇；扬雄作《训纂篇》，班固又拾遗补缺，作续篇13章，为仓颉中篇；后汉郎中贾鲂作《滂熹篇》，为仓颉下篇，上中下三篇合称"汉三仓"。

《仓颉篇》是我国古代识字教材的代表性著作。清代学者根据可以找到的考古资料和散佚的材料，把它们收集起来编有辑本。20世纪，各地考古发现许多汉简，时有《仓颉篇》。现在发现最早的汉简，距离秦代不过50年，但已是汉代书师合并的本子，字体是隶而不是篆。有一支简上有40字："苍颉作书，以教后嗣。幼子承昭，谨慎敬戒。勉力风诵，昼夜勿置。苟辑成史，计会辩治。超等轶群，出元别异。"这是仓颉首章的前一部分，四言成句，两句一韵。其中特别值得注意的是，"勉力风诵，昼夜勿置"一句应该是童蒙识字课本中最早提出"诵读"理念的记载。

（三）《急就篇》

秦汉时期有8部有影响的童蒙识字课本，分别是《仓颉篇》（李斯）、《爰历篇》（赵高）、《博学篇》（胡毋敬）、《训纂篇》（扬雄）、《滂熹篇》（贾鲂）、《凡将篇》（司马相如）、《急就篇》（史游）、《元尚篇》（李长）。以上字书，除《急就篇》完整地留传下来，《仓颉篇》还有残简以外，其他都已散佚不传。

　　《急就篇》为西汉人史游所著，以 63 字为一章，共 32 章，今本 34 章。全书取首句"急就"二字为篇名，就是"速成"的意思，说明这是一本速成的识字课本。内容涉及农艺、饮食、器用、音乐、生理、兵器、飞禽、走兽、医药、人事等方面的应用字。全书共收 2016 字，无一重文，文辞雅奥。作者按姓名、衣服、饮食、器用等分类变成韵语，多数为七字句，这样学童在学习认字的同时还能增长各方面的知识。第一部分列举了 132 个姓，三字一句；第二部分"言物"，依次叙述了饮食、衣物、器物、音乐、兵器、车马、宫室、植物、动物、药品等，七字一句；第三部分是职官方面的字。全书最后用四字句歌颂汉代的盛世。《急就篇》的主要特点有三个方面：一是生字的密度大；二是整齐押韵，便于诵读记忆；三是知识比较丰富。《急就篇》中很多字词一直沿用至今，为汉语词汇研究提供了宝贵的资料。

（四）《千字文》

　　《千字文》传为南朝梁周兴嗣（469—521）所作。《梁书·文学传上·周兴嗣》载："自是《铜表铭》、《栅塘碣》、《北伐檄》、《次韵王羲之书千字》，并使兴嗣为文，每奏，高祖辄称善，加赐金帛。"① 《次韵王羲之书千字》即《千字文》。今所见《千字文》各种版本于题下皆署为周兴嗣"次韵"。相传，"梁武教诸王书。令殷铁石于大王（王羲之）书中搨一千字不重者，每字一片纸，杂碎无序。武帝召兴嗣，谓曰：'卿有才思，为我韵之。'兴嗣一夕编次进上，鬓发皆白，而赏锡甚厚。右军孙智永禅师自临八百本，散与人外，江南诸寺各留一本。"② 这段故事，或谓传说不足为信。根据上引《梁书》所记梁武帝对周兴嗣十分赏识，每嘱为文的情形来看，故事所言之事是有可能发生的。《千字文》句式整齐，从头至尾都是四字一句，共 250 句，计 1000 字，融知识性、可读性、教化性为一炉，

---

① 姚思廉. 梁书［M］. 北京：中华书局，1997：698.
② 韦绚. 刘宾客嘉话录［M］//车吉心. 中华野史：第 2 册. 济南：泰山出版社，2000：198.

以其包罗万象、易诵易记的特点成为中华蒙学的不朽之作。

《千字文》从"天地玄黄，宇宙洪荒"谈起，条理有序地吟咏天文、地理、自然、社会、历史、伦理、教育等多方面的知识。结构完整、文采飞扬。押韵和谐、对仗工稳，读来朗朗上口。顾炎武称《千字文》"不独以文传，而又以其巧传。后之读者苦《三仓》之难，便《千文》之易，于是至今为小学家恒用之书。"① 到清代，《千字文》已经成为流传最广最久的蒙学课本。《千字文》在中国古代的童蒙读物中，是一篇承上启下的作品，它不仅是启蒙和教育儿童的最佳读物，更是一部生动优秀的小百科，为我国综合性蒙学教材的开山之作，直接影响了后来《蒙求》、《三字经》、《龙文鞭影》、《弟子规》等一系列蒙学教材的编写体例和内容。

（五）《蒙求》

唐代李翰的《蒙求》是唐五代到北宋最为通行的童蒙课本。全书都用四言韵文，每四个字是一个主谓结构的短句，各讲一个掌故，内容涉及天文、地理、历史、神话、医药、占卜、民族、战争、动物、植物等。全文每两句为一组，互为对偶。逢双句押韵，每八句押一韵，属对精工。如"匡衡凿壁，孙敬闭户"、"仲连蹈海，范蠡泛湖"、"绿珠坠楼，文君当垆"等，全书592个典故组成一篇完整的四言诗。《蒙求》大部分内容为历史人物故事，如"西施捧心"、"周处三害"、"张敞画眉"、"老莱斑衣"、"孔融让果"等。此书不局限于儒学义理之教，着重记述历史人物的事迹言行，通过对前贤的称述，表达作者的理想。其典故出处非常浩博，包括儒家经典、诸子百家、历史典籍，甚至还有不少笔记小说，如《世说新语》、《西京杂记》、《搜神记》等。其中很多成为后来《三字经》、《龙文鞭影》、《幼学》等蒙学课本取材的来源。

《蒙求》在蒙学史上是一部可与《急就篇》、《千字文》前后辉映，具有开创性的诵读著作。元初程端礼把《蒙求》与《千字文》相提并论。自

---

① 张志公. 传统语文教育初探［M］. 上海：上海教育出版社，1962：13.

李翰首创《蒙求》一千多年来，蒙书迭出，如《本朝蒙求》、《两汉蒙求》、《左氏蒙求》、《南北史蒙求》、《十七史蒙求》、《训女蒙求》、《六经蒙求》等，对封建社会启蒙教育的发展起到了重大的推动作用。它们的共同特点是整齐押韵，便于诵读，既达到了识字的目的，同时又增长了儿童的知识，为下一步教学打下了良好的基础。这些蒙书的出现从某些方面反映了封建时代对启蒙教育的重视程度。

（六）《百家姓》

《百家姓》成书于北宋初年，作者未知，一般认为出自宋初五代十国的吴越宿儒之手。《百家姓》是以四言韵语的形式集中阐述中华主要姓氏的蒙学识字课本，共收姓氏411个，后增补到504个，其中单姓444个，复姓60个。宋刻本今已不传，目前可见的有元代刊本。《百家姓》并不依照各姓氏的人口数量排序。《百家姓》形成于宋代吴越钱塘地区，宋朝皇帝赵氏、吴越国王钱氏、吴越国王钱俶正妃孙氏，以及南唐国王李氏的姓氏——"赵钱孙李"遂成为前四姓。

《百家姓》成书后即在社会上广泛流行。南宋陆游《秋日郊居》诗曰："儿童冬学闹比邻，据案愚儒却自珍。授罢村书闭门睡，终年不着面看人。"诗下自注曰："农家十月乃遣子入学，谓之冬学，所读《杂字》、《百家姓》之类，谓之村书。"① 可见此书在民间颇为流行。此书在流传的过程中，出现了不少的改写本。如明代以"朱"开头的《皇明千家姓》；清代以"孔"为首句，以"孟"为次句开头的《御制百家姓》等。元明以来还出现了《女真百家姓》、《蒙古字母百家姓》等。尽管《百家姓》这种囫囵吞枣的识字法有一定的缺陷，如上海初学儿童戏读"柏水窦章"为"百水豆浆"，戏读"奚范彭郎"为"稀饭盆凉"。但千百年来《百家姓》与《三字经》、《千字文》相配合，成为我国古代蒙学中的固定教材，其影响却是不可低估的。

———————————

① 陆游. 陆游集［M］. 北京：中华书局，1976：691.

（七）《三字经》

《三字经》素有"千古一奇书"、"袖里《通鉴纲目》"（清代贺兴思语）的美誉①，堪称古代蒙学教材的顶峰。《三字经》文字简洁，善于概括，在千余字的篇幅里容纳了大量的知识和道德教育内容。它三字一句，短而谐韵，便于记诵。即便在今天，它也是备受青睐，被联合国教科文组织选作《儿童道德丛书》之一，影响广及四海，成为当代儿童了解我国优秀传统文化的首选教材。

《三字经》的作者大致有四种说法：一说是宋末的区适子；一说为明代黎贞；一说是区适子撰，黎贞增广；多数人认为是南宋名儒王应麟（1223—1296）编撰。实际上，作者应该不止是宋代的王应麟，因为《三字经》中有"明太祖，久亲师。传建文，方四祀。迁北京，永乐嗣。迨崇祯，煤山逝"的句子，说明在明代以后有人在完善此书。1416 个字 472 句的《三字经》新添了"同光后，宣统弱，传九帝，满清殁。革命兴，废帝制，立宪法，建民国"的文字，可见民国以后还有人在继续补充完善。《三字经》的内容约略可分作六个部分。一是人性教育篇，以孔孟的观点来说明人性本质和教育的重要性，又以历史人物来说明环境教育和家庭教育对学习的影响。二是伦理道德篇，内容包括"三纲五常"等封建礼教的基本纲领。三是名物常识篇，囊括日常生活的基本常识：数学、天文、地理、职业、生物、情绪、感官、知觉等。四是国学常识篇，有小学之要、古代经典略说、诸子百家说要。五是历代兴废篇，备述各代更迭情形。六是劝学篇，列举领各代学术风骚的学者，借以了解历代学术特色，又介绍学者应具有励志求学精神，劝勉学童勤学。全文表现了教育儿童要重在礼仪孝悌，端正儿童的思想，敦厚儿童的品德，其次才是传授知识的教育思想。

《三字经》形式上是三字一句的韵文，简练易读，被公认为"开三言

---

① 胡维草. 中国传统文化荟要：第 2 册［M］. 长春：吉林人民出版社，1997：445.

韵语蒙书之先例"的蒙学读本①。其用韵十分灵活，大部分是在每四个句子的二、四句里押韵，读来变换有致。在修辞上也采用了诸多技巧，如顶真、排比、对句等，极富变化。遣词用字均是引经据典，加以浓缩组织而成。"从句法上看，可以说得上是灵活丰富，包罗了文言里的各种基本句式，既有训练儿童语言能力的作用，又使全书的句子显得有变化、样式多、不枯燥。"② 尽管《三字经》含有某些封建思想的糟粕，但从总体上看，《三字经》是一部启蒙教育的经典之作，是一部优秀的诵读教材。

（八）《千家诗》

《千家诗选》全称《分门纂类唐宋时贤千家诗选》，相传为南宋刘克庄（1187—1269）编撰。因此，清代有的版本如棟亭重刻本称《后村千家诗》。现存最早的《千家诗》为元刊本。到明代，《千家诗》演变为基本的童蒙教材。坊间又出现了两种千家诗，即署宋谢枋得选、明王相注的《重定千家诗》和王相选注的《新镌五言千家诗》。后书坊将两者合刊，即为通行版本的《千家诗》。《千家诗》虽然号称千家，实际只录有122家。按朝代分：唐代65家，宋代52家，五代1家，明代2家，无从查考年代的无名氏作者2家。其中选杜甫的诗最多，共25首，其次是李白，共8首；女诗人只选了宋代朱淑真2首。因为它所选的诗歌大多是唐宋时期的名家名篇，易学好懂，题材多样——山水田园、赠友送别、思乡怀人、吊古伤今、咏物题画、侍宴应制，较为广泛地反映了唐宋时代的社会现实，所以在民间流传广泛，影响极其深远。

《千家诗》是现代人常常提到的蒙学读物"三百千千"（《三字经》、《百家姓》、《千字文》和《千家诗》的合称）之一。"三百千千"对应儒家的"四书"，被民间称为"启蒙小四书"，足见其影响之大。《千家诗》在明清两朝流传极广、影响深远。它从一开始就受到广大读者的青睐，而

---

① 李逸安，张立敏. 中华经典名著·全本全注全译丛书：三字经·百家姓·千字文·弟子规·千家诗［M］. 北京：中华书局，2011：5.

② 张志公. 传统语文教育初探［M］. 上海：上海教育出版社，1962：19.

"千家诗"这个书名更是被广泛采用，例如清代有《国朝千家诗》、《续千家诗》，民国间有《醒世千家诗》，当代又有《官厅湖畔千家诗》、《岭南千家诗》、《五朝千家诗》、《少儿现代千家诗》、《中国现代千家诗》、《外国千家诗》等，不一而足，蔚为大观，足见《千家诗》的影响。

（九）《龙文鞭影》

《龙文鞭影》原名《蒙养故事》，明代萧良友编撰，后经杨臣诤增订，改名《龙文鞭影》。龙文，骏马名。《汉书·西域传赞》："蒲梢、龙文、鱼目、汗血之马充于黄门。"颜师古注引孟康曰："四骏马名也。"① 《龙文鞭影》书名的寓意为骏马看到鞭影就会快跑，比喻读了此书可以迅速掌握知识，典故自然会运用自如，并鼓励学童进一步去追求更多的学问。此书一出，立刻成为"盛行于乡塾间"的畅销蒙学读物。

《龙文鞭影》的内容主要来自"二十四史"中的人物典故，同时又从《庄子》和古代神话、小说、笔记如《搜神记》、《列仙传》、《世说新语》等书中广泛收集故事。全书涉及历史上许多著名人物如孔子、诸葛亮、司马迁、李白、杜甫、朱熹等，收辑了包括"孟母断机"、"毛遂自荐"、"荆轲刺秦"、"鹬蚌相争"、"董永卖身"、"红叶题诗"等2000多个典故，内容涉及政治、经济、军事、道德、文艺、儒林、方术、怪异、奸佞诸多方面，可称之为一本典故大全。该书全部为四言韵文，共1006句。上下两句对偶，各讲一个典故，逐联押韵。全书按韵编排，文字简练，易于理解，便于记忆，是一本重要的蒙学诵读读物。

（十）《增广贤文》

《增广贤文》又名《昔时贤文》、《昔氏贤文》、《古今贤文》，作者佚名。书名最早见于明代万历年间的戏曲《牡丹亭·闺塾》："《昔氏贤文》，把人禁杀。"由此可推知此书最迟成于万历年间。经过后代文人的不断增

---

① 班固. 汉书［M］. 北京：中华书局，1962：3928.

补，才改成现在这个模样，称《增广昔时贤文》，通称《增广贤文》。自清后期以来，风行全国，成为很有影响的蒙学诵读教材。

《增广贤文》内容十分广泛，从礼仪道德、典章制度到风物典故、天文地理等，几乎无所不包。它的编写方法基本上是围绕封建社会待人处世的准则，讲述人情世故、为人处世、读书冶性、结朋交友、做事为官的具体做法等。并按照一定的音韵，把历代的各种贤文、格言、谚语、成语和名句汇集成册。其缺点是没有段落篇章，内容比较杂乱。后来清代的硕果山人重新编排了《增广贤文》，并将其命名为《训蒙增广改本》，以四言、五言、六言、七言和杂言的顺序编排，并将意义相近的内容尽量放在一起，以便于儿童阅读。

（十一）《幼学琼林》

《幼学琼林》是中国古代儿童的启蒙读物，最初叫《幼学须知》。关于它的编写者，一直存有争议。比较通行的说法是明末清初的程登吉所编。清嘉庆年间邹圣脉在原本基础上进行增补注释，并更名为《幼学故事琼林》，简称《幼学琼林》。书名取"琼林"，一是源自唐德宗时的"琼林库"，寓意书中收纳丰富，为知识的宝库；二是"琼林苑"是宋代皇帝设宴款待新科进士的场所，以此寄予对蒙童的美好祝福，勉励他们勤奋求学，早日金榜题名。

全书3万余字，借鉴了类书"以类相从"的编排方式，共计4卷33类，涵盖了天文地理、家庭伦理、节气民俗、科举官职、饮食起居、花木鸟兽、宫室器具、神话传说、宗教迷信乃至为人处世等方面的内容。《幼学琼林》顺应了儿童的心理特点和学习习惯，用韵语和对仗的方式将文句排列开来，既典雅又适于儿童诵读。大量历史典故的编入，使得内容丰富而具趣味性。注意将生硬的道德说教巧妙地融于哲理警句或人物事迹中，既通俗易懂又易于接受。可以说是一部融知识性、趣味性、实用性为一体的综合性知识读物。《幼学琼林》自问世以来，得到了人们的普遍重视，成为明清乃至民国时期通行最广泛、使用人数最多的蒙学教材之一，很多私塾和学堂都把它作为蒙童识字、诵读的首选教材。

（十二）《弟子规》

《弟子规》原名《训蒙文》，作者为清初著名学者、教育家李毓秀（1647—1729）。李毓秀平生只考中秀才，主要活动是教书，被人尊称为"李夫子"。《训蒙文》借鉴了儒家经典《论语》，朱熹的《小学》、《童蒙须知》，以及陈淳的《小学诗礼》，真德秀的《家塾常仪》，程端蒙、董铢的《程董学则》等，在此基础上，择优去繁，取重去偏，以三言韵语的形式编写而成。后经清朝贾存仁（1724—1784）修订改编，更名为《弟子规》。

《弟子规》以《论语·学而》中的"弟子，入则孝，出则悌，谨而信，泛爱众，而亲仁，行有余力，则以学文"为总纲领，全文共 1080 个字，涉及日常生活中 113 件事，包括儿童在家、外出、待人、接物与学习上应该遵守的行为规范。加之其参照《三字经》的形式，采用三言韵语编辑，语句通俗、语意明确，读起来朗朗上口，深受儿童喜爱，其影响之大、诵读之广仅次于《三字经》。尽管《弟子规》含有某些封建思想的糟粕，但从总体上看，它集中国传统家训、家规、家教之大成，是一部优秀的蒙学读物。

第二节　古代的中华经典诵读课程

中国古代有着悠久的经典诵读教育的传统。我们由《尚书》"有典有则，贻厥子孙"和"惟殷先人，有册有典"的记载可知，殷人有以典、册作为经典，对子弟进行教育的课程设置。西周时代学校教育已大为兴盛，不仅有大学，还有小学；不仅有国学，还有乡学；不仅有宫廷教育，还有幼儿教育。一个以礼、乐、射、御、书、数为主体的"六艺"教育体制逐渐形成。礼、乐教育是西周王室培养贵族人才的重要手段，诗歌吟诵是当时各类学校里开设的一门必修课，因为这在周代的社会政治和文化生活中具有广泛的用途。在教学时间上，"十有三年，学乐诵诗，舞《勺》……"（《礼记·内则》）。《周礼·春官·大司乐》则称："以乐语教国子，兴、道、讽、诵、言、语；以乐舞教国子，舞云门、大卷、大咸、大磬、大夏、大濩、大武。"① 当时的诗歌、音乐、舞蹈是一体的，其中"以乐语教国子"的表述，说明称引古语、背诵诗歌、吟咏古文以提高语言的优雅，已经成为周代学子必修的一门科目。

在中国古代，诵诗言志是政治、文化、教育生活中的重要传统，所谓"不学诗，无以言"，正是由此而发。在课程实施与安排上，如明代大科书院的《大科堂训》便规定"诸生进德修业，须分定程限，日以为常。每日鸡鸣而起，以寅卯辰三时诵书"②，也就是说一天之中要拿出六个小时来诵读经典。就学习方法而言，明代弘治时期的《弘道书院学规》提出了自己的办学理念与规定，第三条曰"诵读"。要求"每日读经书，一般《易》、《诗》、《书》、《春秋》、《礼记》之类。四书，一般《论语》、《大学》、《中庸》、《孟子》之类。史书，一般《通鉴纲目》、《续通鉴纲目》、《通鉴节要》、《续通鉴节要》、《史略》、《史断》之类。随其资质高下，限以遍数，多读熟记，厥明升堂背诵。"③ 清代曾国藩则强调："读者，如《四书》、《诗》、《书》、《易经》、《左传》诸经，《昭明文选》，李杜韩苏之诗，韩欧曾王之文，非高声朗诵，则不能得其雄伟之概；非密咏恬吟，则不能探其深远之韵。"④ 可知经典诵读课程及教学法在古代教育中一直占据着重要的地位。再从诵读课程体系来看，它也经历了一个由萌生到专门化、体系化的历程。也正因为如此，优秀的传统文化经典才得以延续和发展。

① 郑玄注，贾公彦疏. 周礼注疏 [M]. 上海：上海古籍出版社，2010：833.
② 湛若水. 湛甘泉先生文集 [M]. 清康熙二十年重刻本·卷六.
③ 邓洪波，陈吉良. 从学规看明代书院之课程建设——以弘道. 大科. 湖南三书院为例 [J]. 湖南大学学报，2007（6）：28.
④ 曾国藩. 曾国藩教子书 [M]. 长沙：岳麓书社，1986：8.

一、古代蒙学课程

中国古代很早就有分阶段教育的小学与大学之分。随着教育的发展，教学中的这种分层也越发明显。如班固《汉书·食货志》曰："余子亦在于序室。八岁入小学，学六甲五方书计之事，始知室家长幼之节，十五入大学，学先圣礼乐，而知朝廷君臣之礼。"① 蒙学教育在不同的阶段，课程设置是不同的，诵读教学课程也是如此。从识字、读书、作文的基本训练到向儿童传授政治、道德、历史、自然等方面的基本知识。在此基础上，逐步产生了众多的经典蒙学教材。在教学环节上，诵读是一个非常重要的环节。如教授学童"句读"，使其逐字逐句点读分明，以便理解文义；教师进行范读，《训蒙诀》称要做到"声声字眼念清真，不论遍数教会住"；乃至学童读书要做到"心到、眼到、口到"，并以背诵作为督促检查的重要手段。所以，经典诵读一直是蒙学课程的重要内容。

蒙学课程体系在宋代便得以完备。从元代到清代，虽然有补充和发展，但其课程设置基本继承着宋代开创的格局。一般来说，按照学习阶段进行划分，蒙学课程设置可大致分为初级识读、初级到高级的过渡读写、高级读写三个阶段的课程。②

（一）初级识读阶段课程

中国古代的启蒙教育是从集中识字开始的。如西周设立官学制度，凡设立在周天子京城和诸侯国都的学校统属于"国学"，且有小学与大学之分，对贵族子弟进行全方位的培养。"国学"的课程设置较为固定，即礼、

---

① 班固. 汉书 [M]. 北京：中华书局，1999：946 - 947.

② 此处借鉴喻岳衡和陈黎明等人的观点。如喻岳衡指出，旧时代的启蒙教育，从集中识字开始，逐步过渡到读写训练，再到训练阅读和作文。见其《传统蒙学书集成》，岳麓书社，1996年版，第1—4页。陈黎明、邵怀领《古代蒙学教材的分类》一文指出：蒙学教材从学习程度或谓学习步骤的角度来看，可分为初级识写类、高级读写类及由初级到高级的过渡类。这其实也是蒙学学习的三个阶段。见《河北师范大学学报》2011年第5期第25页。

乐、射、御、书、数六门。其中，"书"指书写，应与殷商的文字之学相类。《汉书·艺文志》认为《史籀篇》为周代史官教授童蒙的教材。在此后涌现出的众多识读教材，如《仓颉篇》、《博学篇》、《凡将篇》、《急就篇》、《捷径杂字》、《包举杂字》、《千字文》、《百家姓》、《三字经》等，表明识读课程在诵读教学的基础地位以及受重视的程度。宋代《京兆府小学规》规定，京兆府小学的生徒分为三等。最初级一等的教学内容主要是识字（包括读和写），另外学习少量的诗歌，"每日念书五七十字，学书十行；念诗一首"①。用较短的时间教儿童集中地认识常用生字，然后才逐步教他们读书，正是古人在长期的实践中结合汉语汉字的特点而探索出的诵读教学的方法，对蒙学诵读的课程设置产生了很大的影响。

（二）初级到高级过渡的课程

在集中识字之后，第二阶段的课程便是逐步过渡到读写训练，主要教材是各种韵语知识读本。张志公曾经指出："古代没有严格的教学计划之类，所以这个过渡性阶段有的独立进行，有的和前一阶段交错进行，有的和后一阶段交错进行。"② 其实这一阶段的课程主要是继续识字写字、初步阅读和诗赋创作。宋代《京兆府小学规》规定，京兆府小学生徒的第二等除了识字以外，诗赋教学的分量增大，学生开始作诗和读赋，每日撰写对子作为写作诗赋的基本训练，学习典故作为理解和创作诗赋的基础，"每日念书约一百字，学书十行；吟诗一绝，对属一联，念赋二韵，记故事一件"③。这个时期使用的教材主要有《颜氏家训》、《神童诗》、《叙古千文》、《名物蒙求》、《名贤集》、《历代蒙求》、《增广贤文》、《龙文鞭影》、《幼学琼林》、《重订增广贤文》、《小学诗》、《教儿经》、《历代国号》、《四言便读》等。我们可以发现，这一阶段的课程，已经不再是单纯的识字。这些课程包含着丰富的人文、自然、社会知识，上至天文地理、宇宙

---

① 孙培青. 中国教育管理史 [M]. 北京：人民教育出版社，1996：193.
② 张志公. 传统语文教育教材论 [M]. 上海：上海教育出版社，1992：50.
③ 郭齐家. 中国古代的学校和书院 [M]. 北京：北京科学技术出版社，1995：96.

形成，下至风土人情、社会伦理、历史发展，内容十分丰富。体现出把识字教育和初步的知识教育以及封建思想的教育结合起来，同时进行诵读写作的基础训练的特点。人们常言，"读了《增广》会说话，读了《幼学》会看书"，表明这一阶段的诵读课程，对于提高蒙童的阅读水平，培养他们的自学能力，深入理解书中内容具有很重要的作用。

（三）高级读写阶段

启蒙教育的第三阶段主要是读写基本训练。这个阶段所用的教材主要有《声律启蒙》、《千家诗》、《唐诗三百首》、《巧对》、《训蒙骈句》、《笠翁对韵》、《古文观止》、《古文释义》、《古文笔法百篇》等。或者开始读一些儒家经典，则视学童年龄、程度等具体情况而定。如在汉代，学习程度稍高一些，便以《孝经》、《论语》为主要教材，这是经学的入门阶段。唐代由于当时的社会风尚以及科举考试注重诗赋，所以诵读教学中学诗作对的课程设置便显得十分重要。宋代《京兆府小学规》规定，京兆府小学的生徒最高的一等除对其识字和学习诗赋的要求提高之外，还增加了儒家经典的教学，并开始诵读史书以配合诗赋和经术的学习："每日抽签问所听经义三道；念书一二百字，学书十行；吟五七言古律诗一首；三日试赋一首，看赋一道，看史传三五纸。"① 元初程端礼制定的《程氏家塾读书分年日程》规定的课程设置中则有读《通鉴》、读韩愈文章、读《楚辞》的内容。在此基础上，"以二三年之工专力学文，既有学识，又知文体"②，以及练习"科举文字"，从而达到从诵读到写作能力的训练与提高。

二、儒家经典诵读

纵观古代教育史，我国整个古代教育内容是以儒家经典为主的，而儒

---

① 孙培青. 中国教育史［M］. 上海：华东师范大学出版社，2000：211.
② 程端礼. 程氏家塾读书分年日程［M］. 合肥：黄山书社，1992：51.

家经典的诵读是非常重要的一项教学内容。孔子对《诗》、《书》、《礼》、《乐》、《易》、《春秋》等课程的性质、作用进行了界定："入其国，其教可知也。其为人也，温柔敦厚，《诗》教也；疏通知远，《书》教也；广博易良，《乐》教也；絜静精微，《易》教也；恭俭庄敬，《礼》教也；属辞比事，《春秋》教也。"① 从孔子"诵诗三百"、"不学诗，无以言"等的论述中，我们可以看到他对诵读经典的重视程度。可以说孔子从课程内容和课程设置的价值取向上为中国古代经典诵读教学的课程体系奠定了基础，后来除《乐》丢失外，其余"五经"在我国两千多年的封建社会里一直是学校的基本课程，儒家经典诵读教育历代传承不绝。

（一）两汉时期诵经

汉武帝"罢黜百家，独尊儒术"，任官提拔"先用诵多者"。经学成了当时知识分子追求的热门学科，所谓"经学既明，取青紫如拾芥"。无论官学、私学，都以儒家经典为教学内容，诵经遂成为当时的风潮。《后汉书·儒林传上序》称："昔王莽、更始之际，天下散乱，礼乐分崩，典文残落。及光武中兴，爱好经术，未及下车，而先访儒雅，采求阙文，补缀漏逸。先是四方学士多怀协图书，遁逃林薮。自是莫不抱负坟策，云会京师。"② 此诚如班固所云："利禄之势使然。"教学内容由先秦的旧"六艺"向新"六艺"，即《诗》、《书》、《礼》、《易》、《乐》、《春秋》的转变，也使得教学方法由"实事"的技能训练为主向以书本知识学习为主的根本转变。清人皮锡瑞称："汉人无无师之学，训诂句读皆由口授；非若后世之书，音训备具，可视简而诵也。书皆竹帛，得之甚难，若不从师，无从写录；非若后世之书，购买极易，可兼两而载也。"③ 可知此时诵读已经成为最重要的学习方法。王充在《论衡·自纪》里说："手书既成，辞师受《论语》、《尚书》，日讽千字。经明德就，谢师而专门，援笔而众奇。所读

① 朱正义，林开甲. 礼记选译［M］. 成都：巴蜀书社，1990：161.
② 班固. 汉书［M］. 北京：中华书局，1997：2545.
③ 皮锡瑞. 经学［M］. 北京：中华书局，2004：88.

文书，亦日博多。"① 这里的"讽"就是诵读的意思。《华阳国志》载：东汉和帝永元中，张霸为会稽太守，"拨乱兴治，立文学，学徒以千数，风教大行，道路但闻诵声。"② 《后汉书·儒林传下·包咸》载：包咸"习《鲁诗》、《论语》。王莽末，去归乡里，于东海界为赤眉贼所得，遂见拘执。十余日，咸晨夜诵经自若，贼异而遣之。因住东海，立精舍讲授。"③ 诵经教育及其学习方法的影响之大由此可见一斑。

在长期封建社会中，经学作为课程，在汉代打下了坚实的基础，也直接影响着经学的诵读教学。其诵经教育先为蒙学教育，课程内容主要是识文习字，再从《孝经》、《论语》而至专习五经。对此王国维在《汉魏博士考》中指出，六艺、《论语》、《孝经》与小学三目，"皆汉时学校诵习之书。以后世之制明之，小学之书者，汉小学之科目；《论语》、《孝经》者，汉中学之科目；而六艺则大学之科目也。"④

（二）魏晋南北朝的诵经课程

魏晋时期，玄学清谈的风气和自然放任的教育思潮阻碍了教育事业的发展，长期的动乱影响了学校的正常秩序。九品中正制使士族有了做官特权不再需要认真读书，然而皇室需要利用学校来培养官吏。因此，这时期的教育特点是中央官学衰微，呈现出时兴时废状态。经学诵读教学课程受到玄学的影响。此时的教学有的直接用《老子》、《庄子》作为教材，利用儒家经籍的外壳灌输道家的思想，构成风靡一时的玄学。刘宋时期更立玄、儒、文、史四学，在分科教学中突出了玄学的地位。"四科并立"的学校存在的时间虽不长，但这种分科的教授制度是后代分科大学的开端。南北朝时期，讲诵经学的风气曾盛极一时。梁武帝重视文教事业，于天监七年（508 年）下诏书兴国子学。天监八年（509 年）下诏书规定：凡能

---

① 刘盼遂. 论衡集解［M］. 北京：古籍出版社，1957：580.
② 任乃强. 华阳国志校补图注［M］. 上海：上海古籍出版社，1987：535.
③ 班固. 汉书［M］. 北京：中华书局，1997：2570.
④ 王国维. 汉魏博士考［M］//王国维. 观堂集林：第 1 册. 北京：中华书局，1959：182.

通一经的，经过策试可量才录用，即使寒门也不见弃。陈文帝天嘉元年（560 年），嘉德殿学士沈不害上书请兴学校，选公卿子弟入学，使助教、博士朝夕讲经，文帝表示赞成，下诏书根据他的建议施行。北朝非常重视儒家的教学传统，官学和私学都非常重视诵经课程，加速了汉化和封建化的过程。正如颜之推在《颜氏家训·勉学》中说的，北朝"士大夫子弟，数岁以上，莫不被教，多者或至《礼》、《传》，少者不失《诗》、《论》"①。因此，在"黄金满籝，不如教子一经"的指挥棒下，也培养了众多的治世之才。

（三）隋唐时期的诵经课程

隋唐时期实行"尊孔崇儒"的文教政策，确立了国子学、太学、四门学等经学学校在学校教育体系中的主导地位，并因科举考试的专试儒家经典而得到了进一步的强化。在教材方面继承了汉朝对"五经"的发展，将"五经"扩充为"九经"，又细分为大经、中经和小经，并产生了《五经正义》这样统一的教材。其中大经包括《礼记》和《左传》两科目，中经包括《诗经》、《周礼》和《仪礼》三科目，小经包括《周易》、《尚书》、《春秋公羊传》和《春秋谷梁传》四科目。规定学习二经，必选一大经、一小经，或选两中经；学习三经，必选大中小三经各一经；学习五经，大经必学，其余各选一经。另加上《孝经》和《论语》作为公共必修科。至此，儒家的经典得到了进一步发展，儒学教学课程、科目得到了进一步的扩大，儒家经典在学校课程体系中的主体地位更加稳定。诵读儒家经典成为课程教学中的必然选择。

（四）宋代的诵经课程

宋代的文教政策重视读书学文，科举考试也仍以儒术为唯一的取士标

---

① 颜之推. 颜氏家训 [M]. 太原：山西古籍出版社，2001：67. ——校者注，句中的《礼》指《礼记》，《传》指《左传》，《诗》指《诗经》，《论》指《论语》。

准，所以经学课程在学校课程体系中仍处于惟我独尊的地位。宋政和四年（1114 年）朝廷颁布的制度规定，中央和州郡小学分为五个年级。儿童八岁入最初一级——外舍，认字和读经。政府指定的教材有大经五种，即《诗》、《书》、《易》、《周礼》、《礼记》，小经两种，即《论语》和《孟子》。当外舍的学生可以读一种大经，一天内写二百字，就升到第二级——内舍下等。当他们可以读一种大经和一种小经，一天内写三百字，就升到第三级——内舍上等。升到第四级——上舍下等的要求是能读两种大经和一种小经，一天内写四百字。升到第五级——上舍上等的要求是能读三种大经和一种小经，一天内写六百字。这种做法因为过早地要求儿童读经，有破坏循序渐进的教学规律的嫌疑，但也足见当时朝廷对儒家经典的重视。在教学上，宋代人提倡居敬持志，静坐读书，故此儒家经典诵读课程得以继续稳固，但是经学课程结构却有了明显的变化。这表现在两个方面：一是宋代在"十二经"的基础上将《孟子》并入，把经学扩充成"十三经"，使经学课程得到了进一步的扩大。另一个表现是宋代特别重视"四书"。宋理学家特别推崇《大学》、《中庸》、《论语》和《孟子》，朱熹还为这四本书作了《四书集注》，并提倡读书为学的方法，为后人所接受。由于朱熹的影响，宋代学校纷纷将"四书"作为必修科目，科举考试也由"四书"中取材，以《四书集注》做标准答案。这使得"四书"在学校课程体系中的地位逐渐超过了"五经"，学校课程体系的主体也由"五经"改换成同是儒家经典的"四书五经"。

（五）元代的诵经课程

元代诵经教学中，朱熹集注的"四书"比南宋时期更受重视，几乎成了唯一合法的教材和必读书。诵经教育课程贯穿于学习的各个阶段。程端礼《程氏家塾读书分年日程》对经典诵读课程的设置，十分注重诵读经典的程序：八岁入学之前，读程逢原增广的《性理字训》；八岁入学之后，读朱熹的《小学》，次读《大学》、《论语》、《孟子》、《中庸》、《孝经》，再读《易》、《书》、《诗》、《仪礼》、《礼记》、《周礼》及《春秋》并三传；十五岁后再以朱子法（循序渐进、熟读精思、虚心涵泳、切己体察、着紧用力、居敬持志）读"四书"注，并抄读以上经书。在读经上，程端礼对遍数都有要求，称"每大段内必分作细段。每细段必看读百遍，背读百遍"①。程端礼曾任儒学教谕、集庆路江东书院山长，门徒众多。当时国子监曾将《程氏家塾读书分年日程》颁行郡邑学校，明代诸儒读书也以此为准绳。清代陆陇其曾刊刻此书以资流传。此书可说是中国古代读经学文的教学计划。它注意教学程序，重视基本功训练，强调经常复习和考查，这对当时及后代的诵读教学及课程设置有一定的影响。

（六）明代的诵经课程

儒家经典在明代学校教育中依然占据着统治地位，诵读经典在课程设置中也得到了应有的重视。洪武三十年（1397 年）学规规定："三日一次背书，每次须读《大诰》一百字，本经一百字，《四书》一百字，不但熟记文词，务要通晓义理。若背诵讲解全不通者，痛决十下。"② 天顺六年（1462 年），明廷再次重申："学者读书，贵乎知而能行，先将圣贤经书熟读、背诵，牢记不忘，却从师友讲解明白，稗将圣贤言语而行之，敦尚孝弟忠信、礼义廉耻之行。"③ 明确强调以熟读背诵为践行儒家经义的基础。地方私学也十分重视儒家经典的诵读。王承裕曾建弘道书院，历弘治、正德、嘉靖三朝，其中，仅举贡监、中乡试、成进士而题名书院者就有 42人，极负盛名。其《弘道书院学规》专设"诵读"一条："每日读经书，一般《易》、《诗》、《书》、《春秋》、《礼记》之类。四书，一般《论语》、《大学》、《中庸》、《孟子》之类"，并且"随其资质高下，限以遍数，多读熟记，厥明升堂背诵"④。

---

① 程端礼. 程氏家塾读书分年日程［M］. 丛书集成初编本. 上海：商务印书馆，1936：1－2.

② 顾明远. 中国教育大系·历代教育制度考［M］. 武汉：湖北教育出版社，1994：1081.

③ 李东阳撰，申时行重修. 大明会典［M］. 台北：国风出版社，1963：1245.

④ 邓洪波，陈吉良. 从学规看明代书院之课程建设——以弘道、大科、湖南三书院为例［J］. 湖南大学学报，2007（6）：28.

位于山东省济南市大明湖的湖南书院的《训规》规定得更为详细，其第十条"稽课程"具体安排了全年四季的经书诵读日程安排，如春季三月需要诵读的经典为"《四书》（读上下《论语》），《易》（读《上经》），《书》（读《虞书》），《诗》（读国风的王风），《春秋》（读隐、桓、庄三公），《礼记》（读《曲礼》至《文王世子》），《性理》（读《太极通书》、《西铭》、《正蒙》），《孝经》"。夏三月、秋三月、冬三月也都有明确的篇目要求。这些课程所列的篇目，要求"必读必精"。并且规定："除考试之日，教官循此彻讲命题，每月逢三日作四书、五经各一篇，初六日论一篇，十六日时务策一道，二十六日表一篇。俱于本日午后呈递，各经教官亲笔改正，面论疵纯，领还，候本道不时下院撤看。逢九日，教官列诸生堂上，各另一簿，面试三篇，批评高下，分别次序。次日，同将考簿呈解本道查考。本道于每季终考试劝赏，学无进益者，发回本学。以上书课，皆不过为中人设耳，其有志意高广，欲成鸿钜，则非书程所能限也。"①"稽课程"表现了"四书五经"等儒家经典在诵读课程中的核心地位。这不仅固定了读书学习的内容，还有相关的教学方法以及课程考察方法，体系不可谓不完备。同时还为"志意高广"者提出了更高的要求。

（七）清代的诵经课程

清代学校课程设置与前代相比有改革的地方。如清初启蒙学者讲"经世致用"之学，在课程教材方面有很多新的主张，如黄宗羲主张"治史"，顾炎武主张"实用"，主张作社会调查。颜元在南漳书院则设文学、武备、经史、艺能等六科。这些都体现出在课程设置上的革新精神。但由于统治者要利用理学来控制思想，教学内容还是以理学为主。就清代官学课程设置来看，仍以科举考试的内容为中心，主要的考试内容为四书文、五经论、经史事务策等。地方官学的课程设置则有《御纂经解》、《性理大全》、

---

① 邓洪波，陈吉良. 从学规看明代书院之课程建设——以弘道、大科、湖南三书院为例[J]. 湖南大学学报，2007（6）：32.

《诗》、"十三经"、"四书"、《大学衍义》等。学校使用的教材也必须用指定的版本，如"四书"用朱熹的《集注》，《周易》用程颐的《传》和朱熹的《本义》，《尚书》用蔡忱的《传》，《诗经》用朱熹的《集传》，《春秋》用胡安国的《传》，《礼记》用陈浩的《集说》。清代的书院课程设置与地方官学、国子监的课程设置相近，也以"四书五经"为主要内容。

清代学校在课程分类方面分为小学和大学两类。小学是基础，包括识字及其深化，如文字学、训诂学、音韵学等；大学则主要是讲"四书五经"。就教学组织来看，有分年法、分斋法、自学法、讲会法之说，而诵读教学是其中非常重要的教学环节。如清初大儒李颙把学生自学的时间分为六段，清晨为第一段，静心养气，排除夜眠的惰性，第二段为饭前晨读。这两段都是准备阶段。第三段为饭后，读四书"白文"（即无注释者）。第四段为午饭后，读《大学衍义补》……第六段为每晚初更之时，挑灯夜读《资治通鉴纲目》以及理学大师"濂洛关闽"① 等的著述，可见对儒家经典的诵读一直处在核心的位置。

三、文学经典诵读

文学作品一直是古代经典诵读的重要内容。先秦时期，常见读文诵诗之语。如《周礼·秋官》中的"读其誓禁"，《左传·襄公二年》中的"公读其书"，《论语》中的"诵诗三百"，以及《孟子·万章下》中的"颂（诵）其诗，读其书"等。以现在的眼光来看，这都是文学教育的内容。其学习的基本方式即为诵读。魏晋南北朝以后，随着文学意识的自觉，文学经典的诵读，乃至文学课程的设置，越来越受到古人的重视。

---

① 濂洛关闽：指宋朝理学的四个重要学派。濂指周敦颐。因其原居道州营道濂溪，世称濂溪先生，为宋代理学之祖，程颐、程颢的老师。洛指程颐、程颢兄弟，因其家居洛阳，世称其学为洛学。关指张载，张家居关中，世称横渠先生，张载之学称关学。闽指朱熹，朱熹曾讲学于福建考亭，故称闽学。

（一）先秦时期的文学诵读

先秦时期，诵读教学是中国早期经典传承的主要方式。伏俊琏在《谈先秦时期的"诵"》一文中将先秦时期的"诵"分为三种：行人之诵、瞽史之诵、经师之诵。① 其中，"行人之诵"就是外交场合的赋诗言志。"瞽史之诵"就是把帝王世系、四方古史传说及风俗民情等用"乐语"的形式讲诵传播。"经师之诵"主要指的是教师传授学生的讲诵。"诵"体现在文本上大致是节奏感强，韵律和谐。《论语·先进》载："德行，颜渊、闵子骞、冉伯牛、仲弓；言语，宰我、子贡；政事，冉有、季路；文学，子游、子夏。"② 也就是说，孔门弟子根据其学业特长分为德行、言语、政事、文学四科。其中"言语"指政治外交辞令、宾主应对等语言表达。以文字记录语言，便是文章。"文学"泛指学问、文教、文化修养等。按杨伯峻先生的解释，"文学"是指古代文献典籍，即孔子所传的《诗》、《书》、《易》等。所以，从学问研习典籍的角度来看，今天看来是文学作品的《诗经》也是包括在内的。这种文本的传授与学习等可以看作文学诵读课程的萌芽。

（二）汉代的文学诵读

汉代文学虽仍未走向自觉，但文学作品却越来越受到重视。汉代宫廷则有诵读辞赋之风。据《汉书·朱买臣传》记载，受汉武帝召见，朱买臣"言《楚辞》，帝甚悦之"，由是朱买臣而贵。汉宣帝时，有九江被公因为能够诵读《楚辞》而被召见，得到赏赐。汉宣帝又派王褒等人诵读辞赋为太子疗疾："诏使褒等皆之太子宫虞侍太子，朝夕诵读奇文及所自造作。疾平复，乃归。太子喜褒所为《甘泉》及《洞箫颂》，令后宫贵人左右皆诵读之。"③ 汉成帝也有召见刘歆"诵读诗赋"的记录。可知汉赋"这种

---

① 伏俊琏. 谈先秦时期的"诵"[J]. 孔子研究，2003（3）：67.
② 杨伯峻. 论语译注［M］. 北京：中华书局，1980：110.
③ 班固. 汉书［M］. 北京：中华书局，1997：2829.

新文体确立后，也和楚辞一样成为士人贵族的诵读物"①。而对于侍从文人来说，诵读辞赋不但可以取悦时主，同时也可以通过诵读领悟作赋之道。王符《潜夫论·务本》称："今赋颂之徒，苟为饶辩屈骞之辞，竞陈诬罔无然之事，以索求见怪于世。愚夫憨士，从而奇之。此悖孩童之思，而长不诚之言者也。"② 此虽批评，却可以看出当时民间诵赋风气之盛。同时，两汉家学承传也需要引起我们的注意。从两汉史籍和《全汉文》、《全后汉文》中所载作家的情况看，父子传业或几代人递相传业形成的文学家族相当可观。所以，综合各方面来看，汉代文学作品的诵读训练的存在，应是题中应有之义。

（三）魏晋南北朝的文学诵读

魏晋南北朝时期，文学由自觉走向初步繁荣。特别是刘宋文帝元嘉十五年（438年），立儒、玄、文、史四馆。这是对"罢黜百家，独尊儒术"格局的重大突破。同时，家族文学的教育与传承，各种文学集团的存在，以及统治集团对文学的提倡等，都对文学作品诵读起到很重要的促进作用。从家族的传承来看，魏晋南北朝时"一门能文"的现象比较普遍，特别是世家大族非常注重对后代文学素质的培养，加强对文学作品诵读的训练，而文学甚至成为很多世家大族的家学。如王、袁、颜、谢四大家族文士辈出，盛于一时。文学成为评判士人才学的标准之一。《世说新语》载："王孝伯（恭）言，'名士不必须其才，但使常得无事，痛饮酒，熟读《离骚》，便可称名士。'"③ 可知诵读文学作品成为当时名士之风的重要标记。名门贵族都提倡文学，附庸风雅。《南齐书·王俭传》载："上曲宴群臣数人，各使效伎艺，褚渊弹琵琶，王僧虔弹琴，沈文季歌《子夜》，张敬儿舞，王敬则拍张。俭曰，'臣无所解，唯知诵书。'因跪上前诵相如

---

① 聂石樵，李炳海. 中国文学史：第1卷 [M]. 北京：高等教育出版社，1999：156.
② 王符. 潜夫论 [M]. 上海：上海古籍出版社，1978：19.
③ 余嘉锡. 世说新语笺疏 [M]. 北京：中华书局，1983：764.

《封禅书》。"① 文学也成为士人求官的阶梯。《梁书·任昉传》称："观夫二汉求贤，率先经术。近世取人，多由文史。"② 《南史·袁峻传》亦曰："梁武帝雅好辞赋，时献文章于南阙者相望焉。"③ 吟诵在这一时期成为一种普遍的社会风气和诗文传播方式。曹丕《又与吴质书》中言："昔日游处，行则连舆，止则接席，何曾须臾相失。每至觞酌流行，丝竹并奏，酒酣耳热，仰而赋诗。"④ 钟嵘《诗品序》称："故词人作者，罔不爱好。今之士俗，斯风炽矣。才能胜衣，甫就小学，必甘心而驰骛焉。于是庸音杂体，人各为荣。至使膏腴子弟，耻文不逮。终朝点缀，分夜呻吟。"⑤ 至于学习的内容和教材，此时比较广泛，既有前代的经典名著如《诗经》、《楚辞》、汉赋，也有当朝大家的诗作，如左思《三都赋》写成而洛阳纸贵。

（四）隋唐时期的文学诵读

隋唐时期，文学诵读得到长足的发展，这与唐代尚好文学的风气有关。明人高棅称："唐世诗学之盛，上自帝王公卿，下至山林韦布，以及乎方外异人，闺阁女子，莫不愿学焉。其篇什之多，不可胜纪。"⑥ 文学诵读的发展，当时的科举制度也起到了很重要的促进作用。正式以诗赋取士的进士科始于隋炀帝大业年间。唐代承袭隋制，进士科主要考杂文。到开元、天宝年间又改为写诗、赋各一首。这直接在唐代营造了一种重视诗赋的氛围，诗赋成为学子仕进必备的基本素养。各类学校在课程体系、教学内容设置上对文学更加重视，诗词文赋不仅是教育教学的重要内容，还是教育教学的重要形式。

从唐代学校课程设置来看，《诗经》、《楚辞》、《文选》、名家作品以

---

① 萧子显. 南齐书 ［M］. 北京：中华书局，1972：435.

② 姚思廉. 梁书 ［M］. 北京：中华书局，1973：258.

③ 李延寿. 南史 ［M］. 北京：中华书局，1975：1777.

④ 曹丕. 魏文帝集 ［M］//张溥. 汉魏六朝百三名家集：第 1 册. 南京：江苏古籍出版社，2002：726.

⑤ 钟嵘. 诗品全译 ［M］. 徐达，译注. 贵阳：贵州人民出版社，1992：14.

⑥ 高棅. 唐诗品汇 ［M］. 上海：上海古籍出版社，1982：53.

及律诗等的讲授是非常重要的方面。《唐诗纪事》载，元稹"尝于平水市中，见村校诸童，竞习歌咏，召而问之，皆对曰：'先生教我乐天、微之诗。'固亦不知予之为微之也"①。唐代诗歌教育空前发达，"幼儿就学，皆诵当代之诗"。根据傅璇琮《唐代科举与文学》考证，"以诗赋作为进士考试的固定的格局，是在唐代立国一百余年以后。"② 所以村校要教诗，而且要教同时代诗人的诗，这样才便于模仿。如皮日休在《伤严子重序》中说："余为童在乡校时，简上抄杜舍人《牧之集》，见有与进士严恽诗。"③

唐代学校对《文选》的讲授尤为重视。贞观年间，曹宪江淮讲授《文选》，弟子许淹、李善、公孙罗及魏模父子相继以《文选》教授生徒；其后，李善晚年居汴、郑间，以讲授《文选》为业。杜甫称，"诗是吾家事，人传世上情。熟精文选理，休觅彩衣轻"（《宗武生日》），可见《文选》的重要地位。《文选》受到重视，与科举取士有着很大的关系。唐代的省试诗赋，注重文词的工丽精巧，讲究声韵，这与《文选》代表的齐梁时期作品风格相类。同时，《文选》在选录的七百多首作品中，有赋、诗、骚、七、诏、册、令、教、文、表、上书、启、奏记、书、檄、对问、设论、辞、序、颂、赞、符命、史论、史述赞、论、连珠、箴、铭、诔、哀、碑文、墓志、行状、吊文、祭文等约39种文体，其作为士子手头现成的收录诗歌、辞赋及各种杂文最完备的总集，自然成为不可多得的写作范本。熟读《文选》有助于在应试前掌握各种文体的写作技巧。于是《文选》便成了唐代士子应考的必读之书。这使得文学诵读教育在唐代获得了长足发展，也为唐代造就了一大批业诗攻赋之人。正如宋代严羽《沧浪诗话·诗评》所说的："唐以诗取士，故多专门之学，我朝之诗所以不及也。"④

（五）两宋时期的文学诵读

宋代学校课程设置虽然尤重儒学经典，但文学诵读课程的内容也是非

---

① 计有功. 唐诗纪事［M］. 北京：中华书局，1965：577.

② 傅璇琮. 唐代科举与文学［M］. 西安：陕西人民出版社，2007：170.

③ 同①：994.

④ 严羽. 沧浪诗话校释［M］. 郭绍虞，校释. 北京：人民文学出版社，1961：147.

常重要的。宋朝崇文的国策，学校教育的发达，文学创作的繁荣，印刷技术的进步等，都为文学诵读课程的设立提供了良好的人文环境。同时，科举取士对文学诵读内容的设置也有很大影响。宋初科举承唐和五代余风，偏重诗赋。北宋中后期进士科的诗赋策论曾经一度让位于经义。神宗熙宁八年（1075 年）曾颁王安石《三经新义》为科举教材，徽宗政和年间甚至著律令，"士庶传习诗赋者，杖一百。畏谨者至不敢作诗。"① 宋代仁宗朝后期的皇祐年间，古文已盛行于世，到嘉祐年间，古文写作成为一种很流行的风气。对此，苏轼在《拟进士对御试策》中说："昔祖宗之朝，崇尚辞律，则诗赋之工，曲尽其巧；自嘉祐以来，以古文为贵，则策论盛行于世，而诗赋几至于熄。"② 至南宋，又逐渐演化为经义科与诗赋科并行的局面。科举考试对文学才能的要求极高，对此，范仲淹《答手诏条陈十事》云："又南省考试举人，一场试诗赋，一场试策，人皆精意尽其所能，复考较日久，实少舛谬。及御试之日，诗赋文论共为一场，既声病所拘，意思不远，或音韵中一字有差，虽生平苦辛，实时摈逐。"③ 这使得士人平时除了刻苦诵读以外，更要注重音韵、写作等各方面的训练。

（六）元明清时期的文学诵读

元明清时期，文学诵读课程在学校教学中的地位依然突出。如明代《大科书院训规》讲道："诸生人人皆学歌诗、作乐，以涵养德性。舜命夔典乐以教胄子，此其深意，安可一日缺此。或读书至深夜，则会于本斋，歌诗以畅意气，又是一番精神。"④ 这是把诵读文学作品作为提升人文素养的重要内容。清代地方官学的课程设置中有《诗》、《古文辞》、《文章正宗》等内容。国子监课程中诏、诰、表、策、判等文体亦在其内。清初教育家李颙在关中书院讲学时把学生自学的时间分为六段，其中申时和酉时

---

① 葛立方. 韵语阳秋［M］. 上海：商务印书馆，1936：37.
② 苏轼. 苏轼文集［M］. 北京：中华书局，1986：301.
③ 范仲淹. 范文正奏议［M］//影印文渊阁四库全书本：第 427 册（卷上）. 台北：台湾商务印书馆，1986.
④ 湛若水. 湛甘泉先生文集［M］//清康熙二十年重刻本·卷六.

之间为诵读古文的时间。如《汉魏古风》、《出师表》、《归去来辞》、《正气歌》等。从其他书院的学规来看，诵读的内容远不止这些。如清王文清定岳麓书院学规有"日讲经书三起"、"参读古文诗赋"的内容，古文诗赋的诵读与经史并重。杨绳武的《钟山书院规约》中关于学习的内容除了"穷经学"、"通史学"以外，还包括"论古文源流"和"论诗赋派别"①。所涉内容既有唐宋八大家的文章，也有汉赋、汉魏乐府、古诗等。林豪《石文书院续拟学约八条》则称"《昭明文选》不可不读"，"为古学之总汇、词赋之津梁"②。陈廷藩《藤州书院规约》亦称"诗学之宜讲求"。清人阮元在广州创建学海堂书院，教材有《文选》、《杜诗》、《昌黎集》等。由此可知，明清时期学校文学诵读课程所涉内容是非常广泛的。

四、其他经典诵读

在古代的经典诵读教学中，除了蒙学诵读、儒家经典诵读、文学作品诵读以外，还涉及了其他方面经典的诵读。主要包括诸子经典诵读和史学经典诵读。这些经典作品的诵读，主要是依据时代的政治需要、重史传统和博涉经史的目的来选择篇章。熟读诸子经典和史学经典，不仅能使学子初步领略中国文化宝库的珍藏之富，而且能使学子对中国文化的精神有真切的了解与体认。

（一）诸子经典的诵读

春秋战国时期，除儒家开设了以"六经"为主的课程外，墨、道、法、名、农等各家亦毫不相让，分别开设宣传自己学术思想的各种课程。西汉前期是汉代诸子学课程传授的黄金时期。汉初，黄老道家学问的传授极其盛行。清人王鸣盛曾总结汉初贵族大臣们修习黄老之学的情况时说：

---

① 邓洪波. 中国书院学规 [M]. 长沙：湖南大学出版社，2000：26 – 27.
② 同①：109.

"汉初，黄老之学极盛。君如文、景，宫闱间如窦太后，宗室如刘德，将相如曹参、陈平，名臣如张良、汲黯、郑当时、直不疑、班嗣，处士如盖公、郑章、王生、黄子、杨王孙、安丘望之等皆宗之。"① 纵横家、法家、阴阳家、杂家等诸子学课程也各有承传。《史记·晁错列传》载，晁错"学申商刑名于轵张恢先所，与雒阳宋孟及刘礼同师"② 自武帝独尊儒术之后，"五经"成为官方的法定课程，诸子学课程的传承虽受到排斥，但在私学中仍是许多士人修习的内容，到了东汉中期以后诸子学课程的教授复兴。魏晋南北朝时，《老子》、《庄子》为士人所熟读。此时佛、道、玄各家的私学蓬勃兴起，有的甚至还涉及阴阳、占卜等学问。唐代实行"崇圣尊儒，兼重佛道"的文教政策，朝廷也很重视佛教与道教的发展，并在礼部的祠部之下开设了崇玄学教育。其教育内容以道家经学著作如《道德经》、《庄子》、《列子》、《文子》等为主，促进了人们对这些作品的诵读。

（二）史学经典的诵读

古人有重史传统，博涉经史作为对士人才学评价的重要标准，一直为历代所重视。所以无论是官学、私学，还是家庭教育，史学都是课程设置中非常重要的内容。如孔子编《春秋》教授弟子，两汉时期司马氏、班氏的史学传承等。在明清书院教育中，史学典籍的诵读是非常重要的一个方面。如明代陆世仪在课程设置上分为三个阶段：五到十五岁为通读阶段，读《资治通鉴纲目》；十五到二十五岁为讲贯阶段，继续深读《资治通鉴纲目》，同时增加有关本朝事实；二十五到三十岁为涉猎阶段，增加"二十一史"、本朝实录等。清代地方学校的课程设置有"二十二史"、《资治通鉴纲目》、"三通"等。"二十二史"即今"二十四史"中去掉《旧唐书》和《旧五代史》。"三通"即《通典》、《通志》、《文献通考》。国子监课程设置与之相类，其中《通鉴》为必修课程，"二十一史"（《明史》

---

① 王鸣盛. 十七史商榷［M］. 上海：商务印书馆，1937：51.
② 司马迁. 史记［M］. 北京：中华书局，1997：2745.

修成后为"二十二史"）等其他史学著作则可自选。就民间书院来看，清人阮元在广州创建学海堂书院，所授的史学教材有《史记》、《汉书》、《后汉书》、《三国志》等，这些都体现出了古人课程设置中对史学的高度重视。

第三节　古代的中华经典诵读理论

关于"诵读"的含义，许慎《说文解字》曰："诵，讽也。从言，甬声。""讽，诵也。从言，风声。"段玉裁注曰："倍文曰讽，以声节之曰诵。倍同背，谓不开读也。诵则非直背文，又为吟咏以声节之。"可见，"诵"是一种诉诸声音的习读方式。至于"读"，《说文解字》解释为"籀书也"。段玉裁注称："抽绎其义蕴，至于无穷，是之谓读。"可知讽、诵得其文辞，读得其义蕴。"诵读"作为一种常见的教学和学习方法，很早就受到古人的重视。如《尚书·尧典》载："帝曰，'夔！命汝典乐，教胄子，直而温，宽而栗，刚而无虐，简而无傲。诗言志，歌永言，声依永，律和声。八音克谐，无相夺伦，神人以和。'"① 又《礼记·学记》称："今之教者，呻其占毕。"汉郑玄注曰："呻，吟也；占，视也；简谓之毕。""毕"指简牍形式的书册，"呻"即是诵读的意思。可见，诵读一直是古人教学和学习的一个重要传统。更重要的是，古人在诵读实践中还逐渐上升到理论的高度，探索诵读活动的方式方法和基本规律。这些诵读理论，对我们现今的诵读教学仍有很大的启发意义。

一、先秦两汉：经典诵读理论的萌生与奠基期

先秦时期是中华经典诵读理论的萌芽阶段。这个阶段与诵读有关的理

---

① 慕平译注. 尚书 [M]. 北京：中华书局，2009：30.

论，大抵只有片段的资料，散见于各种学术著作中。两汉时期，随着诵读活动的频繁，诵读理论也有所发展，这一时期有关诵读的理论，有很多仍是片段的，散见于哲学、历史等著作中。但对于诵读的方法与见解，变得更加明确。一些关于诵读的教学思想，对后世产生了积极的影响。

（一）对吟诵性质、功能的概括

《尚书·尧典》中"诗言志，歌永言，声依永，律和声。八音克谐，无相夺伦，神人以和"的记载，可以看作是我国现有文献中关于诵读的最原始的理论。这表明我们的祖先对于用"乐语"培养理想人格的认知，并期望通过吟诵活动达到"神人以和"的境界。对于《尚书·尧典》的写作年代，学术界尚有不同的看法。这段话或许是春秋战国时所写，但仍可以视为西周、春秋之际人们对吟诵的性质、功能、价值的一种概括性表达，因而具有里程碑意义。

随着社会的不断发展进步，古代先贤对诵读活动又有了更具有实用性和功利性的认识。以孔子对《诗经》的诵读为例，他指出读《诗经》"可以兴，可以观，可以群，可以怨。迩之事父，远之事君，多识于鸟兽草木之名"（《论语·阳货》）。孔子是倡导诗歌教育的先贤，《论语》记载了许多关于孔子以《诗经》教育学生的例子，比如"不学诗，无以言"，以及"诵诗三百，授之以政，不达；使于四方，不能专对，虽多，亦奚以为"（《论语·子路》）。孔子奉行"诵以致用，读为修身"的教育理念。荀子则更加明白地指出了"始乎诵经，终乎读礼"的目的性："学恶乎始？恶乎终？曰：其数，则始乎诵经，终乎读礼。其义则始乎为士，终乎为圣人。"（《荀子·劝学》）①与孔子提出的"诵以致用，读为修身"的教育目的不同，荀子提出的"始乎诵经，终乎读礼"的最高境界是"终乎为圣人"，表明了古代先贤对诵读诗书的功利性的清醒认识。

汉代对于诵读的功能的认识有两个方面值得我们注意。一是人们的诵

① 王先谦. 荀子集解［M］. 北京：中华书局，1988：11.

读活动更加突出政治和社会的功用。《诗大序》称，"上以风化下，下以风刺上"，"吟咏性情，以风其上"。这是汉儒注重诗歌与社会政治现实联系，要求诗歌为政治服务的反映。二是更加明确诵读活动的实用性。王充《论衡·超奇篇》称："凡贵通者，贵其能用之也。即徒诵读，读诗讽术，虽千篇以上，鹦鹉能言之类也。"① 也就是说，读书不仅要熟读精思，还要贵在能用。诵读活动要与思考、实用的目的结合起来。如果仅仅是诵读而不"能用之"，即使诵读"千篇以上"也与鹦鹉学舌无异。

（二）诵读活动要知人论世

诵读活动要与对时代与社会的了解相结合。这以孟子的"知人论世"说为代表："颂其诗，读其书，不知其人可乎？是以论其世也，是尚友也。"（《孟子·万章下》）孟子认为，一部诗书的人文意蕴和思想深度往往与作者的人生经历、教育背景及其时代环境有着密切的关系。因而，只有知其人、论其世，即了解和还原作者的生活思想和诗文写作的社会背景，才能正确地理解和客观地把握作品的思想内容和人文意义。这一原则对后世的文学批评产生了深远的影响，同样也对诵读理论产生了重要影响。孟子之后的荀子则提出："学莫便乎近其人。《礼》、《乐》法而不说，《诗》、《书》故而不切，《春秋》约而不速。方其人之习君子之说，则尊以遍矣，周于世矣。故曰，学莫便乎近其人。学之经莫速乎好其人，隆礼次之。上不能好其人，下不能隆礼，安特将学杂识志，顺《诗》《书》而已耳，则末世穷年，不免为陋儒而已。"② 这种看法和孟子主张的诵读诗书要"知其人"的观点是非常接近的。但荀子直接指出诵读诗书为"学之经"，更强调"学习经典"的重点是"近其人"、"方其人"、"好其人"，因而比孟子的"知其人"更全面、更具体、更注重感情的投入。

---

① 刘盼遂. 论衡集解 [M]. 北京：北京古籍出版社，1957：280.
② 王先谦. 荀子集解 [M]. 北京：中华书局，1988：14－15.

（三）诵读活动出于内在情感的需要

《礼记·乐记》提出"诗言志"、"歌咏声"的主张，并指出"凡音之起，由人心生也。人心之动，物使之然也。感于物而动，故形于声"。由于古代诗、乐、舞是一体的，把音乐看成是抒发内心情感的需要的产物，对于经典的诵读同样有启发意义。汉代《诗大序》承袭了《乐记》的思想，将之更明确为对诗歌的论述："情动于中而行于言，言之不足，故嗟叹之，嗟叹之不足，故咏歌之，咏歌之不足，不知手之舞之，足之蹈之也。"强调反复诵读要出于口，闻于耳，动于心，行于手足。只有进入忘我的境地，才会欣赏到优美的意境，通灵于诗人的心情。汉代司马迁的"想见其为人"正是"通灵于诗人"的具体体现。《史记·孔子世家赞》曰："《诗》有之，'高山仰止，景行行止。'虽不能至，然心向往之。余读孔氏书，想见其为人。适鲁，观仲尼庙堂车服礼器，诸生以时习礼其家，余只回留之不能去云。"① 《史记·屈原贾生列传赞》曰："余读《离骚》、《天问》、《招魂》、《哀郢》，悲其志。适长沙，观屈原所自沉渊，未尝不垂涕，想见其为人。"② 这里的"心向往之"、"悲其志"和"未尝不垂涕"都显示出司马迁对"孔氏书"和屈原作品所付出的情感非常强烈。这种情感的投入非但不妨碍对作品的理解，还有助于对诗人作品的把握。

（四）朴素的诵读教学论思想的萌生

先秦两汉时期，人们已经认识到诵读是教学和学习活动的重要过程。荀子在《劝学》中提出了经典诵读的次序安排。"学恶乎始？恶乎终？曰：其数则始乎诵经，终乎读礼"，意思是说从学习的科目来说，是从诵读《尚书》、《诗经》等经典开始，到阅读《礼记》为止，这就具有了后世诵读教学中课程设置的意义。同时人们也认识到了经典诵读的重要意义。荀

---

① 司马迁. 史记 [M]. 北京：中华书局，1997：1947.
② 同①：2503.

子《劝学》中说："君子知夫不全不粹之不足以为美也，故诵数以贯之，思索以通之，为其人以处之，除其害者以持养之。"① 荀子在这段话中指出，在学习的过程中要达到精通完美的境界，就需要反复地朗读和训释去融会贯通，用思考和探索去理解，从而达到排除所有干扰去潜心修炼的目的。在这个过程中，反复的诵读经义是第一步，然后才进入思索的阶段，即在大量占有语言材料的同时反复咀嚼、消化、吸收，最终求得自悟和运用。西汉刘向在《说苑·说丛》中强调"君子之学也，入于耳，藏于心，行之以身"②，提出了诵读感知—理解记忆—身体力行的一般阅读过程模式。这显然是对荀子阅读心理模式的创造性继承。荀子和刘向把"诵读"、"入于耳"作为阅读的前提和基础，已经带有诵读理论的色彩，富有指导意义。

这个时期，人们对诵读的数量与质量等问题也有了相应的要求。反复诵读的学习方法在汉代经学的诵读学习中得以广泛使用。汉代的诵读教学与解经、注经关系密切。汉武帝提倡儒学，读经的教学活动主要包括断句、正音正字、解释词句以及全篇等。当时背诵、吟唱、朗读等读书方法已很流行。汉儒对诵读数量与质量方面都有要求。数量上，读的字数要多，以便接触足够的语言材料；质量上，读的遍数要多，以便精熟并掌握它。通过反复的诵读，还能达到加强写作训练的目的。这一点也为汉代人所认识。如扬雄在《答桓谭论赋书》中称："能读千赋，则能为之。"从而反复诵读的读书方法被承袭下来，成为历代最重要的诵读教学方法之一。后世所谓"熟读唐诗三百首，不会作诗也会吟"等也由此而来。

二、魏晋南北朝：经典诵读理论的发展期

魏晋南北朝时期，人们阅读对象的范围逐步扩大，儒学、玄学、佛学

---

① 王先谦. 荀子集解 [M]. 北京：中华书局，1988：18 - 19.
② 刘向. 说苑全译 [M]. 贵阳：贵州人民出版社，1992：685.

和道学都得到很大的发展。随着文学逐渐走向自觉，文学作品也广为传播。关于对这些文本如何诵读的理论探索，便成为一个突出的课题。这一时期出现了一些和诵读有关的专论，更有不少涉及了一些具有普遍意义的专门性问题，表现出对经典诵读理论的丰富和发展。

（一）诵读教学理论的明确化

先秦两汉时期关于诵读的有益探索在这一时期得以继续发展，诵读教育理论在诵读教学中被明确化。《三国志·魏志·王肃传》中写道："明帝时大司农弘农董遇等，亦历注经传，颇传于世。"裴松之注引《魏略》说："初，遇善治《老子》，为《老子》作训注。又善《左氏传》，更为作朱墨别异。人有从学者，遇不肯教，而云'必当先读百遍'。言'读书百遍而义自见。'"① 董遇还提出读书的"三余法"，所谓"三余"，即"冬者岁之余，夜者日之余，阴雨者时之余"，也就是利用能够利用的一切空闲时间进行读书。这是对先秦以来注重诵读遍数，强调自学自悟的诵读教学方法的进一步明确。

对于诵读教学，北朝颜之推的观点需引起我们的格外注意。首先，他提出了诵读宜早的观点。他指出："人生幼小，精神专利，长成已后，思虑散逸，固须早教，勿失机也。吾七岁时，诵《灵光殿赋》，至于今日，十年一理，犹不遗忘；二十之外，所诵经书，一月废置，便至荒芜矣。"② 颜之推的论述表明此时的人们已经注意到了年龄阶段与诵读活动的关系，并开始初步探索诵读活动与遗忘规律的关系，这些都表现出对诵读规律探索的深入。其次，他对汉代诵读活动进行反思，提出了博览与专精并重的观点。颜之推指出，"学之兴废，随世轻重。汉时贤俊，皆以一经弘圣人之道，上明天时，下该人事，用此致卿相者多矣。末俗已来不复尔，空守章句，但诵师言，施之世务，殆无一可。故士大夫子弟，皆以博涉为贵，

---

① 陈寿. 三国志 [M]. 北京：中华书局，1997：420.
② 颜之推. 颜氏家训 [M]. 北京：中华书局，2007：110.

不肯专儒。……当博览机要，以济功业；必能兼美，吾无间焉。"① 颜之推反思了汉代诵经活动后来脱离社会实际的情况，又指出今世"博而不精"的弊端，从而提出"博览与专精并重"的观点，这对诵读教学活动具有重要的指导作用。

（二）对音韵及其吟诵规律的研究

魏晋时期，文士诵读诗文、清谈言论，乃至佛家诵经、宣扬佛法，都很重视声音的美感。在这种风气的影响之下，人们的诵读活动，既像汉代那样注重对经典的选择，又更加注重音韵及其吟诵规律的研究，对于诵读文本声音之美的讲求达到了更为自觉的阶段。晋朝陆机首先注意到在诵读作品时要注重声音之美。其《文赋》提出"暨音声之迭代，若五色之相宣"的观点，意思是诗文的语音，要注意音响有节奏的语辞交替使用，不要单调。好比五色交错，才能做到音韵和谐。陆机首次明确提出对于诵读文章的文辞声音之美的要求，成为后来南朝"永明体"声律之说的基本原则。

沈约为南朝文坛领袖，曾撰有声律方面的专著《四声谱》。他在《宋书·谢灵运传论》中也专门论述了诗文声律的问题。

夫五色相宣，八音协畅，由乎玄黄律吕，各适物宜。欲使宫羽相变，低昂互节，若前有浮声，则后须切响。一简之内，音韵尽殊；两句之中，轻重悉异。妙达此旨，始可言文。至于先士茂制，讽高历赏，子建函京之作，仲宣霸岸之篇，子荆零雨之章，正长朔风之句，并直举胸情，非傍诗史，正以音律调韵，取高前式。……高言妙句，音韵天成，皆暗与理合，匪由思至。……世之知音者，有以得之，知此言之非谬。②

---

① 颜之推. 颜氏家训 [M]. 北京：中华书局，2007：111－112.
② 沈约. 宋书 [M]. 北京：中华书局，1997：1779.

这里提出的"宫羽相变,低昂互节"是指诗文用字声音必须富于变化,寻求错综和谐之美。这作为永明声律论的总原则,和陆机的观点是一致的。这个原则加上当时的"四声八病"之说,讲求用人工的调声之术追求声音的和谐,以求得诵读时声音的美感。从此,讲求作品符合声律越来越成为文人的追求。

刘勰《文心雕龙》同样非常重视声律对于吟诵的重要作用。如《总术》中强调"听之则丝簧";《神思》中形容"文之思也,其神远矣","吟咏之间,吐纳珠玉之声,眉睫之前,卷舒风云之色";《比兴》中要求"拟容取心,断辞必敢。攒杂咏歌,如川之涣"。《知音》篇堪称是我国历史上"最早、最完整、最严密的阅读学专论",其提出评鉴的六条标准,即"将阅文情,先标六观:一观位体,二观置辞,三观通变,四观奇正,五观事义,六观宫商"①。刘勰还专列《声律》一章,论述诵读的重要性。刘勰对永明声律论持赞同态度,指出吟诵的美感享受:"声转于吻,玲玲如振玉,辞靡于耳,累累如贯珠矣。"他还论述了诵读对于文学创作的重要性,同时阐明平仄比押韵难,以及"和"与"韵"的相反相成的辩证的道理,指出:"声画妍蚩,寄在吟咏;吟咏滋味,流于字句。气力穷于和韵。异音相从谓之和,同声相应谓之韵。韵气一定,故余声易遣;和体抑扬,故遗响难契。属笔易巧,选和至难;缀文难精,而作韵甚易。"② 这说明刘勰对声律论的基本原则有深切的体会,所以才有如此精当的概括。

钟嵘对此则持反对态度,认为声病之说使得"文多拘忌,伤其真美"。其《诗品序》称:"余谓文制,本须讽读,不可蹇碍。但令清浊通流,口吻调利,斯为足矣。至平上去入,则余病未能;蜂腰鹤膝,闾里已具。"③在这里,钟嵘认为文章在诵读时不能蹇碍拗口,但反对过分讲求。认为那样过于苛刻,流于烦琐,很难达到自然而然的境界。应该说他的批评比较中肯,但是,永明声律之说对后世诵读理论产生了重要的影响却也是不争

① 范文澜. 文心雕龙注 [M]. 北京:人民文学出版社,1958:715.
② 同①:553.
③ 钟嵘撰,向长清注. 诗品注释 [M]. 济南:齐鲁书社,1986:23.

的事实。

三、隋唐宋元：经典诵读理论的成熟期

隋唐宋元时期是我国古代诵读理论的成熟时期。唐代儒家经学、宗教典籍、诗词文章和史籍文献的数量大量增加，科举取士制度直接激发了人们诵读经典的热情，时人对经典诵读研究的兴趣也大大增强。这期间大量的启蒙读物大多按一定的韵脚编写，易诵易记，朗朗上口。这些读物的风行，使诵读的读书法迅速得到普及，同时还衍生出大量关于诵读的理论论述。宋元时期，经典诵读理论得以继续发展。人们吟诵的美文除了一向处于正统地位的诗与文，还有蔚然兴起的词曲等。吟诵的腔调由于受到戏曲音乐的影响，得以丰富和发展。有关吟诵的理论研究大量出现，并出现很多专家专论。诵读法在各种读书方法中已经成为首要方法，并且人们对诵读的要求、规范、原则、方法等有了更加具体的要求。可以说，隋唐宋元时期是经典诵读理论步入大发展、大繁荣的新阶段。

（一）诵读活动的审美体验

隋唐时期的诵读理论在南北朝的基础上加以深化。从上官仪、元兢、崔融等人的著述中，可以看到他们对"声律说"的重视。"初唐四杰"之一的杨炯则对此进行反思，要求重视诗歌中的骨气。陈子昂则在《与东方左史虬修竹篇序》中明确提出诗歌诵读中"骨气端翔，音情顿挫，光英朗练，有金石声"的主张①。这就是说，读者通过铿锵的音调，才能鲜明地感受文学作品情感起伏的节奏。这表明唐人已经开始通过诵读以体现对诗歌的审美评价。韩愈在《答李翊书》中则称："气，水也；言，浮物也；水大而物之浮者大小毕浮。气之与言犹是也，气盛则言之短长与声之高下

---

① 周祖譔. 隋唐五代文论选［M］. 北京：人民文学出版社，1990：70.

者皆宜。"① 这里的"气"就是说话时的气势或语气。反映到文本中，词句的短长与声调的高下，情感表达的婉转或激昂都是由气势决定的。韩愈指出作者由气势决定言之短长与声之高下；读者则通过诵读，从言之短长与声之高下中体会作者写作时的感情。这便是"因声求气"说的先声。后来，殷璠的《河岳英灵集》强调声律"风骨兼备"，释皎然强调"意中之静"，司空图提倡诵读时品读作品的"韵味"和"味外之旨"，则进一步表明唐代诗歌诵读审美时代的到来。宋代诵读实践得到进一步的发展，开始注重通过朗诵声音的配合，理解文本的内在情感。如宋人严羽称："读《骚》之久，方识真味；须歌之抑扬，涕泪满襟，然后为识《离骚》。否则如戛釜撞瓮耳。"② 这句话强调《离骚》要反复诵读，诵读时抑扬顿挫就会深入动情而"涕泪满襟"，即通过声音的变化体会作者的情感，达到欣赏文义、体会作者感情的目的。

（二）诵读活动与写作训练相结合

以诗文创作为例，唐人把吟诵作为诗歌写作训练的基本项目，如杜甫《又示宗武》称："觅句新知律，摊书解满床。试吟青玉案，莫羡紫罗囊。"对此，任半塘《唐声诗》称："善诵者可以发明诗文之精义，使人开悟，而得其余味；可以显示诗文中之结构、作用，使人得谋篇修辞之法。"③ 对吟诵的作用概括得很精辟。在这方面，韩愈的论述颇具代表性。他认为，"口不绝吟于六艺之文，手不停披于百家之编"（《进学解》）；"沉潜乎训义，反复乎句读，砻磨乎事业，而奋发乎文章"（《上兵部李侍郎书》），即"勤读多写"是获得写作成功的不二法则。

勤读也是宋人学文的重要方法。在宋代的文论家看来，诵读对于创作的意义同样巨大。欧阳修强调："作诗须多诵古今人诗，不独读诗尔，其他文字皆然。"（《试笔》）魏庆之的《诗人玉屑》记载了欧阳修的主要观

---

① 马伯通. 韩昌黎文集校注 [M]. 北京：古典文学出版社，1957：99.
② 严羽. 沧浪诗话校释 [M]. 郭绍虞，校释. 北京：人民文学出版社，1961：185.
③ 任半塘. 唐声诗：上编 [M]. 上海：上海古籍出版社，1983：15.

点，提高写作水平必须在勤读的基础上加以训练而没有其他途径，"孙莘老识文忠公（欧阳修的谥号），乘间以文字问之，云：'无他术，唯勤读书而多为之，自工。世人患作文字少，又懒读书，每一篇出，即求过人，如此少有至者。'"① 严羽在《沧浪诗话·诗辩》中指出要通过熟读前代作品提升作文水平的经验："工夫须从上做下，不可从下做上。先须熟读楚辞，朝夕讽咏以为之本；及读古诗十九首、乐府四篇；李陵、苏武、汉魏五言皆须熟读；即以李杜二集枕藉观之，如今人之治经，然后博取盛唐名家，酝酿胸中，久之自然悟入。"② 诵读还是修改作品的重要方法，宋代诗人唐庚曾言："吾于他文，不至蹇涩，惟作诗极难苦，悲吟累日，仅自成篇。初读时，未见可羞处，姑置之；后数日取读，便觉瑕疵百出，辄复悲吟累日，反复改定，比之前作稍有加焉。后数日复取读，疵病复出。凡如此数四，乃敢示人，然终不能工。"③ 这些都表明宋人对诵读之于写作的作用和意义的认识。

（三）关于诵读的方法

同唐代人相比，宋人对诵读方法的论述用力最勤，也是最有特色之处。特别是朱熹的诵读理论影响很大，元人程端礼《程氏家塾读书分年日程》对其读书之法推崇备至。综合来看，宋元以来的诵读之法主要包括以下几个方面。

第一，诵读要做到态度恭敬认真，注意力集中。北宋郑侠《教子孙读书》诗中说："淡然虚而一，志虑则不分。眼见口即诵，耳识潜自闻。神焉默省记，如口味甘珍。一遍胜十遍，不令人艰辛。"④ 意思是说，读书要安神静气，虚心专一，思考问题便不会分神。眼睛看到即在口中诵读，耳闻自己的诵读声，即潜心思索和记忆，就好比品味甘美珍异的食物。朱熹

---

① 魏庆之. 诗人玉屑 [M]. 上海：商务印书馆，1938：119.
② 严羽. 沧浪诗话校释 [M]. 郭绍虞，校释. 北京：人民文学出版社，1961：1.
③ 郭绍虞. 中国历代文论选（中）[M]. 北京：中华书局，1962：81.
④ 徐志福. 古今名人教子诗选讲 [M]. 昆明：云南人民出版社，1985：76.

则提出"居敬持志"的诵读主张。"居敬"指读书时专心致志，谨慎认真，注意力集中。这是诵读活动的前提条件，并且贯穿于阅读活动的始终。朱熹认为只有内心专静纯一，日用动静都无散乱，方始看得文字精审。同时，读书时的态度要恭敬。朱熹在《童蒙须知》中提到："凡读书，须整顿几案，令洁净端正，将书册整齐顿放，正身体，对书册，详缓看字，仔细分明读之。须要读得字字响亮，不可误一字，不可少一字，不可多一字，不可倒一字，不可牵强暗记，只是要多诵遍数，自然上口，久远不忘。"① 朱熹弟子程端蒙也有诵读要"正心肃容"的论述。朱熹在《训学斋规》中指出，读书有三到：心到、眼到、口到。他认为，心不在此，眼不看仔细，心眼既不专一，决不能记住内容。即使记住了，也不会记得久。这要求读书时要聚精会神："看文字，须大段精彩看。耸起精神，竖起筋骨，不要困，如有刀剑在后一般!"② 可知朱熹不主张"牵强暗记"，而是主张出声读，并非常强调读书时的身体姿势和精神状态，要求注意力的高度集中。南宋真德秀的《教子斋规》"学诵"条也规定，诵读是要"专心看字，断句慢读，须要字字分明，毋得目视东西，手弄他物"③，即诵读时不可三心二意，要"口诵"与"心惟"相结合。

第二，诵读讲求循序渐进。吕祖谦在《东莱外集·杂说》中指出："史当自《左氏》至五代史依次读，则上下首尾洞然明白。至于观其他书，亦须自首至尾，无失其序为善。若杂然并列于前，今日读某书，明日读某传，习其前而忘其后，举其中而遗其上下，未见其有成也。"④ 可知吕祖谦提倡由易到难、由远及近、由初步认知到牢固掌握的读书方法。朱熹对此也有论述："读书之法，当循序而有常，致一而不懈。从容乎句读、文义之间，而体验乎操存、践履之实。然后心静理明，渐见意味。不然则虽广

---

① 黎靖德. 朱子语类·卷十 [M]. 北京：中华书局，1986：162.
② 同①：163.
③ 赵春光.《程氏家塾读书分年日程》语文教学思想及现代意义 [D]. 长春：吉林大学文学院，2007.
④ 蔡方鹿. 吕祖谦的经学思想及其方法论原则 [J]. 中国哲学史，2008（2）：60.

求博取，日诵五车，亦奚益于学哉？"① 同时，朱熹对诵读经典的顺序都作了安排，先读经书，再读文史："先观《论》、《孟》、《大学》、《中庸》，以考圣贤之意；读史以考存亡治乱之迹；读诸子百家以见其驳杂之病。其节目自有次序，不可逾越。"② 其中，读经书的顺序之所以为《大学》、《孟子》、《论语》、《中庸》，是因为"《大学》垂世立教之大典，通为天下后世而言者也。《论》、《孟》应机接物之微言，或因一时一事而发者也。是以《大学》之规模虽大，然其首尾该备，而纲领可寻，节目分明而工夫有序，无非切于学者之日用。《论》、《孟》之为人虽切，然而问者非一人，记者非一端，或前后浅深之无序，或抑扬进退之不齐，其间盖有非初学日用之所及者。……至于《中庸》则又圣门传授极致之言，尤非后学之所易得而闻者。"③ 读史书的顺序是"先读《史记》及《左氏》，却看《西汉》、《东汉》及《三国志》，次看《通鉴》"④。在具体的诵读过程中，也有顺序安排："凡读书，须有次序。且如一章三句，先理会上一句，待通透；次理会第二句、第三句，待分晓；然后将全章反复抽绎玩味。如未通透，却看前辈讲解，更第二番读过。须见得身分上有长进处，方为有益。"⑤

第三，诵读要做到熟读精思。苏轼曾言："旧书不厌百回读，熟读深思子自知。"（《送安敦秀才失解西归》）苏轼在《又答王庠书》中还提出"八面受敌"读书法。这是借用《孙子兵法》中的军事术语来讲读书的，就是说读书如用兵，要做到"我专而敌分"。如果八面受敌，则不应八面出击，而要集中自己的全部精锐部队击敌一面，以众击寡，一次一次地分割包围，各个击破敌人。比如，他在读《汉书》时，每抄读一遍，都带有一个明确的目的：读第一遍，学习"治世之道"；读第二遍，学用兵之法；读第三遍，研究人物和官制。读过数遍之后，他对《汉书》中多方面的内

① 朱熹. 晦庵先生朱文公文集 [M]. 上海：上海书店，1989：22.
②⑤ 黎靖德. 朱子语类·卷十一 [M]. 北京：中华书局，1986：188.
③ 张洪，等. 朱子读书法四卷·卷一 [M]. 复性书院蓝印本，1946：7.
④ 同②：195.

容，便由生而熟、由熟而精通。就是对文学一类的书，苏轼也是一遍一遍不停地去读，每读一遍，目的也不尽相同。吕祖谦认为："凡读书必务精熟。若或记性迟钝，则多诵遍数，自然精熟，记得坚固。若是遍数不多，只务强记，今日成诵，来日便忘，其与不曾读诵何异？"① 朱熹主张阅读必须坚持"熟读"与"精思"相结合，"泛观博取，不若熟读而精思"。又说："大抵观书先须熟读，使其言皆若出于吾之口；继以精思，使其意皆若出于吾之心，然后可以有得尔"；"大凡读书，须是熟读。熟读了，自精熟；精熟后，理自见得。"② 并举例称："小儿读书记得，大人多不记得者，只为小儿心专。一日授一百字，则只是一百字；二百字，则只是二百字。大人一日或看百板，不恁精专。人多看一分之十，今宜看十分之一。"③ 所以，他在教学上提出"宽着期限，紧着课程"的教学主张。元代的程端礼在《程氏私塾读书分年日程》里也要求学生读经"每大段内要分细段，每细段必看，读百遍，背诵百遍"，做到"百遍成诵"④。

第四，虚心涵泳和切己体察。所谓"虚心"指读书要虚怀若谷，精心思虑。深切地体会作者的原意，而不能固执己见，牵强附会。"涵泳"原意为"水中潜行"，如《文选·左思·吴都赋》曰"涵泳乎其中"。程颐开始将"涵泳"用于"求道"、"穷理"的方法加以推崇。朱熹提出"涵泳"的诵读方法，指读书时要反复咀嚼，细心玩味，深刻体会文本的旨意。从"讽诵涵泳"的内在关系而言，"讽诵"是前提，"涵泳"是对"讽诵"的进一步深化。以读《诗经》为例，朱熹强调"讽诵"《诗经》"一二十遍"、"三四十遍"乃至"上百遍"，不断地反复至最后"求"得《诗经》的"兴"为止。但是，朱熹竭力反对只向书本上求义理，而不"体之于身"的读书方法。认为"读书不可只专就纸上求义理，须反来就

---

① 吕祖谦. 少仪外传 [M]. 丛书集成初编本. 上海：商务印书馆，1936：32.
② 黎靖德. 朱子语类·卷十 [M]. 北京：中华书局，1986：168.
③ 同②：165.
④ 程端礼. 程氏家塾读书分年日程 [M]. 丛书集成初编本. 上海：商务印书馆，1936：1-2.

自家身上推究"①。书中的道理和自己的切身体察相结合，才能心静理明，渐见意味。另外，朱子十分注重"力行"，要求将学到的知识付诸行动，指导自己的行为。这个观点对后来的曾国藩等人影响很大。

四、明清：经典诵读理论的深化总结期

明清时期的诵读理论表现出对前代诵读理论较为系统的总结。随着对创作及文学活动规律的深入认识，明清时期诵读理论进入了总结深化期。具体表现为：开始探求诵读过程中声音变化的规律，注意到了诵读与学生心理和生理活动的关系；开始注意学生诵读时的外部动作，更加注重诵读的心理调节；诵读的方法已形成体系；注意各种诵读方法的结合，等等。从此，诵读法被合理地纳入到阅读方法、审美体验以及创作体系中。

（一）探索诵读活动中声调的变化规律

第一，注意到诵读时声调的变化在文学欣赏、意义表达上的作用。明代镏绩受严羽"朝夕讽咏以为之本"的影响，在吟诵唐诗的实践中也注重深切领悟唐诗的个性美和韵律美："唐人诗一家自有一家声调，高下疾徐皆为律吕，吟而绎之，令人有闻《韶》忘味之意。宋人诗譬则村鼓岛笛，杂乱无伦。"② 李东阳《沧州诗集序》指出诗歌成于音调声律："盖其所谓有异于文者，以其有声律讽咏，能使人反复讽咏，以畅达情思，感发志气，取类于鸟兽草木之微，而有益于名教政事之大。"③ 更重要的是，李东阳认为声音的轻重、清浊、长短、高下、缓急的变化，是情感是否得以贴切抒发的标准之一。清代李调元在《雨村诗话》中也指出声调是言情的重

---

① 童雪. 语录四种 [M]. 武汉：湖北辞书出版社，1997：294.
② 镏绩. 霏雪录 [M] //影印文渊阁四库全书：第866册. 台北：台湾商务印书馆，1983：688.
③ 李东阳. 李东阳集：第2卷 [M]. 长沙：岳麓书社，1985：72.

要手段："诗有比兴不能尽者，故被之声歌，使抑扬以毕其意。"① 清代沈德潜则认为："诗以声为用者也，其微妙在抑扬抗坠之间。读者静气按节，密咏恬吟，觉前人声中难写，响外别传之妙，一齐俱出。"② 即通过声音的抑扬变化体会文章的韵味和美感。曾国藩则讲得更加具体化："《四书》、《诗》、《书》、《易经》、《左传》诸经，《昭明文选》，李杜韩苏之诗，韩欧曾王之文，非高声朗诵则不能得其雄伟之概，非密咏恬吟则不能探其深远之韵。"③ 曾国藩强调要通过大声朗诵体会经典文本雄伟豪迈的气概，细细吟咏领略经典文本深远幽邃的韵致，表现出了对诵读审美功能的深刻认知。

第二，清人认识到可以有意识地通过声音、语调的变化表现不同的含义。如清代学者崔学古在《幼训》里提出诵读要"毋增、毋减、毋高、毋低、毋疾、毋迟"，指出声音的高低快慢要与文章的情境相符合。"最可恨者，兴至则如骂詈、如蛙鸣；兴丧如蚤吟、如蝇鸣。凡此须痛惩之。"④ 刘熙载《艺概·文概》称"公、谷两家善读《春秋》本经：轻读、重读、缓读、急读，读不同而义以别矣。"⑤ "读不同而义以别"表明清代的诵读理论已经具备现在诵读学的某些特征，表现出对诵读活动的理论研究的深化。

（二）将诵读活动与创作实践相结合

第一，在创作实践的过程中，强调诵读的重要性。如明代李东阳主张"以声统字"，认为"观《乐记》论乐声处，便识得诗法"，以"乐声"统合整个诗法。他对自己的诗，"凡有得意处，则令善歌者歌之，以定诗之

---

① 霍松林. 中国历代诗词曲论专著提要 [M]. 北京：北京师范大学出版社，1991：351.

② 郭绍虞. 中国历代文论选：第 3 册 [M]. 上海：上海古籍出版社，1980：414.

③ 曾国藩. 曾国藩全集·家书 [M]. 长沙：岳麓书社，1985：406.

④ 中国学前教育史编写组. 中国学前教育史资料选 [M]. 北京：人民教育出版社，1989：81.

⑤ 刘熙载. 艺概 [M]. 上海：上海古籍出版社，1978：3.

高下"①。他品赏他人诗作，也同样以"声"作为评价的标准。王世贞在《艺苑卮言》中曾描述熟读之后如有神助的创作妙境："熟读涵泳之，令其渐渍汪洋。遇有操觚，一师心匠，气从意畅，神与境合，分途策驭，默受指挥，台阁山林，绝迹大漠，岂不快哉！"② 晚清何绍基则认为今人作诗"不肯高声读"，所以今诗"可击节读者极少"，因此，今诗有的"浅"，有的"陋"，有的"拙"，有的"少余味"③。这从反面论证了诵读的重要作用。

第二，将诵读作为学习写作的重要路径。明代诗人谢榛的《四溟诗话》提出作文的"三要"："历观十四家所作，咸可为法。当选其诸集中之最佳者，录成一帙，熟读之以夺神气，歌咏之以求声调，玩味之以裹精华。得此三要，则造乎浑沦，不必塑谪仙而画少陵也。"④ 通过诵读学习作文的技巧，是古代诵读理论中一贯的立场，但多从借鉴前代人写作经验以提高写作素养的角度泛泛而谈。谢榛提出的"三要"之法则更加具体明确。此理论提出后不仅为"后七子"所推崇，成为"后七子"复古主张的纲领性理论，也为后人所津津乐道。清代姚鼐提出"声音正入说"，注重从音节的疾缓角度探讨怎样学习古文。"大抵学古文者，必要放声急读，又缓读"，"急读以求其体势，缓读以求其神味"，那种"不知声音，但能默看者，终身作外行也"⑤。由此可知姚鼐特别强调口诵的作用。曾国藩也发表过相同的看法："凡作诗最宜讲究声调。……先之以高声朗诵以昌其气，继之以密咏恬吟以玩其味，两者并进，使古人之声调拂拂然若与我之喉舌相习，则下笔为诗时，必有句调凑赴腕下。亦觉琅琅可诵，引出一种兴会来。"⑥ 清代桐城派重要作家方东树也指出"学者欲学古之文，必先在精读"，"沉潜反复，讽玩之深且久，暗通其气于运思置词、迎距措置之

---

① 李东阳. 李东阳集：第2卷 [M]. 长沙：岳麓书社，1985：537.
② 罗仲鼎. 艺苑卮言校注 [M]. 济南：齐鲁书社，1992：40.
③ 郭绍虞. 中国历代文论选（下）[M]. 北京：中华书局，1963：316.
④ 谢榛. 四溟诗话·卷三 [M]. 北京：人民文学出版社，2005：80.
⑤ 万奇. 桐城派与中国文章理论 [M]. 呼和浩特：内蒙古教育出版社，1999：76–77.
⑥ 曾国藩. 曾国藩家训 [M]. 长沙：岳麓书社，1999：8–9.

会，然后其自为之以成其辞矣。"① 则进一步强调了诵读在文学接受层面的意义。

（三）古代诵读方法论

第一，诵读教材贵精熟。清人吕葆中在《八家古文精选序》中转述其父吕留良的论述云："夫读书无他奇妙，只在一熟。所云'熟'者，非仅口耳成诵之谓，必且沉潜体味，反复涵演，使古人之文若自己出，虽至于梦呓颠倒中朗朗在念，不复可忘，方谓之熟。如此之文诚不在多，只数十百篇可以应用不穷。"② 清人唐彪又提出了"极熟"的要求："凡人一切所为，生不如熟，熟不如极熟。极熟则能变化推广，纵横高下，无乎不宜"③；"文章读之极熟，则与我为化，不知是人之文、我之文也。"④ 并认为凡读书贪多的人，必不能深造；能深造者，必不贪多。清代塾师吴懋政在其《论文杂说》中明确提出了家塾教材"贵精贵熟不贵多"的见解："读本贵精贵熟不贵多。明文、今文精选数十篇，朝夕熟诵。每一篇引申触类，便可悟出无数法门，此左右逢源之候也。若爱博不专，旋得旋失，虽读至于万篇，何曾得一篇受用来！"⑤ 表明明清时人不仅将这一理论广泛地运用到诵读活动之中，还运用于教学活动以及教材的编订。

第二，诵读教学注意结合学生的个性特点与心理特征。明代薛瑄强调诵读时特别专心致志，要避免"小儿读诵斗高声"的弊端："凡读书须虚心定气，缓声以诵之，则可以密察其意。若心杂气粗，急声以诵，真村学小儿读诵斗高声，又岂能识其旨趣之所在耶？"⑥ 王守仁在《训蒙大意示教读刘伯颂等》中根据儿童特点提出"诱之以诗、导之以礼、讽之以读书"的诵读教学观点。认为诵读歌诗能把儿童那种原有的天性（跳号呼啸）诱

---

① 万奇. 桐城派与中国文章理论 ［M］. 呼和浩特：内蒙古教育出版社，1999：77.
② 吕留良. 晚邨先生八家古文精选 ［M］. 康熙四十三年吕氏家塾刻本.
③ 唐彪. 家塾教学法 ［M］. 上海：华东师范大学出版社，1992：71.
④ 同③：92.
⑤ 付琼. 家塾文学选本的文学教育本位 ［J］. 贵州社会科学，2010（7）：93.
⑥ 薛瑄. 薛文清公读书录 ［M］. 丛书集成初编本. 上海：商务印书馆，1936：85.

发出来，把心理的疙瘩通起来，使之成为有节奏、有韵律的自学心理活动。要求歌诗"整容定所，清朗其声音，均审其节调；毋躁而急，毋荡丽嚣，毋馁而慑。久而精神宣畅，心气和平矣"；读书则"不在徒多，但贵精熟；量其资禀，能二百字者止可授以一百字，常使精神力量有余则无厌苦之患，而有自得之美。讽诵之际，务令专心一志，口诵心惟，字字句句，抽绎反复，抑扬其音节，宽虚其心意，久则义礼浃洽，聪明日开矣"①。王守仁此时关于诵读的论述已经触及到学生的心理层面。

第三，讽诵涵泳与切己体察。如清人刘开在论述诵读诗歌的法则时指出："从容讽诵，以习其辞，优游浸润以绎其旨，涵泳默会以得其归，往复低徊以尽其致，抑扬曲折以寻其节，温厚深婉以合诗人之性情，和平庄敬以味先王之德意。不惟熟之于古，而必通之于今；不惟得之于心，而必验之于身，是乃所谓善读诗也。"② 他通过对朱熹《诗经》诠释美学以及其整个美学思想的考察，认为"讽诵涵泳"主要有感发情性、整体直觉、趣味超然等特征。曾国藩则举自己读《孟子》的例子，对通过"讽诵涵泳"以达到"切己体察"进行了具体地说明："如《离娄》首章'上无道揆，下无法守'，吾往年读之，亦无甚警惕；近岁在外办事，乃知上之人必揆诸道，下之人必守乎法，若人人以道揆自许，从心而不从法，则下凌上矣。《爱人不亲》章，往年读之，不胜亲切；近岁阅历日久，乃知治人不治者，智不足也。此切己体察之一端也。"③ 同样的作品，在不同的时间读，体会便不一样。这是因为在诵读时结合了自己的体验，以己观文，从而对文本有了更加深入的体察。

第四，注意诵读时的情境想象与情绪体验。清朝黄子云在《野鸿诗的》中写道："当于吟咏时，先揣知作者当日所处境遇，然后以我之心，求无象于窅冥惚恍之间，或得或丧，若有若亡，始也茫焉无所遇，终焉元

① 王阳明. 王阳明全集 [M]. 上海：上海古籍出版社，1992：85.
② 胡经之. 中国古典美学丛编 [M]. 北京：中华书局，1988：87－89.
③ 曾国藩. 曾国藩家书 [M]. 长沙：湖南大学出版社，1986：444.

珠垂曜，灼然毕现我目中矣。"① 这段话指出在诵读时要设想作者当时的情境，体会作者的心情，这样才有可能进入到作品的精神境界之中。桐城派代表人物刘大櫆指出："在读古人文字时，便设以此身代古人说话，一吞一吐，皆由彼而不由我。烂熟后，我之神气即古人之神气，古人之音节都在我喉吻间，合我喉吻者便是与古人神气音节相似处，久之自然铿锵发金石声。"② 这是指在对古人作品的熟读涵泳过程中，要把自己神化为古人，模仿他的神态语气，从而进入文章的审美境界。按现在的审美理论，即读者欣赏作品时，把自己化入到作品的意象中去，使自己的情思和作品的意象融为一体，感同身受地体验意象中所蕴含的丰富复杂的思想感情。在感受想象和体验的基础上，达到对意象旨趣的领悟。全神贯注陶醉于对客体的感受和欣赏，而暂时忘却其他事物的存在及其功利价值。这样可使主体更能感知、理解和认识要欣赏的对象，从而也可使欣赏主体产生强烈的审美体验。

---

① 黄子云. 野鸿诗的 [M] //张潮，等. 吴江沈氏世楷堂刻《昭代丛书》壬集补编本第50卷：2.

② 刘大櫆. 论文偶记 [M]. 北京：人民文学出版社，1959：6.

第二章

中华经典诵读的现状

中华经典诵读有着深厚的历史渊源。作为中华民族健康而有活力的文化因子，中华经典所蕴含的精华思想，不但成就了中国封建社会文化的繁荣，而且至今仍具有强大的生命力，对现代社会的政治生活、经济生活和伦理生活依旧产生着深刻的影响。从汉代太学到宋代书院再到近代私塾，其课程内容多为儒家经典的诵读。从某种意义上说，把古代中国的教育称之为广义的"经典诵读教育"亦不为过。1905 年，清政府废除科举制度，但仍然保留着经史之学。1912 年，蔡元培主政教育部期间，宣布在中小学停止读经课程，实际上并未反对具体的读经行为。1942 年，朱自清在他的《经典常谈》一书中对于经典的重要意义作了准确的评价。新中国成立以来，由于极"左"思潮的泛滥，尤其是"文化大革命"对于传统文化的彻底否定，中国大陆地区的中华经典诵读课程实际上处于完全被禁止的状态。改革开放以来，在全国尤其是教育界积极倡导素质教育的呼声中，中华经典诵读课程重获新生。近年来，随着"国学热"的持续升温，中华经典诵读课程也日益得到人们的重视。我国台湾地区虽然经历了长达50 年的日据时期，但是自1945 年以来，台湾当局的一系列恢复中华传统文化的努力取得了积极的成果，这也为中华经典诵读课程的发展奠定了基础。当前，面对多元文化日益整合的趋势，面对全球化浪潮的冲击，中华经典诵读课程表现出旺盛的生命力。中华经典诵读课程的实施，对于弘扬民族精神、传承民族传统文化具有重要的意义。

第一节　中国大陆的经典诵读课程

进入 21 世纪以来，在教育系统内部对于经典诵读的重要性达成基本共识的前提下，中华经典诵读课程在中国大陆取得了长足的发展。这一方面表现在一系列鼓励开设中华经典诵读课程的政策法规的出台；另一方面，各级各类学校纷纷根据自身的实际情况开设各种类型的中华经典诵读课程。此外，民间组织在推动中华经典诵读课程的开展方面所作的努力也不容忽视。当然，在具体推广的过程中，对于中华经典诵读课程的内容选择与实施方式也存在着论争，这些不同的声音对于优化中华经典诵读课程具有重要的作用。

一、大陆中华经典诵读课程的实施背景

我国大陆地区实施中华经典诵读课程有着深广的时代背景，从政府到教育主管部门，从学校到社会各界，各种因素的介入都对中华经典诵读课程的实施产生了重要的影响。

2006 年 9 月，中共中央办公厅、国务院办公厅颁布的《国家"十一五"时期文化发展规划纲要》（以下简称"纲要"）明确指出："重视中华优秀传统文化教育和传统经典、技艺的传承。……在中学语文课程中适当增加传统经典范文、诗词的比重，中小学各学科课程都要结合学科特点融入中华优秀传统文化内容。高等学校要创造条件，面向全体大学生开设中国语文课。……在社会教育中，广泛开展吟诵古典诗词、传习传统技艺等优秀传统文化普及活动。"① "纲要"的这一规定对于中华经典诵读的广泛

---

① 中共中央办公厅，国务院办公厅. 国家"十一五"时期文化发展规划纲要 [N]. 人民日报，2006 – 09 – 14.

开展提供了政策依据。

如果说"纲要"只是为开展中华经典诵读课程给予政策依据和宏观指导，那么，2010 年 6 月，国家教育部、国家语言文字工作委员会发出的《关于在学校开展"中华诵·经典诵读行动"试点工作的通知》（以下简称"通知"），则为开展中华经典诵读课程提供了具体的实施策略。

"通知"指出，开展中华古代经典及现当代优秀诗文的诵读、书写、讲解，是对广大群众尤其是青少年进行思想和文化教育的重要途径，各级各类学校应采取有效措施积极推动"中华诵·经典诵读行动"。

"通知"要求，要充分利用现有课程资源，广泛深入地开发与建设中华经典诵读课程体系。中小学及中等职业学校应注重学科教学渗透，特别是在语文、历史、德育类等课程中融入并强化经典讲解、诵读内容，在教学方式方法上有所创新，并进一步完善教学评价机制。高等学校的《大学语文》课程，以及中文、历史、播音主持、影视话剧表演和一些师范类专业相关课程应进一步强化中华经典的讲解、诵读训练和考核。

"通知"鼓励开发经典诵读专门课程。"义务教育阶段和普通高中试点学校可开设地方课程、校本课程"，"职业学校、高校相关专业可结合培养语言文字交际能力、综合素质等专业需求，开设经典诵读、书写、讲解的必修课；中等职业学校、高校应结合学生文化素质教育开设经典诵读、书写、讲解公共选修课程，举办讲座。高校的相关必修课或选修课设一定学分，并进入学生素质拓展认证系统。"

随后，国家教育部、国家语委、中央文明办决定从 2010 年起共同实施"中华诵·经典诵读行动"。该行动主要包括三大部分内容：一是"中华诵·经典资源库"建设，二是传统节日诵读活动，三是群众参与的诵读活动，包括经典诵读大赛、书写大赛、古辞新韵和诗词歌赋创作征集活动、中小学生"中华诵"夏令营，以及"中华诵"进校园、进社区、进基层等活动。根据"通知"精神，大陆地区共有 15 个省（区、市）和 11 所教育部直属高校开展"中华诵·经典诵读行动"试点工作，试点单位将切实"加强中华民族优秀文化传统教育"的战略主题贯彻到教育教学的各个方面，将经典诵读行动打造成加强青少年爱国主义教育、增强民族历史文化传承、构建中华民族共有精神家园的重要载体和平台。

与此同时，在大陆地区逐步升温的"国学热"也为中华经典诵读课程的发展提供了有力的支持。中国大陆地区"国学热"的出现，缘于学者的大力提倡，也缘于媒体的积极推广，当然，也与社会力量的积极参与密不可分。

一方面是众多知名学者的大力倡导。2004年9月5日，许嘉璐、季羡林、杨振宁、任继愈、王蒙等72位著名学者在北京举行的"2004文化高峰论坛"闭幕会上公开发表了《甲申文化宣言》。宣言指出："我们确信，中华文化注重人格、注重伦理、注重利他、注重和谐的东方品格和释放着和平信息的人文精神，对于思考和消解当今世界个人至上、物欲至上、恶性竞争、掠夺性开发以及种种令人忧虑的现象，对于追求人类的安宁与幸福，必将提供重要的思想启示。"① 同时，宣言表达了"与海内外华人一起，为弘扬中华文化而不懈努力"的强烈愿望。2006年7月28日，新浪网隆重推出了"乾元国学博客圈"，汤一介、庞朴、余敦康、李学勤等来自全国30多所重点高校及科研单位的国学界一线学者一百余人同时加盟。

另一方面，媒体也为"国学热"提供了支持。2001年7月9日，中央电视台开播汇集名家名师的讲座式栏目《百家讲坛》，热播国学内容，如曾仕强讲《易经》，阎崇年讲"清史"，易中天品《三国演义》，于丹解读《论语》、《庄子》，刘心武新解《红楼梦》，鲍鹏山品《水浒传》，马瑞芳说《聊斋志异》等。2006年1月10日开始，《光明日报》正式推出"国学"专版，每月两期讨论"国学"问题。这些文化活动也促进了中华经典诵读课程的开展。

同时，各种民间力量的热情呼应和主动实践，对"国学热"向中华经典诵读课程的转化作出了积极的贡献。进入21世纪以来，各地涌现出大批具有国学启蒙性质的私塾。如北京的"安定门国学馆"，以"家长＋孩子"

---

① 许嘉璐，季羡林，等. 甲申文化宣言 [N]. 人民日报，2004－09－06.

的亲子共学模式为开课方式，"国学＋国粹＋国策"三大类20门课程成为家长、孩子主修科目。其中，家长教材包括国学诵读、中国传统文化讲座、文化鉴赏等课程；孩子的教材中包括国学诵读、古诗吟唱等内容。又如南京的"金陵国学馆"，以儒、释、道三教经典作为传授切入点，教材包括儒学"四经"：《大学》、《论语》、《中庸》、《孟子》，另外还有《道德经》和一些佛经。

据搜狐网2006年9月27日李岩的《经典诵读十年复兴录：概述和缘起》介绍，目前，中华经典诵读活动已在全国全面开展起来。从城市到乡村，从东海到西陲，从黑龙江到海南岛，从大陆到港台，从中国到海外，从幼儿园到大学，从胎教到老年教育，从正规课程到业余学习，从正规学校到企业、机关、家庭和事业单位或非盈利组织，从经典文本到经典音乐、经典绘画等各种经典艺术，从人文经典到科学经典，从汉语经典到外语经典，从古代经典到现代经典，从诵读到践行，从民间到官方——保守地估计已达一千万直接受众。

二、"课程标准"对经典诵读课程的保障

中华人民共和国教育部《全日制义务教育语文课程标准（实验稿）》和《普通高中语文课程标准（实验）》的颁布与实施，为中小学阶段的中华经典诵读课程的实施提供了方向性和策略性的指导。

（一）《全日制义务教育语文课程标准（实验稿）》指导下的中华经典诵读课程

2001年教育部出台的《全日制义务教育语文课程标准（实验稿）》（以下简称"课标"），在其课程总目标中要求学生"能初步理解、鉴赏文学作品，受到高尚情操与趣味的熏陶，发展个性，丰富自己的精神世界。

能借助工具书阅读浅易文言文"①。文学作品的鉴赏与文言文的学习都与中华经典诵读课程有着千丝万缕的联系。据统计，"课标"中多次使用"诵读"一词。不仅如此，"课标"对每一学段的诵读教学都有明确的要求。

如第一学段（1—2 年级），"诵读儿歌、童谣和浅近的古诗，展开想象，获得初步的情感体验，感受语言的优美。"第二学段（3—4 年级），"诵读优秀诗文，注意在诵读过程中体验情感。背诵优秀诗文 50 篇（段）。"第三学段（5—6 年级），"诵读优秀诗文，注意通过诗文的声调、节奏等体味作品的内容和情感。背诵优秀诗文 60 篇（段）。"第四学段（7—9 年级），"诵读古代诗词，有意识地在积累、感悟和运用中，提高自己的欣赏品位和审美情趣。""阅读浅易文言文，能借助注释和工具书理解基本内容。背诵优秀诗文 80 篇。"由此可见，各个学段的阅读教学都重视学生诵读能力的培养。

与此同时，"课标"还对于优秀诗文背诵推荐篇目提出了具体的建议，要求 1—6 年级学生背诵古今优秀诗文 160 篇（段），7—9 年级学生背诵 80 篇，合计 240 篇（段）。值得关注的是，"课标"中仅推荐古诗文 120 篇（段），其余部分可由教材编者和任课教师补充推荐，这就为中华经典诵读校本课程的开发预留了空间。

因此，在"课标"的指导下，大陆地区众多中小学根据各自的情况，研发了各种形式的中华经典诵读课程，编写了各类中华经典诵读读本。这些校本课程和中华经典读本的出现，为丰富学生的人文素养，提高学生的语文能力，产生了积极的影响。

很多学校按照循序渐进的原则，依据不同阶段学生认知结构与心理结构的特点，制订了中华经典诵读课程的目标序列。例如，山东省烟台市牟平区实验小学的经典诵读目标主要由年级总目标、上下学期的训练目标及每次训练的子目标组成，层次分明，具有很强的可操作性。福建省厦门师

---

① 中华人民共和国教育部. 全日制义务教育语文课程标准［S］. 北京：北京师范大学出版社，2002：1.

范第一附属小学设计的经典诵读目标则根据各年级学生认知水平的发展和识字量、学生的兴趣、思维能力等来制定不同的要求，具有很强的针对性。

在内容的选择上，很多学校在校本课程开发过程中都侧重于经典诵读资源的开发建设，编印了许多具有地方特色的学生课外读物。例如，江西省南昌市珠市小学为学生提供的经典诵读内容，大多出自《千家诗》、《唐诗三百首》、《看图读古诗》、《儿童启蒙古诗三百首》等古诗蒙学书籍。当然，目前各种类型的中华经典诵读校本课程开发也存在着一定的问题，比如，诵读的内容或囿于古典诗文，或仅仅关注课外读物，"经典"的内涵过于狭窄；经典诵读的指导、推进、检查、评价还缺乏有效策略；经典诵读校本课程开发意识不强；经典诵读校本课程实施缺乏有效性指导，等等。这些问题，应该在实践的过程中逐步得到解决。

（二）《普通高中语文课程标准（实验）》指导下的中华经典诵读课程

2003 年，国家教育部颁布的《普通高中语文课程标准（实验）》（以下简称"高中课标"）① 中，对于经典诵读也有较多的表述。"高中课标"共 12 次使用"诵读"一词，涉及课程目标、教学建议、古诗文诵读推荐篇目、选修课程设置等诸多领域。国家基础教育课程改革语文课标组组长巢宗祺指出："诵读是反复朗读，自然成诵，尤其适宜于抒情诗文、文言文等声情并茂的作品。诵读比简单的朗读更有助于从作品的声律气韵入手，体会其丰富的内涵和情感，又不像朗读那样具有表演性，这一方法有助于积累素材、培养语感、体验品味、情感投入，达到语文熏陶感染、潜移默化的目的。"② 由此可见，课程标准的编订者对于诵读的高度重视。

---

① 中华人民共和国教育部. 普通高中语文课程标准（实验）［S］. 语文建设，2003（9）：50.

② 巢宗祺. 全日制义务教育语文课程标准解读［M］. 武汉：湖北教育出版社，2002：64.

在课程目标中，"高中课标"明确指出，通过高中语文必修课程和选修课程的学习，学生应该在"积累·整合"、"感受·鉴赏"、"思考·领悟"、"应用·拓展"、"发现·创新"这五个方面获得发展。

其中，在"感受·鉴赏"这一目标中，"高中课标"要求学生"阅读优秀作品，品味语言，感受其思想、艺术魅力，发展想象力和审美力。……逐步提高对古诗文语言的感受力……通过阅读和鉴赏，深化热爱祖国语文的感情，体会中华文化的博大精深、源远流长，陶冶性情，追求高尚情趣，提高道德修养。"在"思考·领悟"这一目标中，要求学生能够"根据自己的学习目标，选读经典名著和其他优秀读物，与文本展开对话。"在"发现·创新"目标中，则要求"学习多角度多层次地阅读，对优秀作品能够常读常新，获得新的体验和发现。学习用历史眼光和现代观念审视古代作品的内容和思想倾向，提出自己的看法"①。上述种种，都体现了"高中课标"对于文化经典价值的高度重视。

在必修课教学要求中，"高中课标"规定："古代诗文的阅读，应指导学生学会使用有关工具书，自行解决古诗文阅读中的障碍。文言常识的教学要少而精，重在提高学生阅读古诗文的能力。要求学生精读一定数量的优秀古代散文和诗词曲作品，教师应激发学生诵读的兴趣，培养学生诵读的习惯。"②

具体到必修课程的教学目标，"高中课标"指出："学习鉴赏中外文学作品，具有积极的鉴赏态度，注重审美体验，陶冶性情，涵养心灵。能感受形象，品味语言，领悟作品的丰富内涵，体会其艺术表现力，有自己的情感体验和思考。努力探索作品中蕴涵的民族心理和时代精神，了解人类丰富的社会生活和情感世界。""学习中国古代优秀作品，体会其中蕴涵的中华民族精神，为形成一定的传统文化底蕴奠定基础。学习从历史发展的角度理解古代作品的内容价值，从中汲取民族智慧；用现代观念审视作

---

① 中华人民共和国教育部. 普通高中语文课程标准（实验）［S］. 语文建设，2003（9）：52.

② 同①：56.

品，评价其积极意义与历史局限。""阅读浅易文言文，能借助注释和工具书，理解词句含义，读懂文章内容。了解并梳理常见的文言实词、文言虚词、文言句式的意义或用法，注重在阅读实践中举一反三。诵读古代诗词和文言文，背诵一定数量的名篇。""具有广泛的阅读兴趣，努力扩大阅读视野。学会正确、自主地选择阅读材料，读好书，读整本书，丰富自己的精神世界，提高文化品位。课外自读文学名著（五部以上）及其他读物，总量不少于150万字。"① 这些内容，从不同层面体现了"高中课标"对于诵读教学的高度重视。

同时，"高中课标"在附录中明确了古诗文诵读篇目，其中古文10篇，诗词曲30篇。并且指出："以上篇目推荐给学生诵读，不一定都选作课文。白话诗文诵读篇目由教材编者和任课教师推荐。"应该说这是个精中选精的诵读篇目，三年高中学习时间，背诵篇目仅有40篇，几乎平均1个月1篇，数量较少。在目前出版的不同版本的新课程高中语文教材中，在诵读篇目的数量上，都不同程度地超越了这个规定。

"高中课标"设置了五大板块的选修课，在"诗歌与散文"板块，"高中课标"规定"本系列课程应有较大的阅读量，在此基础上精选重点篇目，鉴赏研读。可通过多种途径帮助学生阅读和鉴赏，如加强诗文的诵读，在诵读中感受和体验作品的意境和形象，得到精神陶冶和审美愉悦……"② 这一规定，凸显了诵读在诗歌散文教学中的重要地位。

"高中课标"以选修课《唐诗鉴赏》为例，进一步强调了诵读在教学中的重要性。"在鉴赏的过程中要具有强烈的自主意识，激发浓厚的鉴赏兴趣，充分展开联想和想象，对作品进行多元的开放性的解读，对作品的意蕴力求有新的发现；学习用现代观念审视作品，就思想内容或艺术特色的某一方面作出富有创意和个性的评述。……加强诵读涵泳，在诵读涵泳

---

① 中华人民共和国教育部：普通高中语文课程标准（实验）［S］．语文建设，2003（9）：53.

② 同①：57.

中感受作品的意境和形象，获得情感的体验。"① 在推荐的另一门选修课《唐宋散文鉴赏》中，"高中课标"要求，通过阅读品味，学生能够对唐宋作家在散文创作中立意、选材、手法、风格、语言方面的个性特点，以及思想艺术方面的创新成就，有所领悟和把握，但不必深究。"对那些富于情韵、语言优美、朗朗上口的作品，应反复诵读，直至背出，在涵泳中体验其思想和艺术魅力。积累优秀散文中的名言佳句，提高自己的传统文化和文学素养，增强语言表达能力。"②《唐诗鉴赏》也罢，《唐宋散文鉴赏》也罢，这些课程都带有中华经典诵读课程的印记，"高中课标"的上述表述，为这类课程的开设提供了具体的指导。

三、中华经典诵读课程的重要载体

随着《普通高中语文课程标准（实验）》的颁布，高中语文教材改变了以往"一纲一本"的局面，呈现出百花齐放的发展态势。大陆出现了人教版、山东版、苏教版、粤教版、语文版等多套高中语文教材，各家出版社在"高中课标"的指导下，编写了各具特色的高中语文必修与选修教材。必修教材中的文言文教学内容应该属于中华经典诵读课程的组成部分，这一点自不待言。值得注意的是，不同版本的高中语文教材系列都编选了若干类似于中华经典诵读课程的选修教材，为中华经典诵读活动的开展提供了重要的平台。

以人教版"文化论著选读"选修教材为例，在"高中课标"的指导下，人民教育出版社编辑出版了《先秦诸子选读》（2006）与《中国文化经典研读》（2006）两部高中语文选修教材，从而为高中阶段开展中华经典诵读课程提供了规范的读本。下面分别介绍一下这两部教材的主要内容及编选特色。

---

① 中华人民共和国教育部. 普通高中语文课程标准（实验）［S］. 语文建设，2003（9）：62.

② 倪孟达. 论经典教学［D］. 上海：华东师范大学人文社会科学学院，2009：19.

（一）《先秦诸子选读》

《先秦诸子选读》包括《论语》选读、《孟子》选读、《荀子》选读、《老子》选读、《庄子》选读、《墨子》选读、《韩非子》选读等七个单元，选取先秦时期儒、道、墨、法四家的代表人物的重要论述作为学习与诵读的材料。

在该教材的"概说"部分，教材编者首先向学生介绍了诸子的思想以及先秦时期百家争鸣的文化景观，再从总体上评价诸子议论文的魅力。像这样从思想性和文学性两个方面对诸子散文进行概括，也符合新课程标准对于语文课程兼具"工具性"与"人文性"这一基本特征的把握。

具体到每一单元的教学内容，该教材并不追求对所选文化论著的思想内容进行面面俱到的把握，而是选取最具有代表性的文字以期达到"窥一斑而知全豹"的学习效果。

以第一单元"《论语》选读"为例。开篇先介绍孔子的生平及《论语》的构成，随后以话题为中心组织学习材料。整个"《论语》选读"单元，分为七个小话题，其中，"天下有道，丘不与易也"，体现了孔子的人生选择；"当仁，不让于师"，展现了孔子的为师之道；"知之为知之，不知为不知"，展示了孔子的人生智慧；"己所不欲，勿施于人"，突出了孔子的仁学思想；"不义而富且贵，于我如浮云"，彰显了孔子的道德原则；"有教无类"，强调了孔子的教育理念；"好仁不好学，其蔽也愚"，表明了孔子的学习观。这种分类方式较为系统地反映了孔子的主要思想，对于全面了解孔子有着积极的意义，也为将来学生通读《论语》奠定了良好的基础。

每一话题又分为四个部分。以第一个话题"天下有道，丘不与易也"为例，第一部分是"引入话题"，用一段较为通俗的文字介绍孔子面对误解、讥讽和困厄时的人生选择，为学生更好地理解文本提供必要的背景知识。第二部分为"阅读文选"，该话题下选取了"仪封人请见"，"长沮、桀溺耦而耕"，"楚狂接舆歌而过孔子"，"子路从而后"，"子路宿于石门"

等五段文字。稍加留意，我们便不难看出，这样的文字带有一定的情节性，在《论语》中并不多见。编选者把它们安排在单元之首，甚至在整本教材之首，意在提高学生的学习兴趣，激发学生的学习热情。第三部分是"思考和练习"，从内容和语言等方面加强训练，既重视了经典诵读对于学生思想的熏陶渐染作用，又强调了高中阶段的文言文学习。第四部分为"相关链接"，用通俗的文字对话题所选文本的内在价值以及历史影响加以阐述，从某种意义上来说，这是一种提炼与升华。这样的编写构思，符合学生的认知规律，也体现了一定的趣味性，有利于学生对经典的诵读。

另外，该教材的编排本身也富于变化，不拘一格。每个单元的文本篇幅完全根据需要，并不强求一律。比如"《论语》选读"单元设置六个话题，共选取《论语》中的80段文字。而"《荀子》选读"单元只列了"大天而思之，孰与物蓄而制之"这样一个话题，选取了《荀子·天论》中的一段文字。"《老子》选读"单元也只列了"有无相生"一个话题，只选了《老子》中的7段相关文字。这种收放自如的编写模式，既符合文化论著本身的特点，也充分考虑到学生的接受能力。众所周知，先秦时代的文化典籍，其文字与思想对于中学生来说都显得较为艰深，因此，在编写过程中如何调整教材本身的学习难度，是每一个教材编写者首先要关注的问题。可以说，在这方面，人教版《先秦诸子选读》教材作出了有益的尝试。

《先秦诸子选读》教材中所有选文内容都要求学生熟读，有些内容则要求学生背诵，这也符合中华经典诵读的基本要求。

（二）《中国文化经典研读》

《中国文化经典研读》是人民教育出版社出版的"文化论著选读"系列选修教材的一种，跟《先秦诸子选读》一样，同样具有中华经典诵读课程的性质。

为了让学生对中国文化典籍有一个大体的了解，对中国文化的发展历程、主要特点和精神实质有一个宏观的把握，对中国文化的历史地位和现实意义有一个初步的认识，人民教育出版社编选了新课标高中语文选修课教材《中国文化经典研读》。

中国古代文化典籍汗牛充栋，内容丰富，要在限定篇幅之内系统展示中国古代文化典籍的全貌，并不是一件容易的事。该教材借助目录学的成果，运用了经、史、子、集的四部分类法，对中国古代的文化经典进行了宏观的梳理。

整本教材分为十个单元，第一单元"入门四问"，属于整本教材的导语部分，通过"中国古代有哪些重要的文化典籍""中国文化经典在各个历史阶段的产生与传播有什么特点""中国文化经典在现代文化建设中有什么意义""怎样学习本书"等四个问题，全面了解中国文化经典的构成、特点及当代意义，并了解本教材的学习方法。第二单元"儒道互补"，选读《论语》、《老子》这两部儒家、道家最具代表性的著作，帮助学生了解儒、道两家学说的基本思想，理解"仁"、"礼"、"义"、"无为"等这些比较重要的概念，并对儒、道两家学说的影响及其互补性有一个整体的认识。第三单元"春秋笔法"，通过对《左传》以及《史通》（刘知几）等相关文本的学习，引导学生比较系统地了解中国古代历史著作的体例，了解"春秋笔法"的文化内涵，了解中国古代史学的实录传统，体会《左传》的叙事风格。第四单元"修齐治平"，要求学生对《大学》、《中庸》这两部对中国政治、文化等诸多方面有着深远影响的儒家经典著作的思想有基本的了解，并引导他们探讨这些思想的现代意义。第五单元"佛理禅趣"，引导学生了解佛教在中国的传播以及对中国文化的影响，了解《坛经》和《百喻经》的语言特色，引导学生把握佛教思想对于现代社会人生的启示意义。第六单元"家国天下"，引导学生了解《贞观政要》和《明夷待访录》两本书的主要思想及其进步意义，了解唐太宗对于纳谏的认识，体会封建帝王的治国思想，了解中国古代思想家对于君主专制的批判，从中汲取有利于现代社会的成分。第七单元"天理人欲"，通过对《朱子语类》等文本的学习与诵读，引导学生关注宋明理学所讨论的以"性"与"天道"为中心的哲学问题，同时也涉及政治、教育、道德、史学等方面的问题。第八单元"巧夺天工"，选取了《天工开物》、《徐霞客游记》、《考工记》、《水经注》等古代学术著作，引导学生了解封建时代文人冲破科举考试的束缚，献身科技事业的伟大精神，认识中国古代科技曾经有过的辉煌成就。鼓励学生作一些社会调查，就中国古代科技文化的历史地位和世界影响等问题展开研讨，体会科学作为人类文化共同体的价值和魅力。第九单元"经世致用"，通过对《日知录》、《文史通义》、《天下郡国利病书》等相关著作的学习，了解顾炎武的重要思想，体会其"经世致用"学术精神的历史意义和现实意义；了解章学诚反对"空言学问"、提倡"切于人事"的学术思想，体会浙东学术的务实精神。让学生联系社会现实或自己的学习经验，吸收本单元课文阐述的治学方法和表现出的论辩艺术，作一些社会调查或问题探究，切实提高议论文的写作能力。第十单元"人文心声"涉及的是近代文艺经典。所选的三篇课文《〈人间词话〉十则》、《红楼梦评论（节选)》、《〈人境庐诗草〉自序》，都是处于封建社会末期的文艺学作品。它们在继承中国传统的诗学理论的同时，都反映了中国文化与学术由古代向近代的转型，都有着丰富的文化内涵。指导学生抓住课文的精髓，领会文章的要义，旨在引导学生在理解各篇文章所涉及的文艺学观点的基础上，致力于运用，这对提高学生的审美能力和鉴赏能力，改进文学表现形式，增强语文学习能力，都是十分有益的。

除第一单元外，每一单元都由导语、经典原文、相关读物和大视野四部分构成。在"导语"部分，用简要的文字介绍本单元所涉及的文化名著的主要内容。在"经典原文"部分，则精选最能代表该文化论著主要思想成就的文字，以少胜多，向学生传递最重要的文本信息。当然，编选者也充分考虑到学生的学业水平及学习兴趣，所选文字注重思想性与趣味性的结合。在"相关读物"部分，则推荐与文化经典相关的文本，例如第二单元"儒道互补"，"经典原文"中提供的是《论语》十则和《老子》五则，在"相关读物"中则提供了《孟子》的《孟子见梁惠王》以及《庄子》的《胠箧》，这是对《论语》以及《老子》的有力补充和延伸。在"大视野"部分，则选用了梁漱溟《谈中国文化》一文。在最后的"知识链接"

中，介绍了曲阜孔庙、孔林、孔府，以及道家与道教，显示了教材所具有的知识拓展的功能。

不言而喻，这样一门选题丰富的课程，可以让学生通过对传统文化重要经典的诵读，体会儒家的博雅与仁爱，道家的任真与旷达，史家的凝重和严谨，禅理的机趣与幽深，政治家经世济民的策略，改革家务实求新的观念，以及学问家对理性的追求，堪称中华经典诵读课程中的精品。

此外，人民教育出版社还出版了高中语文选修课程教材《中外传记作品选读》、《中国古代诗歌散文欣赏》、《中国现代诗歌散文欣赏》等，这些也可以视为带有中华经典诵读课程色彩的教材。

其他各家获准出版新课程高中语文教材的出版社，也纷纷推出了属于自己的选修课程教材，其中很多教材都可以归之为中华经典诵读课程教材。例如，山东人民出版社出版的新课程高中语文选修教材有诗歌与散文系列的《唐诗宋词选读》（2005），有小说与戏剧系列的《中国古代小说选读》（2005），有新闻传记系列的《〈史记〉选读》（2006），有文化论著选读选修教材《〈论语〉〈孟子〉选读》（2010）等。江苏教育出版社出版的新课程高中语文选修教材有《唐诗宋词选读》（2006）、《现代散文选读》（2007）、《古代散文选读》（2008）、《〈史记〉选读》（2008）、《〈论语〉〈孟子〉选读》（2010）等。语文出版社高中语文课程选修教材包括《〈红楼梦〉选读》（2005）、《中外现代诗歌欣赏》（2005）、《中国现当代散文鉴赏》（2005）、《唐宋八大家散文鉴赏》（2007）、《唐宋诗词鉴赏》（2007）、《名人传记选读》（2007）、《〈论语〉选读》（2007）等。广东版新课程高中语文选修课教材包括《唐宋散文选读》（2005）、《〈论语〉选读》（2006）、《唐诗宋词元散曲选读》（2007）等。这一系列高中语文选修教材的出现，使高中阶段的中华经典诵读课程实现了正规化与常态化。

四、儿童经典教育——实践与论争

除了教育系统内部的教材编制与课程推广，民间力量的积极参与也对中华经典诵读课程的实施起到时了重要的推动作用。这主要表现在对以儿童读经为重要标志的民间经典诵读活动的倡导与推广等方面。当然，学术界围绕着诵读的内容与形式等问题的论争也从未停止过。

除了中小学语文教材中涉及的经典诵读内容之外，相关学者也致力于儿童经典诵读活动的推广，并在教材编写方面作出了自己的贡献。近年来，吉林文史出版社的《中学生古典诗词500篇》（2005）、光明日报出版社的《小学生经典诵读》（2005）和《中学生经典诵读》（2005）、远方出版社的《中国文化儿童诵读课本》（2005）、上海辞书出版社的《袖珍经典诵读》（2006）、凤凰出版社的《儿童经典诵读丛书》（2006）、甘肃文化出版社的《中国传统文化经典诵读》（2007）、北京大学出版社的《中华经典诗文诵读读本》（2007）、长春出版社的《古诗词诵读100首》（2008）、中国石油大学出版社的《阶梯诵读中华诗词》（2008）、新疆人民出版社的《小学生必备古诗词》（2009）、中国华侨出版社的《人生要读的古典诗词大全》（2010）、高等教育出版社的《经典诗文三百篇》（2010）等经典诵读的相关出版物如雨后春笋般纷纷涌现。

众多的中华经典诵读教材中，蒋庆编选的《中华文化经典基础教育诵本》（高等教育出版社，2004）具有很强的代表性。这套《诵本》共12册，面向小学1—6年级学生。从《孝经》、《诗经》、《尚书》、《礼记》、《易经》、《春秋》、《论语》、《孟子》、《荀子》、《春秋繁露》、《中说》、《通书》、《近思录》、《二程遗书》、《象山全集》、《朱子语类》、《朱子全集》、《传习录》、《阳明全集》共19部儒家经典中选取诵读内容，共计15万字，832课，每课一百字左右。编者蒋庆非常自信地说："记住了这15万字，就记住了中华文化经典中的核心价值。"因为这些"必读"作品，是"作为一个文化意义上的中国人必须了解的最基本的经典内容"，"不了解这些经典内容就不能成为一个文化意义上的中国人"①。

蒋庆在《中华文化经典基础教育诵本》的序言中指出，该《诵本》所

---

① 本刊记者.《中华文化经典基础教育诵本》出版［J］. 北京大学学报，2004（5）：56.

选是中华文化经典中的必读精华。所谓中华文化经典，是指中国历史上被长期公认的体现圣贤义理之学的诸经典，即"六经"、"四书"、诸大儒代表作以及具有深远影响的经典；所谓精华，是指诸经典中最能体现圣贤义理的核心价值，即最能体现常道常理所蕴含的思想精髓；所谓必读，是指作为一个文化意义上的中国人必须了解的最基本的经典内容，即不了解这些经典内容就不能成为一个文化意义上的中国人。因此，本《诵本》编订的目的，是为了给所有的中国人提供一个了解中华文化经典的最基本的教程。[①]

事实上，关于经典教育，学术界一直存在着不同的声音。某些学者认为，儿童经典诵读活动不能狭隘地理解成儿童读经活动，而所谓的"经"也不能单纯指儒家经典。某些学者认为，带有强制记忆性质的儿童经典诵读活动并不符合教育学及心理学的基本要求。关于如何开展儿童经典诵读活动，无论在经典诵读内容的选择上还是在诵读方式的选择上，都存在广泛的论争。

山东师范大学教授潘庆玉在《全球化语境中的经典教育》一文中指出，经典教育是应对全球化挑战所必需的选择之一。在全球化语境中，经典教育是培育、生成、壮大具有世界文化竞争力的中国民族精神的过程。在目前基础教育课程改革的框架内，经典课程可以以地方课程和校本课程的方式单独开设，其目的不在于应试，而在于文化陶冶。[②] 同时，他分析了当前经典教育存在的四个误区。误区之一："述而不作、我注六经。"这种经典教育思想，强调对经典无条件的尊重与崇拜，显然，这压抑了学生的个性，束缚了创造性，会使学生丧失文化主体的独立性。误区之二："把经典教育看作政治教育的工具，使受教育者接受并认同主流意识形态和主导价值观念。"经典自身的价值是由它被赋予的政治功利价值所决定的。误区之三："读经只为稻粱谋。"在现代教育制度中，经典教育常常因

---

① 蒋庆. 中华文化经典基础教育诵本：第 1 册 [M]. 北京：高等教育出版社，2004：1.
② 潘庆玉. 全球化语境中的经典教育 [J]. 当代教育科学，2003（12）：3 – 8.

为应试教育价值取向的挟制而变成了教条主义、保守主义、文化古董的代名词。误区之四："以古典语言学习取代经典教育。"经典教育往往就变成了古文教育和文言文教育，把语言的学习同思想的训练和文化的积淀割裂开来，执着于训诂考据，而忽视了义理与文化上的观照与省察。

北京师范大学教授郭齐家是少儿读经运动的重要倡导者，他在所作的《少儿读经与文化传承》一文中强调，经典是对于某个文化传统而言的最具权威性的著作，一个民族的历史和体现民族精神的优秀传统文化与优良传统道德需要通过经典的传承而延续。"中国文化经典是我们民族的文化之根，民族之魂，是中华民族的民族精神的体现。在经济全球化、政治多极化、生存数字化、文化多元化浪潮汹涌发展的当今世界，如果我们不坚持弘扬和培育民族精神，不号召青少年及儿童诵读我们传统的文化经典，那么我们就很难自立于世界民族之林，就有成为文化上的流浪民族的危险。"他还从建构儿童精神世界的高度评价经典诵读活动："母语，对于一个少年儿童的成长是非常重要的，通过诵读中华文化经典，可以引导他们感悟母语之美，感受正确而自如地运用母语表达自己的快乐，建立与母语的血肉联系，将母语所蕴含的民族文化和民族精神扎根在心灵深处，并在此基础上构造自己的精神家园。"①

与此相反，南京师范大学教授刘晓东则是"儿童读经运动"的坚定反对者，他在《"儿童读经运动"质疑——与南怀谨先生商榷》一文中指出，儿童读经运动以"填鸭"、"填牛"之强制灌输方法，让儿童死记硬背、生吞活剥古代"经典"，企望以此使儿童获取"一生取之不尽、用之不竭""一劳永逸"的学问，这公然背离了儿童教育的近现代观念，是走历史的回头路。儿童读经运动是不可能扫陋习、除时弊、正世风、开新学的，更不可能建设现代化、全球化之文化中国。②他的另一篇相关文章《"儿童读经"论辩之辨析——以秋风与薛涌论争为个案》认为，儿童"读经"是中

---

① 郭齐家. 少儿读经与文化传承［J］. 湖南科技学院学报，2005（1）：49 - 52.
② 刘晓东. "儿童读经运动"质疑——与南怀谨先生商榷［J］. 南京师大学报：社会科学版，2004（3）：63 - 70.

国文化、中国教育的一种传统，但却是不好的传统。① 他从教育学、心理学等不同角度对于儿童读经活动进行了剖析与质疑。

旅美学者薛涌在《走向蒙昧的文化保守主义——斥当代"大儒"蒋庆》一文中，认为蒋庆所编的《中华文化经典基础教育诵本》"就是要强迫孩子在 3—12 岁期间背 15 万字自己并不懂的东西"。他同时指出："如何弘扬和继承中华传统文化，为下一代所接受，这不能不说是一个值得广泛探讨的问题。"② 他认为，蒋庆的所为难以达到振兴中华文化的目的。相反，这种文化保守主义如果得势，社会就会有重新回到蒙昧之虞。

湖北大学教授刘川鄂在《读经：应不应该作为教育行为?》一文中认为，中国古代文化并非只有儒学，古代经典也并非只有儒家经典。这种强制性的做法，要求未成年人背诵"连成人都没有完全讨论清楚、达成共识的东西"，是不能容忍的教育专制。③ 当今学生的学习负担本来就很重，"减负"的呼声越来越大，让孩子们拿这么多时间去读经，不仅增加了学习负担，也使孩童多动好玩的天性受到更大的限制，带有一定的残酷性。他进一步指出，在多元文化共生的今天，如果把读经作为个人爱好和个人修养，无可厚非。少数人借助媒体反复向社会宣扬自己的观点，主张学校读经，在社会舆论上产生一定的影响，也是可以的。甚至有人自编教材、自办学校进行读经尝试，也是应当允许的。但是，在社会没有对读经活动进行充分论证、达成共识之前，任何教育主管部门或学校都没有权利要求学生读经。

值得思考的是，即使国学研究者本身也对读经运动提出了自己的不同看法。儿童快乐国学教育法创始人、国务院机关幼儿园特聘国学教授杨万霖在他的《〈弟子规〉：一半很重要，另一半很糟糕》一文中，针对目前全

① 刘晓东．"儿童读经"论辩之辨析——以秋风与薛涌论争为个案 [J]．南京师大学报：社会科学版，2008（5）：68－72.

② 薛涌．走向蒙昧的文化保守主义——斥当代"大儒"蒋庆 [J]．理论参考，2007（7）：51.

③ 刘川鄂．读经：应不应该作为教育行为? [J]．中学语文·读写新空间，2006（6）：3－5.

国范围内走红的万民争背《弟子规》的现象提出质疑："《弟子规》走红有其天然合理性，它蕴含的精华直到今天也不过时，非但不过时，还会与人类共始终。但是它所携带的母体的文化基因也深深打着封建的烙印，如果饥不择食，合盘吞下，不啻'饮鸩止渴'，其毒副作用'潜伏期'长，会扭曲健康人格，不利于公民社会的建设。"①

这些论争从不同侧面反映了学界对于儿童读经活动的深刻反思，对于中华经典诵读课程的规范化与科学化必将产生积极的影响。

第二节　中国台湾的经典诵读课程

中国台湾地区自 1945 年以来，逐步恢复了中华传统文化的主导地位。传统文化，尤其是儒家文化思想，对于台湾社会伦理道德观念的形成具有深远的影响。由于台湾行政当局的积极倡导，台湾教育主管部门的大力推广，中华经典诵读课程在我国台湾地区得到了较好的开展。这不仅表现在课程标准的制定、相关教材的编写等方面，同时表现在广泛的教学实践中。无论基础教育阶段，还是高等教育阶段，无论常规的课程设置，还是民间教育力量的投入，都对中华经典诵读课程的推广产生了积极的影响。

一、台湾中华经典诵读课程的实施背景

众所周知，台湾文化与中国大陆文化同宗同源，早在三国时期，中国大陆就已经跟台湾之间开始了频繁的经济、文化交流。尤其是明清时期，随着三次大规模大陆移民潮的涌入，来自中国大陆地区的汉文化逐渐在台湾地区占据主导地位。然而，自 1895 年清政府与日本签订《马关条约》之后，日军占领台湾，直到 1945 年抗日战争结束，台湾地区经历了长达

---

① 杨万霖.《弟子规》：一半很重要，另一半很糟糕［J］. 黑龙江史志，2010（8）：44－45.

50 年的日据时期。在这一时期，日本殖民文化政策的显著特点是以高压政治为后盾，全力推行"皇民化运动"，妄图从根本上扼杀台湾的中华文化，消除台湾同胞的民族意识。在殖民当局的严密组织和高压监控下，殖民文化无孔不入，在形式上全面取代了中华文化，中华文化也因此遭到了严重的破坏。

1945 年，台湾当局采取了一系列文化措施，积极恢复传统文化的影响。起初，为了取缔或改造日本"皇民化教育"的社会教育机构，在全社会范围内清除日本殖民文化的流毒，同时，为了消除长期同化政策造成的语言隔阂，台湾当局成立了专门的"国语推行委员会"，在每个县下设国语推行所。"国语推行委员会"在编定加注汉语拼音的教材、推广读音规范、选拔和训练师资、举办各类国语培训班等方面做了大量工作。政府的大力推动与民间高涨的学习热情相结合，人们很快在全岛掀起国语学习的热潮，这也为日后全岛范围内中华经典诵读课程的推广提供了根本保证。

1949 年，国民党政权退踞来到台湾，随之来到台湾的还有众多学术界著名学者。这一过程，对于台湾本土文化与祖国文化的进一步交流与融合产生了促进作用，也给台湾的文化建构带来了深刻的影响。1949 年以后，台湾全面推行以"重建中国文化教育"为宗旨的教育方针。1952 年，台湾公布实施新的教育改革方案，将加强民族精神教育作为学校教育的主要内容之一，并通过了《各级学校加强民族精神教育实施纲要》。此"纲要"规定：国民学校以"爱国、守法、孝顺、信实、礼节、合作、勤俭、整洁"作为民族精神教育的中心，中等学校以"忠勇、孝顺、仁爱、信义、廉耻、礼节、勤俭、合作"作为训导的准则。在其后几十年的发展过程中，正统的儒家思想一直在教育中占据主导地位。

1966 年，中国大陆发起了"文化大革命"。台湾当局以此为契机，批评"文革"是对中华文化的摧残与毁灭，并以中华文化的继承者和捍卫者自居，发起了一场声势浩大的"中华文化复兴运动"。"中华文化复兴运动"在一定程度上维护和发展了中华传统文化，其中最显著的成绩是对传统文化的发掘、整理、研究和普及。在"中华文化复兴运动"的推动下，台湾商务印书馆编印出版了《古籍今注今译》丛书，该丛书囊括了《尚书》、《诗经》、《论语》、《史记》等30余种古代文化典籍。此举一出，民间出版机构纷纷效仿，掀起了一股译注和普及古典名著的热潮。公私机构的学术研究也得到积极扶植，一批研究中国文化的专著如《中华文化概述》、《中国史学论文选集》、《中华文化复兴论丛》、《中国历代思想家》等相继出版发行。与此同时，"中华文化复兴运动"先后举办了11类文化讲座，邀请专家学者主讲，仅1976—1982年就举办了近5000场讲座，听讲人数超过200万人次。这些工作对于传统文化的整理、研究、继承和创新起到了积极作用，有助于民众对传统文化的全面了解和重新体认，也为中华经典诵读课程的开展奠定了良好的基础。

"台湾社会演进的历程表明，传统文化对教育的影响十分深远，教育在传承传统文化方面所起的作用十分突出，这构成了台湾教育文化的一个突出特色。"① 据台湾《联合报》报道，2011年9月28日是孔子诞辰纪念日，也是台湾的教师节，台湾领导人马英九在教师表彰会议上再度倡导读经典读本，希望台湾教师利用更多的时间引导学生读经典。马英九强调，古人的智慧不应该弃如敝屣，包括环保与两岸关系都有经典可以对照。他说，外界对经典有很多误会，认为这是宣扬封建与帝王思想，但孙中山先生也读过很多经典，我们不应过分担心读经典而变得愚忠愚孝。

总的来看，20世纪后半期以后，台湾经历了多元文化的整合与西方文化的冲击，但是就主流而言，台湾文化仍然具有鲜明的中华民族传统文化的基本特征，儒家思想在人们的社会生活中仍然具有重要的影响。这也为台湾地区实施中华经典诵读课程提供了思想背景。

---

① 黄新宪. 传统文化与台湾教育［J］. 上海教育科研，1993（6）：15.

二、台湾课程设置对经典诵读的导向作用

（一）台湾地区的"语文课程标准"

1998 年，台湾地区颁布了"台湾九年一贯课程标准"，国语部分中明确要求"透过语文学习，体认中华文化"。同时，台湾也颁布了"国民中学国文课程标准"，在其课程目标中，开宗明义地指出："体认中华文化，厚植民族精神，培养伦理、民主、科学观念，激发爱乡爱国思想。""培养积极创造之思考能力及民胞物与之开阔胸襟。"①

相对而言，台湾地区的小学乃至初中的国语以及国文教学关注较多的是白话文的学习，对文言文乃至中华经典的学习，在高中阶段则得到更多的重视。台湾教育主管部门颁布的所谓"高级中学国文课程标准"（以下简称"高中标准"），在课程目标部分明确规定："培养阅读文言文及浅近古籍之兴趣，增进吸收优美传统文化之能力。""研读中国文化基本教材，培养伦理道德之观念、淑世爱国之精神。"② 这些课程目标可以看作是高中阶段中华经典诵读课程的纲领性要求。

同一时期，中国大陆颁布的《普通高中语文课程标准（实验）》对于文言文的能力要求是："阅读浅易文言文，能借助注释和工具书，理解词句含义，读懂文章内容。"两相对比，不难看出，大陆与台湾在文言文学习以及经典学习的目标定位方面存在着一定的差异。一方面，台湾的高中语文课程标准着眼于学生学习兴趣的激发，而大陆的课程标准则关注的是能力的培养；另一方面，台湾的"高中标准"除了关注文言文教学之外，还特意标明培养学生阅读"浅近古籍之兴趣"，这一点在大陆的"高中课标"中则没有相关的表述。这表明，台湾的文言文教学在其目标定位上要略高于大陆；在其学习内容方面也要比大陆广一些；其实施难度较之大陆

---

① 蔡美惠. 台湾中学国文教学研究 ［M］. 广州：广东教育出版社，2006：77 – 80.
② 台湾教育主管部门. 高级中学国文课程标准 ［S］. 台北：国立编译馆，1983.

"高中课标"中仅要求"阅读浅易文言文"明显更大。

具体到阅读文本的选择，大陆高中语文教材中文言文所占比例大约为50%左右，这一比重略低于台湾。台湾高中语文教材以范文为主体，就白话文与文言文的比例而言，三个学年有不同的要求。第一学年，白话文占45%，文言文占55%；第二学年，白话文占35%，文言文占65%；第三学年，白话文占25%，文言文占75%。可以说，随着学年的提升，文言文在教材中所占比例逐年提高。换句话说，涉及中华经典诵读的内容也是逐年递增。就整体而言，台湾高中教材中的文言文所占比例高于大陆。文言文多为古代文学、文化经典，从其在教材中所占比例我们也不难看出，台湾地区对于中华经典的重视程度。

具体说来，台湾"高中标准"中明确规定了文言文范文的编排顺序及选文数量，第一学年编选唐宋文15篇，另外，古诗选、乐府选各一篇；第二学年编选唐宋明清文17篇，另外，唐诗选、宋诗选各一篇；第三学年编选先秦两汉六朝文17篇，词选、曲选各一篇。这样的选文编排模式，很显然是按照由易到难的顺序处理的，既注重了中华经典文本的发展脉络，也符合学生的认知规律。

就选文标准而言，台湾"高中标准"也有明确的规定。"选文应注意下列各点：一、思想纯正，足以启导人生意义，培养国民道德者。二、旨趣明确，足以唤起民族意识，配合国家政策者。三、立义深邃，足以体认中华文化，建立民族自信者。……七、文字雅洁、篇幅适度，足以陶练辞令、便于熟读深思者。八、层次分明，合于理则；文辞流畅，宜于朗诵者。"这些规定，跟中华经典诵读的要求都有着直接或间接的关系，都为中华经典诵读课程的设置与开展提供了具体的指导性意见。

（二）台湾地区的"文化论著选读"课程

台湾"高中标准"的一个重要特色在于单列中国文化基本教材，这一点类似于大陆"高中课标"中的"文化论著选读"选修课教材。不同之处在于，大陆"文化论著选读"并未规定论著名称，而台湾"高中标准"规定："中国文化基本教材之内容，选编自《论语》、《孟子》、《大学》、《中庸》，力求能深切反映中华文化之精髓，或具有时代意义者；学庸部分应避免过于抽象、不适合高中讲授者。所选各章必须附有注释、章旨。"这样就对教材内容、选文难度、编选方式等都提出了明确的要求。

对于中华文化基本教材的教学建议，台湾"高中标准"指出："中国文化基本教材以阐明义理、躬行实践为主。讲读时宜配合日常生活，尽量发挥义蕴，使学生透彻领悟，并于动静语默之间，陶镕高尚情操，培养健全人格。"

台湾"高中标准"还明确规定了中华文化基本教材在高中三个学年中的教学安排，第一学年上下学期以及第二学年上学期，教学"《论语》选读"；第二学年下学期以及第三学年上学期，教学"《孟子》选读"；第三学年下学期教学"学庸选读"。同时，在教材编选说明中指出："文化教材之编选，宜避免不易领会，异说过多者。"这样既保证了对于儒家经典文献"四书"的全面学习，又避免了难度过大造成的畏难心理，既考虑到时代特征，又照顾到学生的接受能力。

作为传统文化的经典，"四书"保存了儒家先哲的思想和智慧，蕴含了儒家思想的核心内容，也是儒学认识论和方法论的集中体现。因此，在中国思想史上产生过深远的影响。这其中有许多优秀的思想精髓，是华夏无数先贤实践、思考的结晶，至今读来，仍不失其深刻的教育意义和启迪价值，堪称是源远流长的民族文化精华。台湾"高中标准"单列中华文化基本教材，要求学生在三年的高中阶段集中学习"四书"精髓，凸显了台湾教育界对于中华传统文化经典著作尤其是儒家经典著作的高度重视。

（三）台湾地区的"论孟选读"课程

2004 年，台湾教育主管部门以"课程纲要"取代"课程标准"，选修科目"论孟选读"代替了以往的"中华文化基本教材"，并公布了《普通高级中学选修科目"论孟选读"课程纲要》。该"纲要"相对于以往的课程标准，对于带有中华经典诵读性质的选修课程"论孟选读"，在课程目标、时间分配、教材纲要、实施方法等方面都提出了明确的要求。

大陆"高中课标"中，对于文化论著选读的教学目标是这样规定的："选读古今中外文化论著，拓宽文化视野和思维空间，培养科学精神，提高文化修养。以发展的眼光和开放的心态看待传统文化和外来文化，关注当代文化生活，能通过多种途径，开展文化专题研讨。"①

通过对比，不难看出，两地课程目标的相同点在于，都注重传统文化与当代生活的结合。不同点在于，大陆"高中课标"还涉及外来文化，并有关注当代文化的要求，台湾"纲要"侧重对传统文化的继承。与此相关的台湾高中的文化类选修课程只有"论孟选读"一门，而大陆"高中课标"则提供了较为宽泛的选择空间：可以开设若干选修课程，如中外文化论著选读、《论语》选读、《孟子》选读、《老子》选读、《庄子》选读、《人间词话》选读、《歌德谈话录》选读、中华文化寻根、民俗文化专题、社区文化专题等。相对而言，台湾高中"论孟选读"可以视为中华经典诵读课程，但大陆的文化论著研读则无法这样归类，当然，过多的选择也许会降低学生的学习质量，也许会影响学生对传统文化核心内容的把握。

在"教材纲要"部分，台湾"纲要"要求"论孟选读"的"选文应顾及当代思潮，并切合学生之学习兴趣与吸收能力。应配合教学节数，编选适量教材。每课选文宜附有简明之注释、章旨、问题与讨论等"。这一要求，对教材编选的原则、数量、形式等问题作出了具体的规定。

可以说，台湾地区的小学、中学、高中阶段的"语文课程标准"，以及选修课程"文化论著选读"、"论孟选读"构建了一个相对完整的课程体系，为台湾地区学生的中华经典诵读课程的顺利实施提供了有力的保证。

---

① 中华人民共和国教育部. 普通高中语文课程标准（实验）［S］. 语文建设，2003（9）：54.

三、台湾高等教育中的中华经典诵读课程

台湾高等教育的中华经典诵读课程有效地承续了高中"论孟选读"课程的发展思路，对大学生人文素养的提升和传统文化的弘扬都产生了积极的影响。

台湾高等教育经过20世纪50年代的奠基，六七十年代快速发展，80年代进行调整改革，90年代至今转型升级，有高等学校165所（不含军警学校和远程教育学校），其中私立高等学校110所，公立高等学校55所，本专科学生110余万人，研究生近20万人。20世纪80年代末，台湾高等教育实现了大众化，如今已迈入普及高等教育阶段，2004年高等教育入学率达到78.6%。

在台湾，公立大学和私立大学都十分重视中华民族优秀传统文化教育，校园中随处可见中华先哲们的至理名言，以激励青少年的民族自尊心、历史责任感。各大学的校训更是蕴含着中华文化的精髓，使人倍感传统文化的博大精深，深受优秀传统文化的教益和陶冶。例如，淡江大学的校训是"朴实刚毅"，东海大学的校训是"求真、笃信、力行"，高雄师范大学的校训是"诚敬宏远"，成功大学的校训是"穷理致知"，交通大学的校训是"知新致远、崇实笃行"，台北科技大学的校训是"诚朴精勤、礼义廉耻"，台湾大学的校训是"敦品、励学、爱国、爱人"，台湾海洋大学的校训是"诚朴博毅"。这些校训简明精炼，意蕴深远，汲取传统文化的精华，蕴含着丰富的人文精神，充盈着高尚的人格教育，体现了一所大学历久弥坚的教育追求、办学理念和校园文化。这样的校园文化精神，为台湾高校中华经典诵读课程的开展营造了浓郁的文化氛围。

同时，台湾高校高度重视通识教育，注重学生完善人格的培养，这也为中华经典诵读课程的开设提供了广阔的空间。一般意义上的通识教育，就其目的而言，是培养健全的人，就其知识特征而言，重视知识的广博性、整体性。通识教育珍视民族文化，善尽民族义务，关怀人类前途。台

湾高校往往将通识教育融入人文与科技领域，通识教育课程的学分一般占毕业总分的20%以上。很多通识课程的设计者主张以经典著作作为通识教育课程的主要内容，因为人类的文明在变迁中有其永恒不变的价值存在，这种核心价值尤其保存在经典著作之中，因而经典著作便自然成为课程设计的中心。

具体而言，台湾高校的通识教育关注这样两个方面：一是充分发扬中华传统文化中固有的伦理因素，譬如"天人合一"，"己所不欲，勿施于人"，"和而不同"等思想，并结合时代要求加以创造性转化，使之成为大学通识教育的内容。二是实施经典工程，大力提倡古今中外经典著作的阅读和研讨，"引导学生亲近经典中的思想世界与价值世界，使他们可以携古人之手，与古人偕行，与经典作者一起思考深刻而永恒的问题"①，从而使他们在全球化浪潮中找到一个价值的立足点，不至于随波逐流。例如，台湾众多高校在通识课程设置方面考虑到中华经典诵读的重要性，在人文学科领域开设有"儒家经典名著选读"、"佛家经典名著选读"、"道家经典名著选读"等课程，对于中华传统文化的基本构成内容进行全面的把握。这类课程的设置与实施，相对于高中阶段的"论孟选读"有了明显的提升与拓展。

以台湾"清华大学"为例，从2006年开始，学校对通识课程进行重大改革，全校必修课程及通识课程总计30学分，其中语文必修课程10学分，核心通识课程10学分，通识选修课程10学分。核心通识课程分为七大向度，包括思维方式、生命探索、美感情操、社会与文化脉动、科学技术与社会、文化经典及历史分析等。其中文化经典通识课程约10门课程，由中国文学系为全校学生设计出两类课程，一为增强语言能力的阅读写作等课程，一为专门精读原典的文化经典，举凡经史子集、诗词曲赋，按照师资专长，尽力开设。

---

① 黄俊杰. 大学通识教育的理念与实践［M］. 武汉：华中师范大学出版社，2001：213 - 223.

　　台湾"清华大学"中国文学系标举"承继博雅的中文传统，引导学生涵泳于诗词义理的古典世界，认识中国文化之精髓"的办学理念。自 2003 年开始，要求学生必修的科目包括"小说选"、"诗选"、"词选"、"曲选"等课程，几乎涵盖了中国古典文学的所有门类，体现了对于文学经典文本的高度重视。

　　2011 年，台湾"清华大学"中国文学系新入学的学生，其必修课程在上述四门中华经典文学类课程的基础上又有所增加。这四门课程被列为核心必修课程，要求学生从这四门中任选两门，同时另外开设"中国经学名著选读"、"中国子学名著选读"两门课程，要求学生在这两门课程中任选一门。此外，在基础必修课程部分又增设了"汉魏六朝文"、"唐宋明清文"两门课程。

　　另外，台湾"清华大学"中国文学系还设置了"专书"课程，所谓"专书"，包括《尚书》、《诗经》、《楚辞》、《周易》、《礼记》、《左传》、《史记》、《汉书》、"四书"、《荀子》、《韩非子》、《老子》、《庄子》、《世说新语》、《昭明文选》、《文心雕龙》、《钟嵘诗品》，专家文（韩文、柳文、欧文、苏文等），专家诗（陶诗、李白诗、杜诗、李商隐诗、苏黄诗等），专家词（苏辛词、柳周词等），专家曲（关汉卿曲、马致远曲、汤显祖曲等），古典小说（"三言二拍"、《金瓶梅》、《红楼梦》、《聊斋志异》等）。可以说，这份详尽的课程名单，几乎涵盖了中国古代文学乃至古代文化方方面面的重要典籍，具有极强的包容性，体现了他们对中华经典著作的高度重视。

四、台湾的"儿童读经教育"活动

　　在正规的学校教育之外，台湾民间力量对于中华经典诵读课程的推广也有不容忽视的贡献。其中，台湾师范学院语教系教授王财贵先生所倡导的"儿童读经教育"活动最具有代表性。

　　王财贵先生认为，任何一个文化系统都有其永恒不朽的经典作为源头活水，经典不仅构成该民族的文化传统，而且也能为全人类提供有益的启示。中国儒、释、道三家的经典自古流传，成为传统知识分子的必读之书，影响着东南亚乃至全世界。然而，自从民国初年废除传统经典诵读之后，长期以来，民族自信心完全丧失，社会文化日渐没落。当代青年几乎完全不能阅读古代文献，更何况经典，中国文化已到了几近断绝的地步。他认为，倡导"读经风气"是从根本处着手，以救助中国文化。鉴于岛内的教育现状，一时很难在体制上恢复"读经"的课程，所以应该先以"社会教育"的方式推广读经运动。同时他也认为："提倡读经，首先就得改正偏狭的心态，因为传统乃现代之根本，并不相违；文言和白话也非不相容；东方和西方文化可以融会通用。因此，大量阅读经典有助培养理解力。"①

在这种思想指导下，秉持"与经典同在，与圣贤同行"的理念，王财贵先生于 1994 年创办华山书院，大力推广"儿童读经教育"。王财贵主张儿童从最有价值的经典读起，先自《大学》、《中庸》、《论语》开始，其次是《老子》、《庄子》，接着依次是《唐诗三百首》、《孟子》、《诗经》、《易经》等。王财贵编选的中华经典诵读教材《孝弟三百千》，包括《孝经》、《弟子规》、《朱子治家格言》、《座右铭》、《女史箴》、《三字经》、《百家姓》、《千字文》、《诗品》、《声律启蒙》、《药性赋·总赋》、《周身经穴赋》、《周身经穴位置图》、《太极拳·拳经》、《国学入门书要目》等，选材极为广泛，具有很强的包容性。另一本《诗歌词曲选》则包括古歌、汉诗、魏晋南北朝诗歌，以及唐宋元明清时代的诗词曲等，内容极为丰富。这种编选组合保证了中华经典诵读课程的权威性与趣味性。

在与"儿童读经教育"相配套的《读经手册》中，王财贵详细论述了读经教育的重要意义、基本原理、教学方法、教材选择等问题，对于读经的时间安排、教室气氛的营造、提高儿童学习兴趣的方法等方面也都有具体的论述。

---

① 李立. 台湾小学生时兴读古籍 [J]. 台声，2006 (11)：84.

关于诵读方法，王财贵提出了"简易'三百'读经法"，也就是引导读经的儿童，每天平均进度"一百字"，每一百字至少念"一百遍"，每天让每一个读经的孩子都得"一百分"。这是个极为简单易行的方法，引起了众多读经者的积极响应。①

针对有些人提出的"儿童读经是不是死记硬背"的质疑，王财贵认为，儿童心智发展的重点在于记忆力，而不在理解力。所以不要勉强要求儿童能够理解经典的内容，而应该利用他们记忆力强的这一特点，记诵传统文化中的精华作品。待其长大后，理解能力自然增强，对本国文化也会有亲切之感，所记得的文句不仅自己可以渐渐领略，如遇有人指教，更能触类旁通。

关于读经的效果，王财贵认为：单从语文程度上说，儿童读经一年，可有高中国文程度；读经两年，可有大学国文程度；读经三年，可有大学中文系国文程度②。至于人格之陶冶，气质之变化，其效能更不可测度。

目前，台湾的"儿童读经教育"主要有三种推广方式。第一种为家庭推广，由家长自行教导子女读经。第二种为社区推广，由社区邻里、文化社团、道场寺庙等开办儿童读经班。第三种为学校推广，由学校导师在班上随机教学，或在团体活动中安排读经项目，或利用适当时机实施全校性教学。由于岛内家长对子女教育的日益关切，儿童读经运动标举的鼓励读书与道德教育，与现代父母对子女的期望相契合，因此，"儿童读经教育"日益得到台湾社会各界的认同。经过十几年的积极努力，王财贵所倡导的"儿童读经教育"已经取得了令人瞩目的成果，被岛内媒体誉为"五四以来规模最大的古文复兴运动"，岛内已有十个县市成立读经协会，两个县市成立读经联谊会，584 个读经班分布在台湾各地，投入读经运动的人口达到 100 万以上。

与此相适应的，台湾相关机构对于读经活动的开展也给予了大力支

---

① 王财贵. 儿童经典诵读基本理论［J］. 北京教育，2004（4）：33 - 34.
② 李翠红，蒲俊德. 交龙文化谈说论：下册［M］. 香港：飞天文化出版社，2001：184.

持。早在 1998 年，台湾就成立了"读经风气推广委员会"，并于当年 9 月至 12 月间分别在台中、台北、台南孔庙及花莲县文化中心举办首届地区性的小状元会考。考试以抽背方式进行，共有 3000 余名儿童参加了考试，及格的 1000 名小状元循古礼加冠、游泮、过状元桥，"小状元会考"从此成为岛内一道亮丽的文化景观。

至 1999 年，为了使岛内读经的儿童有一个可信度较高的测验机制，台湾"读经风气推广委员会"决定筹办全岛范围内的读经评鉴会考，以"四书五经"、唐诗为考试范围。由于经文数量庞大，为了鼓励更多的儿童应考，"读经风气推广委员会"将考试范围分科分段，每段经文约 8000 字左右，学童可以根据自己的实力选考任意科段，由此产生了"经典科段总会考"这一中华经典诵读课程的评价形式。第一届会考共分六科十八段，各科段内容是：第一科，学庸论语；第二科，老子、庄子；第三科，唐诗三百首；第四科，孟子；第五科，易经；第六科，诗经。以上各科皆分三段。会考于 2000 年 9 月 24 日在全岛 21 个县市及台北、高雄两市同步举行，有 6500 余人报名，共有 818 人顺利通过考试。2000 年 11 月 12 日，中华文化复兴节期间，在台中市孔庙举行了盛大的颁奖典礼。

随后，台湾每年都会举办一届"经典科段总会考"，考试内容也变得更加丰富。例如从 2001 年第二届开始，为了鼓励更多的读经儿童参加考试，特增设国学启蒙一科，以《孝经》、《弟子规》、《三字经》、《朱子家训》为诵读范围，考试内容增为七科十九段。以笔试为主，口试为辅，每段须达到 90 分方为及格。

这样一来，由于相关机构的介入，考试制度的确立，就将"儿童读经教育"这种原本根植于民间的中华经典诵读活动引向正规化、常态化。近几年，"儿童读经教育"的影响已经不再局限于台湾，在中国大陆、港澳地区、东南亚以及海外华人社会都产生了广泛的影响。

第三节 中国港澳的经典诵读活动

香港和澳门是中国的两个特别行政区。过去这两个行政区长期在西方殖民主义者的统治之下，中国传统文化的光芒在这里逐渐被外来的宗教文化所掩盖。因此，"儿童读经"活动在台湾及大陆推行得如火如荼的时候，香港、澳门地区的中华经典诵读活动尚未得到有效的开展。目前，港澳地区只有部分小学以及零星的小区中心推广"读经"活动，可谓势孤力弱。现时的教育制度未能令学生广泛接触经典而奠定文言文的阅读基础，也未能汲取中国哲学中积极可取的成分。这种状况如果持续发展下去，将会导致青年人普遍对中国传统文化一知半解，文学、史学、哲学知识普遍匮乏，可见中国文化断层的担心并非杞人忧天。部分有识之士已经敏锐地觉察到这种精神危机。国学大师南怀瑾认为："一个国家，一个民族，最可怕的是把国家和民族的根本文化都亡掉了，一个没有文化根基的民族是没有希望的。中国文化的优越性就在于有一批历代流传的经典构成了我们的文化资产。"[1] 南怀瑾先生把他的希望寄予儿童，寄予未来，以他的影响力和号召力，开始了包括港澳在内的全球华人社会儿童读经的推广运动。

一、香港地区的中华经典诵读活动

自1840年鸦片战争以来，香港长期沦为英国的殖民地，英文在教育活动中一直占据着主导地位。1974年以前，官方的法定语文也只有英文一种。在学校教育方面，香港中、小学皆有英文学校与中文学校之分。对英文学校来说，中文只是一门普通的学科，中文教材与上课时数亦与中文学校有差异。值得注意的是，香港大部分的名校皆为英文学校，家长、学生

---

① 冯哲. 走近南怀瑾 [N]. 中华读书报，2001－07－25.

亦以入读英文学校为荣。香港的教育制度无法保证学生广泛接触中华经典，更无法汲取中国传统文化中的思想精粹。"处于政治夹缝的香港社会，本身没有一个固定文化形态（或本位文化），中国传统文化甚至被新一代排斥和蔑视，于是在文化真空的状态下，商业化与庸俗化的新资本主义文化事业获得空前的发展，大有百花齐放之隆盛。"① 关于"文化真空"的问题，台湾著名作家龙应台分析说："如果一定要'以偏概全'地来说，香港的汉文水平当然比较低，这和长年的殖民历史有关。殖民对于文化的伤害之一就是，殖民者的优势语言你不容易得其精髓，而自己的语言却又被长期边缘化，结果往往是脚不着地，两边落空。"②

自 1997 年香港回归以来，香港地区的中文教育得到了长足的发展。目前两岸三地的中学语文教材中，已有不少共同的文言文篇目。香港与内地的语文课文有 29 篇相同，香港与台湾的语文课文中有 14 篇相同，其中多数为文言文，这反映了香港与内地以及台湾地区对民族文化的认同及课文选择标准上的共识。这也表明，在香港地区开展中华经典诵读课程有着一定的文化基础。然而，由于中文教育长期得不到重视，学生在完成考试任务之后，很少主动翻阅古典文学作品，更不能想象他们会钻研"四书五经"。因此，在香港地区开设及推广中华经典诵读课程，彻底改变青少年功利的读书心态，发挥中华传统文化的积极影响任重而道远。

为了改变香港地区中国传统文化教育相对落后的局面，作为传统文化的积极传播者，南怀瑾先生于 1990 年创办了"香港国际文教基金会"，大力推动儿童的中国文化研读活动。他认为，海内外近几年来倡导的"经典诵读"，以及"诗词诵读"、"儿童读经"、"读千古美文"等活动，实际上都是围绕重建传统文化这一中心展开的活动，对于中国文化断层的修复，对于儿童智能的开发都有重要的意义。南怀瑾得知台湾的王财贵提倡儿童

---

① 姚尧. 香港大众文化的发展［M］//吕大乐. 普及文化在香港. 香港：曙光图书公司，1983：15.

② 方星霞. 论在港推行"儿童读经"之意义［J］. 陕西师范大学学报：哲学社会科学版，2008（S1）：94.

读经后，立刻予以热情的支持，因为这正符合他修复中国文化断层的理念。他认为"儿童读经"活动为培养下一代，传递中国文化薪火，找到了一条实实在在的途径。1997年秋，南怀瑾把王财贵请到香港，举行了一次公开演讲，讲述他的理念，介绍指导儿童读经的具体做法。然后，南先生又将推动儿童读经活动作为他领导的国际文教基金会的一项长期任务。

除了南怀瑾和国际文教基金会的努力之外，还有部分有识之士为中华经典诵读课程的建构作出了积极的努力。由香港孔教学院编撰的"小学儒家德育课程"已经出版，并投入香港各小学使用，这套课程教材以"中国传统文化和价值观"为主导，同时融合了现代教育理念。各级课文包括白话文和文言文，注释详尽，学生不仅可以学习和领会孔子及儒家思想的精髓，还可以锻炼和培养阅读并掌握博大精深的古汉语的能力。

1997年6月，天平儿童基础教育中心的主持人陈鸿远开办了"经典文学诵读乐园"，招收1—4年级的小学生，每个星期到中心上一个半小时课，诵读《论语》、《大学》、唐诗、《三字经》等中国古代经典。课程的效果显著，不仅提高了学生的中文水准，而且改善了他们的气质和行为，获得了家长和教师的赞同。天平中心不仅自己开展读经活动，而且逐渐向香港其他教育机构推广。他们协助九龙的伍华小学和马鞍山的泰白纪念学校在全校范围内开展儿童读经活动，为他们提供教育大纲和免费师资培训。尽管在这个华洋杂处的前英国殖民地，推动中国文化殊非易事，但经过多年的努力，读经活动正从天平儿童基础教育中心扩展到香港社会。特区政府教育署的总督学在考察了"天平中心"的读经课程后，对课程颇为欣赏，主动向其他学校推介。目前，不仅保良局属下的各个学校开展了读经活动，而且天主教会所属的各校也在课外开设朗读中国文化经典的课程。

2004年，新界元朗区的梁省德学校选取了《千字文》为背诵对象。该校为了提升学生的民族意识和加强爱国教育，推行"全校齐背千字文"活动，并取得空前成功。罗澄波校长带领全体教师，编著《千字文》校本课程、《千字文》配词乐校本深化课程，培养学生的自学精神。罗校长指出，此次活动不但提高了学生的中国语文能力及识字量，更加深了他们对中国历史、天文、地理、道德、伦理、待人处事等多方面的认识，以及学会与人共处的态度，可谓收获丰富①。该校还把每年的 2 月 12 日定为"中华文化日"，师生身着传统服装，学习传统礼仪，从中我们可以看出中华经典诵读课程产生的积极影响。

总起来看，读经活动正在向整个香港地区扩展。据保守估计，全香港已有 3000—4000 名学生投入了儿童读经活动②。这个曾经被称为"文化沙漠"的城市开始露出中国文化复兴的盎然春意。

二、澳门地区的中华经典诵读活动

1553 年，葡萄牙人取得澳门居住权，经过四百多年欧洲文明的洗礼，东西文化的融和共存使澳门成为一个风貌独特的城市，既有古色古香的传统庙宇，又有庄严肃穆的天主圣堂，还有众多的历史文化遗产。澳门有 55.8 万人（2011 年统计），官方语言为中文、葡文。1999 年 12 月 20 日中国对澳门恢复行使主权。《中华人民共和国澳门特别行政区基本法》第九条规定："澳门特别行政区的行政机关、立法机关和司法机关，除使用中文外，还可使用葡文，葡文也是正式语言。"澳门以中文（粤语、福建话、普通话）为日常用语的居住人口超过 95%，而使用葡萄牙语的人口则为 0.6%，其余人口使用英语、菲律宾语及其他语言。

澳门的中华传统文化主要包括儒家思想、佛家文化、道家文化、汉族民间文化、岭南民俗文化等。"儒家思想在澳门流传已久，但是作为中华文化的经典代表的儒家文化，在澳门被葡萄牙占领之后，其光芒逐渐被外来的宗教文化所掩盖，影响力大为减弱。"③ 澳门回归之后，随着与中国大

---

① 方星霞. 论在港推行"儿童读经"之意义［J］. 陕西师范大学学报：哲学社会科学版，2008（S1）：96.

② 刘雨虹. 南怀瑾先生侧记［M］. 北京：时事出版社，2001：304.

③ 王敏. 澳门幼儿园主题教育活动现状、问题和对策研究［D］. 济南：山东师范大学教育学院，2010：20.

陆经济、文化交流的日益频繁，针对澳门博彩业疯狂发展所带来的负面影响，澳门人文科学学界开始大力推广儒家思想等传统文化。在经典诵读方面，澳门的举措有三个方面。

第一，举办儿童经典读书会。儿童读经班由成人教育中心主办、明爱图书馆协办，以培养孩子良好的阅读习惯为目的，希望透过读经让孩子深入理解古代圣贤的智慧，让孩子从小就培养健全完美的德育人格、提升个人的素质。儿童读经班的对象为4—8岁儿童，家长也可以陪孩子读经。读经班的配套内容包括热身游戏、延伸活动等。1998年9月28日，中国青少年发展基金会、ICI国际文教基金会、澳门中华教育总会发起，邀请台湾薇阁学校及华山书院，在北京共同举办了"中华古诗文经典诵读四地少年文化交流活动"，有海外20余位小朋友及家长，以及中国大陆300余读经儿童参加。①

第二，编译印行传统文化经典。澳门的中国哲学会从《论语》中选出切合当今实际情况的215条言论，划分为学习、道德、政治以及人生等四部分，并翻译为简明易懂的白话文，在政府和私营基金的赞助下，印制成为《孔子语录》小册子，通过公开的仪式，大部分赠送给澳门的大中学生，其他部分送图书公司向公众出售，成为澳门的十大畅销图书之一。

第三，举办各类经典征文比赛。从2003年开始，面向澳门的大中学生，举办"我读孔子"征文比赛。这项比赛得到各校校长、教师以及学生的大力支持。有的学校教师还布置为作文题目，要求全体学生集体参加。人文科学学会的同事利用业余时间进行评审。最后分别选出一、二、三等奖作品，在9月28日孔子诞辰纪念日举行颁奖仪式，向获奖学生颁发了奖金和奖品。不少学校的校长、主任，社会知名人士，以及众多学生都出席了颁奖仪式。

这些少儿读经活动正是中国经典在澳门复兴的开始。我们有理由相信，在未来的澳门，中华传统经典将会全面复兴，中国文化也将会全面兴

①　本报记者. 儿童读书会读经班报名［N］. 澳门日报，2011－01－11.

盛，中华民族将重新成为一个有"教"的民族，即重新成为一个有经典、有文化、有道德、有理想、有希望的民族而立于世界民族之林！

第四节　海外其他地区的经典诵读活动

据不完全统计，海外只要有华人的国家和地区都有中华经典诵读活动。在东亚和东南亚地区，经典诵读甚至上升为国家行为，如韩国、新加坡、马来西亚、印度尼西亚和泰国。王财贵博士曾经到过新加坡、马来西亚、加拿大、美国等国家和地区的华人圈做经典诵读教育推广和宣传活动，将经典诵读教育理念拓展到了海外。他认为："东南亚从香港、澳门、新加坡、马来西亚、印尼到越南、泰国、缅甸，凡是有华侨的地方就有人在读经。以及美国、加拿大、阿根廷、墨西哥、澳洲、新西兰，乃至于英国、卢森堡等地，或许我没有听说过的地方，只要有中国人，就有人开始在接受这种教育。"① 应该说，王财贵的说法并非虚妄之词。随着国际化进程的不断加快和世界范围内的"汉语热"不断升温，海内外的高校和学术机构，如中国人民大学、北京大学、清华大学、北京师范大学、南京大学、东南大学、北京外国语大学、复旦大学、华东师范大学、武汉大学、华中科技大学、四川大学、山东工商学院、中国教育科学研究院、台湾台中教育大学、台南教育大学、美国哈佛大学等海内外高等学府和研究机构也积极介入了经典诵读活动的推广，中华经典诵读教育在海外也轰轰烈烈地开展起来。

一、新加坡的经典诵读活动

新加坡是东南亚的一个岛国，是一个多元民族的国家，政府实行种族

① 石大建."儒经"诵读思潮在民间社会的兴起及其动员机制［D］.上海：上海大学文学院，2009：32.

平等政策治国。

新加坡多元民族及其历史文化、语言背景的巨大差异，使得新加坡的早期教育沿着华、马、印、英四种语言并存的方向发展。1854 年，陈金声父子所创办的萃英义学是华人在新加坡开办的第一所免费华文私塾。1900 年 2 月 1 日，维新运动领袖康有为从香港来到新加坡。他在华人中四处活动，传播他的尊孔保皇维新思想。在新加坡，他著成了《中庸注》、《春秋笔削大义微言考》等书。在他的影响下，新加坡成立了"中华孔教会"，祭祀孔子的活动也纷纷展开。接着维新人物丘逢甲也来到新加坡传扬尊孔读经活动，一时间新加坡形成儒学热潮。① 追溯起来，新加坡华文教育和儒学传播已有两百年的历史。

新加坡政府非常重视中华传统文化思想的传播。1982 年春节，李光耀号召新加坡人要保持发扬中华民族儒家的传统道德，并把"忠、孝、仁、爱、礼、义、廉、耻"这八种美德作为政府必须坚持贯彻执行的"治国之纲"。李光耀认为，儒家思想中的"五伦"，即"父子有亲，君臣有义，夫妇有别，长幼有序，朋友有信"是核心价值观当中最重要的部分，并不妨碍中国在全球化世界里取得成功，却能够让中国抵御和克服外来震荡与内部动乱。正是这些重视教养、孝悌之道，最终要让人成为君子的价值观，使得中华文明源远流长，绵延不断②。李光耀公开提出要把儒家伦理作为宗教教育系列课程。1982 年 2 月，教育当局郑重公布"儒家伦理"为宗教课程之一。

新加坡中学的"儒家伦理"教育，使用在吴德耀教授领导下编写的《儒家伦理》教材。该教材共两册，每册四个单元，共 20 章，供中学三、四年级学生使用。第一册和第二册分别在 1984 年和 1985 年出版。它开宗明义地宣布其教学目的就是要把适合于新加坡的儒家伦理价值观念灌输给学生，主要内容包括"己所不欲，勿施于人"，"己欲立而立人"，"学而

---

① 朱仁夫. 儒学传播新加坡两百年 ［J］. 云梦学刊，2003（6）：49.
② 李光耀. 东西方文化与现代化 ［N］. 联合早报，2004 － 04 － 22

不思则罔，思而不学则殆"，"多闻，择其善者而从之，多见而识之"。中庸的道理，人性的修成，理想的人格等内容，使学生认识和接受华族固有的道德和文化传统，成为有理想和道德修养的人。这一举措在新加坡华人社会中引起强烈反响，并得到广泛支持。

1985年10月，新加坡成立了"儒学研究会"，这是配合政府推广儒家伦理而成立的学术团体，其主要成员为教授儒家伦理课程的教师。该研究会出版了两种刊物：一种是通俗性的《儒学与你》，面向华侨大众和中小学生；一种是学术性的《儒学学报》，面向儒学伦理课程教师和理论界人士。1990年新加坡出版的儿童必背读物《三字经》的英文新译本更是被联合国教科文组织选入"儿童道德丛书"，加以世界范围的推广。

新加坡的私人教育更是重视儒家经典的灌输与传播。新加坡私人华文教学中心负责人陈宏材说："儒家的'儒'是单人旁加一个需字，即人之所需。既然2500年前已有这个需要，何况现在？"他为儿童编写的"孔子百宝盒"课程分五个单元。第一个单元是儿歌、唐诗、《三字经》。第二个单元是《弟子规》，这是千百年来华人做好学生的准则。第三个单元是《论语》。第四个单元是《治家格言》。第五个单元是《道德经》。除了经书，学生还学二十四孝的故事、绕口令、书法、绘画、演讲、戏剧等。每个单元的学习时间为三个月。"孔子百宝盒"的经书，除了全部用汉语拼音注音，用浅白的华文解释，还有贴切的英文解释。①

据新加坡2011年3月2日《联合早报》报道，新加坡油池民众俱乐部的华语俱乐部，每个星期五晚上开设"亲子古文经典诵读"课程。学生彭慧仁的妈妈说："我女儿4岁半了，她3岁就参加了读经班，非常喜欢。读经班的老师虽然都是义工，但看得出她们很用心思。同样的内容，她们会为了让孩子更有兴趣，而不断变换教学方式，激励孩子们学习。现在，我女儿不仅华语提升了，常常看到一些情景还能随口背出唐诗来。看到她的变化，我真的很高兴。"

---

① 潘星华. 送给英语家庭孩子"孔子百宝盒"［N］. 联合早报，2004 – 06 – 10.

总的来看，尽管新加坡政府非常重视中华传统文化思想的传播，但中华经典诵读课程的开设还是处于起步阶段。新加坡本地学校每周只有几节华文课，难以完成汉语听说读写的复杂任务。且本地学生在家多数讲英语，经典诵读的氛围还不够浓厚。新加坡学校安排学生到中国内地浸濡古代经典文化，印度家长赞叹中国发展前景光明，华族家长却往往说"太落后、不想去"。这种问题的存在，在很大程度上制约了经典诵读活动的深入开展。

二、马来西亚的经典诵读活动

马来西亚简称"大马"，位于东南亚。人口 2601 万（2010 年统计），马来族占 54.6%，华族占 24.6%，印度人占 7.3%，其他民族占 7.8%。通用语言有马来语、英语、华语、泰米尔语等。马来语是马来西亚的国语和官方用语。英语作为第二语言或通用语言被广泛地使用在行政、工商业、科技教育、服务及媒体等方面。除未受过正规教育的老年人外，马来西亚大部分人都能说马来语和英语。华语和泰米尔语则在华人和印度人族群社会中广泛使用，这包括日常生活、学校、商业、娱乐及媒体等。

马来西亚早期的华文私塾一般由华人社团或个人创办，地点设在会馆、宗祠等内，条件很差。在教学方面大都模仿中国的做法，以方言教授《三字经》、《百家姓》、《千字文》和"四书"之类的经典古籍，同时也教授书法和珠算等。马来西亚人与中国人读书有所不同，更加注重实用。中国的读书人"是以做官为目的的，可是在南洋，读书人是以谋生发财为出路的"[1]。1898 年，满清政府采纳维新派的主张进行教育改革，建立了新式学堂，并推行到马来西亚。马来西来第一所现代华校是创立于 1904 年的槟城中华义学，所教授的课程包括修身、读经、国文（华文）、外国语（英语）、历史、地理、算术、物理学、体操等。此后，各地私塾竞相仿

---

① 周聿峨. 东南亚华文教育 ［M］. 广州：暨南大学出版社，1995：119.

效。五四运动之后，教学媒介语即由方言改为普通话。

马来西亚的儿童读经是从 1998 年开始的。王财贵先生在马来西亚的演讲，引发了当地华人社区留意儿童读经活动，他们还专门组织儿童读经考察团到台湾取经。马六甲文教基金会理事长钟积成是马来西亚读经活动的积极推动者。为了落实文化扎根教育，鼓舞社会读经风气，启发儿童的潜能，马来西亚举办了多次"小状元读经比赛"。社会民众和地方官员都给予了高度的重视。

据"少儿读经网"报道，2000 年 1 月 9 日，"首届小状元比赛——儿童导读成果评监会"在马来西亚首都吉隆坡举行。这项别开生面的读经活动得到了马来西亚华人文化协会的指导与协助，获得了文化界与教育界的广泛认同。339 位报考的学童分别来自彭亨州、柔佛州、森美兰州、吉隆坡、雪兰莪州等地。通过活动的举办，许多家长与教师认识到中华文化的传承仅限于学校的正规教育是不够的，还必须附以读经规划来进阶，使生活与经典的智慧密切配合。拿督翁诗杰认为，在马来西亚现有的正规教育课程纲要里，中国古典文化显得匮乏和不足，因此具备条件的学校，应考虑这种教育形式，以便把中国古典文化加以普及化。他希望儿童导读教育能获得更多华裔的响应，并把"小状元会考"列为常年性活动。

2001 年 12 月 30 日，马来西亚华人文化协会槟城分会、崇德文教研习会及《光明日报》联合举办"槟城首届小状元会考——儿童导读成果评鉴会"。会考以分组形式进行，分为《大学》全文，《中庸》前十五章，《论语》前四篇，《孟子》（梁惠王篇、万章篇），《老子》第一章至第二十章，唐诗任选三十首。考生可任选报考一组或两组以上。吉隆坡、玻璃士、亚罗士打、怡保、太平等外地的考生亦来报考，总共吸引了 719 名儿童报考。此项活动除了获得华裔的支持之外，尚有马来同胞与印度同胞报名参加，显现了马来西亚多元种族、多元文化的特色。大会主席拿督郭家骅致词时指出，为了发扬中华传统文化，让古人的智慧和经验得以传承，马来西亚儿童导读推广中心及马来西亚华人文化协会在全国各地展开了儿童古文经典导读推广运动。他希望随着槟城首届"小状元会考"的成功举行，使各地的读经学生人数不断增加，早日达到"人人读经典，家家出状元"的目标。

据马来西亚《中国报》报道，2007 年 11 月 12 日，马来西亚举行第五届小状元会考"儿童读经评鉴会"，霹雳州拿督陈进明主持开幕致词时说，中华文明是炎黄子孙的精神财富，中华文化典籍注重实质人本意义，在当今科技与物质发达的年代里，可作为人类的思想行为规范，是提升人文素养、重新构筑精神文明的瑰宝。陈进明指出，阅读学习中国圣贤典籍，最好是从儿童做起，培育谦逊仁爱及具备良好心智素质与立身处世能力的国家栋梁。他表示，希望更多华人党团参与发展儿童读经活动，以期得到家长、教育工作者与华文社会的重视与支持。人们通过儒家、道家与古诗词等经典所蕴含的深厚思想结晶，以洁化心灵、启发智能、端正思维，重建道德价值观。

马来西亚多年来积极举办"儿童读经评鉴会"之类的经典诵读活动，取得了良好的效果。在第二届全球中华文化经典诵读大会上，来自马来西亚的许氏姐弟在经典诵读表演赛中以《正气歌》和《声律启蒙》两篇目获一等奖。除了获奖的篇目外，"他们还会背诵《易经》、《诗经》和《尚书》"①。这说明这姐弟俩所掌握的中华经典篇目已经超出了一般水平。

三、韩国的经典诵读活动

韩国位于东北亚，是一个新兴的发达国家。儒教传统和儒家经典在韩国经济发展中的作用十分明显。1948 年 8 月 15 日大韩民国成立后，随着韩国在几十年内快速崛起的"汉江奇迹"的出现，人们逐渐开始意识到了儒家社会伦理对社会发展进步的正面作用。韩国人普遍意识到，传统的文化价值和道德规范，有助于整个社会的和谐与团结，有助于调动全体人民

---

① 任成琦. 中文经典博大精深魅力在，海外华童知难而进诵读忙［N］. 人民日报：海外版，2005 - 11 - 29（1）.

的力量，共创国家复兴大业。到现在，"儒教传统和儒家经典是韩国迅速发展的重要因素"已经成为全世界韩国研究者的一个共识。

韩国经济学家认为，韩国靠美国市场成长的日子已经过去，要想开展第二春，非强化韩国人的中文不可。韩国第一学府汉城大学的中文系报考率已超过英文系。目前，韩国有 40 万人在学习中文。中国大陆公布的类似美国 T・EFL 语言测验的 HSK（汉语水平考试），目前被韩国许多学校与企业采用，也是韩国学生赴中国大陆留学的跳板。1992 年韩国第一次举办HSK，当时规定是每年举办一次。由于报考人数急速增加，从 1993 年开始每年联合招考四次 HSK。有一个案例是：韩国最大计算机公司 TriGem 创办人李龙兑平时勤练书法，并且用汉文做诗。在儿子赴美攻读物理学博士前夕，他要求儿子熟背《论语》。到了出发的时间，他又认为儿子对《论语》的了解还不够深入，要求儿子延迟赴美行程。①

美国夏威夷东西方文化研究中心传播研究所的朱谦曾有一个关于"儒家文化在东方各国影响力"的调查，从儒家价值在亚洲地区影响力的实际体现情况来看，其影响力最强为韩国，之后依次为日本、中国香港、中国台湾、中国大陆。②据新华网 2006 年 8 月 27 日报道，新儒家第三代的领军人物、哈佛大学燕京学社社长杜维明教授说："在中国这个儒家文化的发源地，为什么儒家文化的影响反而不是很大？这个问题需要从 1840 年鸦片战争特别是五四运动讲起。当时中国一心追求现代化，而现代化跟西化又不可分割。儒家文化的衰落和这个潮流有很大的关系。所以这个调查结果并不让人惊讶。"

中国传统的儒家思想在韩国被发扬光大，是因为他们看到了儒家思想强大的生命力。孔子在韩国也被尊为"大成至圣文宣王"。千百年来，韩国每年都分别在春秋两季举行盛大的"释奠大祭"，纪念中国孔子诞辰。韩国目前不仅拥有儒教学会、儒教文化研究所等机构，而且在成均馆大

---

① 梁文道. 噪音太多 [M]. 广州：花城出版社，2009：285.
② 乔伊斯. 全球视野下的现当代儒学 [J]. 社会观察，2004（3）：36.

学、汉城大学、高丽大学、世宗大学等20多所大学里还设有专门研究儒教的学科。

随着韩国社会的发展，一些学校和私塾逐步把《论语》的内容加入到课程当中。韩国首尔江南区兴起很多"论语"学校。韩国为了传承儒教，采取了一系列有力措施，从教育入手已成为其成功的根本。韩国人从小学到大学都要系统地接受儒教思想的教育。1960年以来，韩国正式把儒教的道德伦理列入大、中、小学的教育科目。韩国小学道德伦理教育的科目名为《正经的生活之道》。大学里设"国民伦理"科目，科目中以儒学思想为主导。

儒家经典在韩国并不是象牙塔的专属物，也不只是经书里圣贤的只言片语，而是活生生的日常生活。全罗南道道立大学教授、文学博士、文化遗产专门委员崔汉善说，韩国的"十大经书"包括《千字文》、《铭心宝鉴》、《小学》、《大学》、《论语》、《孟子》、《中庸》、《周易》、《书经》、《诗经》。"最令人惊奇的是一个数字——百分之十的韩国人能全文背诵十大经书。""背诵出了经书，有了比较高的传统文化修养和行为礼仪，年轻人被大公司录取的概率会高一些，对就业大有好处。"① 中央民族大学牟钟鉴教授诉说了自己遇到的一件事情："在汉城遇到一位毕业于北京大学哲学系的中国留学生，该生告诉我，在中国的大学没有学过《论语》、《孟子》，来至韩国，学校却要你认真学习，没曾想跑到外国来学中国的经典，于是感慨万千。"② 在传统经典的学习和诵读方面，韩国给我们留下了许多值得反思和借鉴的东西。

四、美国的经典诵读活动

根据美国移民政策研究所（MPI）最新研究报告的估算，美国华人人

---

① 杨晓政. 有助就业，韩国人爱上"读经"［N］. 钱江晚报，2008－08－04.
② 万少清. 走向成功的新基石：宽网时代［M］. 北京：北京邮电大学出版社，2002：186.

口近430万，出生于中国大陆和香港的占180万。华人是受教育程度较高的族群，但总体英语水平偏差。这份报告根据2010年美国小区调查以及国土安全部的统计数据，推算出旅美华人数据，其中来自中国大陆和香港的约占4成，出生在美国或海外美国公民家庭的约占4成，其余的2成来自中国台湾和东南亚以及其他地区。随着美国华人数量的不断增加，汉语越来越受到重视，"汉语热"也在美国悄然兴起。在美国，汉语已经成为第三大使用语言，预计将会发展成为第二大使用语言。据统计，美国已有700多所大学将汉语作为公共外语课开设。"汉语热"为儒家经典在美国大学的广泛传播提供了良好的土壤。

美国出现集中的读经活动开始于20世纪末期。1998年7月，王财贵先生到美国举办专题演讲，带动了美国读经活动的开展。现在美国已有200万人在学习中文，"西方中文热，中国外语热"，这一非常奇怪的现象令王财贵先生激情满怀。他决心"致力推广东西方经典文化，就是把中国经典文化送出去，把西方经典文化请进来。"① 美东中文学校协会会长童振邦极力将读经活动推广到所属六州的中文学校，德州、加州等地区也都先后加入。许多家长亲眼见到孩子朗诵《大学》、《老子》、《论语》都相当惊喜。这些家长也自觉地成为推广读经的核心。许多人在家自组小班，朗诵中国传统经典。1999年5月29日，在波士顿举行的美东中文学校年会上，数十名儿童现场做朗诵示范表演，使儿童读经的影响在美国进一步扩大。美国还成立了"世界儿童智能开发基金会"，积极推动英文及其他语文的经典诵读活动，同时争取各个文化组织及国际组织的认同，以便将中华经典推广到西方文化圈中。

在美国高校也掀起一股不小的"读经热"。"先有哈佛、后有美国"，在世界著名的高等教育学府哈佛大学，每年有近四分之一的学生在本科阶段选修中国的儒家伦理课程。哈佛大学东亚文化研究中心著名的汉学专家杜维明教授说，每学期都有750名左右的学生选修他的课。耶鲁大学、哥

---

① 丰冰. 誓以"儒释道"全盘"化西"［N］. 香港文汇报，2004 – 07 – 02.

伦比亚大学、密歇根大学、康奈尔大学等美国名牌大学也纷纷开设儒家经典课程，并且招收了许多学生。儒家文化的博大精深激发了美国大学生的好奇心，美国丹尼森大学的秦博里教授专门研究了大学生学习儒家经典的感受，调查证明儒家文化满足了学生对道德理性探索的渴望，学生学习了"四书五经"，好像感觉父母在身边一样。秦博里教授在讲授儒家经典时，经常引导美国大学生从自身经验出发反思其中与他们日常生活密切相关的"四书"章节，并在学习"四书"之后，将其运用到生活中去。① 儒家以克己、谦让为核心的礼仪造就了谦谦君子，满足了美国主流社会恢复传统道德价值观念的需求。儒家经典让美国大学生在朗朗读书声中品味到了中国传统文化的魅力。

---

① 张济洲，孙天华. 美国大学校园里的"读经热"［J］. 世界教育信息，2006（2）：54.

第 三 章

中华经典诵读课程的论证

优秀传统文化凝聚着中华民族自强不息的精神追求和历久弥新的精神财富，是发展社会主义先进文化的深厚基础，是建设中华民族共有精神家园的重要支撑。所以国家提倡广泛开展优秀传统文化教育普及活动，发挥国民教育在文化传承创新中的基础性作用，增加优秀传统文化课程内容，加强优秀传统文化教学研究基地建设。正是从这个角度出发，我们认为中华经典诵读课程的构建和实施，有着现实的必要性和切实的可行性。

第一节　中华经典诵读课程的必要性

中华经典是浓缩了中国古代人文自然知识的精华，是中华民族智慧的结晶。中华经典精神千百年来被中华民族一再传承和实践，不断地焕发出新的生命力，尤其在某些历史的转折关头，元典精神①在新的时代条件的激励下，更是放射出灿烂的光芒。像《论语》、《老子》中的智慧，《左传》、《史记》中的历史精神，屈原、杜甫诗歌中的忧国忧民精神，陆游、辛弃疾诗词中对祖国的热爱之情……经典文学中的优秀资源有待于我们不

---

① 冯天瑜. 中华元典精神［M］. 武汉：武汉大学出版社，2006. ——校者注，"元典"是指《诗经》、《尚书》、《礼记》、《周易》、《春秋》、《论语》、《孟子》、《老子》、《庄子》等中华经典著作。"元典精神"即中华元典所包藏的基本精神。

断地发掘；传统文化中的精华有待于我们进一步地激活，使之在今天焕发出新的生命力。在新的历史条件下，通过构建和实施中华经典诵读课程，以弘扬传统民族文化、继承永恒不朽的文化经典，具有现实的必要性。

一、经典诵读是中华民族文化传承的必修课

任何民族的形成和发展都离不开本民族特有文化的滋养。民族文化的经典是具有典范性、权威性、永恒性的传世之作，是经过历史选择出来的最有价值、最能表现民族精髓的、最具代表性和最完美的作品。民族经典是民族精神的文本显示，是民族凝聚力的核心，是一个民族自强不息、生生不已的力量之源。任何一个有创造力的民族，都需要不断地从民族文化经典中汲取养分。

（一）中华经典是中华民族传统文化的精髓

在每个民族的文化经典中，长存着不灭的浩荡正气、卓越的思想见识、闪光的智慧和美好的情感，能为建构我们自己的精神殿堂提供最丰富优质的材料、动力与启示①。中华民族的精神和价值主要存在于中华经典之中。中华经典是中华文化的典范，是中华民族文化的深厚积淀，是中华民族精神的灵魂与象征，是中华民族历史上长期形成的精神价值和智慧源泉，是中华民族不断进步的灯塔，也是全人类共同的精神财富。

无论是古代的仁人志士，还是现代的精英贤达，无不把中华经典当成是中华民族安身立命、绵延历久的法宝，从而给予高度的重视。中国科学院院士、华中科技大学原校长杨叔子先生说："我国经典诗文是中华民族文化的精髓，是中华民族人文精神的结晶。一个民族的凝聚力，主要体现在对本民族人文文化的认同程度。纵鉴历史，横观现实，一个国家，一个民族，没有先进的科学技术，就会落后，听命于人甚至受人宰割；而一个

---

① 蔡毅. 经典的亵渎颠覆与传承保护 [J]. 社会科学评论，2009（3）：11.

国家，一个民族，没有传统优秀文化，没有民族人文精神，就会虚无，就会异化，甘愿为人奴隶。中华民族为什么能经历五千年风雨，特别是在一百多年的前赴后继的艰苦斗争中蓬勃壮大，就不值得深思吗？人文文化对感情的感染，人格的熏陶，习惯的养成，环境的造就，传统的形成，其重要性尽人皆知。"①

数千年来，中华民族在以自然经济为基础的家庭血缘宗法等级关系和社会制度的影响与作用下，形成和积淀了稳定的传统文化。春秋时期，经孔子整理的殷周典籍《诗》、《书》、《礼》、《乐》、《春秋》等流传下来，经过历代大家的阐释，形成了以儒学核心的、为中国几千年封建社会经世致用的中华经典，同时又吸收了不同时代、不同民族的文化精华，也借鉴了优秀的异域文化，从而形成了一种综合性的文化经典体系，并深深地影响了每一代中国人。这些经典的核心主要有"天人合一"的哲学思想，"己所不欲，勿施于人"的"仁爱"精神，"杀身成仁"、"舍生取义"的人生价值观念，"生于忧患，死于安乐"的忧患意识，"天下兴亡，匹夫有责"的责任意识，重人伦、重道德的伦理精神，注重和谐的"和而不同"思想，自强不息、刚健有为的奋斗拼搏精神，"厚德载物"的宽容精神，作吸收异质文化的"会通"精神，"知行合一"的道德意识和道德践履精神，"立己立人，达己达人"的处世原则，等等。这些文化经典是中华民族传统文化的精髓，有力地推动了中国社会和中国文化的发展，是中华民族不断为人类文明的发展作出贡献的精神支柱。

（二）当代社会对传统经典认知的匮乏与缺失

任何一个民族的优秀传统文化，都是这个民族赖以生存和发展的基础和源泉。一个民族如果失去了自己的精神目标、文化身份和文化经典，那将会成为一个灵魂漂泊的民族。一个不能回答"我们从哪里来"、也不能回答"我们到哪里去"的民族，将是一个没有未来的民族。美国政治学家

① 杨叔子. 素质教育应从人文教育入手 ［N］. 中国教育报, 2000 - 03 - 29.

亨廷顿（1927—2008）曾经用一个图表来标示世界几大文明的历史与现状。在西方文明、印度文明、日本文明下面，他都明确标明其现代形态和性质，唯独在中国文明下面画了一个大大的问号。这就是有名的"亨廷顿问号"。这个问号意味着在亨廷顿看来中国已经没有了文化自我①，也意味着中国文化缺失一种内在的支撑力。

毫无疑问，这种文化的缺失始自于中国近代。鸦片战争时期，帝国主义列强的坚船利炮打开了中国的大门，一百多年来中华民族饱经蹂躏和磨难，种种屈辱的社会现实使许多国人对本民族的文化丧失了自信。国家的衰落，也让许多国人把原因归结到传统文化的头上，许多人希望以"西学"救国，自然对传统文化有所摈弃。

"自1912年开始的中国百年教育，让一个曾经睥睨世界、豪情万丈的伟大民族失去了安身立命的精神共同体，没有了心灵之根的文化标签，精神世界失去了传统文化的支撑力，中国文化陷入了一个价值混乱的时代，中国人的文化记忆正消泯在社会心理文化的旮旯里②"。

新中国成立后，我们的传统文化事业百废待兴，然而其发展道路却十分坎坷。"文革"痛批所谓的"封、资、修"，把历代儒家先贤、儒家经典"妖魔化"，更使传统文化丧失了太多的民众基础。改革开放以来，西方文化大量涌入，给国人带来了新的文化和价值取向。西方文化中注重娱乐和享受的流行文化，对中国传统文化造成了严重的冲击，中华经典逐渐淡出了大众的视野。在当代，中华经典文化不但广泛地被青少年漠视，即使在成人社会，由于缺乏人文素养，"有知识没文化、有学问没修养、有聪明没思想"的人仍不在少数③。

因此，在当代社会对传统经典认知极度匮乏与缺失的情况下，我们必须把诵读经典，弘扬和培育民族精神作为文化建设极为重要的任务，纳入

---

① 蒋庆. 中国文化的危机及其解决之道［J］. 西南政法大学学报，2005（1）：11.
② 焦丽萍. 浅谈重视优秀传统文化的必要性［J］. 中共山西省委党校学报，2006（3）：81.
③ 谢静. 小学语文经典诵读教学的问题与对策研究［D］. 长春：东北师范大学教育科学院，2008：1.

国民教育全过程，纳入精神文明建设全过程。重拾缺失的传统文化，召唤逝去的经典精神，为国家、民族培养造就更多关注民族未来的人，应该是21世纪中国教育的核心使命。所以教育部门应该充分挖掘中国优秀传统文化中的教育资源，以中国优秀的文化经典为依托，弘扬民族精神，培养爱国情怀，培育具有民族血脉精神的现代中国人格。

（三）通过经典诵读继承优秀的传统文化

中国传统经典可以填补目前国人信仰方面的缺失。众所周知，极端的信仰是可怕的，但是没有信仰同样可怕。我们现在正处在历史上从未有过的和传统文化严重断裂的时代。在今天提起孔子，马上让人联想起封建；提起"四书五经"，容易让人联想起迂腐刻板。反之，说起《圣经》、《理想国》反倒是一种民主、博学的时尚。目前国内大多数社会问题的症结在于国人缺少信仰。所以我们急需厚德载物、贵和执中、修身齐家治国平天下等传统文化的复兴。每个人先要完善自我，然后再谋求利他，从而使社会少一点极端，多一些平和。同时，我们更需要上下求索、自强不息的精神；在市场经济中需要有"义"和"信"的观念；在民族复兴道路上，需要有"中华一统"的信念；在行政施政上需要有"仁学"伦理的支持。这一切归根结底是要求国民要有传统文化的信仰。

继承、发扬和创新传统文化是我国现代化建设的客观要求。任何一个国家的现代化都是根植于民族传统之中，以传统文化为前提的。通过传统经典诵读活动，可以培养学生良好的阅读兴趣与习惯，帮助学生树立终身亲近经典的理念，以高品位的校园文化来影响学生的思想和情感，激发学生一生对经典文化的向往，引导学生博览群书，开阔视野，丰富语言储备，促进知识更新，提高文化品位和审美情趣，把握传统文化的精髓，传承中华民族灿烂的经典文化。

在经典诵读活动中，我们要真正发挥"雅言传承文明，经典浸润人生"的作用，努力发掘经典诗文蕴涵的丰富资源，以继承优秀的传统文化。比如，《周易》中的"天行健，君子以自强不息"，"地势坤，君子以厚德载物"，意谓：天（即自然）的运动刚强劲健，相应于此，君子处世，应像天一样，自我力求进步，刚毅卓绝，发愤图强，永不停息；大地的气势厚实和顺，君子应增厚美德，容载万物。这种精神影响了整个民族文化和精神活动的走向，是屹立于世界民族之林的精神动力。又如《论语》中的"志士仁人，无求生以害仁，有杀身以成仁"，"夫仁者，己欲立而立人，己欲达而达人"等，其核心都是教导人们要怀有一颗仁爱之心，并要将这种仁爱付诸行动，去关心和爱护身边的每一个人，用仁慈之心、宽容之心去看待社会，成为一个拥有宽阔胸襟的仁爱之士。又如《礼记·大学》中的"正心、修身、齐家、治国、平天下"，这是儒家思想传统中知识分子尊崇的信条。以自我完善为基础，通过治理家庭，直到平定天下，是几千年来无数知识者的最高理想。这种对于个人的修养、责任心、国家精神的强调，一方面能够培养人们有独立的人格意志，有健全的判断能力和价值取向，有高尚的趣味和情操；另一方面对家庭、国家有一种责任感，对人类的命运有一种历史的担当，从而成为国家和社会的优秀公民。因此说，培养和造就全民族认真阅读经久不衰的文化经典的风气，有利于提高全民族的精神文化素质。

一个国家、一个民族的传统文化旺盛蓬勃，会形成强大的凝聚力，因为它是根。我们要重扬中国人的文化自觉和自信，若是没有优秀传统经典文化作为指向，是不可想象的。我们要汲取、弘扬经典文本中的精髓，作为我们在时代振奋和崛起的思想库、动力源。要让优秀经典文化重回大众的怀抱，让人们自觉地喜爱经典，揭示经典的内在意蕴，将经典尽量推向最大化的普及，实现其与现实生活的准确对接。

"盛世兴学术，治平倡礼乐"，这是古往今来的不变规律。优秀的传统文化是中华民族的精神支柱。普及中国优秀传统文化，实施经典诵读活动，可以振奋民族精神，重塑民族之魂。我们相信，21 世纪的中国人决不会成为抛弃传统经典的民族，一定会在历史的发展中找到自己的位置，在时代的脉动和经典的辉映中铸造新的辉煌，在继承和创新文化的进程中开辟美好的未来。

二、经典诵读是思想道德教育的重要方法

近代著名政治家、思想家康有为曾提出这样的问题：一个人为什么会与中国生死与共？这也是很多人好奇却又百思不得其解的问题。比如文天祥、史可法，比如许许多多的勇士，他们大义凛然，慷慨赴国难，无怨无悔，原因何在？康有为认为很重要的一点是，他们与中国结下了不解之缘。康有为满怀深情地指出："今中国人所自以为中国者，岂徒谓禹域之山川，羲、轩之遗胄哉，岂非以中国有数千年之文明教化，有无量数之圣哲精英，融之化之，孕之育之，可歌可泣，可乐可观，此乃中国之魂，而令人缠绵爱慕于中国者哉！有此缠绵爱慕之心，而后与中国结不解之缘，而后与中国死生存亡焉！"① 康有为指出，中国的一切文明皆与传统文化相系相依。传统文化的精髓集中于圣哲精英的文化经典之中，诵读经典"随风潜入夜，润物细无声"，"融之化之，孕之育之"，可以影响到人生观、价值观的确立，"而后与中国结不解之缘，而后与中国死生存亡焉！"

从这个角度说，开展中华经典诵读活动，对社会、学校、家庭和个人都具有重要意义。站在中华民族振兴的高度讲，开展中华经典诵读是培育民族精神的德育工程，是培养合格的社会主义建设者的人才培育工程，是中华民族文化的传承工程。对学校来说，开展中华经典诵读有利于学校增强文化底蕴，有利于形成和谐进取的工作局面，有利于学生的全面成长，有利于学校形成独特的竞争力。对家庭来说，开展中华经典诵读有利于家庭美德的养成，有利于孩子的成长，有利于构建和谐幸福的家庭。对学生来说，开展中华文化经典诵读有利于学会做一个讲道德的人，有利于提高自己的文化修养，有利于增长自己的智慧。由此可见，无论从社会、从学校、从家庭、从学生来讲，开展中华经典诵读都是必要的和有益的。

---

① 康有为. 康有为政论集：下册 [M]. 中华书局，1981：733.

（一）以经典诵读推动品德教育的理论依据

中华文化是世界上唯一没有中断过的文化，中华文化作为东方文化的杰出代表，与西方文化形成了互动和互补。宋代思想家朱熹曾经十分精辟地指出："圣贤千言万语，只是教人做人而已。"从某种意义上说，中华传统文化是倡导"做人"的道德型文化，西方文化是倡导"做事"的法理型、科学型文化①。诵读中华经典可以在少年儿童幼小的心灵中不断产生潜移默化的作用，可以逐渐培养少年儿童敦厚高尚的人格品德，开启少年儿童的情感思维与理性思维，从而奠定少年儿童一生中具有高远的智慧和优秀的人格与秉性的基础，让我们的下一代更文雅，更具文化气质，都能生活在真正优质的教育环境里。

《易·蒙》曰："蒙以养正"，意指从童年开始，就要施以正确的教育。西汉史学家刘向说："少而好学，如日初之阳；壮而好学，如日中之光；老而好学，如炳烛之明。"（《说苑·建本》）宋代陆游诗曰："古人学问无遗力，少壮工夫老始成。"（《冬夜读书示子聿》）所有这些，都说明了少年读书的重要性。少年儿童天真未泯之时，最容易教导，也最需要教导，即所谓的"先入为主"。"儿童天性未染污前，善言易入；先入为主，及其长而不易变；故人之善心、信心，须在幼小时培养。"②《三字经》中说："性相近，习相远。苟不教，性乃迁。"因此，我们要利用这一段黄金时期，运用先哲的经典，熏陶染习我们的子弟，引用圣贤的智慧，教导禀性淳良的少年儿童。"教之道，贵以专"，在教导少年儿童读经的时候，我们不可希求速成，特别应注意"广博不如专精"，故一部经典，应读诵百至千遍，根基扎得深，果实才芬芳。正如苏轼所说的："故书不厌百回读，熟读深思子自知。"（《送安惇落第诗》）习惯成自然，日积月累，必将奠定少年儿童一生为人处世、思想道德、成家立业、幸福成功的基础。

---

① 吕亚芳，等. 开展学习和诵读中华文化经典活动倡议书 [N]. 光明日报，2003 - 01 - 15.
② 诚敬和. 中华文化大讲堂 [M]. 北京：中国华侨出版社，2009：150.

21世纪的教育应当是素质教育，而且首要的是思想道德素质教育。遗憾的是，自五四运动以来，由于对封建文化的批判、清理上存在着一些极"左"的势头和偏见，一度对传统文化一概加以贬斥。在许多人心目中，古代文化似乎成了保守、过时的代名词。我国许多优秀传统文化长期处于一种被漠视、忽略的状态。这种倾向导致的不良后果到今天已越来越明显地显现出来，如缺乏民族凝聚力、价值标准失衡等。现实的德育现状告诉我们：随着竞争的激烈，物质利益的驱动，外在压力的加深，我国青少年学生暴露出价值观多元、信仰缺失、品德结构失衡、心理素质脆弱、法制观念淡薄等问题，这些都给现代道德教育的社会适应性和个体适应性提出了挑战。

随着我国社会主义市场经济的逐步完善，要求我国的文化由过去的以政治为中心向以经济为中心转化。在这种情况下，中国传统文化中的思想道德修养成为人们发掘养分的库藏。人们普遍地认为：品德、气节、信誉对市场经济具有积极的建设意义，这些品质又都是中国传统道德文化所提倡的。经典诵读活动的开展和读经活动的兴起，正是在当今市场经济条件下人们行为失范和道德滑坡现象日趋严重的背景下，对传统文化传承和回归的一种深切呼唤。人们希望通过经典诵读活动，让少年儿童从传统的文化经典中汲取营养，传承传统美德，学会生存、学会做事、学会做人。

（二）以经典诵读推动德育教育的主要内容

中国传统文化认为，一个完美的人应该做到立德、立言、立功，尤其把"德"看得最为重要。传统文化中，"德"主要指人的心性、文化、情操、信念、审美、学问、修养等品性，其内容十分丰富，既包括"仁、义、礼、智、信"等基本品德，也包括民族至上、国家为本的情操；重义轻利、尊师重孝的修养；刚健有为、自强不息的信念；和谐持中、持续发展的品质；博采众长、为我所用的精神，等等。这些"德"的内涵，与社会主义核心价值观有着许多共通之处。

中华民族传统美德载于"群经诸子"之内，形于英雄圣贤之身，具有广泛的群众基础和深远的影响力。我们应当看到这些文化遗产在提高全民族思想道德素养方面的科学价值、历史价值和现实价值，把它作为今天我们加强和改进青少年思想道德建设的宝贵财富和丰富资源，认真挖掘和利用。在人心、人性浮躁的现代社会中，人们更需要享受一片安宁理想的道德精神空间，而经典中恰恰存有许多维系这种精神存在的要素。今天在加强和改进思想道德建设的实践中，要引导青少年诵读中国优秀传统文化经典，通过文化熏陶引导其确立现代意义的"仁、孝、礼、义、勇、信、廉、耻"等观念，使广大青少年首先学会做人、学会待人接物，成为有素养、有品位、人格健全的人，进而成为有理想、有道德、有文化、有纪律的社会主义事业合格建设者和可靠接班人。

以经典诵读推动德育教育，应该以"做人"的道理为主要内容，建构起少年儿童成为一个社会人的基本知识和价值体系。首先，要感悟《大学》之精华，学会学习，修身立德。《大学》为《礼记》的一篇，讲解"初学入德之门"及"知识学习和品德塑造"，为修身立德之本。《大学》开章明义曰："大学之道，在明明德，在亲民，在止于至善。"读书人不仅要使自己内在的修养达到很高的境界，还要兼济天下，还要"亲民"，要把自己的学问修养融于百姓，造福于人类，造福于社会，然后才能够逐渐"止于至善"。这样"内圣外王"的修养和学习渐渐达到至善至美的境界。其次，要体会《中庸》的思维方式，学会理性思考和处事。在《中庸》里面，最经典的思想是"故君子慎其独也，喜怒哀乐之未发，谓之中；发而皆中节，谓之和"，引导教育少年儿童"在别人看不见的地方，更要谨慎，独处要谨慎，没有比幽暗之中更为明显的，没有比细微之处更为明显的"。第三，要领略《老子》的大度洒脱，不以物喜，不以己悲。老子是道家学派创始人，他的核心思想概括为八个字就是"活在当下"和"学会包容"。采用辩证的方法看问题，核心理念就是"祸兮，福之所倚；福兮，祸之所伏"。第四，把握《孝经》的现代意义。孝是诸德之本，"人之行莫大于孝"，"百善孝为先"，以孝治国，以孝立身。"立身行道，扬名于后世，以显父母是孝之终。"这些说法虽然带有一些"君君、臣臣、父父、子子"

的封建因素，但我们应该让少年儿童明白一个浅显的道理：一个不对父母"尽孝"的人，很难想象他会为社会"尽善"、为国家"尽忠"。

传统经典中这些"做人"的道理，是千年中华文明的积淀。少年儿童在朗读、背诵这些经典时，收获到的不只是其外在的语言和表现形式，更重要的是通过这些文化经典的文字表述，在脑海中建立起了对其中所蕴涵的思想情感的价值判断。虽然少年儿童在诵读中不一定能马上领悟其中的道理，但经过长期的坚持，这些内涵必然会潜移默化地影响少年儿童的言行举止，使他们明白做人、做事的道理，最终达到陶冶情操、净化心灵、健全人格的目的。

三、经典诵读是开发智慧的科学方法

（一）开展经典诵读开发智慧的理论依据

中国古代学者根据自身治学的经验，对经典诵读开发智慧都有着自己的认识。《朱子治家格言》中说："祖宗虽远，祭祀不可不诚；子孙虽愚，经书不可不读。"[1] 颜之推在《颜氏家训》中说："人生幼小，精神专利，长成以后，思虑散逸，故须早教，勿失机也。"并且还以自己的经历现身说法："吾七岁时，诵《灵光殿赋》，至于今日，十年一理，犹不遗忘。二十之外，所诵经书，一日废置，便至荒芜矣。"[2] 凡为人父母者，在其子女幼小时，即当教以读诵经典，以培养其根本智慧及定力；"更晓以因果报应之理，敦伦尽分之道；若幼时不教，待其长大，则习性已成，无能为力矣！"[3] 可见通过经典教育开发智慧要及早进行，让学生从小养成诵读的习惯，趁着大好时光多加记诵，将会受益终生。

从儿童心理及生理发展的角度来看，早期经典诵读教育是必要的。研

---

① 朱柏庐. 朱子家训 [M]. 兰州：甘肃人民出版社，1990：1.
② 吴玉琦. 颜氏家训译注 [M]. 长春：吉林文史出版社，1998：146.
③ 张育英校注. 印光法师文钞：下册 [M]. 北京：宗教文化出版社，2000：1706.

究表明，学前期是儿童大脑生理发展最快的时期，出生后第一年大脑发展的速度最快，在此期间如果给予足够而合理的刺激，就会促进大脑的发育，如果缺乏生动的社会性刺激，不能为幼儿提供进行探索、操作和接受反馈的机会，就会阻碍他们的智力发展，以至影响以后的发展和学习。美国心理学家布卢姆认为个人的智力发展，若以他 17 岁达到普通智力水平（算作 100%）相比，4 岁时达到 50%，4—8 岁又增加 30%，剩下的 20% 是在 8—17 岁获得的。可见早期经典诵读教育在人的发展中是非常重要的。

（二）开展经典诵读开发智慧的重要性

经典是人类文化创造的精华，是人类生活智慧的结晶，是一切其他文献的根本和源头活水。一切后代的教育教化、学术科学、发明创造，都需要从前人的经典下手，只有站在巨人肩膀上才能获得更大的创造力，这就是教育的文化遗传创新功能。现代教育心理科学告诉我们，熟读记诵能加深我们对读物的感受，能为思维、想象积累材料，为写作提供"语言范式"，对口语中不规范"动型"起改造、规范化作用；还可以开发智慧、发展和提高记忆力。在社会转型时期，倡导经典诵读教育，目的是为了延续中国传统文化的命脉，为了救治目前文化教育中存在的弊端，为了使孩子们不仅学会生存的技术，也为了使千千万万的儿童不错失良机，充分开发生命本有的潜能，最大限度地迅速吸收最有价值的知识。

对于开展经典诵读教育，近年来一直存在着一个严重的误区：很多人以为只要能够把数理化学好，再加上精深刻苦的研究，就能够成为科学家。其实不然。在世界科学史上，凡是作过重大贡献的科学家几乎没有一个不是文理兼通的人物。这些人都有一个共同的特点，那就是都具有极高的审美素养和审美能力，他们创造性的成果也都闪烁着美的光辉。在中国思想史上，《老子》、《论语》、《易经》等都是自然科学和社会科学的结晶，是几千年来所有知识分子公认的最好的书，熟读这些有价值的书可以直探人性的本源，可以较轻便地了解人生的智慧，就好比站在巨人的肩膀上，我们的心胸会更宽广，我们的眼界会更深远，这就是古人所说的见识，也是我们现在所说的文化教养。有了这样的底蕴，这样的基础，再去学习比较浅近的应用性知识文化，我们就会得心应手，事半功倍。

中国文化经典具有永恒的价值与长期效用，很多受过传统经典教育的成功人士都表示自己一生得益于儿童时代学习的文化经典。著名学者南怀瑾说："古书都是浓缩了人文科学和自然科学等多方面知识的结晶，所以后世的人就很尊敬它，把它叫作'经典'。背诵是不需要理解、不用分析，是在脑筋愉悦的状况下记住，所以对小孩身心有益。小孩子背诵"四书五经"有益身心发展，它不同于'强记'，'强记'是填鸭式的教育，且容易忘记，对小孩的身心无好处。常有人问我，为什么能有这么好的学问？我都实实在在告诉人家，这都是我13岁以前熟背这些古书的效果。"①

日本人把中国古代私塾授课方式定义为"素读"。日本筑波大学的加藤荣一教授讲述了一件事："1991年3月1日，我在竹村建一先生的宴会上遇到了创业家井深先生。我向他请教使脑子变聪明的方法。他回答说，'就是要大量死记硬背啊。'古代日本人的做法就是'素读'——不求理解含义、只照着字面朗读汉籍（中国的经史子集）。战前获得诺贝尔奖的日本科学家有10个人，他们全都作过这种'素读'练习。汤川秀树先生从3岁就开始接受这种训练了。"② 这些事例都形象地说明了诵读中华优秀传统文化经典对少年儿童开发智慧的重要性。

任何一个文化系统皆有其永恒不朽之经典作为源头活水。经典不仅构成民族的传统，而且提供给全人类以无限的启发。读经典就是向过去的原创性大师学习如何劳动、如何工作、如何生活、如何思考、如何创新的精髓，是以最科学、最经济的方法继往开来，推陈出新。中华经典是中华民族智慧的结晶，所载为常理常道，其价值历久而弥新。开展经典诵读活动，让少年儿童阅读名家名篇，诵读千古美文，已成为丰富学生人文素养，拓宽开发智慧、打下终身发展基础的最佳途径，也必然地成为新一轮

---

① 南怀瑾. 著名学者论中华文化经典［J］. 教育文化论坛，2010（4）：129.
② 赖配根. 新经典课堂［M］. 北京：教育科学出版社，2009：149.

课程改革的热点。

四、经典诵读是提升语文素养的基本途径

中华传统经典与我们的语文教育是不可分离的。但是学生学习的效果如何呢？语文教育传承中华传统文化的任务又完成得如何呢？实际答案并不让人感到满意。据《中国教育报》报道的数据显示："对北京市抽样调查的 321 名中学生进行中华传统经典作品的阅读调查。从对我国四大古典文学名著的阅读情况来看，读过其中四本的占 6%，读过其中三本的占 11%，读过其中两本的占 23%，读过其中一本的占 41%，一本也没有读的占 19%。从对教育部指定中学生必读的三十部中外文学名著的阅读情况来看，只有 15% 的初中生和 20% 的高中生读过其中五至十本。56% 的初中生和 18% 的高中生对这三十部作品竟一本也没有读过。"① 中学生对传统经典作品知之甚少，对文言文学习反感、没有兴趣，人文意识薄弱，精神危机凸显，这样的现状确实让人担忧。失去传统文化的滋养，割断母文化的脐带，青少年会成长成什么样子呢？这是每一位教育工作者尤其是语文教师应该去思考的问题。

（一）诵读经典提升语文素养的历史回溯

经典"诵读"即出声读，用抑扬顿挫的语调反复去读，最终达到熟读成诵。这首先是一种语言的训练过程，另外还是一种鉴赏活动，更为重要的是一种精神层面的提升。中国古人提出"涵泳"，即是反复吟咏讽诵。金代元好问在《与张中杰郎中论文》中说："文须字字作，亦要字字读。咀嚼有余味，百过良未足。"② 强调的是通过诵读去领略其中的真味。古人"诵读"经典，强调从诵读吟咏入手去感受作品的韵律之美，进而领悟作

---

① 周耀华，文杰. 中学生阅读现在时［N］. 中国教育报，2003 - 04 - 29（8）.
② 夏敬观选注. 元好问诗［M］. 上海：商务印书馆，1940：17.

品的深层意蕴。如《乐记》中的"言之不足故长言之，长言之不足故咏歌之"，说的正是这个意思。

我国古代从蒙学教育到经学教育，都特别重视诵读教学，要求学生反复诵读，整体地感受、品味文章。周朝时期，吟诵诗歌就是学校里的必修课，如《周礼·春官·宗伯下》："以乐语教国子，兴、道、讽、诵、言、语"。《荀子·劝学》把为学之术概括为"始乎诵经，终乎读礼"，并强调"诵数以贯之"。北宋教育家张载提出"书须成诵"。南宋朱熹《训学斋规》中更具体地提出"凡读书……须要读得字字响亮，不可误一字，不可少一字，不可多一字，不可倒一字，不可牵强暗记，只是要多诵遍数，自然上口，久远不忘。古人云：读书千遍，其义自见。谓读得熟，则不待解说，自晓其义也。"①

五四新文化运动一起，传统文化受到猛烈冲击，"诵读"诗文的教学方法也被废除。20 世纪 20 年代后半期，一些著名的教育家、学者、文学家针对学校国文教学和国人欣赏古典文学所出现的问题重新提倡"诵读"。黎锦熙先生将学生国文成绩不好的原因归结为"作文与说话失去了联系，文字和语言脱了节……所以要作文真有进步，单练习写作是不成功的，国文教员必须注重讲读，注重讲读时间内对于白话模范文的诵读技术训练。"② 也就是说，要想写好作文，必须先练好说话，话说得顺了，文章自然而然就好了。因此，国语训练的核心就是白话文的诵读。黎先生还从学习心理学的角度研究了学习的过程，认为诵读必然要经过"耳治"、"目治"、"口治"三个阶段，黎锦熙称其为"白话文讲读教学三部曲"。心、眼、口、耳共同起作用，"不但能使讲读时兴趣活跃，注意集中，记忆牢固，并且自然影响到写作，因为从耳到口，从口到心，就是所谓'声入心通'；然后文言一致，从心到手，就是所谓'得心应手'了。"③ 因此他的

---

① 束景南. 朱熹佚文辑考 [M]. 南京：江苏古籍出版社，1991：63.

② 黎泽渝，马嘨风，李乐毅. 黎锦熙语文教育论著选 [M]. 北京：人民教育出版社，1996：403.

③ 同②：203.

结论就是：要想使作文"得心应手"，必须先诵读大量的模范的文章，使之"声入心通"，建立起标准的语言模式。

著名教育家叶圣陶先生在《精读指导举隅》中指出："国文和英文一样，是语文学科，不该只用心与眼来学习；须在心与眼之外，加用口与耳才好。吟诵就是心、眼、口、耳并用的一种学习方法……现在国文教学，在内容与理法的讨究上比从前注重多了；可是学生吟诵的工夫太少，多数只是看看而已。这又是偏向了一面，丢开了一面。唯有不忽略讨究，也不忽略吟诵，那才全而不偏。吟诵的时候，对于讨究所得的不仅理智地了解，而且亲切地体会，不知不觉之间，内容与理法化而为读者自己的东西了，这是最可贵的一种境界。学习语文学科，必须达到这种境界，才会终身受用不尽。"①

著名文学家朱自清先生也在《诵读教学与文学的国语》中进一步强调："现在是到了我们加以自觉的努力的时候了，这种自觉的努力就是诵读教学。"② 朱自清先生又在《怎样学习国文》一文中指出："中学生对于读的功夫是太差了……你能否从文学中体会出古文的感情呢？这需要训练，需要用心。慢慢地去揣摩古人的心怀，然后才发现其中的奥蕴……然而只要多读它几遍，多体会一下，了解的程度就不同。所以读的功夫我以为非常重要的。"③ 在这里，朱自清尖锐地指出当时中学生对于读的功夫"是太差了"，因而特别强调加强诵读对于学习语文、"体会出古文的感情"的重要性。

（二）经典诵读是提升语文素养的基本途径

中华经典诗文内涵丰富，博大精深，集中反映了我国人民的思维方式、心性形式、审美情趣，是我国传统文化的精髓之所在，是我们民族母语的精

---

① 中央教育科学研究所. 叶圣陶语文教育论集：上册［M］. 北京：教育科学出版社，1980：13.

② 朱自清. 朱自清全集：第3卷［M］. 南京：江苏教育出版社，1988：182.

③ 朱自清. 朱自清全集：第8卷［M］. 南京：江苏教育出版社，1996：443.

美之本，是我们民族语言文字运用的典范。通过诵读大量的经典诗文，学生能够感悟和吸收作品的精华，提高自己的审美能力，丰富自己的精神世界。随着大量经典诗文的积累，学生的读书视野会进一步开拓，语文知识进一步增长，人文素养进一步丰富，学生的口头表达能力和书面写作就有了坚实基础。学生语文素养的提高，又与全社会综合素质的提高密切相关，有利于精神文明建设，有利于社会的和谐稳定和经济建设的顺利进行。

首先，经典诵读可以提高学生的审美能力。语文教育是一种美育，语文教育应当给人以丰富的心灵体验，通过经典的陶冶，铸成审美的心灵。脍炙人口的经典名篇，蕴涵着丰富的美学价值，有着特殊的审美功能。吟诵经典名篇，体味经典中反映的生活美、自然美、情感美、艺术美、语言美，在优美的意境的感染熏陶下，受到美的教育，从而培养和提高学生的审美能力和审美情趣。

经典诵读是一种审美认知活动，遵循着从感性认识到理性认识的一般认知规律。同时，它还是一种复杂的心理活动，它由感觉器官对作品进行感知，调动生活积累，产生共鸣，再经过丰富的想象、联想和分析，进而领悟到经典所揭示的生活内涵。通过节奏的跌宕起伏、声音的抑扬顿挫、情绪的分层有序变化，甚至简单而有效的体态语言，在绘声绘色中，把学生带入经典的情感世界。诵读的表情达意，糅合了多样艺术元素，让学生在诗文的感知中，获得审美的愉悦。

诵读是深层次的阅读，时时静心咀嚼经典会使贫瘠的心灵得到春雨般的滋润。在天长日久、水滴石穿、绳锯木断的诵读中，积累的是语言，培养的是诗性，内化的将是精神气质。古人有言"文选烂，秀才半"，"操千曲而后晓声，观千剑而后识器"，在背诵熟读经典的过程中，学习者可以逐渐理解、领会其精髓要义。并通过理解、玩味，得到赏心悦目、怡情养性的审美享受。

因此，诵读经典诗文可以激发学生阅读的兴趣，让学生进入阅读境界，通过自己的品读，领悟作者的内在的情感，获得自己独特的感受。让学生在诵读的过程中体验美、感悟美、创造美。具体方法是激发学生的情感，增强学生的感知能力。鉴于情感在经典诵读中有特殊作用，通过经典诵读，教师的教学情感、作品的创作情感和学生的学习情感，三者形成一个有机的整体，牵引着学生步入经典诵读的殿堂，激发学生的学习兴趣，并创设出一种和谐美好的课堂气氛，领着他们进入审美的殿堂。掌握并遵循这一审美规律，可以让学生自己去发现美、认识美、创造美，从而提高学生的审美能力。

其次，经典诵读可以提高学生的阅读能力。要提高学生的语文素养，离不开将语言文字中所包含的文化素养转化为学生自身的文化素养，而这个文化素养的中转站就是学生经典作品的阅读能力。我国的传统文化源远流长，底蕴深厚，为我们留下了大量脍炙人口、优美动听的经典诗文。积累大量的古代诗文不但能提升学生的文化素养与内涵，而且对学生学习语言和提高阅读能力有很大的帮助。将经典诵读纳入到学生的学习生活中，学生长期坚持，日积月累，在经典诵读的熏陶下成长，其阅读能力和理解能力的提高都将产生深远的影响。

提高阅读理解能力的核心是要改变学生的阅读习惯。中学生正处于应该海量吸取各种知识与信息的学段，而"阅读危机"的到来让他们局限在教科书和考试的藩篱内，阅读面狭窄，阅读视野无法得以扩展，从而影响到学生语文素养的整体提高。现在，大部分学生一看到选文，大都是习惯性浏览、划分段落大意、归纳中心思想和写作特点，这是应试教育带来的负效应。

古圣先贤说："读书千遍，其义自见。"平时的读书习惯很重要。如果在平时，学生都能够拿起文章就大声地、有节奏地、有感情地朗读，那么他就会养成这样一种习惯：无论看到什么文章，看的时候就会有读的感觉。一般来说，学生是很喜欢读书的，只要教师不破坏学生阅读的情绪，他们就能主动阅读。而且随着阅读量的增加，学生的阅读能力就会有突飞猛进的提高。因此，阅读是不用教育的。用分段、归纳段意的方法培养不出学生的阅读能力，只会让学生越来越讨厌阅读。而我们的学校正好用这种错误的方式来教育学生，所以多数学生一毕业，就不喜欢读书了。因为他们的阅读能力没有提升上来，稍微有点深度的书就看不懂了。所以，如今大部分成年人都失去了深刻把握经典文本的能力。

在经典诵读教学中，教师不应该一味地与学生进行对话，要让学生学会与经典文本对话，与文中的主人公互动，要引导学生在读中体验，在读中感悟。经典的价值是恒久的，不仅具有长久的文化价值，还具有教育价值。诵读中华传统经典，扩展学生的阅读视野，才会在他们的头脑里积累知识，拓展思维，从而更好地形成对经典文本的阅读能力和感受能力，这对于全面提升中学生的语文素养，具有重大的意义。

第三，经典诵读提升学生的语言表达能力。语言表达能力包括口语表达和书面表达，语文教学通过中华传统经典诵读来提升学生的语言表达能力，主要表现在让学生"会说话"和"会写作"两方面。口语交际与作文习作一以贯之，共同构成一个人的语言表达能力。提升中学生的口语交际水平和写作水平，不仅是语文教育的目标，还关乎到中学生一生的成长与发展。

"会说话"的能力应该包括三个部分。一是组织内部言语的能力，这是指人们对说话的内容、目的、方法等的思考能力。二是快速选词组句的能力，这是指说话者根据需要迅速从自己记忆的仓库中选词组句，并按语法规范进行表达的能力。三是运用语音表情达意的能力，这是指运用语音来表达情意的能力。古人说"不学诗，无以言""熟读唐诗三百首，不会作诗也会吟"，强调的就是阅读习惯、阅读内容的积累。一个没有养成读书习惯的学生，如果突然让他读一篇文章，然后来表达自己的看法，他一定会磕磕巴巴，手足无措。

会写作的能力则是对自己的积累进行选择、提取、加工、改造的能力。积累是写作的基础，积累越厚实，写作就越有基础，文章就能根深叶茂开奇葩。没有积累，胸无点墨，怎么也不会写出作文来的。提高写作能力主要依靠四个方面的积累，分别是材料的积累、语言的积累、情感的积累和精妙写法的积累。古人说"读书破万卷，下笔如有神""能读千赋，则能为之"等，强调的都是语言的积累和精妙写法的积累。

如今学生的语言表达能力偏弱已成为中学语文教学的一大硬伤，许多学生因当众说话结结巴巴和写不好文章而头疼。"巧妇难为无米之炊。"学生的心底没有一定量的经典的积累，缺少丰富的词汇，只让学生"天马行空"地空想，怎么能流畅地组词、造句、作文和口头表达呢？学生的作文只能是东抄西凑，干瘪无味。现在，很多人也都认为表达能力是一个人非常重要的能力，因此从小就训练孩子，让孩子尽可能地在各种场合去表达、表现自己。跟作文一样，有经典思想、经典语言的人才能有口才。正所谓"腹有诗书气自华"，而单纯以技能的形式锻炼表达能力是徒劳的。现在很多大学毕业生连求职简历都写不好，面试回答问题结结巴巴，前言不搭后语，其原因就在于缺少诵读经典的积累。

中华经典诗文内容丰富，文字精炼，体现了我国语言文字的高度凝练性和表达应用技巧。利用中小学阶段这一人生的黄金时间广泛诵读经典诗文，不仅拓展了学生的阅读范围，增加了学生的阅读量，而且对于培养学生的语文素养，增强学生的语言表达能力，具有积极的促进作用。毫无疑问，喜欢诵读经典的学生，已经打下了相当的文学功底，在组词、造句、作文和口头表达方面，都会变得简单愉快。因此，我们要在学生的大脑中建立起一个材料丰富的记忆仓库，引导学生诵读经典，把经典语言及其蕴含的思想情感储存到大脑里，形成长久性的记忆。经过这样长时期的不断积累，大量经典语句的信息输入自然会逐渐内化为对语言敏锐的感知能力，形成我们常说的语感，从而达到强化语言表达能力的最终目标。

第二节 中华经典诵读课程的可行性

亲近中华经典、走进中华经典、品读中华经典，我们不仅可以更好地掌握中国传统文化的精髓，还可以得到良好的思维训练、知识积累和道德熏陶，会让人们在潜移默化中经受人格力量的熏陶、伟大精神风范的浸润，实现思想境界和道德情操的升华。从深邃的内容来看，中华经典具有超越时间和空间的特性；从实际功用来看，中华经典诵读有益于少年儿童大脑的发育，有益于少年儿童智慧的开发；从社会各界的态度来看，社会各界的专家学者极力宣传和呼吁中华经典诵读，教师、家长和学生普遍认同中华经典诵读；从现有的基础条件来看，各地中华经典诵读活动积累了丰富的、宝贵的经验……这一切都为中华经典诵读课程的构建与实施提供了充足的、切实的可行性。

一、超越性：中华经典具有超越时空的特性

经典具有穿越时空的永恒魅力，是代表了一个民族文明程度的、典范性、权威性的著作。在人类文明史上，古代中国与古埃及、古印度、古巴比伦被尊为"四大文明古国"，与古希腊、古罗马并称为东西文明中心，然而这些古代文明大部分或因异族入侵而中绝，或因部族冲突而衰落消亡，文化出现了大幅断层，有些文字至今不能识别。唯有中国文化经典虽然历经"焚书坑儒"等磨难，却数千年一脉相承，表现出无与伦比的延续性和超越性。

（一）中华经典的内容具有超越时间的特性

经典是一种文化，它经过几千年的文化积淀，凝结了整个民族的智慧。经典不仅是文化的过去，也是文化的未来。中华经典承载着中华民族探索真理、揭示人类社会发展规律的全部智慧结晶，既是一座思想高峰，又是一座思想宝库。中华经典的魅力是不会随着时间的流逝而改变的。

《周易》倡导民族成员"君子以多识前言往行，以畜其德"① 经典成书的时代已经远去，但中华民族的文化特质仍在，人的教养来自传统价值陶冶的本根未变，民族成员的人生心性仍需教益。以儒家思想为核心的中华经典蕴含着很多现代人所缺乏的品质，如修身养性、重义轻利、和谐相

---

① 朱熹. 周易本义 [M]. 北京：中国书店，1987：22.

处、进取精神等。

中华经典体现出强烈的奋发进取精神。"天行健，君子以自强不息"、"地势坤，君子以厚德载物"（《周易》），孔子的"知其不可而为之"（《论语·宪问》），屈原的"路漫漫其修远兮，吾将上下而求索"（《离骚》），激发了无数中国人的斗志。"书山有路勤为径，学海无涯苦作舟"，"宝剑锋从磨砺出，梅花香自苦寒来"，这些经典格言催人奋进。中华经典所高扬的家国意识、大一统的文化观念，形成了具有亲和力和凝聚力的中华民族精神，即以爱国主义为核心的团结统一、爱好和平、自强不息、刚正不阿的民族精神。中华经典注重是非、美丑、义利等道德观念，特别重视修身，讲求内省，追求人格的自我完善，把修身贯彻到个人的日常生活中，并提高到齐家、治国、平天下的高度。因此，读经活动可以弥补学生思想性格的缺陷，使其身心得以和谐发展，对提升整个社会公德、建立和谐社会具有重要意义。中华经典强调与人为善的处世哲学、追求和谐的人际环境，协调个体与他人、集体、社会的关系，追求和谐的社会关系。为达到这一目的，儒家力争把人塑造成为君子。在处理个人与他人的关系上，以"责人之心责己，恕己之心恕人"，要处处反省自己，协和人我。这对于纠正当今社会偏执自私、人际关系紧张等弊病有很大的作用。以儒家经典所代表的中华经典特别强调诚信意识，"民无信不立"（《论语·颜渊》），"人而无信，不知其可也"（《论语·为政》）等都表明诚信意识为人们立身行事的基本原则。孔子、孟子、荀子都把"信"作为做人与为政必须遵守的基本准则。遗憾的是在当今经济大潮的冲击下，诚信意识在我国渐行渐远，由此造成一系列社会问题。因此，在当下开展经典诵读活动，其现实意义更为突出。总之，中华经典有着丰富的包容性与开放性，虽历经浮沉，但仍然保持着强大的生命力。

（二）中华经典的内容具有超越空间的特性

以儒家文化为代表的中华经典既是民族的，也是世界的，具有普世价值。1988 年诺贝尔奖得主们在法国巴黎的建议较为引人注目。澳大利亚

《堪培拉时报》1988年1月24日刊登该报记者帕特里克·曼汉姆发自巴黎的报道："诺贝尔奖获得者建议，人类要生存下去，就必须回到25个世纪以前去吸取孔子的智慧。这是诺贝尔奖得主国际会议在对"面向21世纪"这个主题进行探讨后得出的一个结论。

中华经典所体现出的生态与生态伦理关怀意识，具有重要的价值和意义。当今人类社会生活在人口、资源、环境、战争、贫穷和生态等问题纠结在一起的环境之中。如果把我国古代生态伦理思想与当代的生态伦理学相整合，与新时代贯彻落实科学发展观的理念相结合，可以为全人类在21世纪的发展提供极其深厚的思想源泉和宝贵的文化资源。

中华经典中"天人合一"的思想，对于解决当今世界由于工业化和无限制地征服自然所带来的环境污染、生态平衡遭破坏等问题，具有重要的启迪意义。随着工业化进程的加快，人类对自然资源肆意掠夺与破坏；由于生活方式不当，人类过分消耗资源，导致资源贫乏。当今世界典型的高消耗、高浪费的生活方式非美国人莫属。美国人口占世界的5%，其消耗的能源却占世界的25%。据德国学者计算，如果全世界都学美国，全球的石油储藏只能用3年，天然气只能用4年。目前，水资源供应不足，石油、煤炭、森林被过度开采等问题，引起了许多环保主义者的极大关注。其实，"天人"是否可"合而为一"并不重要，重要的是在对待人与自然的态度上，全人类必须有我们先人所领悟到的人与自然的那份和谐。这种和谐只要存在，古人"天人合一"的理想就能存在，反之就只是一种空想。只有让自然处于一种能够满足人类永恒生存的和谐状态之中，才是人类发展的长久之道。

中华经典中有两个观点极具现实价值：一个是"己所不欲，勿施于人"，另一个就是"君子和而不同"。前者已被《世界人类责任宣言》确定为全球治理的"黄金规则"；后者对于我们构建和谐社会和多元世界具有重要的启示意义。在人与人、人与自然的关系上，中国传统文化历来主张平衡和谐，"以和为贵"是中国文化的根本特征和基本价值取向。"君子和而不同"正是对"和"这一理念的具体阐发。

2006 年，胡锦涛同志在第 60 届联大首脑会议上提出的关于构建"和谐世界"的重要论述，实际上是中国传统文化价值观在新时代的创造性表述，是中华文化对国际秩序和主流文化作出的新贡献，对于化解各种危机、促进世界和平与发展具有重要的意义。1982 年 8 月 27 日，美国各界人士为庆祝孔子诞生 2533 周年，在旧金山金门公园举行了祭礼大典，并由孔子第 77 代嫡孙孔德成主持大典。时任美国总统的里根给大典筹备会主任宋正介写了信，信中说："孔子高贵的行谊与伟大的伦理道德思想，不仅影响他的国人，也影响了全人类。"当代世界所面临的生态恶化、地区冲突等诸多课题，都可以从孔子思想中汲取化解之道，即要以"和而不同"的思想来解决人与自然、人与人、国与国之间的问题，这样人类社会才能和谐地发展。可以说，"和而不同"的思想正是打开当今世界"盘根错节"状态的"利器"。① 随着全球经济一体化的迅速发展和中国国际地位的提高，中外的交流日益频繁，世界各地学习汉语和中国文化的人也越来越多。"孔子学院"作为推广汉语文化教育和文化交流的机构在全世界各地陆续挂牌。事实表明，中华经典的内容超越空间、跨越国界的条件变得更为方便和优越起来。

二、科学性：读经符合少儿身心发展的需求

儿童心理学家朱智贤先生曾说过："儿童个体智力发展史是人类种系智力发展史的缩影。"这是心理学上一个非常重要的概念。在几十万年人类种系智力发展史中，很重要的一点是靠口耳相传，背诵民族歌谣、民族史诗、道德格言及民俗民风、自然和社会常识等，这种诵读活动既保存了人类的文化，又发展了人类的智慧②。人类的童年时期就是这样度过的，它必然也反映在儿童个体智力发展史中。

---

① 曲文军. 中国传统文化与现代化 [M]. 济南：山东人民出版社，2011：77.
② 郭齐家. 经典教育，塑造面向 21 世纪的成功人生 [J]. 读书文摘，2006 (7).

（一）经典诵读有益于幼儿大脑的发育

从幼儿大脑成长的生理角度看，诵读文化经典有助于促进大脑的发育。初生的婴儿头脑里约有 140 亿个细胞，和成人脑细胞数量一样，但脑重量却不一样，初生婴儿的大脑是 0.6 千克，成人的大脑却是 1.5 千克，这些增加的重量就在于细胞和细胞间网络的联接，婴儿 3 岁时细胞间的网络联接大约完成 50%—60%，6 岁时大约完成 60%—70%。所以在 0—3 岁、3—6 岁这两个阶段都要给儿童许多文化刺激，包括让儿童听最好听的音乐，看最好看的图画照片，诵读最好的诗文等，因为每一次的刺激都会使脑细胞之间多一些联接。刺激越多，联接越多，网络越完善，智力发展也就越快。人终其一生，脑神经元细胞数目不变，脑神经突触（即脑细胞之间的网络联接）数目决定智能高低，多刺激，多使用头脑，可增加突触数目，而此作用在 3 岁之前更有效。若在 3 岁之前脑细胞神经元没受到足够的刺激，不仅不增加，连原有的脑功能都会退化。这里所说的文化刺激，其实就是早期教育。

再从左右脑的发展看少儿诵读文化经典，3 岁以前是右脑能力最强的时期，3—6 岁时，其机能逐渐转入左脑，到了 6 岁则以左脑活动为主。左脑主理性，右脑主感性；左脑用语言，右脑用想象力来思考、记忆、传递情报及学习。右脑记忆情报十分快速，它能将看、听、想的事物，全部图形化思考并记忆，而且不会忘记，有自动处理功能，学习容量无限。6 岁以前幼儿的认知模式是直接认识外界的刺激，即"直接记忆的学习模式"。儿童将文化经典智慧烙印在脑细胞的无意识层，然后进入思考发育期，就以才能和性格表现出来。儿童诵读经典便将古圣先贤的智慧结晶存入脑中，不但可以美化身心，而且可以改变气质、净化灵魂、优化品格。儿童诵读经典不必强求理解，只要自由自在、愉快轻松、自然而然地多读几遍，多唱几遍，在身心放松的情况下，脑内充满知识，心情平静，右脑充分开启，情商与智商都可以全面提升。经典文化教育非常适合幼年，而且是越早开始越能发挥启迪智慧、教化人格的功效。

（二）经典诵读有益于儿童智慧的开发

提倡儿童经典诵读教育，就是抓住儿童身心发展中的这些关键期，进行相应的开心启智的教育。实施儿童读经教育，即是要利用儿童期的记忆力，记下一些永恒的东西。反复诵读是儿童的自然喜好，背书是儿童的拿手好戏。如果家长此时不准备一些有价值的书让儿童背诵，儿童就只好去背诵小学课本，甚至去背诵电视广告词。这个时期，儿童处于记忆力发展的黄金时段，如果加以经典诵读训练，儿童的智力水平会达到较高的水准，而且一辈子都会维持在较高的水准上，一生都会受益。如果过了这个时段再去训练，其效果自然就很一般了。

记忆是一切学习的基础。根据心理学家共同认定的"人生秘密"：4—13岁，是人生记忆力最好的时期，记住的东西往往终身不忘。这是培养少年儿童文化素养和高尚人格的关键时期。如果在此阶段培养少年儿童诵读经典，既顺应了少年儿童学知的天性，也将为其一生的快速健康成长奠定坚实的人格基础。13—20岁，人的记忆力也相当不错。这个时期，少年儿童脱口而出的各种广告语、影视台词、校园俚语等，都是所谓"无意识记忆"。因此，在这两个阶段，让学生多背诵一些经典，是符合学生心智发展规律的。少年儿童心性纯净，该记忆的时候让他记忆，不该理解的时候不强求理解。要及早地把涵义无穷、具有德育教育价值的文化经典"灌注"在少年儿童的心灵中，作好一种终生可以去消化、理解、受益的文化储备。一个人早期的文化储备愈雄厚，其发展潜力就愈大，将来在事业上成功的可能性也就愈大。

德国医学博士林助雄是台湾医师，对于儿童经典诵读与潜能开发的关系颇有研究。他的研究表明：儿童读经典的方式——不求理解，只是背诵，表面上看来还是左脑的训练而已，但儿童读经诵经的过程类似念唱，眼睛看经典文字为透过视觉作用刺激右脑，而念唱的律动也激活了右脑，至于仔细辨字以便记忆则是左脑的工作。所以，整个读经过程恰恰动用了左右脑功能，使左右脑运作得以同步。根据研究，左右脑能有同步效用时，学习能力可增加 2—5 倍。

林助雄认为，单从左右脑平衡的目的来讲，儿童读经时一再重复念唱，即使没有刻意去理解，所读唱的内容不只是会存入大脑记忆，它更会烙印在潜意识里，而潜意识的妙用就是无需经过意志的运作，就能直接地、默默地、自然地影响人类的思维与行为。所以儿童读经，选择古圣贤的智能精华是正确的。假以时日，读经的人就会受到经典的潜移默化，陶冶性情。所以让儿童去诵读蕴藏着智能精华的文化经典是正确的选择①。

古代先贤们高瞻远瞩，不约而同地选择"四书五经"及《老子》、《庄子》等重要经典为主要教材，并以历代公认的优美古文诗词等为辅佐教材，来教导儿童反复熟读，进而鼓励其背诵。这些经典作品，在儿童幼小的心灵中不断潜移默化成为他们树立高尚人格的源头活水。如今充分发挥儿童记忆力特长，背诵最有价值的经典，就是一种回归传统直觉式的语文教学。儿童读经不但可以训练儿童的记忆力，增进专注力和学习力，更可以开发他们的智慧，促进他们的全面成长。中国延续了几千年的读经教育，有非常成功和仍值得现代社会汲取的经验，例如中国古代教育家孔子的"诗教"理论，私塾和学堂的读经方法，以及当今持续十多年的读经活动等，在教育方法上积累了相当多的经验，为以后读经活动健康有序地开展提供了借鉴。

三、广泛性：全社会对经典诵读的普遍重视

（一）专家学者的极力宣传和呼吁

我国古代的优秀文化典籍无疑是弘扬和培育民族精神的一个重要的源泉。选择一些优秀的文化经典从小教导儿童诵读，不失为一种好的弘扬和培育民族精神的途径和方法。早在 1942 年，著名教育家、文学家朱自清先

---

① 林助雄. 儿童读经与潜能开发——关于倡导儿童诵读中国文化经典的脑科学分析 [J]. 石油政工研究，1999（4）：41.

生在《经典常谈》序文中就指出："在中等以上的教育里，经典训练应该是一个必要的项目。经典训练的价值不在实用，而在文化。""做一个有相当教育的国民，至少对于本国的经典，也有接触的义务。"① 1980 年，叶圣陶先生在为重印《经典常谈》所作的序中进一步指出："经典训练不限于学校教育的范围而推广到整个社会，是很有必要的。历史不能割断，文化遗产跟当今各条战线上的工作有直接或间接的牵连，所以谁都一样，能够跟经典有所接触总比完全不接触好。"②

1995 年 3 月，第八届全国政协会议上，赵朴初、冰心、启功等文化教育界的老人发出《建立幼年古典学校的紧急呼吁》的提案。提案中说："我国文化之悠久及其在世界文化史上罕有匹配的连续性，形成一条从未枯竭，从未中断的长河。但时至今日，这条长河却在某些方面面临中断的危险。"《紧急呼吁》强调："构成我们民族文化的这一方面是我们的民族智慧、民族心灵的庞大载体，是我们民族生存、发展的根基，也是几千年来维护我们民族屡经重大灾难而始终不解体的坚强纽带。如果不及时采取措施，任此文化遗产在下一代消失，我们将成为历史的罪人、民族的罪人。③ 提出提案的这些老一代知识分子，"风烛之年，未敢忘继承民族的文化"，他们希望学校、社会能重视对传统经典的传承，"在有生之年重听弦歌，到古典学校中去走一走，看看后继之人。"

除了政协会上的正式提案，还有很多的知名学者，如香港国学大师南怀瑾先生、中国哲学史学会会长任继愈先生、台中师范学院王财贵先生、中国人民大学冯其庸先生、新儒学的领军人物蒋庆先生、北京师范大学郭齐家先生等，对经典的现代文化价值都进行了深入的研究和分析。代表性的论文有王财贵的《文化熏陶、智能锻炼、人格完善——儿童经典诵读工程》、郭齐家的《弘扬和培育民族精神与国学启蒙》、蒋庆的《中国文化的危机及其解决之道》、任继愈的《经典教育：孩子们的"维生素 C"》等。

---

① 朱自清. 朱自清全集：第 6 卷［M］. 南京：江苏教育出版社，1996：3.
② 叶圣陶. 叶圣陶语文教育论集：上册［M］. 北京：教育科学出版社，1980：163.
③ 肖指. 八老建议：速设幼年古典学校［J］. 科技文萃，1995（8）：141.

专家们的积极提倡启发了大批的教师和家长，使他们和这些倡导者一起投入读经的教育实践中去，成了"读经热"持续快速发展的一个很重要的推动力。

（二）教师、家长和学生的认同和实践

实施中华诵读经典，既能弘扬中国传统文化，又能够提高人们的道德修养和语言文化素质，因为诵读经典的过程就是学生受到优秀传统文化浸润的过程，更是我们民族重拾经典、复兴中华文明的过程。在儿童经典诵读活动中，广大教师、家长和学生的积极参与起着关键的作用。

从目前的情况来看，大多数教师认为经典诵读对学生的思想道德教育、智慧启迪和语文素养提升有很大的好处。2007 年 4 月，重庆市江北区的"国学江北"工程正式启动，区内各所小学都把中华传统经典诵读正式纳入课程计划，充分利用在校时间，引导学生诵读经典。诵读内容主要以中国文化经典"四书五经"为主，辅之以儿童蒙学读物、经典神话故事和寓言故事，如《三字经》、《弟子规》、《千字文》等。教学方式百花齐放，以各阶段小学生的身心特点为基础，力求达到最佳效果。"国学江北"工程得到了学校教师的精心指导，学生们手捧经典，抑扬顿挫地深情诵读，已成为校园里一道美丽的风景。

中国矿业大学学生自发成立了诵读协会。协会的宗旨是：诵读古今美文，弘扬传统文化，品味中外经典，提高人文素养，推广诵读文化，丰富师生课余生活，为繁荣校园文化，精神文明建设作出贡献。从 2008 年开始，每年暑假以诵读协会作为协办单位开展关于推广普通话、传播诵读文化的大学生社会实践活动。协会成员在教师的带领下，分别到徐州市铜山县刘集镇小学、睢宁县南门中学、大吴镇运河小学展开经典诗文诵读活动，并与师生进行交流。他们还深入到农民家中体验生活，展开普通话使用调查活动。学生在这样的活动中锻炼了自己的能力，也从经典诗文中感受到传统文化的魅力。通过自己的亲身实践，广大师生深刻感受到经典诗文诵读活动的意义。

改革开放以来，物质丰富的时代背景给孩子的成长也带来了许多不利的影响。许多学生沉迷于动画片、电脑游戏，不思学业，这成了很多家长的一块心病。家长们把希望寄托在读经上，希望通过经典的诵读引导孩子读书，涵养孩子的仁心、善心，培养孩子孝亲敬长的道德品质，促进孩子道德修养的提高和人格的健康成长。正是基于这样的原因，许多家长大力支持孩子接受经典诵读教育。家长们普遍认为，孩子诵读经典有三个方面的好处。首先，诵读经典能丰厚孩子的知识底蕴，为古典文学的学习打下基础；其次，诵读经典还能提升孩子的情商，因为《大学》、《中庸》中有许多涉及孝敬老人、做人、为官等内容的精辟论断，孩子从小感受这些经典精神，会对孩子将来的成人成才起着决定性的作用；第三，对于孩子而言，诵读经典可以培养女孩子的淑女气质——端庄、文静，可以培养男孩子的绅士风度——大气、责任。总之，经典精神将对学生的一生产生巨大的影响。

四、普适性：可资借鉴推广的经典诵读经验

经典是人类文明的精华，中华传统文化是中国人生存发展的文化根基与精神养料。诵读中华传统经典是我国延续了几千年的语文教育传统，而在现代语文教育中却有所忽视。近年来，重提经典诵读的声音不断发出，党和政府也比以往更加重视经典诵读，相关专家学者不断呼吁加强经典诵读教育，各类经典诵读教学组织如雨后春笋，有关儿童及青少年诵读经典的报道屡屡见于媒体，逐渐形成了社会上令人瞩目的"读经现象"。

（一）各种经典诵读活动奠定了坚实的基础

十多年来，从国内到海外，从幼儿园到大学，从民间到官方，中华经典诵读教育已经由最初的几位政协委员的提案呼吁，发展成为一场轰轰烈烈的社会实践活动，产生了广泛而深入的社会影响。从各类经典诵读大赛，到于丹、易中天成为"学术明星"，到央视"百家讲坛"等各类国学

电视节目的热播，再到书店里热销的大量与国学经典有关的读物，甚至到各地纷纷恢复的祭孔等传统礼俗……这些活动为经典诵读课程的重构奠定了坚实的基础，无不昭示着国学经典的巨大震撼力、感染力，中华经典文化正在经济全球化的历史进程中走向复兴。

从 1998 年 6 月起，中国青少年发展基金会开始推动"中华古诗文经典诵读工程"，其宗旨是让广大青少年在基础教育时期，以便捷的方式接受中华古诗文的基础训练和文化熏陶，进一步激活传统，继往开来。通过向农村贫困地区、希望小学捐赠古诗文读本及专项活动费用的方式，促进"诵读工程"在农村开展，使农村少年儿童在获得平等受教育机会的同时，不再因贫困和缺好书而影响健全人格、健康心理、良好道德的全面教育和培养。"中华古诗文经典诵读工程"全国组织委员会先是在北京、湖北等地开展试点，提出"读千古美文，做少年君子"的口号，确定以"直面经典，不求甚解，但求背熟，终生受益"的方针指导读经。以此为宗旨的少儿读经班已经遍布北京、上海、天津等十几个省市。2000 年 3 月，"古诗文诵读——百县计划"正式启动，这标志经典诵读的参与者开始由城市向农村、乡镇发展。2001 年 1 月，中国儿童经典导读中心与国家图书馆等单位发起了"经典诵读工程"，在北京的一些学校中推广读经活动。至 2006 年底，全国已有 30 个省（市、自治区）、近 300 个地、县（市、区、旗）、近万所学校、600 多万名少年儿童直接参加"诵读工程"的各项系列活动，受到辐射影响的已经超过一亿人。

1998 年 9 月，北京幽州书院创办了全国第一所以传统文化教育为特色的圣陶实验学校，舒乙教授、王志远教授、刘荫芳校长在实践过程中，进一步提出中西文化通才教育的目标，力争融通古今、学贯中西，改变唯西方教育马首是瞻的僵化意识，创造综合东西方教育方式中科学成分的圣陶教育模式。这一实验已引起海内外的广泛关注。圣陶学校确保高水准完成九年义务教育，以传统文化素质教育和中西文化通才教育为特色，以融通古今、学贯中西、文武兼备、面向未来为目标，培养 21 世纪的中国优秀人才。

2002 年 9 月 18 至 22 日，包括台湾、香港在内的中国 19 个地区的 2000 多名华人，在山东省曲阜孔子研究院隆重举行"首届华人中华文化经典诵读友谊赛"。参赛者多是中小学和幼儿园的孩子。诵读表演的内容有中华文化经典《论语》、《大学》、《中庸》、《易经》、《老子》、《诗经》和古代蒙学读物《三字经》、《千字文》及唐宋诗词等。参赛节目 30 余个，节目内容深刻，形式多样，尤以曲阜中小学生的千人《论语》背诵气势磅礴，令人振奋。这次活动检阅出了近年来中华文化经典诵读活动的可喜成果。

2003 年 1 月 15 日，《光明日报》刊发了由香港吕亚芳、吴大雍和台湾简志信、李奇茂、龚鹏程、曾永义等人共同发起的《开展学习和诵读中华文化经典活动倡议书》，积极推动海内外华裔同胞更好地读书、立品、做人，提高全球华人的人文素质，迎接未来世界对人生和民族的挑战。2004 年 7 月，由政府联合众多民间团体共同发起的"首届全球中华文化经典诵读大会"在中国香港举行，从此掀起了诵读学习中华文化经典之热潮。2005 年 7 月，第二届大会在北京举行，来自海内外二十多个国家和地区的 1100 多名代表参加了诵读活动。2006 年 8 月，第三届大会在台北、香港、南京、西安、马来西亚、新加坡等地同时举行，首次实现了海内外联动，有近万名炎黄子孙在同一时间、不同地点齐诵中华经典。2007 年 7 月，第四届大会在广东深圳等地举行，"中华经典之声"让全球华人为之振奋。2011 年 7 月，第五届全球中华文化经典诵读大会在长沙举行。本届大会不仅延续了前几届大会风格，还展示了前一阶段全球中华优秀传统文化教育取得的成果，创建了中华优秀传统文化教育者交流的平台，增强了民族凝聚力和中华文化的国际影响力。

（二）各地经典诵读活动积累了丰富的经验

为进一步加强和改进青少年思想道德建设，让广大青少年通过学习经典、诵读经典来了解中华民族的灿烂文化，弘扬中华传统美德，增强民族自豪感和自信心，全国各地相关部门精心谋划，层层组织和发动，在学校中广泛开设中华经典诵读课程，收到了良好的教育效果。

第一，山东省学校的经典诵读课程。山东省作为"中华诵·经典诵读行动"首批15个试点省份之一，有3400余所大中小学校被列为试点。山东省被列为试点的10所高校分别是山东大学、中国海洋大学、中国石油大学（华东）、临沂大学、山东工商学院、山东省农业管理干部学院、青岛港湾职业技术学院、滨州职业学院、鲁东大学、山东交通职业技术学院。

山东省教育厅要求大中小学和中等职业学校切实将经典诵读行动纳入整体教学课程管理范畴，在师资、课时、教材等方面予以保证。省教育厅、省语委组织编写的《经典诗文三百篇》（分小学、初中、高中和中职、大学版）为试点指定教材。在大学版《经典诗文三百篇》（尹建国、曲文军主编，高等教育出版社2010年版）中，古典优秀诗文占85%，红色经典诗文占10%，另外5%为山东特色的经典诗文①。

在开设经典诵读课程的同时，山东省教育厅还做了一系列经典推广工作。如学校注重学科教学的渗透，在语文、历史、德育类等课程中融入诵读内容；在地方课程或校本课程模块中设置经典诵读课时；在大学语文教学中加强经典诵读内容；鼓励开发经典诵读、书写、讲解专门课程；在教学方式方法上进行创新，并进一步完善教学评价，将高等学校的经典诵读相关必修课或选修课设一定学分，并进入学生素质拓展认证系统。

第二，河南省漯河市的经典诵读课程。早在2003年，漯河市商业幼儿园就率先开展了中华文化经典诵读活动，对孩子们开展基础的伦理道德教育，让孩子们诵读《弟子规》、《三字经》、《论语》等经典，一时间反响强烈。2004年，漯河市委宣传部、市文明办等部门联合下发了《关于在全市少年儿童中开展"诵读中华文化经典"活动的通知》，在全市中小学、幼儿园迅速掀起了诵读中华文化经典的热潮。2005年12月8日，漯河市委宣传部作出决定，把《弟子规》一书列为该市幼儿园的必读教材，同时作为中小学课外阅读的优秀读本之一。漯河市也因此获"第二届全国未成

---

① 徐洁. 我省3400所学校诵"四书五经"［N］. 齐鲁晚报，2010 – 09 – 27（A05）.

年人思想道德建设工作先进城市"称号。

在漯河市每所学校，每天早读时间，学生们都会齐声背诵经典，每周还要举行一次经典诵读比赛。从《三字经》到《弟子规》，从唐诗到宋词，稚嫩的童音诵读出的内容总能给人一个又一个惊喜。漯河市委宣传部长谢安顺说："诵读经典是中华民族对青少年进行启蒙教育特别是道德教育过程中创造的成功经验。中小学生诵读中华经典，是手段不是目的，更重要的是要引导他们从中感悟出如何做人的道理，把道德文章转化为道德观念和行为规范。"①

近年来，漯河市又把红色经典的内容列入诵读活动中，把经典诵读同学习现代道德楷模结合起来，引导学生从小就认识到，现在的道德模范所恪守的思想行为，许多都是古代先贤早已倡导的，他们身上闪现出很多古代先贤的道德思想，如"见义不为，无勇也"，"夫仁者，己欲立而立人，己欲达而达人"，等等，让孩子们在诵读过程中，把历史和现实贯通，培育未成年人的道德观念和健全人格。多年坚持不懈的诵读活动已经收获成果，市民身边的先进道德典型层出不穷。2010 年，河南省委宣传部、文明办、教育厅联合印发《关于在全省未成年人中广泛深入开展中华文化经典诵读活动的意见》的通知，推广漯河市的经验，在全省未成年人中广泛深入开展中华文化经典诵读活动。

第三，临沂大学的经典诵读课程。临沂大学是国家设立、山东省政府直属管理的综合性大学。学校坐落在风景秀美、人文荟萃的历史文化名城——山东省临沂市。临沂大学的前身是 1941 年由中共滨海区委和抗大一分校共同创建的滨海建国学院。在 70 年的办学历程中，学校始终秉承"实"的校风和"明义、锐思、弘毅、致远"的校训，不断解放思想，开拓创新，实现了超常规跨越式发展。临沂大学文学院从 2008 年开始在汉语言文学、新闻学、广告学、播音与主持艺术等本科专业开设"经典诵读"必修课程，要求学生背诵并默写规定的经典诗文篇目。2008 年 10 月，教育部语用司司长王登峰、

---

① 刘先琴. 河南漯河市：经典诵读润心神［N］. 光明日报，2010 – 11 – 20.

副司长张世平及部分省市"语办"领导到临沂大学指导工作，对文学院开设"经典诵读"课程，尤其对把诵读与默写相结合的做法给予了高度评价。2009年，文学院成功申报了"山东省'十一五'语言文字应用研究重大项目"课题"'中华经典诵读'创新课程研究"。

在"全国中华经典诵读工作研讨会"上，临沂大学作为高校特邀代表进行了典型发言，就开设"经典诵读"课程的背景及意义、教学方案的制定、教材的编写、学分的分配、教学效果的反馈等向与会领导与专家作进一步介绍。王登峰司长再次肯定了临沂大学文学院的做法，鼓励文学院在全校范围内开设这门课程，并进行更加深入的探索，努力打造成全国有影响的品牌课程。张世平副司长希望临沂大学文学院对"经典诵读"课程进行全面总结，积累经验，让"经典诵读"课程产生更为深远的影响。目前，经典诵读课程已经打造成为临沂大学人文类平台课程"普通话与经典诵读"，在文学院、外国语学院等学院开课，并计划作为通识课在全校开设。

第四，深圳市南山区卓雅小学的经典诵读课程。深圳市卓雅小学于2001年开办，校名源自《汉书》中"夫唯大雅卓尔不群"的名句，办学者从中提炼出"追求卓越、崇尚高雅"的教育理念，凝聚成人文与科学两个育人元素，蕴涵了做人与做事相融合的育人哲理；在文化传承的基础上创新出学校的教育文化理念——既夯实人文之根基，又拓展创新之视野。卓雅小学以培养"科学脑、人文心、中华情、世界观"的中西文化通才为目标，大胆探索以"古今文明融合、中外经典博纳、东西文化通晓"为特色的卓雅教育发展道路，在全市乃至全国公立学校中首开中华经典教育的先河。

卓雅小学在推进"国学经典进课堂"的过程中，对教学内容认真地进行遴选，自行编订了卓雅小学《儿童经典读本》三册。低年级学生学习古代私塾教育的启蒙经典《弟子规》、《三字经》、《增广贤文》、《朱子家训》等；高年级学生学习《论语》、《大学》、《中庸》。10年来，卓雅小学在保证完成国家九年义务教育任务的基础上，将中华经典的学习引入课堂。卓雅小学的学生每天利用半小时的文化早餐和文化午餐时间，诵读学习学校编写的《儿童经典读本》。有记者说，在三四年级，只要你任意点出《论语》、《大学》、《中庸》等儒家经典中的任何一个段落，90%的学生都能流利地背诵下去。

对于诵读经典的好处，学校一名班主任告诉记者：孩子在为人处事方面，能尽量用一些经典文化来约束自己。即使他们偶尔会犯一些小错误，也能及时调整。小学生自己也认为，按照书上说的去做，可以提高自己素养，比如孝敬父母等。一名小学生还给记者举例说："父母呼，应勿缓；父母命，行勿懒；父母教，需静听；父母责，需顺承。"学生家长们也普遍反映，从背诵经典后，他们的孩子能引经据典修正自己的行为和品德了，学会孝敬老人了，懂得关心爸爸妈妈了，还乐于助人了。卓雅小学的校长说："我们学校的学生跟其他学校的不一样，我们的学生气质都十分高雅。"① 一名小学生告诉记者：高雅主要体现在品行方面。他举例说，他们班有些同学在上课时喜欢摇腿，但读了"年方少，勿饮酒……勿摇髀"后，都改掉坏习惯坐端正了。

为了让学生感受中华文化深厚的底蕴，卓雅小学还组织了学生赴北京"留学"，这种活动是边学习边考察，在不影响正常学习的情况下，让学生接受中国文化的洗礼，这应该是国内小学社会活动的首创，对如何改进小学生社会活动进行了有益尝试。卓雅小学的学生在北京留学的一个月期间，"完全按北京小学的作息时间上课学习，中、英、数及经典诵读课由卓雅老师主持，其他科目教学由北小老师承担，利用周末参观中国科技馆、故宫、国家博物馆、北京天文馆、颐和园、圆明园、长城、卢沟桥、北大、清华等地，在老舍茶馆品茶听京剧，孩子们认识了中国文化，感受到了中国文化的精深博大，对他们的心灵也产生了很大的震撼，受到了实实在在的爱国主义教育、文化素质教育、爱心教育。"②

---

① 本报记者. 未成年人思想道德建设，深圳小学生读经学做人［N］. 今日早报，2004 – 07 – 01.

② 周骅. "国内留学"：素质教育的新探索［N］. 光明日报，2006 – 05 – 14.

在卓雅小学，课间铃声用的是古筝演奏的古典名曲，教室的窗帘上画的是《清明上河图》，教学楼的走廊竖着大幅的孔子画像，甚至体育课上练习的也是中华武术……学校定期组织"儿童经典诵读学习交流会"，举办孔子诞辰纪念以及国粹学习活动。2004 年 7 月，学校部分学生在陈斌校长的带领下，前往香港参加"首届全球华人文化经典诵读观摩大会"并荣获"孟子奖"。2004 年 10 月，卓雅小学荣膺"广东省青少年创造力培养教育基地"的光荣称号，成为南山区"科技教育特色学校"。2005 年 7 月，由中华文化学院、国际经典文化协会等单位主办、中国教育科学研究院、中华孔子学会等单位协办的"第二届全球中华文化经典诵读大会"在北京开幕。卓雅小学编排的集歌舞、诵读、武术于一体的大型综艺节目《大哉！孔子》在开幕式上得以精彩展示，引人注目，荣获本届诵读大会特等奖。2008 年，卓雅小学"以经典文化塑造儿童民族精神"的德育模式获得深圳市南山区首届教育创新奖；2009 年，卓雅小学在首届全球华人"经典翘楚榜"大赛中获优秀奖。卓雅小学成功的探索为学校"卓越、厚德、睿智、高雅"人才培养目标的实现奠定了良好的基础。

第四章

中华经典诵读课程的基本要素

随着社会的发展，中华经典诵读活动可以说已经风靡全国，各种国学班、培训班层出不穷。中华经典诵读热潮能达到如此的规模，并不是少数人的主观行动所为，必然有它深层次的原因。因此，"要不要诵读经典"已经不能够成为争论的主要话题，而成为一种既定事实。但是，关于中华经典诵读的意义、中华经典诵读的方式是否能够适应时代发展的需要，传统的内容如何与现代教育理念和方式结合，以及如何重构中华经典诵读的课程等问题，是需要我们认真思索的。我们只有通过对"诵读经典"一事的深入、理性的思索，才能正确对待传统文化的继承问题，才能尊重教育本质，真正做到与时俱进。因此笔者认为，目前应当探讨的不是读不读经典的问题，而是怎样重构中华经典诵读的课程，以引导人们怎样进行经典诵读的问题。

第一节　中华经典诵读课程的
主体与教学目标

在中华经典诵读教育过程中，受教育者对于教育者的施教并非只是被动接受，同样要发挥主动性、积极性、创造性，将教育内容内化为自身品德素养。所以，就思想政治教育的受教环节来看，受教育者又可以看作是接受主体。理想的中华经典诵读教育应该得到接受主体的充分认可和接受，只有这样才能更好地发挥接受主体的主观能动性，最大限度地调动他们的积极性，实现中华经典诵读教育的目的，达到中华经典诵读教育的预期效果。

参照台湾"扎根教育持续会"提出的"四阶段的教育理念"，结合经典诵读接受主体的实际，我们提出经典诵读"五阶段的教育理念"，即幼儿养性、童蒙养正、少年养志、青年养德、中老年养身。需要说明的是，我们关于幼儿、蒙童、少年、青年、中老年等年龄段的划分，不是依据法律上的年龄划分方法，而是根据不同阶段的教育层次进行划分的。

一、幼儿养性：奠定纯正的品行

众所周知，0—5岁的学前阶段是人一生中可塑性最强、施教最容易的阶段，是教育的黄金时期。如何在这张纯净的白纸上描绘出最优美的图案，建构其一生端正屹立的基石，应该是天下父母共同关心的重要课题。俗话说："江山易改，本性难移。"可以肯定地说，人生最难化者唯习性；幼儿纯正品行、良好习性一旦养成，则终身受益不尽，反之将受害无穷。因此，第一阶段"幼儿养性"的教育特别重要。

严格地讲，"幼儿养性"应该从胎儿的"胎教"开始。康有为在《大同书》中指出，"生人之本，皆在胚胎，人道之始，万化之原也"，必须"教之于未成形质之前"，才能"正生人之本，厚人道貌岸然之原"，从而使人能成为"至善"之人。因此，胎教的好坏，直接关系着人一生教育的成效。他说："胎教既误，施教无从"。康有为不但将胎教视为教育最基本的一环，还肯定了胎教是"人种改良之计"①。

国内外大量的科学研究已经证明：胎儿在母体中四五个月后逐渐成形，大脑迅速发育，并且有了听觉、触觉、味觉、运动觉等感知能力，可

---

① 康有为. 大同书［M］. 上海：上海古籍出版社，2005：191.

以感受和接收外面的信息，这为胎教的实施提供了可行性。很多人都选择听音乐的方法进行胎教。那么，对胎儿进行经典诵读是否可行呢？答案是肯定的。《妇人良方·胎教》曰："妊娠三月……形象始化，未有定仪，因感而变……欲子美好，宜佩白玉；欲子贤能，宜看诗书；是谓外象而内感也。"[①]孕妇可以定时诵读经典给腹中的胎儿听，孕妇若一直反复念同一经典给胎儿听，会令胎儿神经系统变得对语言更加敏锐。通过经典诵读实施胎教，不仅提高了孕妇自身的心性修养，同时也熏陶和强化了胎儿的德性与慧性，可谓一举多得。

脑科学研究理论表明，人的大脑神经中有几亿个细胞，联结成庞杂的网络；大脑内有专门控制语言学习的区域。这些脑神经细胞会在3岁时达到最高峰，因此，在这个时期，若给予幼儿大脑大量的有关经典作品的刺激，就能引导幼儿走近经典，感受经典作品的魅力，享受经典作品带来的乐趣，产生阅读的欲望，养成喜欢阅读的品行。

0—5岁幼儿"养性"的原则是：在不形成压迫的情况下，给他的经典信息愈多愈好，不要辜负了他的大好时机。5岁以前的孩子有一个突出的特征，即对语言好奇，他们喜欢听和说，并表现出极好的语感和对语言的鉴赏力。从咿呀不能成语的婴儿期，到两三岁时能掌握简单句子及基本语法，到四五岁时掌握表达更精确的句子，孩子离不开家长的引导。家长可以每天抽出一定的时间，在孩子面前诵读经典，不管他听不听，都要坚持诵读下去。这样持续一段时间，孩子也就会模仿了，也就能"脱口而出"了。因为这个时期孩子纯净的心灵对外界的一切信息，往往能够靠高度直觉进行全面吸收，犹如明镜照摄景物一般，不加选择地全部接收，此时正是构成其一生性情及品格基础的关键时期，此时对孩子进行传统经典教育，孩子的语言智慧甚至是心灵智慧将得到开启。

当然，此时的孩子的经典诵读主要是家长读，孩子跟读。不要在意内

---

① 陈自明.《校注妇人良方》注释［M］. 薛己，校注. 南昌：江西人民出版社，1983：217.

容本身的深浅，因为这个时期首先要发展的是孩子的记忆力、直觉力，而不是理解力。我们不要以成人对经典难易的主观感觉来衡量课程的深浅，孩子的学习潜能和吸收力，是成人无法想象的。幼儿时期就开始读经，多接触、多熟悉经过选择的最有价值的经典文章，可以帮助孩子形成纯净良好的习性和终身不移的人格特质。

在为孩子开启经典大门之前，父母有几项功课需要做好：第一是要调整自己的心态，认识到教育的最终目的是为了奠定孩子纯正的品行，这会使读经的过程始终能保持正确的方向；第二是将家庭布置为适宜学习和生活的环境，在这个环境中时时可找到学习的时机；第三是要对孩子持宽容的态度，能够等待他们完成自我准备；第四就是放宽眼界，虽是读书，却又未必读的全是书，每一个点滴都可能成为契机，让孩子发现生命的精彩。

二、童蒙养正：学习圣贤的智慧

5—12 岁的儿童，处于古人入私塾、今人在小学的阶段，故称"蒙童"阶段。这个阶段的儿童因其理解能力微弱，知识未开，仰赖父母尚多，然也因涉世未深，心性依然纯净，正是一生当中记忆力最强的阶段。《易·蒙》说："蒙以养正，圣功也。"这句话是说，童蒙时代应培养纯正无邪的思想品质，这是造就圣人的成功之路。儿童 5 岁后学习能力逐渐增进，此时即应衔接"童蒙养正"的教育。养正，是指学习圣贤的智慧，培养其端正的心性及行为。苏轼诗曰："粗缯大布裹生涯，腹有诗书气自华。"（《和董传留别》）不计较服饰是否华美，读书使人的气质发生改变。读中华经典，与圣贤对话，潜移默化中就会拓展儿童的智慧、提升儿童的精神境界。

具体说来，"童蒙养正"包含两个方面的内涵。一是道德品质的养成。中华经典饱含着古人的智慧修养。古代先贤们不约而同地选择"四书五经"及《老子》、《庄子》等重要经典为主要教材，并以历代公认的优美古文诗词等为辅佐教材，来教导儿童反复熟读，进而鼓励其背诵。如此充分发挥其记忆力的特长，背诵最有价值的经典，长此以往便能养成儿童阅读古文的能力，儒、释、道中华文化智慧的宝藏，将任其悠游探取。儿童常常耳濡目染于圣贤光明正大的智慧思想之中，从而把握仁、义、礼、智、信，以及孝悌忠信、礼义廉耻等做人的基本原则。经典永恒性的价值将伴随儿童人生经验的成长，陶冶儿童的性灵，潜移默化地影响儿童的气质，开阔儿童的心胸，端正儿童的品行。二是儿童智慧的开启。儿童天生都是记忆的高手，通过有意识的培养，能够背诵整篇整本的经典，记忆力可以得到有效的锻炼。读经让儿童开口说话，加上经典里丰富的词汇，儿童的语言表达能力能得到充分的锻炼。在诵读经典的教育中，识字变得非常简单，孩子基本都能自行阅读儿童读物，从而进一步培养阅读能力，理解能力也会大为提高。

　　"童蒙养正"的主要任务是儿童智慧的开启和良好学习习惯的形成。诵读经典本身就是一个入静的过程，对一些生性好动的孩子，能有效地改变其多动的性格。天天坚持读经，可慢慢培养孩子良好的学习习惯，而良好学习习惯的养成，对孩子一生的成长具有深远的影响。诵读经典是提高孩子综合素质的有效途径，与其他单项技能的教育学习是完全不同的。因此说，诵读经典与其他方面知识的学习是不矛盾的。表面看，诵读经典会占用一点孩子的时间，好像是增加了负担，随着孩子综合素质的提高，诵读经典会因为学习能力的增强而减轻其他方面的学习负担。若父母能抽空陪孩子一起读，不但父母本身受益，同时也是最佳的亲子成长活动。根据老一辈过来人的经验，若能把握这段记忆力最好的宝贵时光，只要每天能诵读30分钟而持之以恒，能背诵二三十本书是轻而易举的。多读一本即有一本的受益，多读一句亦有一句的功效，如此终身受益的长远效果，就在童蒙读经阶段中种下根苗。

三、少年养志：树立远大的抱负

　　按照教育的一般规律，我们所指的"少年"是指12—18岁的初中学生和高中学生。12 岁之后的少年知识渐开，理解力亦有显著的发展，渐渐脱离父母的关怀照顾，正是意气风发的独立学习之时。此时即应迈进"少年养志"的教育阶段。

传统意义上的"养志"，是指保摄志气，培养、保持不慕荣利的志向。《庄子·让王》曰："故养志者忘形，养形者忘利。"这个"养志"主要是指人在某些特殊的时刻，尤其是处于逆境的情况下，往往有更多的时间去思考精神深处最细微的东西，使生命的存在资源得以发扬，内心的安和与满足得以实现。我们这里说的"少年养志"则是指少年通过经典诵读，鼓舞少年追求崇高理想的勇气，培养宏伟远大的志向。即孔子所说的"吾十有五而志于学"（《论语·为政》）的"志"，这正是我们中华民族少年立志向学的典范。

所谓"志不立，无以成事"，大凡有成就的人，一定是有理想和抱负的人。初中生正处于先天心身状态向后天成人化状态转变的过程，"仁德"主导下的正心、正念、正气的培养，自我反省和自律能力的形成，是这个阶段教育的重要目标。高中生处于"义德"主导下的意气风发的年龄，他们对世界的看法、对自我的认知，将决定他们一生的志向与事业所能达到的高度。如果少年的时候就能帮助学生立下远大的人生目标，进行适当的引导和栽培，向学生介绍古圣先贤的奋斗事迹和不畏艰难的感人历程，激励学生积极向上、勤学好问的精神，可以激发他们无尽的潜能。接受过这些教导的学生，在学习的路程上，一定能勇于接受挑战，并具有不畏艰辛、勇往直前的精神。古今中外许多名家之所以名扬海内外，很多是得益于少年时大量背诵古诗文经典，形成了较好的古典人文素养，培养了优良的德行。

建议在经典诵读课程中，教师选择或提供一些"励志"和"养志"的名言警句让学生诵读。如《周易》的"天行健，君子以自强不息"、"地势坤，君子以厚德载物"，《论语·雍也》的"一箪食，一瓢饮，居陋巷，人不堪其忧，回也不改其乐，贤哉回也"，《论语·卫灵公》的"志士仁人，无求生以害仁，有杀身以成仁"，《孟子·告子下》的"天将降大任于斯人也，必先苦其心志，劳其筋骨，饿其体肤，空乏其身，行拂乱其所为，所以动心忍性，曾益其所不能"，《孟子·尽心上》的"穷则独善其身，达则兼济天下"，屈原《离骚》的"路漫漫其修远兮，吾将上下而求索"，司马迁《报任安书》的"人固有一死，或重于泰山，或轻于鸿毛"，李白《行路难》的"长风破浪会有时，直挂云帆济沧海"，杜甫《奉赠韦左丞丈二十二韵》的"致君尧舜上，再使风俗淳"，范仲淹《岳阳楼记》的"先天下之忧而忧，后天下之乐而乐"，王冕《墨梅》的"不要人夸好颜色，只留清气满乾坤"，等等，最能激发青少年"有为者亦若是"的豪情壮志。有了这股积极力量，不仅点燃了少年立志的热诚，也建立了少年坚定的信心。因为少年正处于构思自己未来方向的阶段，此时最需要认同效法的对象，来鼓励他们建立远大的理想抱负，以及坚持为理想而奋斗的勇气。

四、青年养德：完善健全的人格

按照教育的一般规律，我们这里所指的"青年"主要是指 18—25 岁尚未成家立业的青年和大学生。《庄子·养生主》说："臣之所好者道也，进乎技矣。"成玄英释"进"为"过"（超过），这就是说，人生的追求首先应是一种道化的生活，其次才是技能知识的学习。新世纪的大学生，起码应兼具专业知识技能和道德品质的修养，两者缺一不可，尤其是后者，决定了一个大学生境界的高低和人格的尊卑。当代青年与大学生是 21 世纪社会的管理者与领导者，民族盛衰乃至兴亡的命运，在很大程度上系之于他们的能力与素质①。

20 世纪初，五四运动出于彻底地反封建、重塑国民性和民族文化的需要，废除文言文、提倡白话文，把几千年来形成的传统文化全盘抛弃，确

---

① 刘坤生. "尊孔读经"与道德的自觉——和大学生谈《论语》［J］. 汕头大学学报，1995（2）：38.

有矫枉过正的倾向。新中国成立以来，由于对传统文化大规模的清剿，使得学生缺少传统文化的滋养，新的文化体系又未完全建立，大学生出现了一系列思想、心理问题。正像一些学者所指出的那样：有的大学生对马斯洛的"自我实现"理论片面理解，追求一己私利之满足，结果使"我"与社会群体对立，以致造成主体价值的丧失；有的由于学校德、智教育的分离和德育课程严重脱离实际，社会上不良风气乘虚而入，以致道德严重滑坡；有的心态冷漠，厌弃优秀的人文文化，多粗俗而少理趣，审美意识差，以庸俗肉麻为美，等等。这些问题归结到一点，实际上就是个如何做人的问题。因此，在大学生中实施经典诵读教育势在必行。让学生接受以"四书五经"为载体的传统经典的熏陶与滋养，在习读中矫正偏差、健全人格变得尤为重要。这样便能阻止社会道德下滑的趋势，进而达到建立和谐社会的目的。

康德说："人之所以是目的而不是工具，人之所以具有人格，具有尊严，就在于人有道德。"[1] 实施大学生经典诵读教育是"八荣八耻"社会主义荣辱观教育的基础。"八荣八耻"有其与传统文化的渊源传承关系，其基本内涵与中国传统文化中的家国观念、仁爱思想、求实精神、诚信意识不谋而合，是对经典中所倡导的"仁、义、礼、智、信"等传统美德的发展与诠释，是中华民族自强不息、与时俱进的体现。大学生经典诵读教育是以喜闻乐见的方式，在深度和广度上开展"八荣八耻"学习，也是落实以"八荣八耻"为基本内容的社会主义荣辱观教育，使其进课堂、进教材、进学生头脑的有益尝试[2]。

以儒家思想为主的古代经书含有很多现代人所缺乏的品质，如修身养性、重义轻利、和谐相处、进取精神等。具体包括以下几个方面。第一，儒家经典所高扬的家国意识、大一统的文化观念，形成了具有亲和力和凝

---

① 莫蒂默·艾德勒，查尔斯·范多伦. 西方思想宝库 ［M］.《西方思想宝库》编委会，译. 长春：吉林人民出版社，1988：601.

② 张天明. 关于开展大学生"读经"第二课堂的思考 ［J］. 教育与职业，2007（20）：188.

聚力的中华民族精神，即以爱国主义为核心的团结统一、爱好和平、自强不息、刚正不阿的民族精神。第二，儒家经典注重是非、美丑、义利等道德观念，能够指导大学生的立身行事、濡养品格，"医治"学生思想性格缺陷，提升其文化品位，使其身心得以和谐发展。这对提升社会公德、建立和谐社会具有重要意义。第三，儒家经典强调与人为善的处世哲学，追求和谐的人际环境，对当代大学生具有指导意义。儒家研究处世，协调个体与他人、集体、社会的关系，追求和谐的社会关系。为达到这一目的，儒家力争把人塑造成君子。概括地讲，《论语》的主旨就是培养致仕的君子，是一部君子之学。第四，以儒家经典所代表的中国传统文化特别强调诚信意识。"民无信不立"（《论语·颜渊》），"人而无信，不知其可也"（《论语·为政》）等言论便把诚信意识当作人们立身行事的基本原则。诵读这些经典格言的目的是启迪智慧，去除蒙昧，培植自己的道德意识，承担起当代青年被赋予的国家与民族的责任。面对纷纭万象的世事，凭着道德的自觉站稳脚跟，生命才不会随波逐流，无意义地消磨掉。

五、成年养身：历练完美的人生

按照教育的一般规律，我们所指的"成人"是指大约 25 岁以后成家立业的人。成人读经应该有所侧重，以专攻一经为主，用以养身。清朝著名政治家、军事家彭玉麟向其弟介绍曾国藩的为学方法："是以学戒旁骛，学戒虚伪。吾弟知之，务必打起精神，专攻一经，专治一学，随时随地以艺多不养身自勉，以曾帅掘井太多为炯戒，则事无不成矣。"① 这里的"养身"应该至少包含三个层面的意思：一是完善人生，即养神；二是保养身体，即养生；三是技艺养家，即生存糊口。

成人通过诵读中华经典完善人生，可以实现"养神"的目的。第一，读经可以提升成年人的人生境界。成年人学习经典并不需要像学者们对待

---

① 彭玉麟. 彭玉麟家书［M］//襟霞阁. 清十大名人家书. 长沙：岳麓书社，1999：312.

学术研究那样，而要把重点放在人生感悟和体验方面，学习经典的最重要的行为应该是增加自我体验和提升人生境界。检验学习老子《道德经》思想的最好方法就是学习者通过学习和体悟经典后，使自己的人生过得更充实、更具有意义、更具有价值。比如，老子讲道："为学日益，为道日损。"意思是：人们学习知识是一个积累的过程，积累得越多，其知识和经验也就越多；人们道法自然的过程则是一个不断去私欲和断自我念头的过程，一个人去私去得越彻底，一个人无我的精神越彰显，这个人的生活就越接近于道。第二，读经可以完善成年人的人际关系。中华经典最能丰富人的精神世界，可以进一步完善自己的责任心、维持良好的人际关系和社会适应能力，从而历练完美的人生。孔子的政治主张、伦理思想、道德观念和教育原则，时至今日仍具有极强的生命力。以《论语》为例，书中的"不义而富且贵，于我如浮云""己所不欲，勿施于人""见贤思齐焉，见不贤而内自省也"，以及"学而不厌"等语句，都潜移默化地影响着我们的人生观、处世观和行为方式。我们可以从经典中读人，读人生，读智慧，读社会。第三，读经可以培育成年人的创新精神。创新人才的大批出现，需要全社会的创新意识、创新环境的支撑。创新并不是要完全抛弃传统而构筑一个全新的文化形态，它必须有一个融入民族、扎根本土的转化吸纳的过程。文化的复兴是培养创新人才的要素，诵读国学经典是复兴文化的强有力措施。《诗经》、《老子》、《庄子》、《孟子》、《离骚》、《左传》等都是中华民族思想文化的源头。可以说，每一个中华儿女血管里流淌的精神血液都可以在这些经典里找到注释。今天我们提倡诵读中华经典，某种程度上，就是要我们回到中华民族的文化源头上去。根深叶才茂。一个数典忘祖的人，无论掌握了怎样的现代文明利器，其根基都是发育不良的。

　　成人通过诵读中华经典保养身体，可以实现"养生"的目的。第一，读经可以调节情绪、保养身体。台湾著名中医师、弘一大师纪念学会理事长侯秋东教授认为：读经是最好的养生治病之道，三教经典揭示人生之真谛在于提升自我的人格，修心养性乃是三教的共同法门①。《中庸》讲："喜怒哀乐之未发谓之中，发而皆中节谓之和。"其意皆在稳定自己的情绪，使之不致过度起伏，和老庄讲的"虚静知止"在道理上是相通的。《黄帝内经》说："喜伤心，怒伤肝，思伤脾，悲伤肺，恐伤肾。"指出情绪作用与五脏健康密切相关。我们将中华经典（包括医经）参照诵读，对我们调节情绪、保养身体有莫大的帮助。第二，读经可以使人益寿延年。现代人之所以受困于各种慢性病，男女之欲放纵则精气耗竭，不得不用丰富的营养以兹补充，以至于营养过剩，使内脏及血管负担过重，焉得不百病丛生？孟子说："养心莫善于寡欲。"老子讲："常使民无知无欲。"现代人若能多读圣哲经典，淡泊欲求，必能舒解感官享受之情结而益寿延年。正如《素问·上古天真论》所说："恬淡虚无，真气从之，精神内守，病安从来？是以志闲而少欲，心安而不惧，形劳而不倦。……故合于道，所以能年皆度百岁而动作不衰者，以其德全不危也。"② 这明显指出，道德修养可以使人益寿延年。第三，诵经可以使人获得人生的幸福快乐。儒家讲仁爱恻隐，道家讲救人救物，佛家讲慈悲普度，三教经典皆有强烈的利他思想。《论语》说："知者乐，仁者寿。"道教的《太上感应篇》说："所谓善人，人皆敬之，天道佑之，福禄随之，众邪远之，神灵卫之，所作必成，神仙可冀。"③ 一个人之所以多病短命，心理因素至少占了很大的比例。一个人如果像林黛玉那样心情郁闷、患得患失，以致整天愁眉不展，纵有仙丹妙药，也难免憔悴虚损。所以我们吸收圣贤智慧，自爱爱人，无忧无惧，就会获得人生的幸福快乐。

①　侯秋东. 拍手功治百病［M］. 台中：晨星出版社，2007：76.
②　王动阳. 黄帝内经养生大智慧［M］. 长沙：湖南科学技术出版社，2010：22.
③　净空法师.《太上感应篇》讲记［M］. 武汉：长江文艺出版社，2011：1.

第二节　中华经典诵读课程的主导

如果说，中华经典诵读教育过程中的受教育者是接受主体的话，施教者就是教育过程中的主导者。主导者要针对接受主体的特点，遵循教学规律，采取灵活多变的教学方式、方法，让接受主体在涵泳经典、体味经典中将经典所包含的人文精神内化为自我素质，从而达到经典诵读的教育目的。由于经典诵读教育是从幼儿到成人的终身教育，在这个过程中，起主导作用的施教者应包括家长、学校教师以及以诵读经典为旨归的教育机构等。尽管他们在经典诵读教育活动中所起的主导作用各有侧重，但唯有形成合力才能实现最佳的教育效果。

一、家长在经典诵读中的主导作用

每个人在其一生中所受到的教育大体可分为家庭教育、学校教育和社会教育三种形式。其中，家庭教育是人一生最早接受的教育，并且是一种贯穿人生进程始终的最基本的教育形式。家庭教育既是学校教育的有机补充，又是学校教育所不可替代的。中国的家长往往有"望子成龙"、"望女成凤"的强烈情结，但对于如何有效地实施家庭教育，如何将子女培养成"龙凤"，并不是每一个家长都有明晰的认识的。生活中经常见到的往往是父母以命令、催促的语气与孩子谈论学习的问题，动辄对孩子否定、贬低乃至于侮辱，甚至有的父母信奉"棍棒底下出孝子"的信条，经常威胁、打骂孩子。这样的教育方式方法势必导致事与愿违。

同时，我国社会政治、经济、文化等方面的变革，必然会渗透到家庭生活中去，家庭教育也随之出现新的情况、问题和变化。比如家庭物质条件的改善和生活水平的提高，使得孩子普遍缺乏劳动能力、劳动习惯和热爱劳动的思想；家庭生活的日益信息化使得涌入家庭的信息难免泥沙俱下，电视节目极易使儿童形成所谓的"电视病"，伴随着网络的普及而出现大量网络成瘾的青少年；家庭结构趋于简单，既不利于培养儿童适应社会生活的能力，又使得家长与孩子的接触机会减少，往往出现溺爱孩子的现象，造成许多孩子性格孤僻、执拗，缺乏责任感；家庭稳定程度降低，夫妻离异、家庭解体，对青少年儿童造成难以估量的伤害和打击，其伤害程度仅次于亲人去世；独生子女成为家庭教育的主要对象，家长对独生子女娇惯溺爱的现象严重，许多家庭是"有'爱'无教"。由此，家庭教育的侧重点也发生了变化，家长们普遍重视子女的智力开发和文化科学知识的学习，却在一定程度上忽视了思想品德教育和行为习惯的培养、社会生活知识的学习、非智力因素以及学习能力的培养等，使得家庭教育具有相当的片面性和非科学性①。

上述问题的产生，不能不说是家庭教育中父母主导作用缺失的结果。换句话说，只有父母在家庭教育中发挥了正确、科学的主导作用，子女才能在德、智、体诸方面得以全面协调地发展，成长为我们所希望的人才。中华经典诵读教育是家庭教育的重要组成部分，它对培养孩子良好的道德品质、促进孩子智力发展具有重要意义。如何充分发挥中华经典教育的作用，是摆在家长面前的一个重要课题。只有树立正确的教育理念，运用科学的教育方法，具备很强的教育能力，家长才能在中华经典诵读教育中起到应有的主导作用。

（一）树立正确的教育理念

家长在对孩子进行中华经典诵读教育时，只有对中华经典诵读的价值取向或倾向有明晰的思考和清醒的认识，才能在教育过程中起到引导、定向的作用。具体来说，家长至少应该把握以下三个方面的问题。

第一，成人比成才重要。诵读经典能强化孩子的记忆力，激发孩子的记忆潜能，尤其是0—13岁这段时期，这已为心理学研究所证实。心理学

---

① 王欣. 探析当前我国家庭教育新变化 ［J］. 哈尔滨学院学报，2010（5）：139–141.

研究表明，孩子记忆发展的黄金时期就是 13 岁以前。年龄越小，潜能越大。经典诵读教育的最终目的并不是让孩子背诵多少经典篇目。经典之所以成为经典，是因为它经受了漫长岁月的淘洗，蕴含着民族智慧而历久弥新，包含着真正的人文精华。涵泳那些音韵和谐、意境优美的经典作品有助于提升孩子的情感品质、气质修养，正所谓"腹有诗书气自华"。内化那些包含了道德伦理的经典著作，可以成为孩子的精神导师，指导孩子的生活，帮助孩子走向成功。"从某种意义上来说，经典教育确能对一个人，特别是小学生起到涵养心性，培植道德，通晓人性，养成良好行为习惯，促进真正文明的重要作用。"① 家长在对孩子进行经典教育的过程中，切忌急功近利，要让孩子诵读尽可能多的经典著作，让他们记下一些永恒的、有益于自己终身发展的东西。

第二，身教比言教重要。身教重于言教，已被看作教育的一条重要原则，这一原则也同样适用于中华经典诵读教育。在经典诵读教育中，对于父母而言，最重要的是身教，其次才是言教。父母不仅是孩子诵读的引导者，还应该是诵读经典的参与者。言传更需身教，要求孩子读书，父母必须也是一个乐于读书的实践者，为孩子树立学习型家长的形象。父母轻松愉悦地与孩子一同诵读经典就是孩子诵读经典的动力。试想一下，父母在检查孩子的诵读时，只是捧着书本对照孩子背诵的正确与否，做一个"裁判者"的角色，要求孩子背诵的经典篇目父母却不能背诵，孩子会不会模仿这种态度呢？况且，与孩子一起诵读经典，既拉近了亲子关系，又增加了自己的学识、见闻，可以说是一举两得的事情。

第三，兴趣比知识重要。兴趣是最好的老师，有兴趣才会主动地学，才能学得好。要让孩子对诵读经典产生兴趣，最重要的是激发孩子对经典本身的兴趣，激发他们诵读的要求与愿望。家长不能以"势"压人，强迫孩子必须记诵多少篇，更不能以数量论"英雄"，倒了孩子的"胃口"，这

---

① 张丽宏，等. 经典文化教育对小学生行为方式影响的对照研究［J］. 中国健康心理学杂志，2006，14（2）：230.

样恐怕得不偿失。激发孩子诵读兴趣的方法多种多样，但最根本的还是父母对待诵读的情绪与态度。孩子的可塑性大、模仿性强，他们在很大程度上是靠体验、模仿父母的内在和外在的形象逐步发展起来的。"只有认真系统地阅读经典，踏踏实实地理解经典的生命意义，才有可能取得求真至善之功效。"① 如果父母与孩子都踏踏实实去读了，经典自然就读到心里去。但是如果当家长对待经典表现出一种不耐烦或者不喜欢时，孩子自然也会去模仿。因此，家长要以虔诚、认真的态度对待经典，才能逐步培养起孩子的兴趣。孩子有了兴趣，乐学乐记，经典中所涉及的历史、人文、地理方面的知识就可以随着孩子年龄的增长、视野的扩展而逐步为孩子所掌握。

（二）运用科学的教育方法

家长作为孩子诵读经典的主导者，不能把自己看作一个灌输者和指挥者，应根据孩子的年龄特点、兴趣经验、能力与情感特征等，积极为其创设适宜的环境与条件，培养和发挥孩子诵读的主动性、积极性。当然，如何培养和发挥孩子诵读的主动性、积极性，方法可谓多种多样，家长应因人而异，选择甚至创造适合自己孩子的方式方法。一般说来，家长应注意如下几个问题。

第一，为孩子营造一个适宜的诵读氛围。家长要努力创设一个全家阅读的氛围，要努力把自己的家庭打造成"书香门第"。"只有热爱读书的父母，才能培养出爱读书的孩子；只有懂得阅读方法、了解童书内容，才能辅导孩子阅读；只有以身作则，才能用自己的行为潜移默化地感染并带动孩子喜欢阅读。一家三口，人手一卷，那种安谧、祥和的氛围，会成为孩子一生中永不磨灭的回忆。"② 环境尽管属于外因的范畴，但它对内因具有重大的影响，良好的氛围会更加激发孩子诵读经典的兴趣。现在居住在城

---

① 樊宝英. 文学经典理论研究 [M]. 济南：山东画报出版社，2007：200.
② 丁林兴. "营造书香校园"的理论与实践研究 [D]. 苏州：苏州大学政治与公共管理学院，2008：171.

市里的孩子，大部分是独生子，邻里之间又往往互不熟识，孩子很难有与周围的小朋友一起交流的机会。这种情况下，父母如果能够参与经典诵读，饭后睡前，三口之家围坐在一起，你一句我一句，或是父母读一句，孩子跟读一句，每天如此，持之以恒，将是一幅多么美妙的亲子图。当然，家长完全可以通过互相协商，将几家的孩子集合在一起，声情并茂地诵读经典诗文。既让孩子们读得起劲，也让孩子们暗暗较劲——"别的小朋友会的，我为什么不会?"这样的氛围，会让孩子越读越有兴趣。

第二，在内容的选择上，要少而精。流传至今的经典诗文是中华民族几千年灿烂文化精髓的汇聚，说是浩如烟海、汗牛充栋也不为过。这些名篇佳作，可以说读不胜读。仅是古代专为儿童读诵的蒙书就有百十种之多，林林总总，举不胜举。这就需要家长具有选择经典的慧眼。现在的孩子一旦进入学校，就要学习大量的科目。诵读经典只能作为孩子教育的一部分，它占用的时间不宜过多，不能因为诵读经典而冲淡了学校教学计划中规定的内容，更不能因为诵读经典影响学习成绩。一方面，经典的数量太大，一方面孩子们可利用的时间却是有限的。所以，在内容的选择上，家长们就要注意少而精，贯彻墨子的"量力性"的原则："深其深，浅其浅，益其益，尊其尊"——学生学习程度深的，可以教他学得深一些，程度浅的则要求他学得稍浅些，学生的学业能增加的就增加一些，应减少的就减少一些①。一般来说，家长为孩子选择诵读的篇目应该注意三个方面的问题："其一，在内容上具有普适性，讨论人们普遍关注的问题；其二，要有思想性与影响力，通过阅读能够激励孩子积极地生活；其三，具有历史性，就是需要经过时间的淘洗。"②

第三，循序渐进，持之以恒。"不积跬步，无以至千里。"传统文化的渗透必须循序渐进，经典诵读讲究的是潜移默化，不可一蹴而就。所以家长不能急于求成，切忌贪多，更忌"一口吃个胖子"。必须按照由浅入深、

---

① 曹道平. 教育百说：中小学教学论读本［M］. 济南：泰山出版社，2005：69.
② 张玉芳. 小学生诵读经典的意义及方法［J］. 西北成人教育学报，2010（5）：71.

由易到难的原则长久规划，诵读速度应该采取循环渐进的方式，一天熟读或背诵一段或半页，第二天熟读或背诵下一段或下半页并复习第一天的内容……如此循环渐进。这样，每天抽出15—30分钟的时间进行经典诵读，既不至于影响孩子的学习，也不会让孩子对诵读经典产生畏难情绪。经典诵读活动是一项重要的文化教育工程，贵在天天坚持。三天打鱼、两天晒网是不会有任何效果的。能否持之以恒就要看家长的态度，家长不放弃，孩子就不会放弃；家长松一尺，孩子就会退一丈。这也是对家长主导作用能否发挥好的一种检验。

（三）具备基本的教育能力

家庭的经典诵读教育主要是通过家长实施的，家长在诵读教育中处于主导地位，诵读教育的目标、内容、方式的选择一般都由家长确定，诵读环境也是由家长创设。所以，家长的教育能力对经典诵读教育起着极其重要的作用。教育能力的强弱直接影响了家长在经典诵读教育中主导性发挥的大小，决定了经典诵读教育效果的优劣。

第一，做经典诵读方面"学习型"的家长。这里所说的"学习"，主要指对有关孩子经典诵读教育知识的学习。许多家长，本身就对经典诵读没有太大的兴趣，其知识面甚至不如孩子，就把希望寄托在学校或某些社会机构上，他们对经典诵读所起到的作用缺乏正确的认识，很大程度上是处于盲目跟风的状态。一些家长虽然知识层次较高，但对经典诵读教育以至家庭教育认识不到位，或是不能将自己的学识运用到经典诵读教育上，或是以自己工作忙、没有时间为理由，或是重知识轻品德，没能发挥在家庭教育、经典诵读教育中应有的主导性作用。目前，中国多是独生子女家庭，对许多家长来说教育孩子既是第一次，往往也是最后一次。这也就意味着家长们既没有直接经验可供借鉴，也没有成功的经验可供实验。而一旦教育失误，孩子不能成人也不能成才，或是虽成才却不能成人，则是很难弥补甚至是不可逆转的。因此，家长们要"养成不断充实自己的学习愿望、发展自己的学习兴趣，在构建学习型社会的过程中，成为学习型的家长和学习型的个人①。"家长们要主动认真地学习专家的研究成果和别人的成功经验，懂得经典诵读的基本规律，明了不同阶段孩子的生理、心理发展状况，针对面临的客观条件和孩子的个性特点，对孩子创造性地实施经典诵读教育。

第二，提高引导孩子经典诵读的能力。在提高引导孩子经典诵读能力方面，一是家长要有一种新的理念，即诵读经典不仅仅是为了记住几篇文章、背诵几首诗词。经典诵读是一种文化积累，是一种精神享受，是一种情感熏陶，是一种人格塑造。因此，家长不要把经典诵读看得过于功利，否则，会使孩子产生厌读情绪。二是要明白经典诵读的能力是影响孩子一生的重要因素，帮助孩子提高经典诵读的能力，对于提高他们的学习能力是非常重要的。三是要求家长帮助孩子掌握经典诵读的基本策略和方法。家长要通过良好而顺畅的沟通了解孩子经典诵读的兴趣所在，促进孩子学习经典并对之产生更加浓厚的兴趣，帮助孩子完善与校正经典诵读行为的偏差；客观辩证地看待孩子经典诵读能力的高下，依据孩子的学习特点，对孩子加以正确引导，并不断地探索达到最佳效果的途径。

第三，提高养成孩子经典诵读习惯的能力。"家长作为一个特殊的社会角色，在家庭教育中承担着极其重要的责任。家庭教育的好坏与家长是否善尽职责有关，而家长能否善尽其职责，又与他们是否了解自己的职责和具有的素质有关。"② 一般说来，受教育程度较高的家长，其教育能力也相应较高。他们对经典诵读教育的目标、内容、方式的选择都有清晰而明确的认识，能够顺应孩子的发展规律，为孩子创设良好的家庭诵读氛围。有的家长虽然受教育程度不高，但整体文化素质却不低，尤其是品德素质，他们通过自己的言传身教，在潜移默化中形成子女良好的经典诵读习惯。这样的家长大都明白良好的经典诵读习惯是良好的学习习惯的重要组成部分。良好的经典诵读习惯一旦养成，将会使孩子受益终身。经典诵读

---

① 李俊. 家长教育培训研究：从家庭教育到家长教育（下）[J]. 成人教育，2008（11）：10.

② 麦青. 浅议家庭教育成功的前提：提高家长素质 [J]. 教育学术月刊，1995（2）：27.

是一项复杂而具体的长期实践性过程，不可抱着一蹴而就、毕其功于一役的态度。家长应尊重孩子的主体性，目标设定合理，对孩子的要求既不过高也不过低；努力创设一种符合孩子需要的，让孩子喜欢的家庭经典诵读的环境；做到细化经典诵读习惯的养成规则，执行过程中能做到持之以恒，有规有矩；并能注重经典诵读方法的多样性与灵活变化等。

总之，家长在发挥经典诵读教育主导性作用的过程中应将孩子看作一个积极能动的个体，把孩子视为学习和发展的主体，重视在获得结果的过程中孩子是否形成了强烈的求知欲、学习兴趣、自信心、探索精神及坚强的意志品质等具有长效性的潜能及社会性人格品质，从而实现孩子品德和智力的可持续性发展。

二、教师在经典诵读中的主导作用

"教师是教育教学的主导，决定着教学进程、教学内容和教学方式。"[1]经典诵读教育过程是教与学的双边活动过程。在这一教育过程中，教师起着至关重要的不可替代的作用。能否体现出学生的主体地位，关键在于教师主导作用的发挥。只有充分发挥好教师的主导作用，才能真正体现学生在学习中的主体地位，才能使经典诵读教育的各项目标得以实现，并从根本上提升学生的经典文化素养。

那么，在经典诵读教育中，如何发挥教师的主导作用呢？我们知道，教师既是经典诵读课程的开发者和课程的实施者，其自身也是一种重要的课程资源。因为学生所诵读的内容，所采用的诵读方式是由教师决定的，学生诵读经典的愿望、认识经典的兴趣、采用的方式方法等，都是教师正确教育引导的结果。对学生来说，教师是已知者、组织者、引导者，学生则是诵读活动的参与者和接受者。所以，教师的主导作用主要体现在两大

---

① 何秋敏. 教师主导与学生主体良性互动的意义与实践 [J]. 清华大学学报：哲学社会科学版，2010（S1）：94.

方面：一方面体现在自身的人格魅力上，另一方面体现在对诵读经典的组织、指导与评价上，特别是对学生自主学习和自我教育能力的培养上。

（一）言传身教，使学生在潜移默化中感受到教师的人格魅力

经典诵读教育就是通过诵读中华传统经典诗文的记忆，潜移默化地培养学生健全的人格，提升学生的人文素养和丰富的文化底蕴，以达到让学生传承中华文明、立志成人的目的。由于中华经典具有穿越时空、历久弥新的永恒魅力，因此，教师在施教过程中就需要不断地学习，以充实和丰富自己。在师生共同钻研、教学相长中，教师的文化素养得到发展，人文精神得到提升，反过来又增强了教师的敬业精神，提高了教师的知识层次，加强了教师明辨是非的能力、言行一致的作风，这一切无不对学生产生潜移默化的教育作用。同时，在对经典学习、研究、教学的过程中，教师会在心中根植这样一种教育理念：经典教育不是追求某种时尚、某种形式、某种功利的行为，而是引导学生求真、求善、学会做人。秉承这种理念的教师，其积极进取、自我发展的行为又向学生昭示出"学无止境"的真理。教师的道德、品质和人格成为教育学生的生动教材，教师日常生活的点点滴滴就像"润物细无声"的"春雨"一样，永远滋润着学生的心田，让学生从中感悟到立身做人的道理。

（二）优化经典诵读内容，使学生学有所获

在中华民族几千年的文明传承中，堪称经典的作品可谓不胜枚举，一个人即使什么事情也不做，穷其一生的精力也无法读完，更不要说让现在需要学习大量自然和社会科学科目的学生去读了。而且中国人习惯把古之圣贤所说的话都奉为经典，不能被打破，这是"坏传统"。因为这些所谓"经典"中有大量的封建君主专制的文化糟粕，如"君则敬，臣则忠"、"君君、臣臣、父父、子子"等。并且即使是"常理常道"，也往往都是针对那个时代的药方，不能解决现今社会上的问题，不加选择一味地拿来是

有害的①。因此，教师在选择经典文本时就要注意量和质的优化。数量上要以大部分学生不感到是一种无法承受的负担为度，质量上要把精华与糟粕区分开来，传承传统文化中的精华部分。

至于以什么标准进行量和质的优化，一般认为可根据不同阶段教育的目标为标准进行选择，即以"幼儿养性、童蒙养正、少年养志、青年养德"为目标进行选择。经典教育目标一旦确定，围绕着目标在众多经典中选择最适合诵读的经典作品就比较容易了。

教师还要避免产生诵读经典多多益善，背诵得越快就越成功的想法。美国著名教育心理学家霍华德·加德纳的多元智能理论认为，"智能的基本性质是多元的，不是一种能力，而是一组能力；其基本结构也是多元的，各种能力不是以整合的形式存在，而是以相对独立的形式存在。""智能是由互不相关的语言能力、数理逻辑能力、音乐能力、身体运动能力、空间能力、人际关系能力、自我认知能力等七种能力构成。人与人的差别，主要在于人与人所具有的不同智能的组合。"② 之后，霍华德·加德纳又在七种能力的基础上增加了第八种能力——自然认知能力。从这个角度看，学生接受经典诵读教育的特质是不同的，应该允许客观差异的存在。即使处于同一年龄段的孩子，其接受能力也是有差别的。如果搞一刀切，仅仅把诵读经典当成一种任务去完成，当成一种数字去炫耀，那就失去了诵读经典的初衷。读书最忌贪多求快，最重点滴积累。诵读经典不论是锻炼记忆，还是陶冶情操、增加学识底蕴，都需要锲而不舍的精神。清代理学家陆陇其在《示子弟帖》中说："欲速是读书第一大病。工夫只在绵密不间断，不在速也。能不间断，则一日所读虽不多，日积月累，自然充足。若刻刻欲速，则刻刻做潦草工夫，此终身不能成功之道也。"③ 教师要

---

① 刘晓东. "儿童读经运动"：违背科学的主张，复古倒退的教育——对王财贵先生答《光明日报》记者问的质疑 [J]. 学前教育研究，2004（5）：19.

② 王树洲. 试论多元智能理论的价值与意义 [J]. 当代教育论坛：综合研究，2010（4）：17.

③ 郑映霞. 明清时期童蒙养成教育理论与实践的探析 [D]. 南昌：江西师范大学教育学院，2011：28.

根据学生的特点，引导他们在经典诵读过程中养成坚持不懈的良好品质，读一点有一点的收获，积小流而最终足以汇成江河。

（三）处理好背诵与理解的关系

教师引导学生诵读经典，不仅要教学生会朗读、能背诵，还要通过训练提高学生"直面经典文本"的能力。这就涉及了记忆与理解的关系问题。是先背诵后理解，还是先理解后背诵，抑或边理解边背诵、边背诵边理解，是教师在诵读教学中要注意正确处理的一个重要问题。记忆和学习的规律告诉我们，在理解基础上进行识记、记忆，效果会更好。人从幼儿园到小学、中学乃至大学，其阅历、生活经验是随着年龄的增长、知识面的扩展而逐步提升发展的，其理解能力是在这个过程中逐渐提高的。如果超越了学生的理解能力硬是要学生去理解，就失去了诵读经典的意义，有拔苗助长之嫌。所以中华古诗文经典诵读工程的组织者基于学生的年龄和身心发展规律提出了"不求甚解"的建议，让学生先背诵后理解，如牛反刍一般，在未来的人生中随着阅历、生活经验的丰富慢慢体会经典中蕴含的"微言大义"。

但是，"不求甚解"不等于"不求解"。我们应该全面理解陶渊明的这句话："好读书，不求甚解；每有会意，便欣然忘食。"（《五柳先生传》）"不求甚解"之前是"好读书"，之后是"会意"。关于这三者之间的关系，邓拓在《不求甚解》一文中有精辟的阐述，抄录如下：

　　应该承认，好读书这个习惯的养成是很重要的。如果根本不读书或者不喜欢读书，那么，无论说什么求甚解或不求甚解就都毫无意义了。因为不读书就不了解什么知识，不喜欢读也就不能用心去了解书中的道理。一定要好读书，这才有起码的发言权。真正把书读进去了，越读越有兴趣，自然就会慢慢了解书中的道理。一下子想完全读懂所有的书，特别是完全读懂重要的经典著作，那除了狂妄自大的人以外，谁也不敢这样自信。而读书的要诀，全在于会意。①

如果教师在诵读教学中针对具体篇章作一些必要的引导，如背景资料、其间的小故事，以及如何诵读等，使学生产生"好读书"的兴趣，在此基础上去诵读和记忆，就会产生"会意"的效果。"凡音者，产乎人心者也。感于心则荡乎音，音成于外而化乎内。"② 可见，理解与感受更能激发学生诵读的兴趣，而读是记的基本条件。

问题是如何理解。换句话说，教师在学生理解过程中引导什么、在何时何处引导。不同的教师个性不同，面对不同层次的学生，什么方法最好，什么形式行之有效，很难有一个统一的标准。但有一个基本的原则却是要遵守的，那就是《论语·述而》中所说的"不愤不启，不悱不发。举一隅不以三隅反，则不复也"。"愤者，心求通而未得之意。悱者，口欲言而未能之貌。启，谓开其意。发，谓达其辞。物之有四隅者，举一可知其三。反者，还以相证之义。复，再告也。"③ 孔子所说的"不复"，是强调施教者活动的阶段性的终止，并不是说停止学生的学习活动，而是要给学生创造时机去独立思考和内省，以便从更深、更广的范围理解教学内容，达到意开辞达的效果。"不复"强调的是教师的教学行为要把握分寸，适可而止。"复，再告也"则是在学生理解思考的基础上向更深层次拓展的开始。只要把握住了这个循序渐进的基本原则，教师完全可以根据自己的个性、知识结构、学生的层次、接受能力等，灵活地采用各种方式、方法，引导学生诵读、"会意"。

三、社会力量在经典诵读中的主导作用

这里所说的"社会力量"主要是指发起并组织实施经典诵读活动的社

---

① 马南邨. 燕山夜话 [M]. 北京：作家出版社，2000：155.
② 许维遹. 吕氏春秋集释 [M]. 北京：中华书局，2009：143.
③ 朱熹. 四书章句集注 [M]. 北京：中华书局，1983：95.

会团体与个人。前者如推出"中华古诗文经典诵读工程"的中国青少年发展基金会，后者如在台湾发起并得到广泛响应的儿童读经教育活动的倡导者王财贵先生。当然，社会力量也包括世界各地纷纷涌现出来的少儿国学读经班、私塾学堂等。这些诵读社会力量引导人们重新重视传统的经典文化教育，是对现行学校经典诵读教育的有益补充。

（一）明确中华经典诵读目的，使经典诵读理念深入人心

中华经典诵读提倡让一个人从记忆力最好的儿童时期就接触经典、浸润于经典，了解中华文化最精粹的深刻内涵。如"天下为公"的理念，"宁为玉碎，不为瓦全"的风骨，"先天下之忧而忧，后天下之乐而乐"的胸怀，"富贵不能淫，贫贱不能移，威武不能屈"的操守，"位卑未敢忘忧国"的精神，"无为而无不为"的智慧，"己所不欲，勿施于人"、"己欲立而立人，己欲达而达人"的道德原则"①，以达到传承、发扬中华民族优秀文化、开发人的潜能的目的。这一目的，已成为所有推广经典诵读者的共识。比如"中华古诗文经典诵读工程"（以下简称"古文诵读工程"）的实施，"旨在组织少年儿童通过'直面经典'、熟读背诵的方式，使孩子们从小就获得古诗文经典的基本修养和传统文化的熏陶，让融会在古诗文经典中的中华民族的智慧、风骨、胸怀以及健康的道德准则和积极的人生信念，潜移默化地植根于孩子们的心里，成为21世纪成长起来的新一代中国人的人生理念基础。"② 王财贵先生也说："我们提倡儿童经典诵读教育，就是要利用儿童期的记忆力，让他们记下一些永恒的东西。""让一个儿童接受经典诵读教育，接受传统文化的熏陶，是要他长远地、默默地变化气质，使他的生命陶溶出某种深度，以维护人性光辉，以提升人格品质，以造就人才，以陶铸大器。"③

---

① 陈越光.《中华古诗文读本》序言［M］//王元化，张岱年，等. 中华古诗文读本. 北京：北京大学出版社，1998.

② 冯刚，沈壮海. 中华人民共和国学校德育编年史［M］. 北京：中国人民大学出版社，2010：814.

③ 王财贵. 儿童经典诵读基本理论［J］. 北京教育：普教版，2005（4）：33－34.

倡导者的理念只有通过广泛的宣传，才能被广大群众所认识，才能转化成实实在在的行动。在这方面，经典诵读的倡导者们做了大量卓有成效的工作。比如"古文诵读工程"，先进行试点，然后由专家、学者组成评估组，最终评估结果显示：参与"古文诵读工程"一年以上的学生在记忆力、创造力、创造欲望、成就动机、人际关系和自我效能感等方面普遍高于原来条件相当的未参与诵读活动的学生。在收到良好的评估效果之后，倡导者于 1998 年 6 月 26 日正式启动"古文诵读工程"，并聘请著名学者季羡林、杨振宁、张岱年、王元化、汤一介担任顾问，国学大师南怀瑾担任指导委员会名誉主任。随后，通过组织专家学者座谈会、研讨会、音乐朗诵会、汇报演出、现场工作会议、诵读比赛、古诗文知识竞赛等系列活动，获得了上至国家领导人，下至县市负责人的赞扬与支持，使得经典诵读活动呈现一片"燎原"之势。就个人而言，自王财贵先生于 1994 年在台湾发起儿童读经教育活动以来，在港台地区及东南亚、美国、欧洲、澳洲及中国大陆地区举办了公益演讲千余场，推动了全球华人地区的儿童读经活动，为经典诵读理念的深入人心作出了重要的贡献。

（二）选编中华经典诵读教材，使经典诵读学习有本可依

教材是教育教学理念的物质载体，教材质量的高低直接影响着学习效果的好坏，中华经典诵读教材的选编亦如是。一方面，中华典籍汗牛充栋，即使是蒙学教材如《三字经》、《百家姓》、《千字文》、《弟子规》、《唐诗三百首》等版本也是琳琅满目。这些蒙学典籍简短精炼，浅显易懂，朗朗上口，易读易诵，成为广泛流传的蒙学教材，对今天的中华经典诵读教育活动具有相当的借鉴意义。但它们毕竟带有编写者所处时代的痕迹，其中一些思想倾向不符合当下时代的要求，内容上有明显的封建糟粕。如何结合新的时代要求对其进行改进，或是编写出符合时代要求的具有典范性的"三、百、千"等，是摆在人们面前的一个重大课题。另一方面，面对如此之多的中华经典著作，一个人穷其一生也难以读完，如何在有限的时间内让人们接触到尽可能多的中华经典精华，编辑一套读本应该是不错

的选择。中国青少年发展基金会及所属的社区与文化委员会为"古文诵读工程"设计的《中华古诗文读本》在这方面作了有益的尝试。《中华古诗文读本》是诵读工程的标准读本，选编从先秦至近代的 300 篇古诗文经典之作，诗文全部有汉语拼音注音并配有注释，分为子、丑、寅、卯等 12 集出版。它在突出诵读方面独具特色，让孩子"直面经典"，"不求甚解"，正文全部用汉语拼音注音，还配套出了录音磁带。这套经典诵读读物突出了传统文化的人文精神，注意经典的系统性和可选择性，孩子们可以根据不同年龄选择适合自己的篇目诵读。"可以说，《中华古诗文读本》是一本没有刻板说教但能浸润孩子心灵的人文教材，这已被许多老师、家长认可。"①

另外，是选读经典文本还是全读某一经典也是一个值得讨论的问题。如果是全读某一经典，从哪一部书入手，读完这一部之后，下一部读什么，即阅读经典的顺序是什么？这也是一个见仁见智的问题。王财贵先生认为，"中国人第一本要读的经典是《论语》，第二本是《老子》，第三本书是《唐诗》"②，而累积式教育法创始人赖国全则认为应该先经后典："中国最了不起的一本书就是《易经》，所以首先要学《易经》。"③ 更多的人则主张从"三、百、千"开始。专家们对经典的认识不同，顺序各一，虽不必求同，却也是一个值得商讨的题目。一般来说，让儿童直接诵读比较抽象的《老子》或是《易经》显然是不合适的。阅读经典文本的选择应该是"择真而读，择善而读，择美而读。儿童在学习阅读字词的过程中，需要学会在视觉中枢与语言中枢之间建立新的联系，这是一个漫长的过程，所以选择的读物要思想性高，语言逻辑性强，通俗易懂，富有故事

---

① 郭晔. 《中华古诗文读本》引领新"古文运动"［N］. 中华读书报，1999 - 06 - 02.

② 王财贵. 文化熏陶、智能锻炼、人格完善——儿童经典诵读工程［J］. 吕梁教育学院学报，2007（4）：24.

③ 磨铭芬，赖国全. 高质量的教育方式方法原来如此简单［J］. 广西质量监督导报，2009（6）：68.

性、趣味性，使学生乐中读、读中乐、乐中受到教育①。"同时，儿童在不同的年龄段有不同的阅读兴趣和需求，诵读教育机构在选读经典文本时应该充分考虑到这个问题。

（三）研究中华经典诵读教法，使经典诵读教学有的放矢

以中华古诗文经典诵读工程全国组织委员会、国学读经班、私塾学堂等为代表的诵读教育机构，其课程设置、教学内容、教学进度等都与一般意义上的学校很不相同，相应的教学方法也应有自己的特点。总的说来，在诵读、熟背经典诗文的原则下，各有各的教学指导方法。

"古文诵读工程"的推广、组织工作在"直面经典，不求甚解，形式多样，水到渠成"16 字基本原则下，采用"倒数生"激将法、专项活动带动法、循序渐进法、擂台比赛、家长推动法、课内结果与校外开花法等方法来诱发孩子们的诵读兴趣。

王财贵先生认为："从教法说，就是要他反复多念，乃至于会背诵！只要能背，不管懂不懂。"并介绍了他所使用的"简易'三百'读经法"："每天进度平均约'一百字'，每一百字至少念'一百遍'，每天让每一个读经的孩子都得'一百分!'"②

赖国全根据自己的学习经验，结合儿童心理学、生理学的特点，在培养自己的女儿赖思佳学习国学经典时提出了"累积式教育法"，经过不断完善，已经渐成系统。"累积法"主张一天的学习量为 400 字左右。不过学习量是一个参考值，不同的孩子、不同的学习阶段，根据孩子的接受能力，可以灵活掌握。采用离散教学的原则，一次学习时间约十分钟，一天两三次，每天学习时间约为半小时。"累积式教育法"应用在经典诵读上又被称为"137 学习法"。"1"就是每天读一遍，一遍约十分钟，不超过十分钟。"3"就是一天可以选择读三样，如同时读《论语》、《易经》、

---

① 程占芳. 小班教学下个性化阅读的思考与实践［D］. 石家庄：河北师范大学文学院，2006（6）：38.

② 王财贵. 儿童经典诵读基本理论［J］. 北京教育：普教版，2005（4）：34.

《老子》。"7"就是指连续7天重复相同的内容。如从星期一到星期日重复读《论语》、《易经》、《老子》相同的内容。不管孩子熟记不熟记，背诵不背诵，读完7天就进入下周学习。如此，孩子两年左右就可以熟记甚至背诵《论语》、《大学》、《易经》、《中庸》、《道德经》、《三字经》、《百家姓》、《千字文》、《朱子家训》、《笠翁对韵》等将近十多部经典①。

当然，随着经典诵读活动的愈益普及，必将有越来越多的有识之士投身到这项传承、发扬民族优秀文化的活动中，也必会涌现出更多的符合孩子认知规律的好的学习方法。

总之，在中华经典诵读课程里起主导作用的诸要素中，家长、教师以及其他以诵读经典为旨归的社会力量所起的作用各有侧重，但目的是一样的，都是为了孩子更好地接受经典。如何将这三方力量凝聚成一股合力，则需要家长和学校给予更多的思考。

第三节　中华经典诵读课程的教学内容

中华经典是中国文化传统的精髓，是中华民族历代流传下来具有典范性、权威性的文化著作。"中华经典"以先秦诸子之学为根基，涵盖两汉经学、魏晋玄学、隋唐佛学、宋代理学、明代心学、清代朴学著作，以及《左传》、《史记》、《汉书》等历史著作和诗经、楚辞、汉赋、六朝骈文、唐宋诗词、元代戏曲、明清小说等文学作品。当然，中华经典还应该包括《三字经》、《百家姓》、《千字文》、《弟子规》、《幼学琼林》、《龙文鞭影》、《增广贤文》等经典启蒙读物，以及五四运动以来具有典范性、权威性的现代作品。根据不同年龄阶段的不同特点和需求，各年龄阶段经典诵读课程的基本内容也应该有所不同。针对现代人对经典积累严重匮乏的基

---

① 磨铭芬，赖国全. 高质量的教育方式方法原来如此简单［J］. 广西质量监督导报，2009（6）；65 – 66.

本情况，构建中华经典诵读课程的基本内容不宜过度、过繁，力求在成人之前把握中华传统文化的基本精髓，学会做人和做事。

一、幼儿阶段诵读的基本内容

幼儿阶段的经典诵读宜以浅显的古诗和《三字经》为主。在我国古代经典中蕴含着丰富的古代优秀文化，其中的一些内容如提倡与人为善、和平主义、人道主义、自强不息等精神，现在仍然具有重要的借鉴价值。但幼儿阶段经典诵读的内容不必刻意注重思想性的深浅，所选作品应该以浅显易懂、明白晓畅、旋律优美的经典作品为主。具体说来，应该以浅显的五言绝句、七言绝句和《三字经》为主，使幼儿对我国传统文化的源远流长、博大精深有一个初步的感知，并在潜移默化的熏陶中继承优良传统，塑造中华精神，使他们将来成为真正意义上的中国人。

关于幼儿学习古诗的问题，南开大学教授、加拿大皇家学会院士叶嘉莹认为："教儿童学古诗可以从幼儿园就开始。一般人常以为幼儿园的孩子太小，如何能懂得古诗？这观念并不正确。……幼年的直感能力强，记忆能力也强，若以唱歌和游戏及说故事的方法教孩子们学古诗，他们不仅很快就可以熟记成诵，而且会感到很大兴趣。若老师善加引导，他们还可在学诗的同时，学到很多有关历史、地理及文化方面的各类知识，可以使他们终身受益无穷。"① 中国古代诗歌浩如烟海，可供幼儿学习的古诗俯拾皆是，如唐代诗人骆宾王的《咏鹅》，孟浩然的《春晓》，王之涣的《登鹳雀楼》，李白的《静夜思》、《赠汪伦》、《送孟浩然之广陵》，贺知章的《回乡偶书》，杜甫的《绝句》，白居易的《赋得古原草送别》，柳宗元的《江雪》，张继的《枫桥夜泊》，孟郊的《游子吟》，李绅的《悯农》，杜牧的《山行》、《清明》，苏轼的《惠崇春江晓景》、《题西林壁》，王安石的《梅花》，叶绍翁的《游园不值》，陆游的《示儿》，王冕的《墨梅》，于谦

---

① 叶嘉莹，等. 海内外著名学者论古诗文素养 [J]. 山东教育，2000（Z1）：62.

的《咏石灰》等。

"三大国学启蒙读物"（《三字经》、《百家姓》、《千字文》）之一的《三字经》是中华民族珍贵的文化遗产，它短小精悍、朗朗上口，千百年来，家喻户晓。其内容涵盖了历史、天文、地理、道德以及一些民间传说，所谓"熟读《三字经》，可知千古事"。其中的"人之初，性本善，性相近，习相远"，"养不教，父之过；生不学，师之惰"等内容，语言浅显、道理深刻，学龄前儿童一般是能够理解的。基于历史原因，《三字经》难免含有一些精神糟粕、艺术瑕疵，但其独特的思想价值和文化魅力仍然为世人所公认，被历代中国人奉为经典并不断流传。

一般来说，诵读《三字经》应把握三个方面的教学方法。

第一，寓识字于诵读之中。《三字经》教幼儿识字不是教单个零散的字，而是一开始就教幼儿在阅读中识字。这种方法的好处是幼儿容易产生定位联想，识字不易混淆，识字效率高，容易建立起书面语的语感，为阅读和写作打下基础。如"十干者，甲至癸。十二支，子至亥""曰春夏，曰秋冬，此四时，运不穷""曰南北，曰西东，此四方，应乎中"等，对于幼儿识记基本汉字大有裨益。再如"一而十，十而百。百而千，千而万"，这样的文字既包含了大量的基本汉字，又可以作为数学常识来讲授。在《三字经》的识字过程中，幼儿会获得一种成就感，他们会读得更流畅，更愿意通过朗读来体会书中整齐和谐的音韵美感。

第二，讲述文本中的典故故事。《三字经》的选材特别注意浅显易懂、形象具体、贴近生活，书中选取了大量的历史故事、典型人物、民间传说、流行趣事。诵读教学中将这些兴趣盎然的故事讲述给幼儿，极易引发幼儿爱读、乐读的积极性。如"香九龄，能温席。孝于亲，所当执。"东汉人黄香九岁时就知道孝敬父亲，替父亲暖被窝。这是每个孝顺父母的人都应该实行和效仿的。"融四岁，能让梨。弟于长，宜先知。"汉代人孔融四岁时，就知道把大的梨让给哥哥吃，这种尊敬和友爱兄长的道理是每个人从小就应该知道的。"头悬梁，锥刺股。彼不教，自勤苦"，晋朝的孙敬读书时把自己的头发拴在屋梁上，以免打瞌睡。战国时苏秦读书每到疲倦时就用锥子刺大腿，他们不用别人督促而自觉勤奋苦读。"如囊萤，如映雪。家虽贫，学不辍。"晋朝人车胤，把萤火虫放在纱袋里照明读书，孙康则利用积雪的反光来读书。他们两人家境贫苦，却能在艰苦条件下继续求学。这些勤学苦读、奋发上进的事例都值得幼儿们学习。家长或教师通过讲解《三字经》故事的方法，可以激励幼儿奋发向上，更符合幼儿可塑性强、模仿能力强、机械记忆能力强、形象思维占主导的心理特征，从而使得中华民族的精神在幼儿身上得到更好地传承。

第三，适当地点拨古代文化常识。《三字经》的诵读教学在解决了识字和讲故事的基础上，可以根据接受者的年龄和文化程度，适当地对古代文化常识进行点拨。对五六岁的学龄前幼儿，可以介绍一些浅显的古代文化常识，如"三才者，天地人。三光者，日月星"，告诉幼儿们"三才"指的是天、地、人；"三光"就是太阳、月亮、星星。幼儿如果对这些古代文化常识有一定的积累，对今后的语文乃至历史、地理等学科的学习都会有很大的帮助。

幼儿阶段的经典诵读内容以浅显的古诗和《三字经》为主，并不意味着幼儿不可以诵读其他经典。如果有精力和能力的话，这个时期的孩子还可以诵读《百家姓》、《千字文》等经典。一般地说，学龄前的孩子如果能够背诵《三字经》和四五十首古代诗词，那孩子的文化积淀就不单薄了，这将会为孩子以后的学习和健康成长奠定坚实的基础。

二、童蒙阶段诵读的基本内容

童蒙阶段的诵读宜以《弟子规》、《千家诗》、《增广贤文》、《幼学琼林》等蒙学读物为基本内容。

《弟子规》衍化圣人观点，以厚重的儒学文化为背景，集中国古代家训或家规之精华，是古代启蒙养正的最佳读物。现代学生礼仪与规范教育的纲领性文件《小学生日常行为规范》，有很多内容可以溯源到《弟子规》。诵读《弟子规》等经典蒙学教材，有助于培养儿童爱父母、爱他人、爱集体等优良品质的形成。

《千家诗》所选的诗歌大多是唐宋时期的名家名篇，易学好懂，题材多样，包括山水田园、赠友送别、思乡怀人、吊古伤今、咏物题画、侍宴应制等内容，较为广泛地反映了唐宋时代的社会现实，所以在民间流传非常广泛，影响也非常深远。虽然号称千家，《千家诗》实际只录有122家。

有人说，"读了《增广贤文》会说话，读了《幼学琼林》走天下"。如果有精力和能力的话，这个时期的儿童还可以诵读《增广贤文》、《幼学琼林》等经典。《幼学琼林》为明末程允升编纂，是古代蒙学读物中影响最大、编得最好的读本，有人称之为中国古代的百科全书，其内容丰富，包罗万象。据说毛泽东就能熟背《幼学琼林》。《增广贤文》又名《昔时贤文》、《古今贤文》，绝大多数句子都来自经史子集、诗词曲赋、戏剧小说以及文人杂记，其思想观念都直接或间接地来自儒、释、道各家经典。从广义上来说，它是雅俗共赏的"经"的普及本。其中的"一年之计在于春，一日之计在于晨""路遥知马力，日久见人心""成人不自在，自在不成人""凡人不可貌相，海水不可斗量""画龙画虎难画骨，知人知面不知心""十年寒窗无人问，一举成名天下知"等名言警句，尤为脍炙人口。

（一）诵读《弟子规》的教学方法

《弟子规》的内容采用《论语·学而》共有360句1080个字，三字一句，两句或四句连意，合辙押韵，朗朗上口。全篇分为"总叙"、"入则孝"、"出则悌"、"谨而信"、"泛爱众而亲仁"、"有余力则学文"六部分。《弟子规》集孔孟、老子等圣贤的道德教育之大成，提传统道德教育著作之纲领，是使孩子接受伦理道德教育、养成有德有才之人的最佳读物。所以，有学者说，儿童"精彩的人生从《弟子规》开始。"①《弟子规》特别讲究家庭教育与生活教育，又以正面教育和鼓励为主。因此，指导小学生诵读《弟子规》，就不能仅仅注重背诵记忆，更重要的是要引导小学生将

---

① 蔡礼旭. 蔡礼旭家庭教育演讲录［M］. 北京：世界知识出版社，2011：160.

经典内容落实到行动中。

第一，采取各种方法让学生诵读记忆。在学生中开展"读、讲、演、赛"系列活动，将《弟子规》的诵读贯穿于学生的学习生活之中。"读"就是利用一切课余时间诵读，不仅自己读，也可以同学之间互相读，还可以回家与父母一起读；"讲"，要求学生自己动手搜集《弟子规》里面包含的故事，讲给同学听，讲给父母听，比赛谁了解的故事多；"演"，让高年级的学生将故事编成小剧本表演出来；"赛"，既可以在班级之间进行集体诵读比赛，也可以每班选送选手进行个人比赛，甚至还可以与软笔书法、硬笔书法等比赛结合进行。

第二，教师点拨，学生感悟。发挥语文教师或班主任的作用，充分利用晨读和班会课，对《弟子规》里的一些典故作通俗的解释，对学生不易理解的地方进行点拨，对一些不合时宜的做法与规定作出现代阐释，并组织学生举行背诵会、故事会比赛。学生在诵读、记忆的基础上，结合教师的点拨，对照自己的行为，用笔记录下自己的心得体会、成长历程，以典型事例，反映真情实感。可以根据年级的高低规定不同的字数，然后由班级初选一定数目的佳作参加学校层面的评比。

第三，践行育德。经过诵读记忆、理解领悟之后，就要适时引导学生践行育德，这包括两方面的内容。一方面，就学生的班级生活而言，引导其主动向教师问好、认真做值日、为班级做一件好事等；另一方面，就学生的家庭生活而言，引导其为父母端杯水、为爷爷奶奶捶捶背等，甚至以《孝行记录》的形式记录自己"感恩父母"的实际行动。总之，就是让学生"勿以善小而不为"，在点滴小事的积累过程中达到"养正"的目标。

（二）诵读《千家诗》的教学方法

国学大师南怀瑾先生"经常告诉来学中国文化的外国人，不要走冤枉路，最直接的方法是先去读'三百千千'，就是《三字经》、《百家姓》、《千家诗》、《千字文》四本书，努力一点，三个月的时间，对中国文化基本上就懂了。"① 在"三百千千"中，《三字经》、《百家姓》、《千字文》是对儿童的历史教育、文化教育和道德教育，《千家诗》则是对儿童的文学教育和艺术熏陶。对《千家诗》的诵读指导，应根据学生的特点分类进行，让学生在学有余力的状态下较为轻松地完成诵读任务。

第一，制订计划，循序渐进。《千家诗》中所选篇目大多是唐宋时期的名家名篇，易学好懂，要让学生在充分的阅读中品味、揣摩、感悟、积累，逐步学会欣赏、学会思考、学会读书。首先，要根据"共同诵读与自选篇目相结合"的原则，确定一个能够为大部分学生所接受的诵读数量。其次，要根据各年级课程情况，有序地安排好诵读的时间和进度，以保证诵读的效果。再次，要根据作品的难易程度以及学生接受能力的不同，鼓励学生在完成必背篇目的基础上自选喜爱的诗歌诵读。

第二，发挥教师的主导作用，鼓励学生思考和感悟。在《千家诗》的诵读教学中，如何发挥教师的主导作用，教育部教材审定专家刘国正提出的建议可供参考："让学生熟读背诵，感受其中的诗美，受到熏陶感染。教师只消略加点拨，学生不懂的，留待以后加深理解。"也就是说教师要通过激发学生诵读的兴趣，使学生达到"书读百遍，其义自见"的效果，从而提高诵读的质量和效率。同时，也要对诗歌中那些精警含蓄、意趣无穷、跳跃灵动的重点字词句给予巧妙点拨，引导学生尽可能地调动自身的积累，发挥想象，变抽象为形象、变静止为灵动，使学生感受到诗歌的情趣与哲理。

第三，《千家诗》的诵读应与语文教学相结合。在指导《千家诗》的诵读活动中，教师应注意将之与语文教学紧密结合，让学生能够利用课堂上学到的语文知识去理解、解读所背诵的诗歌。通过对《千家诗》的诵读、记忆，学生的视野得以扩展，对语文知识的理解加深，学生在诵读中激发了情感共鸣，享受到学习语文的乐趣。

---

① 南怀瑾. 南怀瑾著作珍藏本：第 1 卷［M］. 上海：复旦大学出版社，2000：402.

三、少年阶段诵读的基本内容

初、高中阶段的少年时期是人一生中最关键的时期。"身心状态的剧变、内心世界的发现、自我意识的突出、独立精神的加强是这一时期青少年的总体性特征。"① 在认知力方面，中学生向着更加抽象、概括、逻辑性的方向发展，独立思考问题和解决问题的能力进一步发展，并能进行创造性思维。所以，中学生诵读的经典应符合三个条件：一是在内容上具有普适性，讨论人们普遍关注的问题；二是要有思想性与影响力，通过阅读能够激励少年积极地生活；三是具有历史性，所读经典都要经过时间的淘洗。按照这个标准，结合少年阶段的年龄特征，诵读的经典应该以"四书五经"、唐诗、宋词、元曲和《古文观止》为主要内容。

《大学》、《中庸》、《论语》、《孟子》一起合称为"四书"；《周易》、《尚书》、《诗经》、《礼记》、《春秋》一起合称为"五经"。"四书五经"为儒家传道授业的基本教材，被用为封建科举中选拔人才的教科书和命题依据。如果说今天的学子不知"四书五经"为何物，恐怕会是一件很难堪的事情。我们只要谈到中国传统文化，必然得提到"四书五经"。"四书五经"是中国传统文化的重要组成部分，是儒家思想的核心载体，更是中国历史文化的宝典。时至今日，"四书五经"所载内容及哲学思想仍对我们现代人具有积极的意义和极强的参考价值，其影响远播于海内外，福荫子孙万代。"四书五经"是延续中华文化的千古名篇，是人类文明的共同遗产。有人把"四书"与西方的"圣经"相比，认为它是东方的"圣经"②。事实上，无论就其流传的广泛性，还是就其对于中国人人格心理铸造影响的深刻性来看，这种比拟都是不为过的。

"四书五经"代表着儒家学说的精髓，包含有十分丰富的有益于中学

① 叶澜. 教育概论［M］. 北京：人民教育出版社，1999：272.
② 宗培玉. 文学与素养［M］. 杭州：浙江大学出版社，2006：39.

生素质养成的教育思想。"士不可以不弘毅，任重而道远"，帮助人树立崇高理想；"穷而弥坚"，锤炼人的坚强意志；"明德知耻、尚礼守信"，规范人的道德操守；"格物致知"，教导人认识客观事物的正确方式；"己所不欲，勿施于人"和"兼济天下"，表达了合理的处世原则；"学不可以已"，更与现代"终生学习"的理念不谋而合。① 其他如"修齐治平"的理想追求，"仁者爱人"的美好品性，"富贵不能淫，贫贱不能移，威武不能屈"的大丈夫人格，"中庸"与"和为贵"的处世原则等，更是中学生应该追求的理想境界。指导中学生诵读"四书五经"应注意引导他们从这些优秀的文化因子中汲取精神养料，在读书中达到修身的目的，做到读书与做人的一致。当然，其中"君臣父子"、"三纲五常"等言论观点，教师应指导学生加以"扬弃"。

学生按照怎样的次序诵读"四书五经"，才能收到事半功倍的效果呢？朱熹的主张可供我们参考。朱熹主张"四书"是学习"'六经'之阶梯"②，并且提出了诵读"四书"的次序："某要人先读《大学》，以定其规模；次读《论语》，以立其根本；次读《孟子》，以观其发越；次读《中庸》，以求古人之微妙处。《大学》一篇，有等级次第，总作一处易晓，宜先看。《论语》却实，但言语散见，初看亦难。《孟子》有感激兴发人心处。《中庸》亦难读，看三书后，方宜读之。"③ 不难看出，这种阅读顺序，是按照"四书"的难易程度排列的，也考虑到了它们之间的有机联系。

唐代和宋代被视为中国古代诗词最丰富、最辉煌的时期，因此有唐诗、宋词之说。大部分唐诗都收录在《全唐诗》（清康熙四十四年，曹寅、彭定求、沈立曾、杨中讷等奉敕编纂，成书于次年十月，为中国规模最大的一部诗歌总集）。自唐朝开始，有关唐诗的选本不断涌现，而流传最广的当属清代蘅塘退士编选的《唐诗三百首》。宋词是中国古代文学皇冠上

① 王多. 今天我们怎样读四书五经［N］. 解放日报，2003 - 01 - 06.
② 黎靖德. 朱子语类：第7册［M］. 北京：中华书局，1986：2629.
③ 黎靖德. 朱子语类：第1册［M］. 北京：中华书局，1986：249.

光辉夺目的一颗巨钻，以其姹紫嫣红、千姿百态的风神，与唐诗争奇，与元曲斗艳，历来与唐诗并称双绝，代表一代文学之盛。有关宋词的选本不断涌现，而影响最大的是胡云翼选注的《宋词选》。元曲是中华民族灿烂文化宝库中的一朵奇葩，它在思想内容和艺术成就上都体现了独有的特色，和唐诗宋词鼎足并举，成为我国文学史上三座重要的里程碑。一般来说，元杂剧和散曲合称为元曲，两者都采用北曲为演唱形式。散曲是元代文学主体。不过，元杂剧的成就和影响远远超过散曲，因此也有人以"元曲"单指杂剧，元曲也即"元代戏曲"。

中学生对唐诗、宋词、元曲及古代散文等的诵读、涵泳，将有利于提高他们的听、说、读、写能力，从而全面提高语文素养。首先，诵读上述经典能开阔学生的视野，积累起广博的文化知识。中华文化源远流长，内容丰富，举凡天文、历法、建筑、饮食、服饰、绘画、舞蹈、书法、民俗、医疗、养生等都在诗文中有所反映，诵读上述经典文本就能将这些文化知识内化为自身的信息储备。其次，能扩展学生的阅读视野，提升阅读能力，更好地形成对语言的敏感力。再次，诵读能够使学生把大量经典语句及其背后的思想情感储存到大脑里，形成长时记忆，逐渐内化为对语言敏锐的感知能力，从而提升学生的文学素养。语文特级教师钱梦龙在谈到孟郊的《游子吟》时说："记得我在十五六岁的时候，离开乡下到上海求学，虽然路不算远，但少小离家，总有一种游子思乡的心情。不幸又在初中毕业之前忽遭丧母之痛，悲痛中反复地阅读这首诗，感受到一种从未有过的心灵震撼，不太会写诗的我居然也写出这样的诗句，'密缝针线今犹在，不忍开箱检旧衣。'半个多世纪过去了，我至今仍然能够清晰地回忆起当时这首《游子吟》给予我的巨大的冲击力。"①

教师对学生的指导应注意从以上三个方面入手，"帮助学生在阅读与欣赏、表达与交流的实践中，掌握学习语文的方法，增强语文应用能力，

---

① 关璟. 学语文［M］. 北京：语文出版社，2005：130.

培养审美能力、探究能力。"① 当然，在现行教育体制下，中学生都有升学的压力，为了不给学生增加过多的负担，教师应充分利用好语文教材，因为中学语文课本中所选的文言文篇目都是经典作品的范本。教师如果把握好语文教材中的经典文章，利用日常语文课堂引导学生去品读经典的魅力，将会有事半功倍的效果。

《古文观止》是清代吴楚材、吴调侯于康熙三十三年（1694 年）选定的古代散文选本。二吴长期设馆授徒，此书是为学生编的教材。《古文观止》由清代吴兴祚审定并作序，序言中称"以此正蒙养而裨后学"，当时为读书人的启蒙读物。康熙三十四年（1695 年）正式镌版印刷。书名"古文观止"意指文集所收录的文章代表了文言文的最高水平，学习文言文至此观止矣。本书亦有入选不当者，因为选编主要是着眼于科举考试时做策论，但作为一种古代散文的入门书，仍有其存在价值。

四、青年阶段诵读的基本内容

古代青年阶段大致相当于当今在校的大学生阶段。当代大学生是一个非常活跃的社会群体，他们的自我意识普遍增强，有着强烈的自我发展的需求和动机。经过小学、中学的学习，他们的经典素养已具有相当的基础，但为了更好地适应社会发展的需要，实现自我人生价值，具备可持续发展的能力，他们还必须进一步提高自身的人文素养，不断地从经典中汲取人生智慧。以《道德经》（又名《老子》）为代表的诸子百家之学与以《史记》为代表的"二十四史"应是大学生经典诵读的首选。

《道德经》问世两千多年，被尊为"天书"、"哲学诗"、"万经之王"，是中华文明的智慧结晶，是传统文化的科学宝库。它涵盖着人文科学、自然科学、生命科学，以及政治学、哲学、医学、伦理学、养生学、文学艺

---

① 中华人民共和国教育部. 普通高中语文课程标准（实验）［S］. 北京：人民教育出版社，2003：14.

术、科学技术等广大领域，表现出中华民族丰富而深刻的理论思维，可以说是一部"百科全书"。美国历史学家威尔·杜兰在《世界文明史》一书中盛赞《道德经》道："在人类思想史中，它的确可称得上是最迷人的一部奇书。"美国学者蒲克明说："《道德经》是未来大同世界家喻户晓的一部书。"① 英国李约瑟博士是闻名遐迩的中国科技史专家，他非常尊崇老子，并因此起中文名字为"李约瑟"，以与老子李耳同姓为荣。国外翻译出版《道德经》的各种译本已多达 140 余种，仅英译本已多达 40 余种。由此可见《道德经》在世界文明史上的巨大影响力。

老子的《道德经》以其独特的辩证思维模式及其自然无为的思想，对中国的传统文化产生了深远的影响。《道德经》常被归属为道教学说。其实哲学上的"道家"和宗教上的"道教"是不能混为一谈的。《道德经》作为道教基本教义的重要构成之一，被道教视为重要经典，其作者老子也被道教视为至上的三清尊神之一——太清"道德天尊"的化身，又称"太上老君"，所以应该说是道教吸纳了道家思想，道家思想完善了道教。鲁迅先生在《致许寿裳》中说："中国根柢全在道教。"② 对于这句话的理解，鲁迅研究专家林非先生认为：说"中国根柢全在道教"，这种见解肯定是过于夸大了，但是道教在中国思想文化史和民间风俗习惯中确实有较大的影响。③ 英国学者李约瑟先生说："无论如何，儒家和道家至今仍构成中国思想的背景。……中国人性格中有许多最吸引人的因素都来源于道家思想。中国如果没有道家思想，就会像是一棵某些深根已经烂掉的大树。"④ 所以，教师在指导大学生诵读《道德经》时，一定要从挖掘其时代价值入手，才能引起大学生的兴趣，也才能使大学生从中获得思想养料。

《道德经》包含有丰富的辩证法思想。"天下皆知美之为美，斯恶已；

---

① 周文志. 一本书读懂国学 [M]. 北京：九州出版社，2010：27.
② 鲁迅. 鲁迅全集：第 11 卷 [M]. 北京：人民文学出版社，1981：353.
③ 林非. 鲁迅和中国文化 [M]. 北京：学苑出版社，2000：43-44.
④ 李约瑟. 中国科技史：第 2 卷 [M]. 北京：科学出版社，1990：178.

皆知善之为善，斯不善已。故有无相生，难易相成，长短相形，高下相盈，音声相和，前后相随。"（第 2 章）在这里，老子把美与丑、善与恶、有与无、难与易、长与短、高与下等，都看作是相反相成的依存关系。同时，老子认为事物处于不断变化的状态中，而这种变化多是对立统一的，总是向自己的对立面转化，如此循环不止。如"曲则全，枉则直，洼则盈，敝则新，少则得，多则惑"（第 22 章）；"物或损之而益，或益之而损"（第 42 章）；"祸兮，福之所倚；福兮，祸之所伏"（第 58 章）。我们不能只看到事物的表面，而看不到其中蕴藏着的相反的因素。所以困难的环境反倒能激发一个人愤发的心志，而处处顺利反而消磨了人的斗志，养成懈怠懒惰的习性，最终走向颓败。世事都像祸福相倚，互相对立而又相互转化。

《道德经》主张"自然"、"无为"。"人法地，地法天，天法道，道法自然"（第 25 章），认为人类只有与自然和谐相处，融为一体，才能实现自然界、人类社会的可持续发展，才符合自然变化的规律。老子认为："道常无为而无不为"（第 37 章），"是以圣人处无为之事，行不言之教"（第 2 章）。这里的"无为"是指顺其自然而不加以人为，如果尊重事物发展变化的规律去"为"，就能达到无为而治。与"自然"、"无为"的思想相一致，老子认为："柔弱胜刚强"（第 78 章）；人们若能"处下"，就能够消除争端；要"为而不争"（第 81 章），只有"功成而不有"、"功成而弗居"、"功成、名遂、身退"，才能真正消弭人类的占有欲望与争斗①。

《道德经》中的"富贵而骄，自遗其咎"（第 9 章），"祸莫大于不知足，咎莫大于欲得"（第 46 章），"知足者富"（第 33 章），"见素抱朴，少私寡欲"（第 19 章），"少则得，多则惑"（第 22 章），"胜人者有力，自胜者强"（第 33 章），"千里之行，始于足下"（第 64 章），等等，也都对青年学生具有很强的警示意义和教育意义。

教师在指导大学生诵读《道德经》时，还要针对学生学习、生活上的

① 陈鼓应. 老子注译及评介 [M]. 北京：中华书局，1984：42.

一些思想问题作具体的引导。如在学习上，有的学生学习目标不明确，有的则处处争强好胜，有的兴趣分散耽误了自己的专业课。这时，就可以利用《道德经》"无为而无不为"的思想，让学生明白大学时光的宝贵，自己的本职任务是认真上课，努力学习，那些与学习无关的一些事情，如炒股票、打网络游戏等，还是"无为"的好。此外，"无为"就是要有所为，有所不为。自己的专业一定要"有为"，与专业学习无关的东西，还是"无为"的好。在生活上，家庭条件好的学生不要一味地追求物质享受，家庭经济条件不好的学生也不应盲目攀比。老子主张"为腹不为目"（第12章），即生活上要俭朴恬淡，不要过分追求物质的享受。有的学生争强好胜，经常为一些小事与别人闹矛盾，使得大家都不愉快。这时"谦退"、"处下"是最好的解决方法。只有在生活中做到"善利万物而不争"、"居善地，心善渊，与善仁，言善信，政善治，事善能，动善时"，才能养成如水一样的处下、不争、能容的胸襟和美德。

　　"二十四史"是中国古代各朝撰写的二十四部史书的总称，是被历来的朝代纳为正统的史书，故又称"正史"。它上起传说中的黄帝（公元前2550年），止于明朝崇祯十七年（1644年），计3213卷，约4000万字，用统一的有本纪、列传的纪传体编写。1921年，中华民国大总统徐世昌下令将《新元史》列入正史，与"二十四史"合称为"二十五史"①。今天多不将《新元史》列入，而是将《清史稿》列为"二十五史"之一。亦有将两书都列入正史者，则形成了"二十六史"。"二十四史"是中国史料的宝库。从黄帝到明朝，四千多年的历史都跃然纸上，有始有终，首尾相接。可以这样说，有志于学习中国历史的人，必读"二十四史"（通读、选读、精读）。"二十四史"是我国古代社会生活的百科全书。它把古代的经济、政治、礼制、军事、法制、科技、天文、地理、宗教、道德、文化、艺术、民俗，乃至古代社会生活的方方面面，以及活跃在历史舞台上的社会各阶层，作了全方位、大视角、多层面、立体化的反映；对少数民

---

　　① 　张宏儒. 二十世纪中国大事全书［M］. 北京：北京出版社，1993：83.

族和外国（朝鲜、日本、越南、缅甸等）的情况，也有专门的篇幅来记述。因而阅读此书可以开阔我们的视野，使我们把握历史的发展规律，从而在更高的层次上提升自己、丰富自己。

司马迁的《史记》为"二十四史"之首，与《汉书》（班固）、《后汉书》（范晔）、《三国志》（陈寿）合称"前四史"，与宋代司马光编撰的《资治通鉴》并称"史学双璧"。对于《史记》的诵读指导，我们认为应该从"史家之绝唱，无韵之离骚"（鲁迅语）入手。从史的角度说，要让学生通过诵读《史记》明了司马迁把中华民族大一统的肇端上溯至黄帝时代，并由此列出黄帝迄汉武帝的历代帝王世系；明了司马迁对历史推原其起始，审察其终结，在把握历史演变全过程的"原始察终"的考察历史的方法；明了司马迁努力探寻历史发展演变的规律，寻找历代王朝兴衰成败之理，以及"通古今之变"的学术指向；明了司马迁"别嫌疑，明是非，定犹豫，善善恶恶，贤贤贱不肖"，以历史事实的叙述来体现其理想的著史原则。从文的角度说，应指导学生熟读精品，以陶冶性情，增长识见。梁启超先生曾提出十大名篇之说，摘录如下，以供参考。

　　《史记》文章之价值，无论何人当不能否认。且两千年来相承诵习，其语调字法，早已形成文学常识之一部。故专为学文计，亦不能不以此书为基础。学者如以此项目的读《史记》，则宜择其尤为杰作之十数篇精读之。孰为杰作，此凭各人赏会，本难有确定标准。吾生平所最爱读者则以下各篇：《项羽本纪》、《信陵君列传》、《廉颇蔺相如列传》、《鲁仲连邹阳列传》、《淮阴侯列传》、《魏其武安侯列传》、《李将军列传》、《匈奴列传》、《货殖列传》、《太史公自序》。右诸篇皆肃括宏深，实叙事文永远之模范。班叔皮称：史公"善序述事理，辩而不华，质而不俚。文质相称，良史之才。"如诸篇者，洵足当之矣。学者宜精读多次，或务成诵，自能契其神味，辞远鄙倍。至如明、清选家最乐道之《伯夷列传》、《管晏列传》、《屈原贾生列传》等，以吾论之，反是篇中第二等文字耳。①

《史记》是中国第一部纪传体通史。它包罗万象，而又融会贯通，脉络清晰，"王迹所兴，原始察终，见盛观衰，论考之行"（《太史公自序》），所谓"究天人之际，通古今之变"，它详实地记录了上古时期举凡政治、经济、军事、文化等各个方面的发展状况。《史记》是以人为主体来记述历史的，而所有历史人物的所有活动又都受一定历史环境、历史社会关系的制约。我们诵读《史记》时，必须研究历史人物和当时历史社会的关系。因此，"学习《史记》的最好方法，只能是追随着整个中华民族历史前进的每一个脚印，随着它的历史进程不断前进。就《史记》这一部其空间如此辽阔，其时间又绵历三千年的伟大创作，可以分解成几个历史进程，即以每一个历史进程作为一个单元，进行阅读和研讨。"② 这就是古人所常提示的"读书之法，贵能观其会通，而欲观其会通，必先分部互勘"的方法。

五、成年阶段诵读的基本内容

经典诵读活动对于建设具有自身特色的全民终生学习体系意义重大。古人曰："少而好学，如日出之阳；壮而好学，如日中之光；老而好学，如秉烛夜行。"这里的"好学"，主要指终生的、持之以恒的个人阅读，即终生阅读。人要活得好，活得有尊严，就必须终生接受教育，终生坚持学习，特别是在持之以恒的经典阅读中，汲取前人的无限智慧，认识人生，认识社会，面对未来。

成人阶段的学习，一般是在无外界强制下的自主学习。这种自主学习，可以使人的潜能得以激发，空间得以拓展，智慧得以开掘。成人阶段

---

① 梁启超. 要籍解题及其读法 [M]. 北京：清华周刊丛书社，1930：60 – 61.

② 吴忠匡.《史记》读法 [J]. 信阳师范学院学报：哲学社会科学版，1987 (4)：61.

的经典诵读，既可以结合自己的本职工作学习有关的经典，也完全可以按照自己的兴趣和爱好去选择经典。一般来说，成人阶段的经典诵读的内容可以系统地选择一些过去有所接触但还没有真正吃透的"顶尖级"的经典。

成人阶段首选的经典无疑是《论语》。"中国传统文化的来源、特点、价值、趋向等一定程度上通过《论语》体现出来"①。古代有"半部《论语》治天下"的说法。《论语》是中国经典文化的枢纽，读懂《论语》是理解中国传统文化的关键。《论语》总结前人的文化，开启两千多年来的主流文化。《论语》是学习和研究孔子的可靠资料。读懂了《论语》，再去看《诗经》、《易经》、《尚书》等其他经典，都能提纲挈领，容易理解，因为抓住了读经的要害，掌握了枢纽。《论语》比较集中地反映了以孔子为代表的中国传统主流经典文化的世界观、价值观、知行观、文化观、人生观、方法论和思维方式。《论语》的主要内容是讲述生活的智慧，这种智慧是孔子通过学习并且在生活中逐渐磨砺而总结出来的。《论语》的根本价值在于立己立人，成己成人。《论语》告诉我们一个人怎样才能做到先使自身和谐、自信、自知、自我约束、自立，去顶天立地做人，还告诉我们怎样才能立人、达人、成就别人，实现社会的和谐。读者只有将《论语》与自己的生活具体结合起来，通过生活来体验、领悟，才能读懂孔子；只有学会运用孔子的智慧指导生活，走上智慧人生，才算懂得中国文化。

除了《论语》，青少年时期诵读的《道德经》也应该是成人阶段继续诵读的经典。

从社会层面上讲，道学文化对于构建和谐社会具有重要的理论和现实意义。《道德经》云："天之道，损有余而补不足。""圣人不积，既以为人，己愈有；既以予人，己愈多。"这无疑是一种比较公平的社会主义的分配思想。"治人事天，莫若啬。""我有三宝，持而保之：一曰慈，二曰俭，三曰不敢为天下先。""甚爱必大费，厚藏必多亡。""罪莫大于多欲，

---

① 戴大明. "读经"与文化自觉［D］. 重庆：西南大学教育学院，2008：32.

祸莫大于不知足，咎莫大于欲得。""金玉满堂，莫之能守；富贵而骄，自遗其咎。"这些思想对于今天建构节约型社会、反对官员贪污腐败仍有启发和指导意义。老子"辅万物之自然"的无为而治的思想，"知和日常"的和平思想，"尊道贵德"的价值取向，蕴含着保护地球生态环境、维护世界和平、构建以人为本的和谐社会的文化资源。老子的道学文化是一种世界文化，它在全世界的传播，有益于将中国意识形态的话语权建立在本民族的传统思想之上，有益于世界哲学文化更多地汲取中国智慧。

成人阶段还应该选择一些医学经典诵读，这样既可以养性，还可以养生。旧时有学好中医经典，"上可治国、中可治人、下可治病"的说法。学习医学经典，可以先从《黄帝内经》入手。《黄帝内经》是我国医学宝库中现存成书最早的一部医学典籍。它是研究人的生理学、病理学、诊断学、治疗原则和药物学的医学巨著，为古代医家托轩辕黄帝名而作，为医家、医学理论家联合创作。在以黄帝、岐伯、雷公对话、问答的形式阐述病机病理的同时，主张"不治已病，而治未病"，主张养生、摄生、益寿、延年，在理论上建立了中医学上的"阴阳五行学说"、"脉象学说"、"藏象学说"等。

中国社会科学院教授、著名丹道学家胡孚深先生认为，"中国文化有三本书，一本是《道德经》，一本是《黄帝内经》，一本是《周易参同契》，这些书是世界上所有的科学，包括现代科学的一些思维、现在的哲学、所有的宗教，他们的水平都没有超出这三本书。可以说这三本书在世界上的文化层次都应该是最高的。"[1]《黄帝内经·上古天真论》说："上古之人，其知道者，法于阴阳，和于术数；食饮有节，起居有常，不妄作劳；故能形与神俱，而尽终其天年，度百岁乃去。今时之人不然也，以酒为浆，以妄为常，醉以入房，以欲竭其精，以耗散其真，不知持满，不时御神，务快其心，逆于生乐，起居无节，故半百而衰也。"[2] 从健康和养生

① 戴大明. "读经"与文化自觉［D］. 重庆：西南大学教育学院，2008：59.
② 傅维康. 国学大讲堂·黄帝内经导读［M］. 北京：中国国际广播出版社，2008：217.

的角度看,《黄帝内经》的保健养生观是相当超前的。它道出了人如何得道,如何养生,如何使人的精、气、神和大自然和谐,从而达到天人合一的崇高境界。

第 五 章

学校经典诵读课程的实施

关于学校经典诵读的问题，自五四运动以来，一直存在着激烈的争论。中国近代史上著名的政治活动家、启蒙思想家梁启超曾经深刻地分析了学校读经存在的问题以及读经的必要性。他说："学校读经问题，实十年来教育界一宿题也，因争持未决，而至今各学校亦遂无经课。吾自昔故疑读经之难，故偏袒不读之说，谓将经语编入教科书已足。"这说明对小学生是否读经的问题，梁启超是曾经持否定态度的，原因是经书难读。但是他又认为，"从各方面研究，渐觉不读之不可"，其中一个重要原因，就是涉及中国文化的传承、传播和普及的问题，"经训为国性所寄，全国思想之源泉自兹出焉"①。在这里，梁启超说得很明白：通过读经，才能够找到"全国思想之源泉"，中国传统文化才可以得到弘扬。今天，从弘扬中国传统文化和建立社会主义核心价值体系的角度出发，本章重点探讨中华经典诵读课程实施的相关问题。

中华经典诵读作为各级各类学校的一门课程，在不同的阶段有不同的教学定位和教学目标，因而就有着不同的实施途径和方法。根据学生在不同的年龄段、不同的感受能力和理解能力，一般把中华经典诵读课程分为幼儿园、小学、中学和大学四个大的阶段。全面认识这四个阶段学生不同的知识基础、不同的感受能力和理解能力，有针对性地选择诵读篇目，采

---

① 梁启超. 学校读经问题［M］//梁启超. 饮冰室文集. 北京：中华书局，1989：80.

取与学生的接受能力相适应的教学方法与诵读方法，才能科学地实施中华经典诵读课程，真正实现中华经典诵读课程的教学目标。

第一节　幼儿园阶段的经典诵读课程

幼儿园阶段经典诵读的主体主要是指3—6周岁的学龄前幼儿。通常接纳3周岁以下幼儿的机构称为托儿所，接纳3—6周岁幼儿的机构称为幼儿园。幼儿园，旧时称"蒙养园"、"幼稚园"，为一种学前教育机构，用于对幼儿集中进行保育和教育。幼儿园的教育是人初生阶段的集体教育。法国作家左拉的《约翰戈东之四时》中，曾把人的一生比为一年的四季。人生的春天对应的是人从出生到青春期这段时期。幼儿时期是"春"的初始阶段，是拓荒耕种的时期。如果此时不及时拓荒耕种，阳春时期就长不出苗，夏天就开不出花，秋天就结不出果，冬天自然也就没有什么可收藏。幼儿在人生初春阶段接受良好的教育，能为一生的成长打好基础，而经典诵读课程便是其中一个重要的渠道。

一、幼儿园经典诵读课程实施的原则

幼儿园阶段的经典诵读课程是一个系统工程，是家庭和幼儿园生活化、游戏化、故事化教育活动的组成部分。幼儿教师和家长必须准确把握幼儿教育的核心价值，严格遵循幼儿教育的基本原则，围绕"幼儿养性"的目的，坚持幼儿经典诵读教育顺应幼儿天性，努力营造环境，积极主动诱导，幼儿园与家庭、社会相结合的原则，使幼儿经典诵读课程真正取得实效。

（一）顺应幼儿天性

在幼儿园阶段实施经典诵读课程必须顺应幼儿的天性，即在游戏和玩乐中完成。要研究经典诵读课程中的幼儿特点，传播基于幼儿天性的中华经典。经典诵读课程"必须确保对于儿童自由天性的顺应与尊重，在不违背现代儿童教育科学的范围，以不阻隔或破坏童年生活和精神成长的完整与和谐为前提，才可获得在现代教育中的通行证。任何教育上的一种价值选择和尝试，都不能否认儿童在大自然、大社会、大生活中汲取精神成长的丰富养料的"①。因此，幼儿经典诵读必须关注幼儿的心理变化，从易到难，以培养幼儿学习兴趣为主。给幼儿过多艰深晦涩的经典内容，不但不能达到教育目的，还会使幼儿产生厌烦情绪。顺应幼儿天性的关键是要在"浸润"方面下功夫，通过耳濡目染以潜移默化。如果说"玩中学"是对幼儿诵读经典的定位，那么"浸润"就是对教师和家长教育方式的定位。在"浸润"的过程中，"教师要根据幼儿的个别差异开展教学活动。对于语言发展较快或较慢的幼儿，有针对性地制订教学计划，不能一刀切，盲目要求背诵。教师要善于肯定幼儿表现，提高自信心和坚持性"②。提高幼儿经典诵读的坚持性和自信心，就要求家长和教师尽量采取幼儿喜欢接受的方式进行教育。

（二）努力营造环境

苏联教育家苏霍姆林斯基认为，学生在校园走廊、台阶、墙壁上，在活动的房舍里看到的一切，对他们精神面貌的形成具有重大意义。教育部2001 年《幼儿园教育指导纲要（试行）》中指出："环境是重要的教育资源，应通过环境的创设和利用，有效地促进幼儿的发展。"③ 因此，实施经典诵读教育首先要从幼儿园的环境创设上凸显经典文化氛围。同时，家庭也要积极创设环境凸显经典文化氛围。中华经典的许多思想价值并不陈旧和古老，中华经典文化氛围的创设也不神秘。因为中华经典涵盖衣食住

---

① 丁海东. 确保读经对幼儿天性的尊重 ［N］. 中国教育报，2011 - 04 - 22.
② 杜艳玲. 幼儿中华文化经典诵读教育价值与方法研究 ［D］. 济南：山东师范大学教育学院，2009：26.
③ 汪大勇、陈贵. 中国当代教育思想文献 ［M］. 北京：光明日报出版社，2006：234.

行、生老病死、为人处世、社会发展等各个方面，与我们的生活密切相关。中华经典就在我们的生活中。当我们把中华经典与儿童生活成功地进行链接，也就破除了经典的神秘感，从而让中华经典生动活泼地走进儿童寻常的生活中。创设有利于幼儿自然接触中华经典的生活环境，让幼儿在日常生活中，在无意识的接触中感受和诵读中华经典，可以使幼儿有效地积累起对中华经典的理解与记忆。

（三）积极主动诱导

幼儿园阶段经典诵读教育的重点不是大量知识信息的灌输，而是注重对孩子良好行为习惯的培养。正确引导孩子选择自己喜欢的经典进行诵读，对培养孩子良好的行为习惯和善良纯真的天性具有重要的意义。蒙学经典《三字经》说："养不教，父之过；教不严，师之惰。"尽管好动和喜欢玩耍是幼儿的天性，但任何一个家长都不希望自己的孩子在幼儿园阶段只会乱动和玩耍。因此，在实施经典诵读课程时要求"顺应幼儿的天性"，并不是绝对地顺其自然。家长和幼儿园的教师要注意仔细观察并深入了解孩子。在实施经典诵读课程的过程中，既不过分苛求孩子，也不应该过分溺爱孩子；既不拔苗助长，也不应该放任自流。要结合孩子的实际能力和成长需要，为孩子的个性化发展创造条件，对其提出适当的要求与期望，并给予必要的束缚和引导。如果过分放纵孩子的天性，孩子的任性势必导致自我约束力的缺失。当然，家长和幼儿园也不可操之过急。一般家长已经二三十岁了还没有真正成才，也不要指望孩子会马上超群出众。要遵循幼儿教育的规律，一步一步尝试着诱导，使幼儿的个性在良性的环境中健康发展。

（四）幼儿园与家庭、社会相结合

从历史的角度看，历代的家塾和蒙学都是传播精英文化的世俗化渠道。家庭是幼儿成长和发展的第一校园。家庭环境对幼儿良好素质的形成和发展有着长远而深刻的影响。"父母卷入儿童成就行为的程度，以及他们对儿童在学校中获得成功的价值的看法，都是影响儿童成就动机的发展中很重要的因素"①。家长要意识到并承担起对孩子经典教育的主要责任，不能把孩子完全推给幼儿园教师。家长指导下的经典诵读，一是可以调动亲子关系，父母与孩子之间产生"交往"；二是教学方法灵活，家长可以随时调整时间和方法，并在必要的时候进行必要的讲解。但是，在家庭里进行经典诵读教育，孩子一般没有可供比较的对象，家长的鼓励作用往往会大为削弱。在幼儿园进行经典诵读教育，可以使经典诵读日常化和持续化，会使孩子自然地融入集体之中，学习的积极性和竞争性会大为提高。同时，幼儿也可以由家长陪同，参加社会上的一些信誉好、水平高的经典诵读学习班。经典诵读教育应坚持以家庭和幼儿园为主、社会辅导班为辅的方针。通过幼儿园、家长和社会机构共同为儿童创造诵读经典的氛围，从而实现幼儿快乐诵读、幸福成长的目的。

二、幼儿园经典诵读课程的目标导向

幼儿园阶段是实施中华经典诵读课程的最初阶段，也是培育幼儿经典诵读兴趣的重要阶段。因此，幼儿园阶段的中华经典诵读课程的实施要根据家庭、幼儿园和社会机构的实际情况，结合幼儿的实际生活体验和社会认知水平，确定培养幼儿经典诵读兴趣、拓展幼儿记忆力、培养幼儿语感的目标导向，借助于故事讲述、角色表演、环境创设等手段，有目的、有步骤、有针对性地开展幼儿中华经典诵读活动，以达到预期的教学目标。

（一）培养幼儿兴趣

从诵读学的角度看，幼儿诵读活动有三个突出的特点：一是幼儿诵读的符号性。幼儿的诵读是对信息符号的感知，幼儿在诵读中将其诵读的内

---

① 楼朝辉. 论新课程标准下的儿童文学阅读［J］. 内蒙古师范大学学报：教育科学版，2004（2）：60.

容与日常生活连接，由此理解和解释符号。日常生活中，幼儿对常见的有一定意义的符号表现出好奇心，可以通过引导幼儿在生活中关注丰富的阅读对象，帮助其认识理解符号，激发幼儿对文字的兴趣。第二，幼儿诵读的情感体验。幼儿的诵读是通过诵读感知各种信息符号，借助思维来理解符号，从而分享他人的思想情感，最终获得情感体验。第三，幼儿诵读的活动性。通过诵读，幼儿感知周围世界，达到与周围人、事、物的交流，有很强的活动性①。在幼儿经典诵读活动中，要认真把握幼儿诵读的这三个特点。如果幼儿缺乏对经典诵读的浓厚兴趣，体验不到经典诵读的快乐，是不可能掌握更多的经典的。

一般来说，大多数孩子都有自发的学习兴趣，但孩子的学习兴趣发展往往取决于成人的熏陶与指导。美国著名的社会学习理论家班杜拉认为，模仿是幼儿的重要学习方式，这也说明了家长身教的重要性。家长是孩子学习和模仿的榜样。家长对经典学习的高昂热情会带给孩子持久的力量和信心。如果家长在家里少看一会电视，多诵读一些经典，为幼儿做出诵读的模范，以自己对经典诵读的浓厚兴趣感染幼儿，幼儿就会耳濡目染，受到潜移默化的影响，就可以培养起对经典诵读的兴趣。

传统经典是中华文明的精华，但其基本形式有其历史时代特征，其内容毕竟与现代幼儿的生活有差距。如何将传统经典现代化、生活化是家长和幼儿园教师必须认真考虑的问题。在幼儿园阶段，实施经典诵读教学，并不是简单地教会幼儿背诵几首古诗，而是培养幼儿对中华经典的浓厚兴趣，从而为以后经典诵读课程的学习打下一定的基础，对其一生的成长产生有益影响。

（二）增强幼儿记忆力

权威统计表明，从小学习汉语的孩子的智商普遍高于学习拼音文字的

---

① 杜艳玲. 幼儿中华文化经典诵读教育价值与方法研究［D］. 济南：山东师范大学教育学院，2009：38.

孩子的智商。研究发现，人体大脑的语言功能区有两个，分别位于前脑的布鲁卡区和后脑的威尔尼克区。使用拼音文字的人，常用的是后脑的威尔尼克语言区，但使用中文的人，常用的是前脑的布鲁卡区。布鲁卡区更接近于大脑运动功能区①。既然中文语言功能区与大脑的运动区紧密相连，而运动也就是将口、眼、耳、手全都动起来，所以要想学好经典，显然就要多诵读、多看、多写。通过诵读带动舌头、声带的运动，正是所谓的"心开窍于舌"（《黄帝内经》）。幼儿的经典诵读"由于是自我发出声音，音波的谐振力更强更直接，既能够迅速通达全身，又能促使心窍的开启，舌窍开则心窍易于打开"②。毫无疑问，幼儿的"心窍"开了，记忆力自然会增强。这不但解开了我们祖先教育后代的"读写听看并用"之谜，也同时揭示了我们祖先大智慧产生的根本原因。

幼儿时期的记忆以无意记忆为主，形象记忆占主导地位，其记忆的一个特点是容易遗忘。因此，一般人往往记不住3岁以前的事情，心理学家称之为"人类幼年健忘"。4岁以后，幼儿的记忆力就有可能终生难忘。但是，由于思维的具体形象性，这时的记忆基本上属于形象记忆。到幼儿5—6岁时，词语记忆的发展开始大于形象记忆，幼儿记忆的有意性会有明显的发展。此时的幼儿不仅能识记和回忆需要的材料，还可以运用一些方法帮助自己加强记忆。由于幼儿理解能力有限，对很多事情难以理解，对记住的事情并非真正理解。如幼儿会背诵古诗只是一种简单的模仿和机械的记忆。随着年龄的增长，幼儿接触的事物越来越多，仅靠机械记忆是不够的，这就需要在理解的基础上进行记忆。幼儿的记忆能力与语言能力的发展有密切关系。无论识记或回忆，语言都起着重要作用。记住记忆任务、理解记忆事物、复述记忆内容等各环节都离不开语言。因此，增强幼儿的记忆能力，应该是幼儿经典诵读课程重要的目标导向。

---

① 石毅. 不识字的大脑［N］. 东方早报，2013-01-12（B08）.
② 熊春锦. 国学道德经典导读［M］. 北京：中央编译出版社，2006：147.

（三） 强化幼儿语感

语感是人直接迅速地感悟语言文字的能力，是对语言文字分析、理解、体会、吸收全过程的高度浓缩，是语文水平的重要组成部分。语感的本质是对语言文字的一种"正确丰富的了解力"，是人们在长期言语活动中逐渐形成的对语言符号的一种"直觉"。"语感具有直觉性特点，表现出思维过程与结果的直接性，它不需要经过预先的理智思考和逻辑判断，而是凭借言语经验，直觉地对言语作出敏锐的感受，瞬时性地感知和领悟语言"①。幼儿的语感是指幼儿对语言的语音感受、语意感受、语言情感色彩的感受等，是幼儿对语言法则或语言组织方法的掌握和运用，是经过反复感性认识上升为理性认识的经验和体会。语感是可以通过培养形成的，但是语感的培养是一个长期积累的过程，语感启蒙培养必须从娃娃抓起。

我们不要低估幼儿的语言表述能力。王培光先生曾对香港一所幼儿园的5—6岁幼儿进行语感能力的面谈调查研究，得出的结论是幼儿语感有三种能力："指出偏差所在的能力、改正偏差的能力、解释偏差的能力。"②幼儿的这些语感能力的形成，与经典诵读活动的开展有着密切的关系。当然，包括经典诵读在内的语言学习毕竟有些枯燥，应让孩子在游戏中边学习、边成长。因此，在幼儿经典诵读课程中要注意挖掘经典本身"游戏"的成分，通过优美的古诗、《三字经》、《百家姓》等易于上口、易于记忆的蒙学教材，在音乐或多媒体的背景下组织幼儿进行诵读，将会带来良好的教学效果。在这样的诵读中，富有音乐性的语言变成了语言性的"音乐"，幼儿聆听着自己朗读的声音，会真切地感受到语言的美。幼儿"把语言的含义和情味固定在大脑中，使大脑皮层细胞之间形成固定的联系，最后出现技能化、自动化，即有意积累，无意得之，经历一个由量变到质变的过程，在不知不觉间实现飞跃"③。当然，语感的培养不是一两篇经典

---

①　廖良国. 魅力语文教学 ［M］. 成都：四川教育出版社，2009：149.

②　王培光. 语感与语言能力 ［M］. 北京：北京大学出版社，2005：26 – 27.

③　娄丹枫. 诵读经典诗文，培养上乘语感 ［J］. 宿州教育学院学报，2006（6）：113.

诗文的诵读就能完成的，这需要长期的诵读来积累。只有持之以恒，才能够培养起幼儿对语言的敏锐感受。

三、幼儿园经典诵读课程的实施途径

在幼儿园阶段实施中华经典诵读课程，要结合幼儿好动、爱好游戏、喜欢听故事等特点，以游戏为核心，有目的、有计划、有步骤、循序渐进地展开。通过营造经典文化氛围、讲述传统经典故事、教师和家长带读、现代教育技术助读等多种形式，把中华经典诵读渗透到幼儿生活之中，愉悦幼儿的心灵，培养幼儿对经典的兴趣，增强幼儿的记忆力，丰富和强化幼儿的语感。

（一）营造浓厚的经典文化氛围

同大学、中学、小学阶段的经典诵读课程相比，幼儿园阶段经典诵读课程中环境的创设显得更为重要。意大利幼儿教育学家玛丽亚·蒙台梭利说："在教育上，环境所扮演的角色相当重要，因为孩子从环境中吸取所有的东西，并将其融入自己的生命之中。"[1] 中国教育界的专家们也都非常重视环境对于教育的重要作用，认为"孩子的内心具有一种自己做事的愿望，他们一旦找到适合自己生活的环境，以及符合心理需求的东西，立刻就会焕发出令人震惊的激情和活力来"[2]。从幼儿园的环境创设引起幼儿对经典文化的关注，无疑是开展经典诵读教育的第一步。在实施经典诵读课程的过程中，家长和幼儿园教师都要通过环境的浸润，激发幼儿经典诵读的动力，培养幼儿经典诵读的兴趣。

幼儿园在布置显性环境方面，要充分利用园内和室内的空间，张贴图文并茂的经典内容，介绍经典人物的生平、著作、贡献以及传诵至今的经

---

[1]　袁爱玲. 幼儿园教育环境创设［M］. 北京：高等教育出版社，2010：10.
[2]　张兵. 3 岁决定孩子的一生 2：蒙台梭利早期教育实战训练［M］. 北京：朝华出版社，2008：23.

典故事，提供诗配画、古代儿童常规礼仪图、古典绘画作品等引导幼儿欣赏。园内每天可定时播放经典名曲。努力为幼儿创设一个口之能读、耳之能听、目之能视的经典文化环境，让幼儿耳濡目染，在潜移默化中陶冶性情。在教育环境方面，可以从优秀的古诗文以及《三字经》、《弟子规》、《千字文》等蒙学经典中择取能够体现中华民族优秀品质的篇章，提供给教师和家长阅读，用教师和家长的声音引导幼儿诵读。提供给幼儿的学习材料应以图文并茂的经典故事为主，让幼儿通过图画能够大致明白故事的含义，能模仿图画上古人的行为，学习古人良好的品德。同时，可以开辟"经典诵读活动区"，在活动区内放置一些古诗文图书、卡片等，在幼儿的操作、游戏中产生潜移默化的教育作用。经典文化氛围的营造还需要发挥家长的积极作用，家园配合，让孩子快乐地诵读经典，并逐步养成诵读经典的习惯。

（二）选择故事性强的经典文本

实施幼儿经典诵读课程的一个重要环节是经典文本的选择。幼儿经典诵读课程要根据幼儿年龄及心智发展的不同层次，逐步形成小班、中班、大班三级经典诵读的层级目标。有条件的幼儿园，教师要根据经典诵读课程的目标定位，做好经典诵读文本的开发研究，以小班、中班、大班不同层次的内容体系形成一套适合不同幼儿需求的经典诵读教材。没有能力自编幼儿经典教材的幼儿园，也要考虑到幼儿的年龄特点、发展特点，购买适合幼儿阅读的相关图书。无论是自编还是采购，幼儿经典诵读的教材均应体现图文并茂、以经典故事为主的特点。

周作人曾经尖锐地指出：旧中国是一个读经的国度，神话自然不可能在孩子的可读之列。他批评中国人总是喜欢文以载道，希望儿童文学作品满含道德教训，独独缺乏的是儿童的趣味[①]。因此，现代幼儿园的经典诵

---

① 方卫平，孙建江. 1949 - 2009 浙江儿童文学 60 年理论精选［M］. 杭州：浙江少年儿童出版社，2009：217.

读既要考虑"读经",又要考虑"趣味",从二者结合的角度看,经典神话、童蒙教材中的故事、成语故事、名著故事等都是很好的选择。在经典神话方面,盘古开天、女娲补天、嫦娥奔月、后羿射日、夸父追日、精卫填海、大禹治水、愚公移山、神农百草、仓颉造字、牛郎织女等,都是最佳的选择。在童蒙教材故事方面,可选择有教育意义的故事,如孟母三迁、孟母断机、孔融让梨、周处改过、毛遂自荐、孙康映雪、黄香温席、车胤囊萤、孙敬悬梁、苏秦刺股等。在成语故事方面,有着更为广泛的选择空间。成人比较熟悉的成语故事,如鹬蚌相争、刻舟求剑、杯弓蛇影、郑人买履、买椟还珠、杞人忧天、守株待兔、拔苗助长、滥竽充数、东郭先生等,都可以大胆采用。甚至一些成人不甚熟悉而有趣味的成语故事,如庖丁解牛、佝偻承蜩、东施效颦、蜀犬吠日、吴牛喘月、曲突徙薪、博士买驴等,只要是内容健康、幼儿能够理解的故事都可以给幼儿讲述。如山东省某幼儿园给幼儿讲述了"蜀犬吠日"、"吴牛喘月"两个成语故事,幼儿回家考问家长,家长不知所以然,结果幼儿大有成就感。另外,古典文学名著中的经典故事,同样也是很好的教材,如大闹天宫、哪吒闹海、武松打虎、鲁智深倒拔垂杨柳、三顾茅庐、草船借箭、崂山道士等。经典故事的讲述要贯彻教师和幼儿互讲的原则。教师讲授给幼儿听,目的是丰富幼儿的知识、开拓幼儿的视野、滋润幼儿的审美情趣、熏陶幼儿的道德情操。而幼儿讲述给家长、教师和同伴听,目的是加深幼儿的记忆力、培养幼儿的语感、锻炼幼儿当众讲话的能力。

(三) 幼儿教师和家长带读经典

如果说讲述经典故事是广义的经典诵读,那么诵读《三字经》、《弟子规》、《千字文》、《百家姓》等古代童蒙教材,才是严格意义上的"读经"。对于幼儿的经典诵读教学,王财贵先生总结自己的教学经验时说:"小班以下乃至二、三岁幼儿也是可以读经背诵的,但较不适合混龄教学,若在幼儿园中由老师团体带读，或由家长自行个别教比较适当。"① 幼儿读经主要是以《三字经》、《弟子规》以及古诗词类等国学经典作品为诵读对象，以成人领读、幼儿跟读并不断重复为基本方法，即贯彻所谓"小朋友跟我读"的六字方针，以让幼儿背诵熟记其相关内容为主要目标，而并不追求幼儿对于诵读作品的真正理解。幼儿教师和家长带读要注意三个方面的问题。

第一，带读者要有范读的能力。范读即示范性朗读，是经典诵读教学过程的重要环节。普通话规范、字正腔圆的家长可以给幼儿进行经典范读。如果家长只能说方言味道很重的"普通话"，则不宜给幼儿进行经典范读。教师第一次范读是关键，这对引起幼儿对经典学习的兴趣和欲望，以及对所读的经典获得初步的印象都很重要。"教师的每次范读都要有明确的目的：或以感情感染幼儿，引起学习兴趣；或让幼儿观察口型，学习发音；或结合教具帮助幼儿理解内容，或引导幼儿朗读……范读时可视内容的需要，辅以必要的表情、动作，但动作不宜过多，幅度也不要过大，以免分散幼儿的注意力。"② 第二，带读的遍数要适宜。幼儿虽然不识字，不认识注音符号，但他们跟读的能力很强，往往并不需要很多遍数的范读。开始是教师大声范读，幼儿小声跟读。待幼儿基本掌握内容后，教师就可逐渐压低自己的声音，或教师只在重点句、难句的地方带读一下，慢慢过渡到幼儿独立朗读。这种教法的优点是可以使幼儿对作品有完美的音乐节奏感。第三，带读过程中切忌过分解读。教师的带读侧重于培养幼儿的记忆力和语感，要让幼儿尽量地背诵。其实，这对孩子来说并不困难。像《咏鹅》、《清明》、《静夜思》等朗朗上口的诗歌，很多孩子在听家长或教师范读几遍再带读几遍之后，就可以很容易地背诵。在这个过程中，最忌讳家长或教师的过度解释。家长或教师拼命想让孩子知道古诗的真正含义，往往是不信任幼儿对语言文字领悟力的表现。诗文中的意境美与文

---

① 王财贵. 儿童读经教育说明手册［M］. 台中：台中师范学院语文教学研究中心，1995：55.

② 陈子典. 儿童文学大全［M］. 南宁：广西人民出版社，1988：468.

字美重在体会，原本就无须解释，越解释反而越束缚了孩子的想象力，同时也严重破坏了语言美。

（四）采取灵活多样的诵读法

诵读是我国古代教育中一种行之有效的读书方法。它不仅是语言积累的重要途径，也是突出学习者主体地位的重要学习方法。叶圣陶先生指出："唯有不忽略讨究，也不忽略吟诵，那才全而不偏。吟诵的时候，对于讨究所得的不仅理智地了解，而且亲切地体会，不知不觉之间，内容与理法化为读者自己的东西了，这是最可贵的一种境界。学习语文学科，必须达到这种境界，才会终身受用。"① 幼儿阶段是学习语言的最佳时期，教孩子多读一些浅显的诗词，能使孩子在美妙的儿歌中感受汉语的语言美和韵律美，可以引起幼儿的美感、愉悦感。家长和教师在引导幼儿诵读经典时，一方面要掌握包括读准字音、把握节奏、注意动作和眼神等基本的诵读技巧，以向幼儿传授准确、权威的知识，并通过节奏、动作和眼神的把握，更好地表现经典作品中的思想内容、作者感情，给幼儿以美的享受；另一方面要采用多种诵读方式，激发幼儿的学习兴趣，比如带读齐读、接龙诵读、对话诵读、诵读表演等，用形式变化给幼儿带来新鲜感，调动他们诵读的积极性与主动性。

（五）经典诵读与传统文化活动相结合

中华民族的文化传统源远流长，传统文化活动更是丰富多彩。即以传统节庆文化为例，春节、清明节、端午节、中秋节、重阳节等，已成为我们生活中不可或缺的风俗民情。经典诵读的目的就是认识传统文化，通过诵读教育传承传统文化，诵读教育因富有文化内涵而变得生动真切。家长和教师如果有意识地把传统文化与经典诵读相结合，就可以使幼儿在特定的文化情境中增强对经典的兴趣，加快对经典的吸收。如在清明节的时

---

① 叶圣陶. 叶圣陶教育文集：第3卷 [M]. 北京：人民教育出版社，1994：237.

候，诵读唐代诗人杜牧的《清明》："清明时节雨纷纷，路上行人欲断魂。借问酒家何处有？牧童遥指杏花村。"在重阳节到来之际诵读王维的《九月九日忆山东兄弟》："独在异乡为异客，每逢佳节倍思亲。遥知兄弟登高处，遍插茱萸少一人。"放寒假时布置幼儿诵读王安石的《元日》："爆竹声中一岁除，春风送暖入屠苏。千门万户曈曈日，总把新桃换旧符。"等等。这样不但激发幼儿学习经典的热情，更能使幼儿在潜移默化中领悟到传统文化的内涵。

（六）利用多媒体技术辅助经典诵读

幼儿思维的发展还处在以具象思维为主的阶段，对直观具体的事物接受起来较为容易，对抽象事物理解接受起来便有难度。家长和教师在引导幼儿诵读经典时应采用必要的多媒体技术将音像、动画形象等多种表现方式结合在一起，通过色彩、动画、声音的变化组合给幼儿以直观、形象、立体的感受，吸引幼儿的注意力，增加他们的认知兴趣，能够起到事半功倍的作用。

第一，利用多媒体技术再现生活情境，引导幼儿探究。诵读杜牧的《清明》，教师配合相应的多媒体动画，引发幼儿思考：诗人所处的节令是什么时候？天气状况如何？他为什么"欲断魂"？寻找"酒家"的目的是什么？……一步步培养幼儿动脑思考的能力。

第二，利用多媒体设置游戏情境，引导幼儿体验。通过制作多媒体课件，设置游戏情境，引导幼儿表演故事。如诵读《三字经》中关于劝学的内容"子不学，非所宜；幼不学，老何为""蚕吐丝，蜂酿蜜；人不学，不如物"等时，就可以通过多媒体播放"蚕吐丝，蜂酿蜜"的动画，然后让小朋友们自己找小伙伴一边诵读，一边表演。在多媒体声像效果的烘托下，通过游戏表演，幼儿才能身临其境地体会其中的意义。

第三，特殊的"录音机教学法"。运用于幼儿经典诵读教学的现代教育技术中，备受台湾经典诵读教师推崇的是"录音机教学"。具体做法是带一台录音机把上课的过程录下来，而后在其余的七天内，天天放给幼儿听，一天听四遍——三餐各一遍，晚上就寝前再听一遍。这样就不怕幼儿记不住；纵然记不住，他也能够渐渐熟悉古文的音调节奏，等到他日后开窍的时候，记忆的速度自然超越常人之上。台湾的邓秀梅老师说："两年前，我曾带过东方人文儿童读经班的周六班，这一班平均年龄大约是小学四、五年级，最大的是中二，最小的读幼儿园大班。这一班的素质非常优秀，去年全台儿童读经背诵比赛的前三名皆由这一班的幼儿所囊括，可想见他们是多么优异！而一个刚满5岁的小男生，居然也能跟得上，丝毫不落后。我私下忖度这个小男生的妈妈想必花了不少时间、精力，焉知一问之下，她不好意思地全盘招供，原来她只负责把孩子带来上课而已，其余时间根本不管的，因为她是职业妇女，没有时间陪小孩念书。那何以这个小男生仍可以跟得上进度？原来她是采用'录音教学'，而且从其中她又得到一个心得：孩子只愿意听上课现场的录音，不愿听妈妈个人的录音。这个心得倒是可以提供大家参考。"①

四、幼儿园经典诵读课程的考核评价

我国的《幼儿园教育指导纲要（试行）》规定："幼儿园教育是基础教育的重要组成部分，是我国学校教育和终身教育的奠基阶段。城乡各类幼儿园都应从实际出发，因地制宜地实施素质教育，为幼儿一生的发展打好基础。"② 毫无疑问，幼儿园开设的经典诵读课程，也属于素质教育的重要组成部分，原则上也应该进行相应的考核评价。幼儿园建立科学的考核评价机制，以此来评价、控制和督促经典诵读课程，将会促进经典诵读课程的进一步完善。

（一）幼儿园经典诵读课程的考核评价原则

第一，民主性原则。在幼儿园经典诵读课程的管理和实施方面要体现

---

① 邓秀梅. "幼儿读经" 浅谈 [J]. 读经通讯, 1996 (7)：3.
② 高敏. 幼儿园课程 [M]. 杭州：浙江教育出版社, 2010：290.

民主性原则。幼儿园经典诵读特色课程的设计、实施和管理要增强选择性，要赋予每个幼儿教师合理而充分的自主权。幼儿教师可以根据不同年级和班级幼儿的年龄特征和实际发展情况，进行切合实际的课程实施和调整。要充分发挥教师的主导作用，激发教师的创造性，形成有效的经典诵读课程运行机制，促进幼儿园的个性化发展。在评价开始时，评价者要和幼儿教师沟通，根据教育教学实际和幼儿教师本人的情况，形成符合幼儿教师本人的个体化的评价目标和评价方法。经典诵读教育活动的评价，应伴随教师的日常工作自然地进行。在收集信息的过程中要选择恰当的渠道和方式，鼓励幼儿教师自主提交评价资料，给幼儿教师提供表现自己能力和成就的机会。

第二，兴趣性原则。《幼儿园教育指导纲要（试行）》规定：幼儿园要"利用图书、绘画和其他多种方式，引发幼儿对书籍、阅读和书写的兴趣，培养前阅读和前书写技能。"[①] 兴趣性原则是幼儿园经典诵读课程本质特点的反映，是搞好幼儿经典诵读课程的可靠基础。幼儿园可以根据幼儿的实际情况，制定切合幼儿实际的考核评价细则，使经典诵读课程或活动的考核评价制度化、规范化，促进经典诵读课程或活动的有效开展。教师在实施经典诵读课程时要注意发现幼儿感兴趣的事物，以及偶发事件和重大事件中所隐含的经典诵读教育价值，满足幼儿的探索兴趣，尊重幼儿的自主活动，支持幼儿的自主性发展。

第三，差异性原则。经典诵读课程的实施要制订符合每个幼儿实际的考核指标，要面向全体幼儿，要坚持分层、异步的考核方法，注重每一个幼儿都能在原有基础上有所发展。经典诵读教学的考核，应该充分尊重幼儿的人格，尊重幼儿身心发展的规律和学习特点，要重点关注特殊幼儿的发展需要，满足每个幼儿富有个性的发展。对幼儿经典诵读的评价要承认幼儿在经验、兴趣等方面的个体差异。要以发展的眼光看待幼儿，既要了

---

① 中华人民共和国教育部. 幼儿园教育指导纲要（试行）［S/OL］. ［2001 - 07 - 02］. hhtp：//www. moe. gou. cn/publicfiles/business/htmlfiles/moe/s3327/201001/xxgk - 81984. html.

解幼儿经典诵读的现有水平，更要关注他们经典诵读的发展潜能。

第四，激励性原则。经典诵读教学应该是一个鼓励幼儿热爱学习的过程。"语言能力是在运用的过程中发展起来的，发展幼儿语言的关键是创设一个能使他们想说、敢说、喜欢说、有机会说并能得到积极应答的环境"①。幼儿经典诵读效果的评价应以激励为主，对幼儿经典诵读的评价结论只有层级之分，不应有及格、不及格之分。这样有利于维护幼儿的自尊，也有利于表扬先进，激励后进。教师在指导、评价过程中要使用表扬性、鼓励性语言，不使用批评性语言，严禁讽刺性语言，这样有利于帮助幼儿树立自信，从而达到预期的评价目的。

（二）幼儿园经典诵读课程的考核评价方式

对幼儿经典诵读情况和效果的评价应采取多样化的方式，以求得评价的客观性和科学性。幼儿经典诵读的考核评价不同于一般学生的考核评价，应根据幼儿年龄特点和身心发育特点，考虑到经典诵读情况的特殊性，坚持多元评价与专项评价并重，实现观察评价与测试评价的结合，诵读评价与讲述评价的结合，即时评价与定期评价的结合以及幼儿园评价与家庭评价的结合。

第一，观察评价与测试评价相结合。在实施经典诵读教育的过程中，幼儿教师要依据某些特定标准，在日常的课堂教学过程中对幼儿进行观察。这是确定孩子在经典诵读方面天赋特长的最好方法。"许多幼儿教育专家都发现，观察法是对幼儿个体进行测评的最佳方法之一。对于年龄稍大一些的孩子，观察法或许不太适合，但是对于3－5岁的幼儿，则特别合适"②。观察法是实地观察记录孩子的诵读表现，分析孩子的经典诵读的特征。为了确保观察的有效性，观察应该是全面系统的，包括幼儿的智能、记忆力、语感、兴趣和情绪的发展等。教师应注意自然地对幼儿进行观

---

① 高敏. 幼儿园课程［M］. 杭州：浙江教育出版社，2010：292.
② 贝蒂. 幼儿发展的观察与评价［M］. 北京：高等教育出版社，2011：6.

察，然后客观详细地记录下观察信息。观察不需要很长时间。教师每天只是进行 5 - 10 分钟的集中观察，就可以得到幼儿的很多经典诵读方面的信息。观察法要与测查法相结合。幼儿教师可对测查环境作一定程度的人为控制：可在各个区角中投放大量适宜于孩子阅读的经典图书和画册。在幼儿完全没有意识到测查的情况下，每天分晨间活动、区域活动、自由活动、离园活动四个时段进行自然测查，连续测查一周时间。在测查的过程中，只是让孩子知道现在是经典诵读的时间，是否诵读、诵读什么内容都由孩子自己决定。测查还可以采用问卷调查法，运用统一设计的问卷向家长了解幼儿在家进行经典诵读的情况。在此基础上采用量表统计法，将原始观察记录量表、测查量表和问卷调查量表进行分类、统计，以便为下一步经典诵读课程的实施提供科学的依据。

第二，诵读评价与讲述评价相结合。幼儿园可根据经典诵读的实际进度及落实情况，分层次进行诵读评价，以保障诵读的实效性。诵读评价主要是对诵读能力的评价，评价指标主要包括普通话语音是否准确，语调是否正确，吐字是否清晰洪亮，表达是否流畅圆润，节奏韵律是否明显得当，是否能较为准确地把握作品的格调，是否有感染力等。各班可以根据规定的诵读内容，开展平时的诵读自测，并授予幼儿相应的荣誉称号。按照幼儿掌握的程度，可以授予幼儿经典诵读"小学士"、"小硕士"、"小博士"等称号。幼儿园牵头对幼儿进行的检测，主要采用抽测形式。检查项目包括诵读时间落实情况、诵读内容完成情况、幼儿诵读达到的程度等。在经典诗文诵读检测的同时，还要进行经典故事讲述检测。"讲述活动是发展幼儿独白语言的教育方式，对幼儿言语的目的性、独立性、创造性和连贯性，对幼儿的思维、记忆、想象等方面都有很好的促进作用"①。家长或幼儿园可以为幼儿创设一个相对正式的讲述场合，要求幼儿使用比较规范的语言，能够连贯、清晰、完整地讲述学习过的经典故事。这种讲述实际上是一种复述。在复述的过程中，重点检查幼儿的记忆力、语言表

---

① 周兢，余珍有. 幼儿园语言教育 [M]. 北京：人民教育出版社，2004：126.

达能力，以及对原故事的生发和创造能力。幼儿经典故事讲述能力的提高有助于幼儿日常生活中与人交往能力的发展。

第三，即时评价与定期评价相结合。即时评价是指在经典诵读的过程中，根据幼儿的不同特点和表现，及时给幼儿一个具体的、恰当的评价。如幼儿背诵有进步，就真诚地给予鼓励和表扬。教师的口头肯定、提供一次展示机会、一个夸奖的手势、一个轻轻的抚摸等，都能深深地打动幼儿、鼓励幼儿，为幼儿的发展提供精神动力。教师适当的即时评价有助于幼儿养成良好的诵读习惯，同时可以引导幼儿学会赏识别人，让幼儿在赏识中品尝到诵读成功的快乐。定期评价是指纳入幼儿园经典诵读课程教学计划的常规性评价。在经典诵读课程教学计划中，应有多种定期评价的形式，以激发幼儿的诵读兴趣。一般可以定期开展诵读大赛活动，并予以奖励，让幼儿体验收获的快乐。设立经典诵读评价卡，形成评价体系，使经典诵读持久、有效地进行。定期举行分组诵读擂台赛，评选"诵读能手小组"或"诵读之星小组"，以此激发幼儿的诵读热情和集体荣誉感。与定期评价相配套的有效方法是建立"幼儿经典诵读档案袋"，把幼儿每月获得的定期评价及奖励放进成长档案袋。幼儿参与到对自己的诵读活动评价中去，成为对自己诵读负责的人，让幼儿看到自己进步的足迹，也使每个幼儿看到他人的优势，进而取长补短，可以在潜移默化中影响幼儿的情感、情趣与情操。

第四，幼儿园评价与家庭评价相结合。幼儿园对幼儿经典诵读的评价，可以包含着对幼儿家长的评价。家长对幼儿经典诵读的评价，既有对自己孩子的评价，也有对幼儿园经典诵读教育的评价。家园合作、互相评价是提高经典教育效果的重要途径。幼儿园可以根据各学段幼儿的年龄特点，设计丰富多彩的幼儿诗文诵读专项活动，对幼儿的诵读行为进行记录评价。测评的主要形式有"诵、讲、赛、评"："诵"即诵读经典诗文，"讲"即讲述经典故事，"赛"即经典诵读竞赛和经典故事讲述竞赛，"评"即对诵、讲、赛的有效程度进行分析评价。通过专项活动的观察和评价，培养幼儿的诵读兴趣，促进其经典诵读习惯的养成。幼儿园要经常性地开展"家长开放日"等活动，使家长能够参与到幼儿园的经典诵读活动中，亲身体验孩子在园经典诵读的情况，调动家长对幼儿园经典教育活动的关注。幼儿园还可以定期举办"书香家庭"或"经典诵读之家"的评选，对经典诵读的优秀家庭进行表彰奖励。家长要利用多种途径与教师交流，及时反映幼儿在家的学习情况，掌握幼儿在幼儿园经典学习的具体表现，同时对幼儿园的经典诵读教育进行评价。在与家长交流、听取家长评价的过程中，教师应虚心听取意见和建议，反思自身存在的不足，改进经典诵读教育工作，以此建立起家长和幼儿园合作评价的运行机制。

（三）对考核评价结果的分析与反馈

对幼儿经典诵读进行考核评价不是目的，而是要通过考核评价，对考核评价的结果进行深入、科学的分析，借以更好地指导经典诵读课程的有效开展。对幼儿经典诵读考核结果的分析不宜单纯从量的角度分析，而是要寻找出带有普遍性和规律性的问题，从而促进中华经典诵读课程的改革与完善。在幼儿经典诵读考核结果的反馈方面，则要对每一个幼儿的评价结果进行分析，帮助幼儿找出长处和不足，探寻改进其不足的方法和途径。

第一，对考核评价结果的分析要全面。幼儿经典诵读课程是一个复杂的系统工程，对幼儿经典诵读考核评价结果不宜单纯以量为标准进行衡量。"量化的评价是把复杂的教育现象加以简化或只评价简单的教育现象，它不仅无法从本质上保证对客观性的承诺，而且往往丢失了教育中最有意义、最根本的内容"[1]。幼儿经典诵读量化评价把复杂的教育过程简化为数量，把丰富的质的现象还原成量的积累。凡是不能被量化的内容，如幼儿的经典诵读兴趣、幼儿经典诵读的发展潜力等，则有可能被摒弃于幼儿经典诵读发展评价的范围之外。这种量化的评价方式"不利于对幼儿的发展进行真正深入的、内在的分析，无法帮助教师确切地了解幼儿并不断调整

---

[1] 钟启泉，崔允漷，张华.《为了中华民族的复兴，为了每一位学生的发展——基础教育课程改革纲要（试行）》解读 [M]. 上海：华东师范大学出版社，2001：286－287.

和完善教育教学措施和策略，是不可能真正实现评价的发展功能的"①。因此，对幼儿经典诵读考核评价结果要全面分析。考核评价结果的前端是考评内容、考评要素和考评方法，如果在考核内容和考核方法存在局限的情况下，通过考评分析，可以对考评结果进行修正，使考评结果更加全面、真实和准确，以实现考评目标。

第二，对考核评价结果的反馈要简约。幼儿经典诵读考核结果反馈的对象是幼儿和家长。反馈主要有集体反馈和个人反馈两种方式。反馈应本着从简的原则。集体反馈一般是以班级为单位，对幼儿经典诵读考核评价的综合情况进行反馈，表扬先进，激励后进，指出以后改进和提高的方法、途径。个人反馈是对具体幼儿考核评价结果进行面对面的反馈，这种反馈形式更有针对性和实效性，可以对幼儿经典诵读的情况进行具体分析和指导，帮助幼儿改进和提高。对幼儿经典诵读考核评价结果的反馈，无论是集体反馈还是个人反馈，都应该以表扬、鼓励为主，保护幼儿的自尊心，树立幼儿的自信心，促使其努力学习。当然，反馈也不是一味地赞美，把问题淡化。对幼儿在经典诵读过程中存在的集体性的不足，还是应该以委婉的方式予以指出，并提出相应的改进意见。

第二节　小学阶段的经典诵读课程

人的心理发展特征是有阶段性的，不同年龄阶段的不同时期的人的心理发展的特征也是有差异的。② 小学阶段学生的年龄一般在7—12岁，这一年龄段的小学生由于缺乏知识的积累和生活的经验，其机械记忆占优势，习惯于形象思维、被动思维，好奇心强，活泼好动，集中注意力的时间不长，到小学高年级阶段才初步有一定的抽象思维能力，思维的独立

---

① 刘霞. 试析当前幼儿发展评价改革的基本走向 [J]. 幼儿教育，2008 (7)：24.
② 刘本剑. 关于中小学心理教育中的几个认识问题的探讨 [J]. 教育探索，2006 (7)：87.

性、主动性才有所增强。因此，中华经典诵读课程的实施，必须充分考虑小学生的心理特征和学习特征，遵循因材施教的原则，进行科学的、切合小学生实际的目标定位，采取灵活多样的教学方法，才会收到预期的教学效果。

一、小学经典诵读课程实施的原则

小学阶段的中华经典诵读课程是打基础的关键阶段。王财贵先生认为，读经的时机是越早越好，文本是越文越好，内容是越深越好。在小学阶段读经，犹如开掘文化河流。由于读经的孩子阅读能力特别强，读经非但不会成为他的负担，还会给其带来无穷的乐趣。[①] 王财贵先生的观点只能算是一家之言。一般来说，小学阶段实施中华经典诵读课程还是应该充分考虑小学生的特点，并遵循以下四个方面的原则。

（一）以学生为本原则

以学生为本就是在教学过程中充分考虑学生的实际情况，诸如学生的心理特点、认知特点、学习特点、思维特点、性格特点等。中华经典诵读课程的实施，既要考虑学生的实际接受能力和学习兴趣，又要考虑人才培养的目标和学生健康成长的需要。因此，无论篇目的选取、内容的讲解，还是教学的形式，都要充分考虑小学生的实际需要。如诵读篇目可根据小学生的实际，选取《三字经》、《弟子规》、《千字文》、《百家姓》等，还可以选取《论语》、《大学》、《中庸》、《孟子》中适合小学生诵读的部分内容以及部分经典诗词等。同时，由于国家课程设置的统一性、规定性和单一性，往往难以顾及到不同学校、不同学生的兴趣爱好、实际水平和发展需求，因而造成作为受教育者的学生很难有选择什么样的教育的权力。这就要求每个学校密切联系本校学生的实际，开设切合本校学生实际的中

---

① 陶继新. 关于读经的大胆说法［N］. 中国教育报，2005－12－22.

华经典诵读校本课程，适应学生的接受能力和接受水平，尽可能地满足学生的学习需求和兴趣爱好，以学生素质养成、人格健全、个性发展为目的。

（二）趣味性原则

所谓趣味性，就是"在传授知识时首先要从兴趣入手，以兴趣去激发学生的求知欲望，以兴趣去撞击学生的思维火花和创造热情"[①]。小学阶段的学生，刚刚脱离了无拘无束、以玩耍娱乐为主要形式的学前阶段，开始了有规范、有束缚、有节奏的学校生活。这一阶段的学生从总体上来看，还处于儿童时期，喜欢游戏娱乐，好玩好动，这是小学生这一年龄段的性格、心理决定的。因此，中华经典诵读课程的实施，要充分考虑小学生活泼、好动、好玩的特点，无论课程内容的选取还是教学形式的采用，都应力求丰富多彩，力求适应学生的兴趣、爱好，讲究趣味性。特别是教学的方式，一定要避免单一化、简单化，要采取多种多样、活泼有趣的教学方式，以培养学生的学习兴趣。

（三）差异性原则

根据人类神经活动的强度、平衡、灵活性等方面的差异及其在心理活动方面的表现，人类存在着四种基本的神经活动类型。神经活动的类型影响着学生的心理过程、个性心理特征、心理倾向性等。[②] 因此，在实施中华经典诵读课程的过程中，既要考虑到不同学校学生的层次性、差异性，也要考虑到不同学生的层次性、差异性。实施中华经典诵读课程，既要面向全体，根据小学生的普遍性特点实施教学，同时，也不能忽视由于受个人修养、禀赋、爱好等条件制约而呈现的水平参差不齐的状况，给予不同的学生以不同的要求和切合实际的指导。在课程实施过程中，要联系小学

---

① 秦利群. 语文活动课的设计原则 [J]. 当代教育论坛，2010（7）：53.
② 李春玉，孙宇飞. 试论创新教育中的差异性原则 [J]. 通化师范学院学报，2011（5）：89.

生的实际，进行不同的引导和指导。要善于发现学生的兴趣、爱好和特长，鼓励学生的爱好和特长，对记忆力强、朗读能力突出的学生，可以适当地增加篇目，进行个别的、有针对性的指导。

（四）感性原则

小学阶段的学生，理解能力相对较弱，注意力难以集中，而且注意力持续的时间较短，不喜欢单调的重复和机械的训练。因此，小学阶段中华经典诵读课程的实施必须考虑到小学生的这些特点，不能过分强调内容的讲解，不能刻意要求小学生对经典篇目的理解和认识。教师的讲解不宜过深、过细，不能要求小学生有全面的理解，应该允许"不求甚解，渐得渐悟"，或者是"一知半解"。应该把训练的重点放到形式方面，侧重训练学生的朗读、记忆、想象、表达等方面的能力，使学生先获得感性的认识，明白最简单的道理，更多地感受中华经典的形式美、语言美、音韵美。

二、小学经典诵读课程的目标导向

小学阶段的经典诵读课程是为中华经典诵读打基础的重要阶段。因此，小学阶段中华经典诵读课程的实施要联系学校、学生的实际情况，制定切合本校学生实际的目标导向，以便有目的、有步骤、有针对性地实施中华经典诵读课程，达到预期的教学目标。一般来说，在小学阶段实施中华经典诵读课程，应该主要确定以下目标导向。

（一）知识和能力方面的实施目标

人民教育出版社的刘贞福先生在谈到语文学科的修养时指出："知识和能力是奠基性的，舍此不称其为学科。……字词句篇的积累、语感、识字、写字、阅读、写作和口语交际的能力，都属于这一范畴。"[1] 因此，从

---

[1] 刘贞福. 谈"语文素养"[J]. 语文建设，2003（4）：8–9.

语文的学科特性出发，在小学阶段实施中华经典诵读课程，其目标主要是通过诵读，让学生获取中华经典中所涉及的人文社会科学、自然科学等多方面的基本知识，训练学生朗读、记忆、想象、理解、写作等多方面的能力。一是通过诵读经典文章，使学生初步认识和掌握常用汉字、词语，在反复诵读中掌握常用汉字、词语的语音，并在识读常用汉字、词语的基础上，尽可能地理解和掌握常用汉字、词语的意义。二是通过诵读经典文章，积累经典语句，让学生逐步扩大阅读量，增加记忆量，了解中华民族的悠久历史、灿烂文明、博大文化，扩展学生的知识内存，提高学生的文学艺术素养。三是通过诵读经典文章，在潜移默化的感知过程中，增强学生对汉语的语感，提高学生的阅读能力、记忆能力、想象能力、理解能力、感悟能力、表达能力和写作水平等。

（二）品德和素质方面的实施目标

通过诵读经典文章，陶冶学生的道德情操，提升学生的综合素质，是小学阶段实施中华经典诵读课程的目标之一。尽管小学阶段的学生理解能力较弱，但这却是进行良好道德熏陶的关键时期。实施中华经典诵读课程，可以在潜移默化中，使小学生受到中国传统道德观念的感染和陶冶。一是通过对经典文章内容的感悟，使学生品味中华传统美德和民族精神，在一定程度上感悟经典文章中的哲理与规范，传承中华传统文化。二是在有节奏、有韵律的诵读过程中，陶冶学生性情，洗涤学生的心灵。三是在集体诵读过程中塑造学生乐观向上、自信自尊、团结协作的优良品质，体味合作的乐趣，感悟团结的力量，增强集体意识和纪律观念。四是利用竞争机制，通过诵读竞赛等活动，培养小学生的竞争意识、进取意识，为将来适应社会发展的需要奠定基础。

（三）情感和意志方面的实施目标

心理学认为，人的情感是与认识过程紧密相连的，任何认识活动都伴随着一定的情感，是在情感的动力影响下进行的①。实施中华经典诵读课程，应注意确立培养学生健康的情感、坚强的意志等方面的目标。一是通过诵读、理解，感悟经典文章中的高尚情感，培养健康高尚的亲情、友情和爱国之情。二是通过反复、持之以恒的诵读，通过知识积累的过程，感悟积少成多、滴水穿石的道理，体会积蓄的快乐，培养顽强的意志，树立学习的恒心，培育坚韧的毅力，获取成长阶段最需要的成功感，感受成长的快乐。三是通过多种形式、各种场合的诵读，增进学生与同学、与教师、与家长之间的情感交流，构建融洽和谐的同学情、师生情、骨肉情，感受和谐的快乐，促进身心的健康。

（四）审美和情趣方面的实施目标

小学阶段实施中华经典诵读课程，初步培养学生的审美能力和审美情趣也是实施目标之一。中华经典文章特别是其中的古诗词，具有突出的节奏美、韵律美、画面美、意境美。通过对经典文章的诵读，可以使学生得到多方面的美的熏陶。一是通过反复诵读，体味经典文章的语言美。经典诗词具有鲜明的节奏和韵律，读起来琅琅上口，构成中华经典诗词特有的音乐美。经常诵读中华经典诗词，可以使学生在有节奏、有韵味的琅琅书声中感受中华经典的语言美。二是通过反复诵读，启发学生的想象力，让学生逐步感受经典诗词中的画面美、意境美。尽管小学生的理解能力有限，但教育者可以通过多种方式启发学生的想象力，让学生感受经典诗词中的画面美，在一定程度上体味经典诗词中的意境美，获得美的熏陶，体会欣赏美、创造美的快乐，提高感受美和创造美的能力。

三、小学经典诵读课程的实施途径

在小学阶段实施中华经典诵读课程，要结合小学生天真、好动等特

---

① 肖萍. 浅谈阅读教学中情感和意志的培养［J］. 吉林教育科学，1999（4）：39.

点，从小培养学生良好的读书习惯，采取多种形式实施中华经典诵读课程。要精心组织中华经典诵读活动，有计划、有步骤、循序渐进地展开，通过诵、背、书、画、演、唱等多种形式，把诵读中华经典活动渗透到校园生活之中，愉悦学生的心灵，陶冶学生美好的情操，丰厚学生的人文底蕴。

（一）开设中华经典诵读课程

各学校要结合本学校的实际，认真开设中华经典诵读校本课程，使中华经典诵读制度化、规范化、常态化。学校领导要高度重视中华经典诵读课程的开设，加强对中华经典诵读课程的管理和宏观调控，将中华经典诵读课程纳入统一的教学计划，选用或编写符合学生实际的中华经典诵读校本教材，选拔有特长、有责任心的教师作为中华经典诵读课程的指导教师，确定相对固定的诵读时间，开展形式多样的诵读活动，营造浓厚的诵读氛围。

（二）开展中华经典诵读活动

开展丰富多彩的经典诵读活动是中华经典诵读课程的延伸和拓展。由于课时的限制，中华经典诵读课程的实施不能局限于单一的课堂诵读的方式，应该采取灵活多样的形式开展经典诵读活动。

第一，实施定时吟诵活动。学校可以利用每天晨读或其他时间，组织学生进行经典吟诵活动。吟诵是中国传统的读书方式，已有三千多年的历史，至今依然是中华经典课程教学的基本策略和根本路径。吟诵是最切合中华经典的诵读方式，它不仅让经典诵读变得趣味横生、寓教于乐，而且由于经典的音韵之美能让吟诵者快速记忆，即使篇幅浩大的国学经典也比较容易背熟。吟诵还能起到教化人心、提升品位、增强涵养品质的作用。"吟诵尤其可使人了解汉语音韵独一无二的美感，激发人们热爱汉语和使用汉语的情感，所以吟诵艺术具有大力推广的价值。"① 因此，开展多种形式的吟诵活动是中华经典诵读课程实施的重要途径。

第二，举办书画经典活动。为了强化诵读效果，学校可以将学生对中华经典的感悟融入到书法、绘画活动中。书法艺术是中国古典艺术的结晶，书法美学是中国古典美学的极致范式。可以说，书法本身就是一种广义的经典文化。将中华经典文章与书法艺术结合起来，使经典书法化、书法经典化，对学生会是一种美妙的心灵震撼。将经典与书法结合起来，还能够使学生对经典诵读和书法艺术产生更大的兴趣，促进诵读和书法水平的共同提高。同时，诗与画是联系十分紧密的姐妹艺术。诗中有画，画中有诗，一首诗往往就是一幅色彩绚丽的画，一幅画也常常蕴含着浓郁的诗意。将经典诵读与绘画结合起来，有助于学生更好地感受和解读中华经典的艺术魅力，有利于学生在诗与画的交互影响中体味中华文化的独特神韵。

第三，举办经典表演活动。活泼、好动、善模仿、爱表演是孩子的天性。当学生沉浸在某种情境中的时候，他们往往会产生强烈的表演欲望，表演起来也非常投入。开展诵读活动，应该充分利用部分经典诗文的故事性、情节性和形象性，采取多种形式开展吟诵表演活动，可以让学生自编自演，也可以在专业教师的指导下编演。表演活动激发了学生诵读经典的兴趣和热情，"给每位学生提供了一个展现自我的舞台。同学们对诗歌、对朗诵有了新的认识，在欢快优美的韵律中、耳熟能详的诗词氛围中，学生们得到了美的熏陶，对孩子们的眼界、胸怀、气质、品格、修养的提高都有实实在在的帮助。"②

第四，举办经典诵读竞赛活动。在小学生中开展中华经典诵读竞赛活动，可以增强学生的学习兴趣，激发学生的学习热情，调动学生诵读经典的积极性、主动性。诵读竞赛可以采取多种形式，如个人诵读、合作诵

---

① 李欢喜. 吟诵艺术初探 [J]. 内蒙古艺术，2004 (1)：70.
② 尹超. 绽放和谐快乐之光——北京大学附属小学教育创新研究 [M]. 北京：教育科学出版社，2010：211.

读、集体诵读、花样诵读以及经典表演赛、经典书画展览等。各种形式的竞赛活动激发了学生的经典诵读兴趣和热情。竞赛活动通过奖励先进、树立典型、激励后进等方法，全方位营造良好的经典诵读氛围，形成浓厚的中华经典诵读风气。

（三）加强中华经典诵读指导

实施中华经典诵读课程或中华经典诵读活动，不能放任自流，必须加强引导和指导。经典诵读活动如果形式单一，不加以引导和指导的话，可能会变得枯燥乏味。因此，老师必须结合学生的实际，引导并指导学生采取丰富多彩、灵活多样、行之有效的诵读方式，这样才能收到预期的效果。在诵读方式上，可指导学生采用单人诵读、合作诵读、男女对读、接龙诵读、花样诵读、集体诵读等多种形式。在背诵方式上，可引导学生采用多种方式"巧"背，以实现"量"的积累。

第一，朗读背诵。即通过反复的朗读，增强学生的记忆，达到背诵的目的。朗读和背诵几乎可以不受环境的影响，对环境的依赖性较小，容易得到保证及满足，我们只要给学生自由支配的时间和读背的内容，学生就可以在课外时间一个人完成，无需找伙伴做训练对象。朗读和背诵同样也不受时间的限制。它不需要学生专门用大块的时间来完成，它具有机动灵活的特点，学生可以自由选择朗读和背诵的时间，课前课后，饭前饭后，学生都可以自由地朗读背诵。

第二，表演背诵。即根据小学生的年龄、性格、心理特点，让他们在朗诵时根据经典诗文的内容加上语气、动作、表情等，边朗诵边表演，借助于恰当的语气、表情和动作，激发小学生对经典诵读的兴趣和热情，增强小学生对经典诗文的感悟与记忆，以保证小学生对经典诗文背得快、记得牢。

第三，分类背诵。即根据经典诗文的形式、内容进行分类背诵。为了增强背诵的效果，可以根据经典诗文的内容和形式进行必要的分类，指导学生分类背诵。如古诗按内容可分为借景抒情诗、咏古抒怀诗、托物言志诗、山水田园诗、边塞征战诗、赠友送别诗、伤春闺怨诗等。一些类别中还可以再细分，如山水田园诗，可以根据诗中所描写的时令分为春景诗（《早春》、《春江花月夜》等），夏景诗（《夏日》、《小池》等），秋景诗（《秋浦歌》、《秋思》等），冬景诗（《冬景》、《江雪》等）。分类背诵，可以增强小学生对不同经典诗文的联系，并从一定的联系中感受经典诗文的脉搏，增进对经典诗文的记忆。

第四，设景背诵。即根据经典诗文的特定内容，利用音乐、图画、视频或现实场景，创设一种与经典诗文内容相适应的诵读氛围或情景，引导学生进入创设的情境，入情入境地诵读，提高小学生的背诵效果。如背诵杨万里的《小池》："泉眼无声惜细流，树阴照水爱晴柔。小荷才露尖尖角，早有蜻蜓立上头。"可以引导小学生到现场观察泉眼默默地渗出涓涓细流，仿佛十分珍惜那晶莹的泉水；绿树喜爱在晴天柔和的气氛里把自己的影子融入池水中；嫩嫩的荷叶刚刚将尖尖的叶角伸出水面，早就有调皮的蜻蜓轻盈地站立在上面了。通过引导小学生观察体会初夏小池中富于生命动态感的清新景象，体会作品表达的幽情逸趣，对于加强诵读效果将会有神奇的作用。

第五，综合背诵。有学者提出了"背诵十八法"，分别为浮现形象背诵、进入角色背诵、理清层次背诵、摘关键词语背诵、尝试重现背诵、整体背诵、分部背诵、综合背诵、攫取特征背诵、重点突破背诵、理解背诵、推想背诵、讲读背诵、听读背诵、打断背诵、区别易混词句背诵、有紧迫感背诵、近期复习背诵等[1]。其实，我们不用机械地使用这所谓的"背诵十八法"，只要符合小学生的年龄特点和心理特征，重点实施朗读背诵、表演背诵、分类背诵、设景背诵等形式，即是有效的综合背诵。在经典诵读过程中，综合运用多种背诵方式，可以使经典诵读活动灵活且富有变化，激发小学生诵读经典诗文的兴趣，调动小学生经典诵读的积极性，增强背诵效果。

---

① 廖涵. 授文千法 [M]. 长沙：湖南教育出版社，1989：77－78.

（四）　创设中华经典诵读氛围

第一，通过课内课外的结合，创设中华经典诵读氛围。经典诵读不能局限于课内，而应该将课内诵读与课外诵读紧密结合起来，加强课内诵读和课外诵读的横向联系，创设中华经典诵读氛围。在课内诵读的过程中，教师指导小学生掌握诵读的方法，熟悉诵读的多种形式，培养起小学生诵读的兴趣。在此基础上，鼓励小学生利用课外闲暇时间进行反复的、形式多样的诵读，涉猎更宽广的诵读领域，提高小学生经典诵读的自觉性、主动性。

第二，通过校内校外的结合，创设中华经典诵读氛围。中华经典诵读活动不能局限于校内，而应该将校内与校外（家庭、社会）联系起来，共同构筑良好的中华经典诵读氛围。校内诵读根据学校的统一部署主要由班主任、指导教师负责，每天用一定的时间有组织地开展诵读活动；校外诵读主要由家长负责，指导或督促小学生的诵读，并倡导家长与孩子一起诵读，营造良好的家庭文化氛围，增进家长与孩子的沟通与交流，共同提高家长与孩子的人文素养，促进家庭的和谐。同时，利用小学生的社会实践和文化娱乐活动，让经典诵读走出校园，走向社会，引起全社会对中华经典诵读的关注，激发对中国传统文化的热爱之情，从而推动社会的进步。

四、小学经典诵读课程的考核评价

教育行政部门要把中华经典诵读活动纳入创建未成年人思想道德工作先进单位的考核内容，把中华文化经典诵读活动列入学校德育教学计划，建立健全科学有效的督促检查和考核评价机制。学校也必须采取灵活的考核方式，建立科学的评价机制，以此来评价、控制和督促经典诵读活动，促进经典诵读活动的进一步完善。

（一）小学经典诵读课程的考核评价原则

第一，规范性原则。这条原则是小学经典诵读课程的本质特点的反映，是搞好小学经典诵读课程的可靠基础。教育行政部门要按照日常教学管理要求，进行经典诵读课程或活动的考核评价。必须遵循小学生身心发展规律和经典诵读课程的规律，建立健全相应的规章制度，制定明确的考核评价细则，使学生和教师有章可循、有规可依。各学校可以根据本学校和学生的实际情况，制定切合本学校和学生实际的考核评价细则，使经典诵读课程或活动的考核评价制度化、规范化，促进经典诵读课程或活动的深入开展。

第二，发展性原则。对小学生经典诵读成果的考核评价要坚持发展性原则。对小学生的发展性评价，是指依据一定的教育发展目标，评价者与学生相互配合，共同制定双方认可的切合学生实际的发展目标。评价者与学生共同承担实现发展目标的责任，运用灵活多样的考核评价方法，对学生的学习过程、学习效果、实践能力、创造能力、素质发展等方面进行价值判断，使学生在评价过程中，充分认识自我的发展状况，优化自我素质结构，不断认识自我，取长补短，发展自我，完善自我，逐步实现不同层次的发展目标。坚持发展性原则，应着眼于发展学生的兴趣、需要和特长，关注学生的个性发展，充分体现学生的自主性、能动性和创造性。

第三，层级性原则。对小学生经典诵读成果的考核评价还要坚持层级性原则，不能简单地搞一刀切。要把不同的学生安排到合理的层级中去，让他们在所属层级中进行全面竞争，最终得到全面的最大程度的发展。美国发展心理学家霍华德·加德纳的多元智能理论认为，每个小学生都有特定的可持续发展的潜力，只是表现的领域不同而已①。如果我们以固定的

---

① 多元智能理论由美国哈佛大学心理发展学家霍华德·加德纳（Howard Gardner）在 1983 年提出。加德纳从研究脑部受伤的病人发觉到他们在学习能力上的差异，从而提出多元智能理论。传统上，学校一直只强调学生在数学逻辑智能和语言智能（主要是读和写）两方面的发展。但这并不是人类智能的全部，不同的人会有不同的智能组合。

标准去衡量所有的小学生，则会使后进生难以接受，逐渐丧失学习兴趣及自尊心、自信心。因此，发展性评价是在承认小学生个体差异的基础上，依据学生的不同个性、禀赋，因材施教，分类指导，充分尊重学生的个性发展要求，正确地判断每个学生的不同特点及其发展潜力，从而实施分层评价，在每个学生现有的基础上确定不同的发展目标。

第四，多样性原则。对中华经典诵读课程的实施情况和效果的评价要采取多层面、多样化的评价方式。既要对学校中华经典诵读课程的实施情况进行综合评价，也要对教师备课、上课、指导情况进行评价，倡导经典诵读课程生活化、活动化、故事化、体验化、兴趣化的教学，切实提高教学质量。同时，更要对学生经典诵读的情况和效果进行考核评价。学生的经典诵读情况特别是诵读效果是考核评价的重点，也要采取多样化的考核评价方式。

第五，激励性原则。经典诵读教学应该是一个鼓励学生控制自己学习的过程。"教师必须去了解每个学生的需要和兴趣，同时利用这个信息，设置教学目标和活动，在教师的引导下，让全班每一个学生都能实现自己的目标，从而获得成功体验。教师还必须督促学生对自己的学习承担责任，并积极投入到学习活动中。"[1] 对小学生经典诵读效果的评价也应以激励为主，对学生的评价结论只有层级之分，不应有及格不及格之分。在指导、评价过程中要多使用表扬性、鼓励性语言，少使用批评性语言，帮助小学生树立自信，从而达到预期的评价目的。

（二）小学经典诵读课程的考核评价方式

经典诵读课程评价的重点是学生。对学生经典诵读情况和效果的评价应采取多样化的方式，以求得评价的客观性、科学性。小学生经典诵读的考核评价要注意四个方面。

第一，日常评价与期末评价相结合。日常评价是贯穿经典诵读活动全

---

[1]　胡小伟. 教学模式探索［M］. 杭州：浙江人民出版社，2004：20.

过程的评价方式，目的是随时随地的检查、抽查学生经典诵读的情况，督促学生及时找出差距，弥补不足。期末评价是对学生一个学期经典诵读的情况和效果进行阶段性评价，目的是通过考核评价掌握一个阶段学生经典诵读的情况，分析学生提高和发展的规律，找出带有普遍性的经验和问题。

第二，学生自评与同学互评相结合。学生自评是指学生通过诵读日记、诵读心得、背诵进度等形式对自己的经典诵读情况进行自我评价，以增强学生的自我认识、自我约束、自我激励等方面的能力。同学互评是指以小组（或班）为单位，全组（或班）同学根据平时掌握的情况对某一个同学进行评价，以促进同学之间的交流，形成互相督促，"比、学、赶、帮、超"的良好风气。

第三，教师评价与家长评价相结合。教师评价是指教师根据学生在经典诵读活动中的表现、投入程度、运用技巧的能力、背诵的数量、诵读的效果等方面，给学生进行综合评价，从而体现出教师评价的指导性、激励性。家长评价是指学生家长根据孩子在家中诵读经典投入的时间、自觉诵读的程度、诵读的数量和质量、诵读的效果以及综合表现进行评价，以增进家长与孩子之间的沟通与交流，增强家长家庭教育的责任感，营造良好的家庭教育氛围。

第四，数量评价与质量评价相结合。数量评价是指对学生诵读的篇目数量和背诵的篇目数量进行考核评价，以督促学生尽可能地扩大经典的知识量，增大经典知识储备。质量评价是指根据经典诵读技巧的运用、诵读形式的多样、诵读成果展示、个人修养的变化等方面对学生进行评价，目的是鼓励个性、兴趣、特长的发展，注重经典诵读的效果特别是对良好品德养成的影响，这也是设置经典诵读课程最为重要的目标之一。

（三）考核评价结果的分析与反馈

经典诵读考核评价本身不是目的，而是要通过考核评价，对考核评价的结果进行深入、科学的分析，既要从总体上寻找带有普遍性和规律性的经验和问题，从而促进中华经典诵读课程的改革与完善，又要在个体上对每一个学生的评价结果进行分析，帮助学生找出长处和不足，探寻改进不足的方法和途径。

对小学生经典诵读考核评价结果的分析应本着从简、重点的原则，分析出最主要的问题即可。对考核评价结果进行分析后，就要对学生进行反馈。反馈主要有集体反馈和个人反馈两种方式。集体反馈一般是以班级为单位，对学生经典诵读考核评价的综合情况进行反馈，表扬先进，激励后进，指出以后改进和提高的方法、途径。个人反馈是对具体学生考核评价结果进行面对面的反馈，这种反馈形式更有针对性和实效性，可以对学生经典诵读的情况进行具体分析和指导，帮助学生改进和提高。对小学生经典诵读考核评价结果的反馈，无论是集体反馈还是个人反馈，都应该以表扬、鼓励为主，保护小学生的自尊心，树立小学生的自信心，促使其努力学习，健康成长。

第三节　中学阶段的经典诵读课程

中学阶段的学生有了一定的知识积累，逻辑思维和理解能力逐渐增强，许多方面比小学生有了明显的变化。心理学上将青春期到青年初期这一年龄段称为"心理断乳期"，意思是指在这个年龄段，个体将在心理上脱离父母的保护以及对他们的依赖，逐渐成长为独立的社会个体。从青春期开始的"心理断乳"，使中学生发生了显著的变化，生理发育有了明显变化，心理性格也有了明显变化。尽管他们有着强烈的独立活动的要求和愿望，但实际上很难在短时间内适应独立生活。中学生常常发生内心冲突，在现实中也常常遇到一些困难和挫折，很难依靠自己的力量去解决和处理好这些问题。"心理断乳期"的中学生"不再像小学生那样把教师当作权威，甚至连教科书也敢于怀疑。这样的心理品质，如果教育者悉心保护、正确引导，有利于独立性的发展"①。因此，在中学阶段实施中华经典诵读课程，应该结合中学生的心理、性格特点，确定有别于小学阶段的实施原则、目标导向等。

一、中学经典诵读课程实施的原则

在中学阶段实施中华经典诵读课程，应密切结合中学生心理、性格等方面的特点，主要遵循以下实施原则。

（一）趣味性原则

脱离了小学阶段的中学生仍然保留着一定的活泼好动的特点。在中学阶段实施中华经典诵读课程，仍然要注意遵循趣味性原则，无论是诵读教学还是诵读活动，都应力求形式多样、富有趣味。灵活多样的诵读教学和丰富有趣的诵读活动才会深深地吸引学生积极参与，才能激发他们的求知欲，调动学生经典诵读的积极性和主动性。因此，要求教师在诵读教学过程中注重诵读方法的趣味化，可采用故事法、表演法、配乐诵读法、诗文配画法等多种形式激发学生经典诵读的兴趣。在组织开展经典诵读活动时注重活动方式的多样化，在丰富多彩、富有趣味的诵读活动中，激发学生积极参与的热情，增强学生主动参与的意识，让学生在多种形式的诵读活动中乐学成诵。

（二）朦胧性原则

中学生尽管比小学生的理解力增强了，但由于其缺乏社会阅历和生活经验，对一些问题的理解往往局限于浅层次。因此，在中学阶段实施中华经典诵读课程，应遵循朦胧性原则。对于选学的中华经典诗文，不能要求学生逐字落实，透彻理解。优秀的古典诗文往往具有朦胧性和模糊性的特

---

① 朱成祥. 中学生逆心理的正效反应及其利用 [J]. 上海教育科研，1994（6）：48.

征，教学中可以"在不影响学生准确理解教学内容，达到预期教学目的的前提下，用模糊不定的教学手段来激发学生的审美想象，从而培养学生的审美能力①。"经典诵读课程或活动本来就有别于其他正常的课堂教学，诵读讲究的是"不求甚解"，自然感悟，正如常言所说"读书百遍，其义自见"；诵读注重的是书声琅琅，快乐积累，让学生在快乐的经典诵读中积累知识，丰富文化底蕴；诵读强调的是慢慢渗透，润物无声，让学生通过经典诵读先把经典知识积淀在脑海里，形成文化储备，随着年龄的增长、阅历的增加和心智的成熟，逐步吸收、消化、理解和感悟。

（三）持久性原则

歌德曾说过："收藏家是最幸福的人。"殊不知，在这些"最幸福的人"之中，无一不经历着漫长、持久的韧性与毅力的艰苦挑战。在他们身上总是体现着十分难能可贵的持久的力量②。对学生而言，经典诵读也是一种收藏和积累，这并非一朝一夕之事。经典的积累、心灵的启迪、习惯的养成是长期积累的结果。中学生的人格、心智、修养等方面还不够健全，学习缺乏恒心和毅力，一些学生"三天打鱼，两天晒网"，一曝十寒，存在许多不良的习惯。这就要求诵读中华经典活动要长期而持久地开展，决不能急功近利、一蹴而就。有针对性、有计划、长期开展中华经典诵读活动，可以使学生逐步养成良好的诵读习惯，反复强化、加深学生的记忆，不断增加学生的经典知识储备，为以后的心领神会、全面发展打下基础。

（四）层次性原则

在中学阶段实施中华经典诵读课程，要尊重学生的个性差异，对不同年级、不同班级、不同学生，在诵读内容、诵读要求、诵读目标等方面应

---

① 陈金凤. 诗歌的朦胧特点及其教学的模糊性［J］. 福建教育学院学报，2008（8）：8.
② 吴乐平. 集藏大观［M］. 武汉：湖北科学技术出版社，1995：72.

各有侧重。诵读的内容可以从《论语》、《孟子》、《中庸》、《大学》、《老子》以及《诗经》、《离骚》、汉乐府、唐诗、宋词、元曲等经典诗文中进行精选，选取的标准主要是经典诗文中能体现对中学生在道德引领、人格塑造、情怀培育、修养形成等方面产生积极作用而又不繁难艰深的名篇名段。在诵读目标上，初中学生可以诵读吟咏与理解领悟并重；高中学生可以在诵读吟咏与理解领悟相结合的基础上，更侧重于理解领悟。

（五）教育性原则

中华经典之所以能代代相传，延续至今，一个重要原因就是它是前人人生经验的结晶，总括了前人对人生、社会、生活的深刻感悟，具有普遍性和持久性的指导意义，历经千百年的考验，蕴含着极高的人类智慧。中华经典大都是思想教育的优秀素材。我们从中华经典中选取对学生有现实指导意义的篇章，汲取精华，剔除糟粕，对学生进行有针对性的教育，能收到良好的教育效果。在中学阶段实施中华经典诵读课程，本身就是思想教育、素质教育、人才培养以及校园文化建设的一个重要的手段。通过开展经典诵读活动，可以使学生的人格健全优化、身心健康，提高学生的文明修养，养成良好的生活习惯。在中学阶段开展经典诵读活动，应该从初中一年级开始直到高中三年级，逐渐由侧重于诵读、记忆、积累，向侧重于理解、感悟、践行过渡，达到学有所得、学有所悟、学有所用。

（六）自主性原则

进入中学阶段以后，学生的身体发育、性格心理等方面都有了明显变化，个人兴趣也产生了分化，特别是独立意识、自尊心的增强，使中学生十分渴望并勇于自我表现，渴望得到别人的理解和尊重，渴望发展自己的兴趣。中华经典诵读一般作为校本课程，在实施过程中必须充分考虑中学生的心理特征，适当地贯彻自主性原则，除了要求学生完成规定的诵读篇目外，应该给学生留出足够的空间，在经典篇目的选取、诵读的技巧、诵读活动的开展、诵读形式的创新等方面给学生一定的自主权，让学生充分发展自己的兴趣爱好，展示自己的个性特长，鼓励学生积极向上的自我表现、张扬个性，这样才能充分调动中学生经典诵读的积极性和主动性，从而收到事半功倍的效果。

二、中学经典诵读课程的目标导向

中学阶段实施的中华经典诵读课程，其目标导向与小学阶段的目标导向既有必然的联系，又有一定的区别。在中学阶段实施中华经典诵读课程，主要确定以下目标导向。

（一）知识积累目标

在中学阶段实施中华经典诵读课程，使学生获得更多的知识积累仍然是经典诵读课程的实施目标之一。中学生的感知觉（包括视觉、听觉）迅速提高，有了较强的目的性和概括性；思维由形象思维开始向抽象思维过渡，具有了初步的辩证思维能力；想象乃至幻想能力空前发展，为创造性的发挥和创造能力的培养提供了广阔的空间；记忆的领域逐步扩大，技巧多样，效率提高；注意的有意性、选择性和稳定性有很大发展。这些特点决定了中学阶段是学生接受、获取、积累知识的最佳时期，也有利于在更高层面上开展经典诵读活动。通过长期实施中华经典诵读课程，可以使学生不断获取中华经典中所涉及的人文科学、自然科学等多方面的知识，经过日积月累，学生的文化底蕴才会逐步增加，为将来的发展打下坚实的基础。

（二）能力培养目标

能力是指顺利完成某一活动所必需的主观条件，是直接影响活动效率，并使活动顺利完成的个性心理特征。能力又可分为学习能力、执行能力和专业知识三类，"一个人必须这三者兼具才可以称得上是有能力"①。而其中的学习能力是其他能力能否进步的关键所在，是个人能力的基础和源头。对于学生而言，这里所说的"能力"主要指学习的能力。学习能力是指学生运用科学的学习方法，快捷、有效地获取知识，利用知识去分析、解决问题的能力。学习能力包括记忆力、注意力、观察力、想象力、概括力、理解力、创造力等。实施中华经典诵读课程，应该将培养学生的学习能力作为目标之一。中华经典诗文蕴含丰富的知识，为人处世的哲学，修身、齐家、治国、平天下的道理，甚至学习的方法。中学生经过对经典诗文的反复诵读、理解和感悟，不仅能从中获取大量的知识，而且能训练表达、记忆、想象、理解、写作等多方面的能力，有助于学习能力的提高。

（三）兴趣发展目标

孔子曰："知之者不如好之者，好之者不如乐之者"（《论语·雍也》），这就说明了兴趣在学习过程中的重要性。若要学生养成良好的学习习惯，兴趣的引导和培养是十分必要的。到中学阶段，学生的个人兴趣开始凸显，但需要正确的引导和积极的培养。实施中华经典诵读课程，开展经典诵读活动，可以为学生兴趣的发展提供广阔的舞台。在经常性、多样性的诵读活动中，可以发现学生的朗诵、背诵、表演、写作、书法、绘画等兴趣。发现学生有益的兴趣就要创造条件使学生的兴趣得到健康的发展。丰富多彩、生动有趣的诵读形式，可以激发和培养学生的兴趣。开展经典诵读活动，切忌形式单调、乏味，必须精心筹划，力求诵读的形式丰富多样、富有趣味，这样才能吸引学生积极参与，使学生从不感兴趣到感兴趣，从被动学习到主动学习，才能收到事半功倍、一举多得的实施效果。

---

① 杜书伍. 专业知识不代表能力 [J]. 销售与市场，2007（7）：45.

（四）素质养成目标

诵读经典文章，陶冶道德情操，提升综合素质，依然是中学阶段实施中华经典诵读的目标之一。良好的素质养成既是中学中华经典诵读课程实施的出发点，也是中华经典诵读课程实施的落脚点，诵读、感悟、践行皆归宿于此。经典诵读不能仅限于口耳之学，而应该是关乎人生的修养之学、实践之学。经典诗文中所蕴含的丰富的伦理道德、人生哲理，对人的内在精神、个性修养、生命气质等都会产生重要的影响。因此，实施中华经典诵读课程必须把学生良好素质的养成作为重要的目标。开展经典诵读活动，不仅要引导学生熟读、背诵，更要让学生注重理解、领悟，汲取经典中的精华，融入到日常的学习、生活之中，培养学生仁义敦厚的性情、自尊自强的人格、感恩图报的品质、勇于担当的胸襟。儒家提倡"为己之学"，即学习是为了自身的完善而不是做给别人看。荀子在《劝学》中说："古之学者为己；今之学者为人。君子之学也，以美其身；小人之学也，以为禽犊。"① 杨倞注曰："禽犊，馈献之物也。"这里的"君子之学"强调了学习的目的是完善自己，提高素质。通过经典诵读活动的开展，引导学生逐步完善自我、健康成长，是经典诵读课程实施的重要目标。

（五）审美素养目标

德、智、体、美是学校培养社会主义建设者和接班人的具体目标。江泽民同志指出："正确引导和帮助青少年学生健康成长，使他们能够德、智、体、美全面发展，是一个关系我国教育发展方向的重大问题。"② 让学生德、智、体、美全面发展是学校教育的根本目标。美育是培养学生的审美观，发展他们鉴赏美、创造美的能力，培养他们的高尚情操和文明素质的教育。美育是教育事业的一个不可或缺的重要组成部分。美育的途径有

---

① 王先谦. 荀子集解 [M]. 北京：中华书局，1988：13.
② 江泽民. 关于教育问题的谈话 [N]. 人民日报，2000－03－02.

很多，其中经典诵读活动的开展，将有助于培养学生的审美能力和审美情趣。中华经典诗文具有突出的节奏美、韵律美、画面美，通过对经典诗文的诵读、领悟，可以让学生充分体味经典诗文的语言美、音乐美、意境美，使学生得到多方面的美的感染和熏陶，增强学生的审美修养，提高学生的审美能力。

三、中学经典诵读课程的实施途径

在中学阶段实施中华经典诵读课程，要结合中学生的特点和实施目标，采取灵活多样的形式和有效的途径，以达成实施目标的实现。

（一）中学经典诵读课堂的实施途径

在中学阶段，学校应根据学校和学生的实际情况，开设中华经典诵读课程，选定或编写符合中学生实际的中华经典诵读教材，规定固定的教学时数，将经典诵读列入学校的教学计划，以使中华经典诵读制度化、规范化、常态化。同时，要选拔有能力、有水平、有专业素养、责任心强的教师担任中华经典诵读课程的教学与组织工作，加强对中学生经典诵读的引导和指导。中学中华经典诵读课程的教学，与小学中华经典诵读课程的教学既有相同的地方，也有明显的区别，主要表现在以下几个方面。

第一，小学经典诵读的课堂教学是以训练小学生的朗读、背诵能力为主，而中学经典诵读的课堂教学是引导学生逐步向理解、感悟过渡。有计划的课堂教学作为中学经典诵读课程的主要实施途径，要在教学过程中引导学生在朗读、背诵的基础上，注重对经典诗文的理解与感悟。教师在授课过程中，一方面要对学生诵读的技巧、方法进行指导，督促学生把握经典诵读的方式、方法；另一方面，更要注重对经典诗文主要内容的讲解，将经典诗文所蕴含的人生哲理、思想精华传授给学生，引导学生积极主动地理解、体味和感悟，并要注意联系学生学习和生活的实际进行适度的讲解。

第二，小学经典诵读的课堂教学是以促进学生知识的积累为主，而中学经典诵读的课堂教学是从促进学生知识积累和素质养成兼顾，逐步过渡到以引导学生素质养成为主。积累知识尽管也是中学经典诵读课程实施的目标之一，但中学经典诵读课程的教学应在促使学生进行经典知识积累的同时，更好地引导学生消化、吸收中华经典中的营养和精华，将其融入到学生的精神、品格、气质之中。吸收、消化的过程是一个漫长的、潜移默化的过程。在这一过程中，教师有效的、正确的指导、点拨、引导就显得十分重要。教师的角色应该既是知识的传授者，更是学生素质的培养者。中华经典诗文为学生的素质养成提供了丰富的养料，这就需要教师担负起素质培育者的责任，持之以恒地将经典诵读与素质养成有机地联系起来，把中华经典中优秀的民族精神、民族品格传承给学生，陶冶学生的道德情操，丰富学生的人文素养。

第三，小学经典诵读的课堂教学是以训练学生的朗读、表达能力为主，而中学经典诵读的课堂教学是以促进学生的思维能力，发展学生的兴趣爱好为主。中学生的思维方式已经开始由形象思维向抽象思维过渡，抽象思维能力和理解能力有所增强。这就需要在经典诵读的教学过程中，有针对性地引导学生拓展思维领域，加强形象思维和抽象思维的训练。同时，由于中学生独立意识增强，崇尚自我，勇于自我表现，因此，经典诵读的教学过程应该充分体现学生的积极参与，强化师生互动，活跃课堂气氛，调动学生经典诵读的主动性，鼓励学生的兴趣发展，为学生在经典诵读方面兴趣爱好的发展创造条件、提供空间。学生在经典诵读教学过程中不再仅仅是被动的学习者、接受者，还是经典诵读教学的主动参与者、策划者、体验者，让学生充分感受到主动参与的乐趣，体验到自我表现的价值，从而达到培养、发展学生兴趣的目的。

（二）中学经典诵读活动的实施途径

课堂教学是中学中华经典诵读课程的实施途径，但不是唯一的途径。课堂教学的时数有限，教学形式相对单一，这就需要组织丰富多彩的诵读活动，拓展经典诵读课程的实施途径，以强化经典诵读的效果。开展经典诵读活动应该根据中学生的特点和学校的条件，有计划、有组织地进行。一般来讲，中学阶段可以组织开展以下经典诵读活动。

第一，经典朗诵活动。朗诵仍是中学阶段实施中华经典诵读课程的途径之一，也是训练学生的阅读能力、表达能力、记忆能力的重要手段。要充分利用晨读、晚读时间，有计划地安排朗读内容，组织学生开展朗读活动。在开展朗诵活动过程中，教师要有针对性地指导学生掌握朗诵的技巧，如停顿、重音、语速、句调等；要引导学生准确地把握朗诵的内容，理解朗诵篇章的内在含义，这是经典作品朗诵的前提和基础；还要引导学生体味朗诵篇章的感情脉络，朗诵时投入自己的情感，加深对朗诵篇章的情感体验。在朗诵活动中，教师还要指导学生采取多样化的朗诵形式，如单人朗诵、集体朗诵、男女对诵、接龙朗诵、配乐朗诵、情景朗诵等。多样化的朗诵形式可以更好地激发学生的朗诵兴趣，充分调动起学生积极参与经典诵读活动的热情。

第二，经典演讲活动。为引导中学生读经典、学经典、用经典，培养良好的阅读习惯，形成浓厚的经典诵读氛围，组织开展经典演讲活动是深化经典诵读活动的形式之一。通过演讲，可以突出学生的自我教育功能和励志教育功能，促进学生对经典诗文的理解和感悟，激励学生对经典诗文中所蕴含的思想精华的消化吸收，同时可以训练学生的语言表达能力，满足学生自我表现的愿望。

第三，心得交流活动。经典诵读的心得交流是常用的经典诵读活动，也是深化经典诵读活动的形式之一。经典诵读的心得交流可以采取多种方式，如小组交流、班内交流、年级交流、全校交流、校际交流、师生交流、学生与家长交流等。心得交流的内容可以是多层面的，如诵读技巧交流、诵读方法交流、经典感悟交流、经典践行交流等。通过多种形式的心得交流，可以激发学生的经典诵读兴趣，加强同学之间的沟通，促进同学之间的相互学习、取长补短。

第四，诵读表演活动。诵读表演是中学经常采用的经典诵读的方式之一。中学生独立意识增强，有比较强烈的个人表现欲望，希望发展个人兴趣和特长。因此，有组织地开展诵读表演活动，构建与学生进行情感交流的桥梁，让他们自觉感受经典文本的艺术魅力，可以调动学生主动参与的积极性，发展学生的兴趣爱好，并为有特长、有兴趣的学生表现自己的才艺搭建宽广的舞台。诵读表演可以采取多种方式，如常规朗诵、花样朗诵以及歌舞、小品等。

第五，经典书画活动。经典书画活动就是让学生在练习书法的时候书写经典诗文，在练习绘画的时候根据经典诗文的内容、故事或情境作画，将经典诵读的内容有机地融进学生的书法、绘画中。学生通过写经典、画经典，增进对经典诗文的记忆和感悟，强化经典诵读活动的效果。并可以通过经典书法展、经典绘画展的方式，营造浓厚的学校文化氛围，用中华经典深化学生的文化底蕴，提升学生的文化素养。

第六，诵读竞赛活动。定期或不定期地举办经典诵读竞赛，有助于激发学生经典诵读的热情，鼓励先进，激励后进，形成你追我赶的浓厚风气。诵读竞赛有多种方式，如个人诵读比赛，集体诵读比赛，花样诵读比赛，诵读挑战赛（个人挑战赛、小组挑战赛、班级挑战赛等），经典知识竞赛等。通过多种形式的诵读竞赛活动，对表现突出的个人和集体进行表彰奖励，树立和宣传经典诵读的模范个人和模范集体，既是对先进的激励，也是对后进的鞭策。

（三）对中学经典诵读的组织和指导

在实施中华经典诵读课堂教学与开展经典诵读活动时，要加强组织和指导。无论是经典诵读课堂教学还是开展经典诵读活动，都应该有计划、有目的地进行组织，发挥教师的指导作用，以保证经典诵读课程的实施收到实效。

第一，从学校层面加强对中华经典诵读教学的组织。要把中华经典诵读纳入学校的教学计划，制定周密的经典诵读课程实施方案，选拔足够的师资担任经典诵读课程的教学工作。学校要精选"经典古诗文篇目，确定诵读的基本内容，整体安排，分步落实，开设诵读课，形成课前吟读、操前诵读的制度"①。

第二，从教师层面加强对学生经典诵读的指导。"教师的层面也就决定了诵读的层面，尽管诵读和阅读都是个性化的行为，但在个性化体验形成过程中，教师的影响是无形的，不着痕迹而处处显示教师的痕迹。"② 因此，教师要立足于专业的层面，指导学生掌握正确的诵读方法和技巧，对经典篇章中主要的内涵和精辟的思想进行必要的讲解，引导学生由易到难、由浅入深地理解经典篇章的主要内容，并引导学生去粗取精、剔除糟粕、汲取精华，为我所用。

第三，加强对诵读活动的组织和指导。开展丰富多彩的诵读活动，是为了激发学生经典诵读的兴趣，深化学生经典诵读的效果。如果没有周密的组织、全程的指导，经典诵读活动就容易流于形式，达不到预期的目的。因此，开展经典诵读活动，必须统一组织，制订科学的活动计划，采用学生喜闻乐见又切合学生实际的活动形式，使学生乐于参与、有能力参与。无论是诵读演讲、心得交流、朗诵表演，还是写经典、画经典、诵读竞赛，等等，相关教师都要全程给予必要的指导，力求使各种经典诵读活动开展得既丰富多彩、有声有色，又踏踏实实、成效显著。

（四）中学经典诵读与语文教学的关系

中华经典诵读的教学要处理好与语文课的关系。教育部《义务教育语文课程标准（2011 年版）》在其课程目标中要求 7—9 年级学生"欣赏文学作品，有自己的情感体验，初步领悟作品的内涵，从中获得对自然、社会、人生的有益启示。""诵读古代诗词，阅读浅易文言文，能借助注释和工具书理解基本内容。注重积累、感悟和运用，提高自己的欣赏品位。"③

① 赖向忠. 试论"儿童经典诵读"对当前课程改革的影响 [D]. 武汉：华中师范大学教育学院，2010：26.
② 施麒俊. 一个人的教育视界 [M]. 合肥：安徽教育出版社，2008：272.
③ 中华人民共和国教育部. 义务教育语文课程标准：2011 年版 [S]. 北京：北京师范大学出版社，2011：15 - 16.

教育部《普通高中语文课程标准（实验)》中，共 12 次使用"诵读"一词，涉及课程目标、教学建议、古诗文诵读推荐篇目、选修课程设置等诸多领域。① 可以说，中学经典诵读与语文课程的关系十分密切，二者是互为补充、相辅相成的关系。把经典诵读与中学语文课有机融合，能够拓宽语文学习的内容、形式和途径，使学生在更广阔的空间中学语文、用语文，开阔视野，丰富知识，是全面提高学生语文素养的重要途径。

诵读中华经典有利于学生成语、格言、警句以及精美句段的积累。如《论语》中就有许多句子可以凝结成格言警句，如"学而不厌，诲人不倦""己所不欲，勿施于人""人无远虑，必有近忧""学而不思则罔，思而不学则殆""温故知新"，等等。对中华经典熟读成诵并积累了较多的精美语词和文史典故后，经典作品就有可能被学生消化吸收，内化为学生自己的语言。学生在语言表达和写作时，就可能信手拈来，使语言的表达更生动、更丰富、更形象、更富有哲理。正所谓"多读胸藏万汇，勤写笔下生花"。因此，诵读中华经典能有效地提高学生的表达与写作的能力，全面提高学生的语文素养。

中学语文课的教学从初中到高中尽管有不同的目标要求和形式变化，但总体上都是让学生掌握语文学习的方法，训练和提高学生识、读、说、赏、写等方面的能力，而经典诵读正需要学生具备这些方面的能力。因而，语文课对学生语文素养的训练就为学生顺利地进行经典诵读打下了坚实的基础。同时，语文课程内有中华经典篇章的学习内容，教师对经典诗文进行系统、科学的教学与指导，也为学生经典诵读提供了范例，使学生能够掌握正确的诵读方法，提升经典诵读的水平。

经典诵读和语文课的目标指向是一致的，都是为了提升学生的语文素养和人文素质。学习语文能够全面提高学生的语文素养和综合素质；经典诵读也能训练学生的阅读、表达、鉴赏等语文素养，而且诵读中华经典，

---

① 中华人民共和国教育部. 普通高中语文课程标准（实验)［S］. 语文建设，2003（9)：50.

对学生会潜移默化产生多方面的影响。中国古代那些"能把种子种在读者身上的作品"，几乎都集中在被我们称为"古文"的典籍里。那是我们民族精神大厦的基础，长久而深远地影响着我们的民族心理和民族精神。长期开展经典诵读活动，对学生开启智慧、完善人格、增强语文素养、提高综合素质，将发挥重要作用。由此可见，经典诵读与语文课的目标指向是一致的，只不过语文课处于主导地位，经典诵读处于辅助地位。

四、中学经典诵读课程的考核评价

检验中学中华经典诵读课程的实施效果需要一套系统、科学、便于操作的考核评价体系。中华经典诵读课程的考核评价应该"从整体上宏观把握，要看学生是否学有所得、学有创造、学有后劲"①。

（一）中学经典诵读课程的考核评价原则

第一，参与性原则。中华经典诵读课程的考核评价应该调动各方面的力量。既要注重学校、教师、家长对学生经典诵读情况的考核评价，又要注重学生个人的自我评价和同学间的相互评价。只有多层面的考核评价，才能对经典诵读的教学情况特别是学生的诵读情况和诵读效果有一个全面准确的把握。

第二，过程性原则。过程性评价是关注学生学习过程的评价方式。学生在学习过程中会采取不同的学习方式方法，不同的学习方式方法又会导致不同的学习效果。过程性评价就是针对学生在学习过程中采用的学习方式方法和效果进行及时的评价，并通过科学的考核评价，将学生的学习方式方法引导到正确的轨道上来，及时纠正学生不良的学习习惯，培养学生的学习兴趣。实施中华经典诵读课程，需要一个逐步积累、领悟、深入的过程，中华经典诵读课程的考核评价必须关注学生参与诵读活动的过程和

---

① 霍晓宏. 课堂教学评价导向方案 [J]. 天津市教科院学报，2010 (5)：34.

实践体验，重视学生在诵读过程中的表现和变化，建立起体现过程变化的纵向评价体系，注重对学生经典诵读情况进行过程性考核评价，以便及时发现不足，进行改进，提高学生经典诵读的实效。

第三，综合性原则。中华经典诵读课程的考核评价必须运用综合性、多样性的评价方式，无论是考核评价的内容、要求，还是考核评价的过程、结论都应是综合而全面的。既要考核评价学校经典诵读课程的计划与组织情况，也要考核评价教师经典诵读课程的教学与指导情况，更要考核评价学生参与经典诵读的情况与诵读的效果；既要考核评价学生参与课程计划规定的课时活动量和诵读量，又要考核评价学生参与经典诵读活动的态度和表现；既要考核评价学生经典诗文朗诵量和背诵量的积累，又要考核评价学生把中华经典内化为自身素质的情况，等等。只有对经典诵读课程的实施进行综合性评价，才能全面掌握经典诵读课程的教学情况和学生的学习情况。

第四，激励性原则。学生学习进步的关键是建立起浓厚的学习兴趣，激励性评价便是激发学生学习兴趣的方法之一。采用激励性评价，发现和挖掘学生在学习过程中的闪光点，尊重学生在经典诵读活动中的感悟和体验，"充分肯定他们由失败到成功的那些环节。要关注学习的即时表现，更要关注学生在学习活动中所表现出来的可持续发展的潜能，了解学生发展中的需要，帮助学生认识自我，建立自信，促进学生在原有水平上的发展。"[①] 如果忽视激励性评价，往往会使学生感到沉闷、压抑，感到学习枯燥乏味，逐渐失去学习的兴趣和信心。中学生有着较强的自我独立意识和自尊心，渴望得到别人的理解和尊重。因此，对学生经典诵读的考核评价切忌简单粗暴的批评性评价，应遵循激励性原则，鼓励学生发挥自己的个性特长，施展自己的才能，激励学生积极进取，不断促进学习能力的提高。

---

① 田立君，王群. 学生发展性评价的实践探索——以"国学经典诵读"课程评价为例 [J]. 现代中小学教育，2010（12）：61.

第五，发展性原则。教育是以促进学生的发展为根本目的，考核评价作为教育教学中的重要组成部分，理应以促进学生的全面发展、差异发展、互动发展、个性发展和主体发展为目的。经典诵读课程的考核评价应坚持发展性原则，评价的目的是为了学生的发展，关注学生的发展，促进学生的发展。发展性评价的关键是教师要以发展的眼光看待学生，从对考核的关注转到对学生的关注，关注学生在经典诵读过程中的点滴进步和变化，注重学生诵读能力发展的过程。不但要评价学生经典知识积累的情况、诵读的水平，还要通过评价促进学生在原有水平上的提高，更要发现学生的潜能和特长，了解学生发展中的需求，帮助学生认识自我，建立自信。建立在客观、科学基础上的发展性评价也是一种特定的师生情感交流，能让学生感受到教师的关爱和鼓励，增强经典诵读的信心和兴趣。

（二）中学经典诵读课程的考核评价方式

"制定科学的评价指标体系是提高评价有效性的基础。学生素质综合评价体系的内容确定，应从实施素质教育的目标和要求出发"①。经典诵读课程的考核评价应结合中学生的实际，科学、客观、全面地评价学生经典诵读的情况，采取多样化的考核评价方式。

第一，静态评价与动态评价相结合。静态评价是对学生的经典诵读的掌握情况与评价标准（如朗读量、背诵量、参加诵读活动量等）对照，通过考核给出一个静态的绝对分数，从而判断其学习状况。这种评价的优点在于标准比较客观，可以使学生看到自己和客观标准之间的差距，以便向标准不断靠近。静态评价虽然可以使学生知晓自己的学习结果，但由于学生的进步幅度与评价脱节，学习进步的情况不能得到充分肯定，从而容易挫伤学生学习的积极性。这种评价只能给学生一个静态的量的评价，不易全面分析学生之间存在的学习差异特别是质的表现。因此，静态评价必须

---

① 张晓贤，靖向党. 关于构建和实施引导型学生素质综合测评体系的思考 [J]. 长春工程学院学报：社会科学版，2008（3）：78.

结合动态评价，才能对学生经典诵读的情况给予全面的评价和分析。

动态评价是先建立一个相对评价基准，然后把各个被评价的学生逐一与基准相比较并通过前后的变化来判断其学习状况。动态评价中的评价基准包括横向评价基准和纵向评价基准两种。横向评价基准是指在被评价学生的班级或年级中建立起来的经典诵读的平均值水平等；纵向评价基准则是指被评价学生过去的成绩水平，即学习成绩的初始值。对学生的经典诵读成绩进行评价，主要参照纵向评价基准，即被评价学生的初始成绩，通过多次考核和前后对照，以考察该学生一段时间的经典诵读之后所获得的进步幅度。

通过动态评价，学生在经典诵读过程中可以感知到自己学习的成果，即看到自己经典诵读的成效、进步的大小等。这种动态的评价能体现学生学习进步的评价信息，不仅能使每个学生看到自己的进步，体验到进步的快乐，进一步激发对经典诵读的兴趣、热情和自信，还能使学生通过纵横两方面的对比发现自己存在的差距与不足，从而激发其比、学、赶、帮、超的上进心，使学习动机进一步得到强化。另一方面，教师从学生的纵向进步幅度上比从静态成绩上获得的反馈信息更丰富、更准确，从而根据学生前后的对比和发展变化，有针对性地进行指导，促进学生经典诵读水平的不断提高。

第二，知识评价与行为评价相结合。知识评价是指对学生基本知识掌握情况的一种评价。经典诵读课程首先是要求学生具有一定的阅读量、背诵量，并在朗读、背诵的基础上有一定的感知和理解，即掌握一定的经典知识。对学生经典知识掌握的情况，需要适时地按照规定的阅读量、背诵量等进行考核评价，借以检验学生经典知识的掌握情况，及时作出判断，进行必要的督促和激励。

学生经典诵读的目的不仅仅是积累经典知识，更重要的是通过诵读经典，将经典中的思想精华融入自己的精神品格，规范自己的日常行为。因此，经典诵读课程的考核评价还应注重对学生的行为评价。行为评价的内容包括诵读态度、参加诵读活动情况、日常行为表现等。通过行为评价，我们可以检验经典诵读课程的实施对学生的日常行为所产生的影响。

第三，刚性评价与柔性评价相结合。一般来讲，学校对学生中华经典的朗读量、背诵量等都有刚性的要求，这就需要对学生进行刚性的考核，即对学生朗读、背诵等方面的完成情况进行评价。刚性评价可以对学生经典诵读的量进行明确的客观评价和把握，但由于这种评价方式是强制性、指令性的，突出的是知识本身，强调客观、统一，因而忽视了学生个体的差异，不能全面、恰当地对学生进行综合评价。为了弥补刚性评价的缺陷，应该结合采用柔性评价的方式。

柔性评价是一种具有灵活性、相对性和多样性的评价方式，它承认学生的个体差异，承认中间状态和过渡状态。柔性评价的核心是"以人为本"，注重从学生的内心深处激发学生的内在潜力以及学习的主动性和创造性，具有更多的人文色彩，体现出对学生的人文关怀。对学生进行柔性评价，必须树立发展观，正确对待学生的层次差异和个性特点，把评价的目的定位于促进学生在原有水平上的不断进步和提高。不仅要评价学生当前的经典诵读情况，还要将当前与过去进行对比来评价学生的进步幅度，更要注重学生以后的发展，注重对学生的学习态度、学习习惯、学习方法、兴趣爱好、个性特长等方面的评价，以分析学生的优势和差距，提出改进的意见和建议。

柔性评价关注学生的个性差异，尊重学生的个性差异，不用统一的标准来衡量每一个学生，允许学生的差异性发展、个性发展，留给学生一定的自主空间，让学生根据自己的特长、兴趣和爱好来选择适合自己的学习内容和学习方式，这样有利于学生学习兴趣的发展和特长的发挥。此外，柔性评价重视模糊评价，即用语言描述那些无法用分数衡量的、与学习密切相关的部分，如经典诵读的态度、经典诵读的特长、日常行为的变化，等等，这有利于突出经典诵读评价的整体性和综合性，有利于促进学生的发展。刚性评价与柔性评价是对立统一的，只有将二者有机地结合起来，才能对学生经典诵读的情况有一个全面、系统的评价。

第四，自我评价与同学评价相结合。中学生的独立意识、参与意识明显增强，因而在经典诵读考核评价中，要引导并创造条件让学生积极参与评价。这种参与评价首先是自我评价。自我评价的方式可以是多种多样的，如诵读日记、心得体会、阶段总结等。每一个学生对自己经典诵读的情况、收获与提高、成长及进步都有着切身的体会。自我评价是经典诵读考核评价的重要组成部分，有益于学生认识自我、树立自信，有助于学生反思和调控自己的学习过程，使自己明确努力方向，从而促进学生诵读能力的发展。

参与评价还包括同学评价。同一班、组的同学，经常一起诵读经典，一起参加诵读活动。同学之间对经典诵读的情况彼此比较了解，观察最为直接，也有资格对同学的经典诵读情况作出切合实际的评价。因此，同学评价也是经典诵读考核评价的重要组成部分。通过同学评价，可以增进同学之间经典诵读的交流，加强同学之间的督促，提高学生参与评价的意识和主动性，形成比、学、赶、帮、超的浓厚学习风气。这种评价旨在"通过在对同学的评价中获得自我评价的能力，从而达到正确地评价自己、评价他人的目的"①。

第五，教师评价与家长评价相结合。在经典诵读的考核评价中，教师的评价仍然是十分必要而且也是十分重要的。教师对学生经典诵读情况的评价是在综合各种评价的基础上，对学生的经典诵读情况进行全面、客观的分析之后所作出的带有指导意义的综合评价。教师评价一方面要对每一个学生经典诵读的情况进行全面分析，对学生过去和现在的情况进行对比，给学生一个科学、准确、客观的评价；另一方面要体现指导性，教师对学生的评价不仅要指出学生的优势和不足，还应该对学生今后的提高提出指导性意见和建议，使学生学有方向，赶有目标。

家长评价作为经典诵读考核评价的一个组成部分，是考核评价学生经典诵读情况的有机补充。家长评价是学生家长或监护人对教师的教学工作和学生学习情况的评价。家长评价的对象首先是经典诵读的指导教师。

---

① 蒋裕源. 从历史走向明天 [M]. 上海：上海教育出版社，2003：342.

"从某种角度来看，学校和教师不仅是为学生和国家服务的，而且是为家长服务的，一般而言，家长是最为关心其子女在学校的行为变化和发展的。所以，家长评价在教师教学工作评价中不仅具有一定的积极意义，也是非常必要的。"[1] 同时，家长对自己的孩子有着更多方面的了解，对孩子的变化与进步有着直接的观察和感受，组织家长对孩子的经典诵读情况进行评价，可以增进家长与孩子之间的亲情交流，增强家长教育孩子的责任感，也可以使学生更多地感受到父母对自己的关心和爱护，从而提高经典诵读的积极性和主动性。将教师评价与家长评价结合起来，可以增强学校与学生家长的沟通，共同促进学生的进步与健康成长。

（三）对考核评价结果的分析与反馈

采用科学的方法分析学生的考核结果，提出有针对性的改进建议和措施，帮助学生改进学习方法，提高学习效率，促进学生的进步与发展，是经典诵读考核评价的重要任务，也是考核评价的最终目的。对经典诵读考核评价结果的处理主要包括分析与反馈两个方面。

第一，对考核评价结果的分析。考核评价是对学生的知识、智力和技能的一种测量，是全面检验学生经典诵读情况的一种手段，考核评价的结果是衡量学生经典诵读情况的一个重要标志。因此，科学地分析学生考核评价的结果有着重要意义，也是反馈的基础和前提。考核评价的结果是一系列数据和信息，只有采取科学的方法进行分析，才能从这些数据和信息中找出规律性的东西，从而为有效的信息反馈奠定基础。对考核评价结果的分析可以从学习导向分析、考核评价结果的稳定性与变化性分析、考核评价结果与努力程度的匹配分析三个方面展开。

学习导向分析是在对学生个体的考核评价结果分析的基础上来判断学生的学习导向，通过对某个学生朗读、背诵、诵读表演、诵读活动等方面情况的对比分析以及与其他同学的比较分析，发现学生经典诵读的偏好、

---

① 徐继存. 课程与教学论［M］. 北京：高等教育出版社，2009：262.

兴趣和特长所在。

考核评价结果的稳定性与变化性分析，是根据学生在多次经典诵读考核评价结果的纵向比较中发现其稳定性与变化性，可以分析其经典知识掌握程度或努力程度的变化规律。如果学生在多次考核评价中成绩相对稳定，能较好地反映该学生的努力程度和知识掌握水平。但如果学生在多次考核评价中成绩出现明显波动和变化，就要分析其出现波动和变化的原因。对于正向变化的学生给予鼓励，对于反向变化即成绩出现明显滑坡的学生要分析出造成滑坡的影响因素（如自身因素、家庭因素、人际关系冲突、师生关系紧张等）。通过对学生多次经典诵读考核评价结果的变化情况进行比较分析，可以找到学生成绩变化的真实原因，进而帮助学生找到解决学习过程中的干扰问题的对策。

考核评价结果与努力程度的匹配分析是对学生平时努力的程度与考核评价结果是否匹配或一致的分析。一般来讲，一个智力正常、学习用功的学生在经典诵读的考核评价中获得了一个不错的结果，这说明学生努力的程度与考核评价的结果相匹配、相一致。如果学生努力的程度与考核评价结果出现了不匹配的情况，无论是平时不太努力而多次考核评价结果优秀，还是平时很努力而考核评价结果不理想，都要分析其造成不匹配的原因。比如，一个平时不很用功的学生，多次考核评价结果相当不错。在排除考核因素的前提下，可能是该学生智力水平较高，对这样的学生应该鼓励其拓展诵读范围，加大诵读难度；而对一个学习非常用功但考核评价结果不太理想的学生，则要分析其原因，是学习方法不当，还是其他因素，从而进行学习方法或其他方面的指导。

第二，对考核评价分析结果的反馈。在经典诵读考核评价结束后并在对考核评价结果进行分析的基础上，为了改进学生经典诵读某方面的不足，提高经典诵读的质量和效果，必须把考核评价的结果向学生进行反馈。如果不及时、认真地对学生的考核评价结果进行反馈，对改善学生的学习态度和学习方法没有任何指导性意见，经典诵读的考核评价也就失去了意义。反馈考核评价的结果并不是简单地告诉学生考核评价的基本情况，也不是单独指出学生在经典诵读中存在的缺点，而是本着扬长避短、激励为主的原则，注重对学生经典诵读的指导，帮助学生找到改进不足的方法和措施，提高学生经典诵读的积极性和学习效率。因此，教师或班主任必须采取有效的方法，有针对性地反馈学生的考核评价结果。

考核评价结果的反馈要注意以下几个方面。一是要注意学生的参与。对考核评价结果的反馈不能是纯粹单向的反馈，而应该鼓励学生积极参与到考试成绩反馈过程中，教师和学生在一种相互尊重、平等对待的氛围中讨论学生在考核评价中存在的问题，特别是要和学生一起分析造成某些问题的原因，找到问题的症结所在，共同商讨解决问题的方法和措施。二是要以正激励为主。"在评价结果的呈现上，应追求描述性的、信息性的反馈，尽量少用量表，而应采用'优'、'良'、'合格'等评定标准，再加赏识性评语的方式。以发展性、激励性的评价理念为指导，只要学生在原有的基础上有所进步和发展，就应该体现在评价的结果上。"① 对经典诵读考核评价中出现问题较为明显的学生，在信息反馈中不能进行简单粗暴的批评甚至横加指责，而应该多赞扬、肯定学生的优点和长处，以正面鼓励为主。赞扬学生的优点和进步有助于增强学生的自信心，使学生意识到教师不仅仅是为了寻找自己的问题，更是为了发挥自己的优势，从而改进不足，提高经典诵读的效率和效果。三是要以促进学生发展为目的。在考核评价结果的反馈过程中，要注意挖掘学生的发展潜力，帮助学生取得理想成绩。教师在反馈考核评价结果时，还要注意发掘学生经典诵读的兴趣和特长，鼓励学生特长的发挥和兴趣的发展。考核评价不是为了给出学生在群体中所处的位置，而是给学生以自信心，让学生在现有基础上谋求实实在在的发展和进步。

总之，中学中华经典诵读课程的考核评价只要坚持相关考核评价原则，采取灵活多样的考核评价方式，并认真、科学地分析考核评价的结

---

① 康晓棠. 高中语文新课程选修课学生学业评价研究［D］. 成都：四川师范大学文学院，2008：4.

果，及时对学生进行有针对性的反馈，就会达到预期的考核评价的目的。

第四节　大学阶段的经典诵读课程

培养人才、发展科学、服务社会和传承文化是现代大学的基本功能，而其中的"培养人才"是现代大学最重要的功能，因而大学就成为培养高素质人才的重要基地。由于长期以来我国大学专业划分过细，加之存在着重理轻文、重共性轻个性、重知识轻能力、重当前轻长远等问题，造成了我国高等教育长期以来科学与人文发展不协调，且人文教育弱化的倾向。大学生专业知识面的狭窄，使得学科视野和择业能力受到限制，过弱的文化熏陶使得学生缺乏学养，更使得大学"传承文化"的基本功能落在了空档。

西方发达国家的高等教育非常重视科学与人文的结合与互融，使科学教育人文化，以培养高素质人才。1928 年，美国的耶鲁大学发表了著名的《1928 年耶鲁报告》，其中有一个重要命题：大学的目的在于"提供心灵的训练和教养"[①]。如何才能达到这个目的呢？耶鲁大学的教授们给出的答案是古典语文，并且提出反复的讲述与反复的背诵是最直接有效的方法。可见，经典教育在培养高素质人才过程中起着重要作用，这在中西方高等教育领域已经基本达成共识。所以说，在大学阶段（主要是本、专科阶段）实施中华经典诵读课程，开展经典诵读活动，是提升大学生人文素养、培养高素质人才的重要途径之一。

一、大学经典诵读课程实施的原则

"一个人的精神发育史实质上就是一个人的阅读史，而一个民族的精

---

① 黎海燕，鄢建江. 美国的通识教育与闲暇德育 [J]. 当代青年研究，2008（1）：77.

神境界，在很大程度上取决于一个民族的阅读水平。"① 中华经典诵读课程的实施，能够提高大学生的阅读水平和语言文字应用水平，提升他们的人文素养和道德情怀，对大学生的成长成才十分有利。在大学阶段实施中华经典诵读课程要结合大学教育和大学生的特点，遵循以下几个原则。

（一）分类性原则

由于高校文理分科，专业划分非常细致，各专业都有自己相对独立的课程体系，因此在大学阶段实施中华经典诵读课程，应遵循分类性原则，既要考虑到专业培养的共性需求，也要考虑到专业培养的个性特色。无论是课程的设置、学分的设定、诵读的要求、教学的方式等都应体现分类性。文科专业如汉语言文学、历史学、播音与主持艺术、文化产业管理、影视编导等，还有一些师范类专业课程中，应进一步强化中华经典的讲解、诵读和书写技能的训练、考核，并可结合培养语言文字交际能力、综合素质等专业需要，开设经典诵读、书写、讲解的必修课，设定必要的学分。理、工、医、农等专业则应结合大学语文课程融入中华经典诵读书写、讲解等内容，亦可结合学生文化素质教育开设中华经典诵读、书写、讲解等公共选修课程，设定一定的学分，并纳入学生素质拓展认证系统。

（二）多元性原则

在大学阶段实施中华经典诵读课程，应充分考虑大学教育教学的特点。由于大学专业划分非常细致，教育教学的组织实施主要由学院来确定，要在全校采用统一模式组织中华经典诵读课程的教学与活动开展并不切合实际。因此，在大学阶段实施中华经典诵读课程，必须遵循多元性原则。一是课程设置的多元性。汉语言文学、历史学、播音与主持艺术、文化产业管理、影视编导以及一些师范类专业可以开设中华经典诵读必修课，其他理、工、医、农等专业可以将经典诵读融进大学语文课程，也可

---

① 朱永新. 读书与教师成长［J］. 生活教育，2006（3）：34.

以开设中华经典诵读选修课。二是诵读内容的多元性。大学生的个人兴趣、专业爱好、专业方向等方面差异较大，中华经典诵读的内容安排不能千篇一律，而应该根据学生的专业特点、兴趣爱好等方面灵活安排，让有不同兴趣的大学生选择不同的经典诵读选修课程。如《论语》研读、《孟子》研读、《中庸》研读、《大学》研读、《诗经》研读、唐诗赏读、宋词赏读，等等。三是诵读形式的多元性。大学生的经典诵读形式应该是丰富多样的，可以是朗读、默读，也可以是研读、精读等。四是诵读活动的多元性。要充分利用大学生文化社团等社团组织，开展丰富多彩的经典诵读、交流、研讨、竞赛、展演等活动，丰富校园文化生活，营造浓厚的中华经典诵读氛围。

（三）客观性原则

中华经典是在历史长河里积淀下来的，它浸润着民族精神的血脉，它是历史或当时的社会主体的经验和思想的结晶，其丰富的思想内涵具有历史稳定性和长久的生命力，可以说，它突出地显示出超越时空的客观性。经典诵读首先应尊重经典的这种客观性，从而能还原中国传统文化中的思想原貌。经典诵读的客观性原则要求大学生在经典诵读过程中首先要呈现、理解经典的本来思想，在理解经典本义的基础上，剔除糟粕，取其精华，古为今用。因此，大学阶段实施中华经典诵读课程，应注意以下两个问题。一是经典诵读应着力于文化思想的传承，不应将经典诵读作为单纯的大学语文教育。假如仅仅把经典诵读作为有实用性的大学语文教育，大学生就会更多地去关注经典的语言和文学性，过多地被华章美辞所束缚，那么经典所具有的超越时空的文化思想的精髓就容易被忽略，也就偏离了经典诵读的客观性原则。如果经典诵读的结果不是唤起大学生对经典中所蕴含的思想精髓的崇敬感，进而去领悟经典所具有的超越时空的客观现实精神，那么，经典诵读活动将失去其应有的意义。二是经典诵读应注重经典性，而不是一般古代诗文的泛泛的阅读。既然是经典诵读，就应该选择名副其实的、最能体现中华传统文化和民族精神的经典篇章，即那些蕴含超越时空的客观思想精神、影响深远的经典。在传统经典中，"四书五经"和《道德经》蕴含了儒家和道家思想的核心内容，是中国几千年来儒家和道家文化的集中体现，是最为重要的经典。除此之外，还可选择一些有代表性、有思想性的经典诗文。

（四）有效性原则

哈贝马斯的社会交往理论认为，交往的有效性必须符合四个条件：一是可领会性，二是真实性，三是真诚性，四是正确性。"在日常交往中，这四条原则在无意识中被自觉地给予和遵守。"① 高校实施经典诵读课程，也应该坚持可领会性、真实性、正确性等有效性原则。首先，诵读内容要适合大学生的智力水平和心理特点，在选择诵读篇目时必须遵循正确性原则。古代经典中诸如《三字经》、《弟子规》、《千字文》等适合于中小学生诵读的篇章，已经不适合于智力水平较高的大学生，因此应该注意到经典诵读的有效性问题。尽管经典诵读对于人的健康成长有着重要意义，但经典诵读的主体却是有特殊心理特征和智力水平的活生生的人，所以经典诵读内容的选取应照顾到其主体的可接受性，应该根据诵读主体的可接受性安排诵读的内容，从而使中华经典的思想精华真正为诵读者所吸收。过于简单和过于深奥的篇章都不适合大学生诵读。其次，经典诵读的有效性原则还意味着应根据不同专业有效配置相关的经典内容，教学过程中注意着重讲授与学生的专业相关的部分，注重经典思想与学生专业之间的联系，这样可以更好地激发学生的诵读兴趣，更容易使学生认同、接受、消化和吸收经典，经典诵读教学和经典诵读活动才会收到实效。

二、大学经典诵读课程的目标导向

2010 年 6 月，教育部、国家语言文字工作委员会《关于在学校开展

---

① 鲍昌宝. 论诗歌理解的有效性原则 [J]. 衡阳师范学院学报，1998（1）：64.

"中华诵·经典诵读行动"试点工作的通知》明确地指出了中华经典诵读的工作目标："通过试点，引领广大师生更加广泛深入地感受领悟中华经典，加深对中华优秀文化传统的了解和热爱，增强继承和弘扬中华文化的自觉性，提高思想道德水平；培养学生诵读、书写及讲解经典的能力，提高他们的文化素养、审美情趣及语言文字应用能力。探索学校开展经典诵读、书写、讲解的有效途径和长效机制，形成示范成果，为经典诵读行动的全面推进和扎实有效开展积累经验，奠定坚实基础。"这是各级各类学校开展中华经典诵读行动共有的工作目标。对于高等院校来讲，实施中华经典诵读课程主要有以下目标导向。

（一）提升精神品格

"一所大学的文化个性和精神品格最终要体现在其所有成员特别是大学生的生活状态、文化心态和风貌上。可以说，大学生疏离经典阅读在给自身素质和精神造成损失的同时，必然也对高校文化品位的提升及文化建设产生不良影响。"[①] 当代大学生的思想品质和精神面貌主流是好的，是积极向上的，他们热爱党，热爱祖国，关心政治，有理想信念，有强烈的社会责任感，希望为祖国的改革建设发展建功立业。但部分大学生还存在着一些不容忽视的问题，如理想淡化、精神懈怠、行为失范、贪图安逸、急功近利、个人意识膨胀等。在大学实施中华经典诵读课程，提升大学生的精神品格便成为重要的目标。中华经典著作内容丰富、思想深刻，凝聚着中华民族自强不息、团结奋进的伟大民族精神，体现出中华民族特有的精神品格和精神追求，是十分宝贵的教育资源。如"天下兴亡，匹夫有责"的爱国情操，"富贵不能淫，贫贱不能移，威武不能屈"的高尚气节，等等。我们应坚持用中华经典中的思想精华浸润大学生的心灵，滋养大学生的精神，引导他们树立民族自豪感，增强振兴中华民族的自信心，有效提升大学生的精神品格。

---

① 杨棣. 关注大学生文化经典阅读 [J]. 中国农业大学学报：社会科学版，2004（1）：89.

（二）完善个人修养

儒家思想讲修身、齐家、治国、平天下，而修身则是一切的根本。中华经典中蕴含着许多修身做人的道理。诵读中华经典的首要目的是学做人，因此完善个人修养就成为实施中华经典诵读课程的重要目标。中华经典的主干是儒家经典，儒家经典的代表著作《论语》的核心就是讲做人的道理。过去人们常说"半部《论语》治天下"，其实《论语》最核心、最精华的思想不是"治国、平天下"，而主要是讲做人之道。对于大学生来说，诵读经典的主要目的不是要学治国、平天下的本事，主要目的是学做人，领悟中华经典中做人的道理，完善个人的修养。《大学》中提出了人生的"三纲领、八条目"。"三纲领"为"明明德、亲民、止于至善"；"八条目"为"格物、致知、诚意、正心、修身、齐家、治国、平天下"。八条目是实现三条纲领的途径，更要注意后面还有一句非常重要的话："自天子以至于庶人，壹是皆以修身为本。"① 这句话的意思是：无论是统治国家的皇帝，还是平民百姓，都要以修身为本，这也是儒学的根本精神。在儒家思想中，被称为"五常"的"仁、义、礼、智、信"，在封建社会中是做人的起码道德准则，用以处理人与人之间的关系；"温、良、恭、俭、让"被称为五种美德，是儒家提倡的待人接物的准则。批判地吸收中华经典中的道德准则和处事准则，有助于大学生塑成良好的道德修养。因而，在大学生中倡导诵读经典，最重要的目的就是通过反复诵读、感悟，完善大学生的修养，健全大学生的人格。

（三）提高人文素质

"大学生是推动社会进步和建设现代化强国所需要的重要人才，加强对大学生的人文素质教育，培养有理想、有道德、有文化、有纪律的合格的社会主义建设者和接班人，是建设有中国特色社会主义现代化强国的需

---

① 朱熹. 大学·中庸·孝经 [M]. 北京：中国社会科学出版社，2007：7.

要。高等学校组织开展经典诵读活动，对大学生人文素质培养具有重要作用。"① 人文素质是指人们在文化方面所具有的较为稳定、内在的基本品质，表明人们的知识基础以及与之相适应的能力、行为、情感等综合发展的水平和个性特点。它不只是指人们所具有的科学技术方面的知识，更多的是指人们所具有的人文社会科学方面的知识，包括哲学、历史、文学、社会学等方面的知识。中华经典中不仅有着深刻的思想，还蕴含着丰富的人文、自然科学知识；它不仅映射着中国文化的文学之美，而且蕴含着中华民族的智慧、情趣。提高大学生的人文素质，是大学实施中华经典诵读课程的重要目标之一。通过对中华经典的反复诵读、研读、理解和感悟，能使学生受到哲学、文学、美学、历史、伦理直至自然科学等多方面的熏陶，在潜移默化中逐步提高大学生的人文素质和文化品位。

（四）促进个性发展

个性是个性心理的简称，是指一个人的个别性、个人性，或者说是一个人在思想、性格、品质、意志、情感、态度等方面区别于他人的个别特质，其外在的表现就是特定的言语方式、行为方式、处事方式和情感方式等。个性发展对大学生来说，就是在学习上发挥自己的主动性、自觉性，根据社会发展的需求结合个人的兴趣特长，科学地选择学习内容和学习方法，培养独立思考、开拓创新的能力，发展自己的兴趣爱好和个性特长。大学生的个性渐趋稳定、完整、鲜明、独特，其思维发展到较高的程度，情绪、情感非常丰富，对发展个性有着强烈的渴求。实施中华经典诵读课程要针对大学生的这些个性特点，遵循大学生的个性发展规律，把促进个性发展作为经典诵读的目标之一，借助中华经典中的思想精华引导大学生个性的健康发展，并通过开展丰富多彩的经典诵读活动，为大学生个性特长的发挥搭建平台、提供条件，同时把握好大学生个性发展与全面发展的

---

① 刘玉洁. 经典诵读与大学生人文素质培养 [J]. 辽宁师专学报：社会科学版，2010（6）：81.

辩证关系，促进大学生的健康成长。

三、大学经典诵读课程的实施途径

由于高校具有相对开放的教学环境，大学生拥有较多的自主活动空间，加之大学生专业方向有诸多差异，因此，实施中华经典诵读课程必须根据高等教育教学的特点和学生的实际，充分发挥教学主渠道以及团组织、学生社团等方面的作用，拓展中华经典诵读课程的实施途径。

（一）设置中华经典诵读必修课程

鉴于高校专业划分过细的情况，选择人文学科相关专业（如汉语言文学、历史学、新闻学、广告学、法学、社会学、文化产业管理、播音与主持艺术、影视话剧表演等）以及一些师范类专业设置中华经典诵读必修课程。可以编写使用统一的中华经典诵读教材，制订统一的教学、考核计划，由学校的教学主管部门统一组织。选派有专业素养、责任心强的教师担任中华经典诵读课程的教学任务，加强对大学生经典诵读的引导和指导。

高校中华经典诵读课程的教学要针对大学生的特点和素质培养的需要，利用宝贵的课堂教学时间，加强对学生的指导和引导。要注重对中华经典中有助于大学生素质养成的内容的讲解，引导学生自觉地消化、吸收中华经典中的思想精华，将其融入自己的精神品格。要注意指导学生学会运用历史唯物主义和辩证唯物主义的观点和方法去理解、认识经典著作中的思想观念，辩证地看待中国的传统文化思想。中华经典著作尽管蕴含着丰富深邃的思想，是不可多得的文化遗产和精神财富，但它毕竟是历史的产物，必然带有历史的、时代的局限性。如重人伦轻自然、重人文轻科技的倾向，"明哲保身"、"不为人先"的保守思想，"尊经注经、论资排辈"的文化意识等。要指导大学生批判地借鉴和吸收中国传统文化思想，剔除糟粕，取其精华，古为今用。还要注意把引导学生吸收中华经典中的思想精华与社会主义核心价值体系建设联系起来。中华经典著作中阐述的精神品格、道德规范、行为准则等，与社会主义核心价值体系中的以爱国主义为核心的民族精神、社会主义荣辱观有着内在的联系，或者说社会主义核心价值体系特别是其中的社会主义荣辱观是对中华民族传统美德的传承和发展。引导大学生深刻认识中华经典思想精华与社会主义核心价值体系的关系，将有助于促进高校社会主义核心价值体系的建设。

（二）开设内容丰富的选修课程

除了人文学科和师范类相关专业开设中华经典诵读必修课之外，其他专业也应开设中华经典诵读通识类选修课。全校性中华经典诵读选修课的开设，要结合教师的研究方向和学生的学习兴趣，力求层次高、方向性强、内容丰富、形式多样，切忌形式单一、千篇一律，使大学生根据个人的兴趣爱好有广泛的选课余地。人文学科相关专业的学生除参加中华经典诵读必修课的学习外，也可根据个人的兴趣爱好选学中华经典诵读选修课。开设中华经典诵读选修课要采取多样化的方式。教学的形式体现多样化。如开设侧重于诵读、欣赏的选修课，侧重于讲解、分析的选修课，侧重于研讨、探究的选修课等。教学内容体现多样化，开设不同方向的中华经典诵读选修课，如《论语》研读、《孟子》研读、《中庸》研读、《大学》研读、《诗经》研读、唐诗赏读、宋词赏读，等等。通过阅读原文来加强思想体验和自主思维，及时记录阅读心得，并通过这种读、思、写相结合的教学环节，提高经典诵读的效率，体现大学中华经典诵读课程的高层次、高水平。多样化的教学方式和多方向的教学内容，可以"满足学生不同的学习需求，改变此类课程重知轻行的缺陷，以切近人文素质教育'授人以渔'，促成'内化'的主旨"①。

（三）通过团学组织和学生社团开展经典诵读活动

高校一般都有团委、学生工作处、学生会等团学组织和各种各样的社

---

① 杨棣. 关注大学生文化经典阅读［J］. 中国农业大学学报：社会科学版，2004（1）：90.

团组织。充分发挥团学组织的作用，利用学生社团组织经典诵读活动，调动大学生的积极性、主动性和创造性，是高校中华经典诵读课程的延伸和拓展，也是开展经典诵读活动的有效途径。学校团学组织可开设中华经典诵读网站，为大学生提供丰富的中华经典学习资源；设立相关栏目，深入介绍中华经典诵读的重要意义，按类别、形式、内容解读中华经典的内涵，并且开通网络交流平台，便于大学生相互交流诵读经验、感想和体会。充分利用班会、团日活动等形式，开展班际、校际诵读比赛，知识竞赛，心得交流，研讨等经典诵读活动，形成良好的经典诵读活动氛围。团学组织应该指导大学生组建中华经典诵读社团，充分调动大学生的积极性和创造性，发挥大学生在中华经典诵读活动中的主体作用，开展丰富多彩、形式多样的中华经典诵读活动，促进不同专业、不同年级学生间的沟通和交流。学生社团开展中华经典诵读活动，要聘请专业教师进行指导，以使诵读活动健康、有序、有效地开展。

四、大学经典诵读课程的考核评价

大学阶段中华经典诵读课程的考核评价要考虑高校教育教学的特点，采取灵活多样的考核评价方式，促进高校中华经典诵读课程的实施。

（一）大学经典诵读课程考核评价的基本原则

第一，分类性原则。由于高校专业划分非常细致，不同专业的学生中华经典诵读课程实施的要求和形式不同，因此大学中华经典诵读课程应进行分类考核评价。开设中华经典诵读必修课的人文学科相关专业的学生作为一类考核评价的对象，由学校或学院统一组织考核，实行相对统一的考核评价方式和考核评价标准。选修中华经典诵读课程的学生作为一类考核评价的对象，实行灵活多样的考核评价方式和标准。中华经典诵读选修课开设的形式、内容有较大的差异，开设选修课的教师应该根据选修课的内容、形式、目标，自主制定考核评价方式和标准。对于学校团组织、学生会、学生社团组织开展的中华经典诵读活动，可以由相关部门制定考核评价办法进行灵活的考核评价，作为评定奖学金、评先树优的参考，或根据考核评价结果进行单项奖励。

第二，学分制原则。虽然多数高校均鼓励学生课外诵读中华经典，却普遍没有开设相关的课程。"学习人文教育课程和阅读文化经典是大学生文化素质养成的有效途径。但在具体的教育环境中，人们往往重视前者而忽视甚至无视后者。因为，与课程教育相比，课外诵读基本上属于自主的个人行为，'读与不读'抑或是'读什么'之中不可控因素较多。"① 因此，高校的诵读经典宜单独开设课程。无论是中华经典诵读必修课程，还是中华经典诵读选修课程，都要设定必要的学分，算入学生毕业总学分。中华经典诵读课程的考核评价，不以优秀、良好、及格、不及格来评定，只要学生达到了中华经典诵读考核的基本要求，学生就可以获得规定的学分。也可以鼓励学生在规定的中华经典诵读最高学分范围内多选内容不同的中华经典诵读选修课，为学生获得更多的学分创造条件。

第三，灵活性原则。大学中华经典诵读课程开设的多样性，就决定了中华经典诵读的考核评价应遵循灵活性的原则。无论是考核评价的方式，还是考核评价的内容，都应该根据中华经典诵读课程开设的实际情况灵活掌握。人文学科相关专业开设的中华经典诵读必修课，可以采取相对统一的考核评价方式。而中华经典诵读选修课，考核评价的内容、方式可以灵活多样。教学目标不同的选修课，考核评价的要求应有所差异：对于教学目标侧重于诵读、欣赏的选修课，应着重考核学生朗读、欣赏的水平；对于教学目标侧重于理解、分析的选修课，应着重考核学生对经典著作的理解、分析能力；对于教学目标侧重于研讨、探究的选修课，应着重考核学生的研究、创新能力。教学内容不同的选修课，如《论语》研读、《孟子》研读、《中庸》研读、《大学》研读、《诗经》研读、唐诗赏读、宋词赏读等，可以根据各自的教学实际制定相应的考核评价标准，采取不同的考核

---

① 杨棣. 关注大学生文化经典阅读 [J]. 中国农业大学学报：社会科学版，2004（1）：87.

评价方式。

第四，自主性原则。考核评价方式的灵活性同时体现为学生选择考核评价方式的自主性，即学生可以根据自己的兴趣特长，自主选择自己喜欢的考核评价方式。同一门中华经典诵读选修课程可以设置多种考核评价方式，如机考、口试、笔试等。灵活多样的考核评价标准和考核评价方式，能够使学生真正实现"选我所爱，考我所好"，激发学生经典诵读的积极性、主动性和独立性，有利于尊重学生的选择，开发学生的潜能，发展学生的兴趣。

（二）大学经典诵读课程的考核评价方式

高校中华经典诵读课程的考核评价应根据开设的实际情况，采取多样化的考核评价方式。

第一，计算机考核方式。开发和运用中华经典诵读考试软件，定期或不定期地组织学生参加中华经典诵读计算机考试。学生可以在规定篇目范围内，随机选取不同的篇目组合进行测试，并根据题目的要求，在规定时间内以汉字输入的形式准确答题。考试时文句输入以唯一的全拼形式完成，学生必须逐字逐词以完整准确的拼音输入来完成考试。这种考核方式主要用来考察学生的经典背诵量、字词识认程度等。

第二，口试考核方式。侧重于朗读、欣赏的中华经典诵读选修课，可以采取口试的考核方式，让学生选取规定范围内一定数量的经典篇目，进行朗读、背诵测试。这种考核方式主要用来考察学生的读音准确程度、语言表达能力等。

第三，论文考核方式。侧重于研讨、探究的中华经典诵读选修课，可以采取论文考核评价的方式。学生可以选择教师规定的论文题目，也可以自选论文题目，对经典著作中某种思想观点进行深入的分析、探讨。这种考核评价方式主要用来考查学生分析和研究问题的能力。

第四，诵读笔记考核方式。学生平时的读书笔记，是学生独立自觉地学习经典著作的写照，能体现出学生经典著作的阅读量以及对经典著作感悟、理解、体会的深浅。一个学生如果写了数量大、质量高的经典诵读笔记，经指导教师检查认定，即可免除其他形式的考核评价，获得必要的学分。对学生平时的经典诵读笔记进行检查考核，可以鼓励学生自觉、自主地诵读中华经典，调动学生学习的主动性。

（三）对考核评价结果的分析与反馈

对大学生中华经典诵读考核评价的结果也需要进行必要的分析和反馈。由于大学特定的教育教学环境和师资力量的限制，不可能对每一个学生的考核评价结果进行细致的分析和逐一反馈，而应采取集中分析反馈和重点分析反馈相结合的方式。

第一，集中分析反馈的方式。即以班为单位进行考核评价结果的分析与反馈。任课教师或指导教师对中华经典诵读考核评价的结果以班为单位进行全面的分析，对比学生之间的差距并查找存在差距的原因，在此基础上以班为单位进行考核评价结果的集中反馈。

第二，重点分析反馈的方式。即以问题比较突出的个别学生为对象，对其中华经典诵读考核评价的结果进行重点分析和反馈。任课教师、指导教师或辅导员对在中华经典诵读考核评价中成绩相对较差的学生进行重点分析，通过对其考核评价结果的认真分析，查找造成不理想结果的原因所在，进而对这部分学生进行单独的反馈，指导他们改进学习方法，增强经典诵读的自觉性。必要时还要对他们进行重点辅导，帮助他们强化训练，提高成绩。

对中华经典诵读考核评价结果的分析，从另一个层面来讲也是对任课教师教学效果的分析评价。科学、全面地分析考核评价结果，有助于任课教师改进教学方法，提高教学效率，使中华经典诵读课程的实施逐步完善。

第六章

经典诵读的艺术技巧

诵读是一门绘声绘色的语言艺术，是口语交际的一种重要形式。诵读的历史由来已久。中国古代的国立音乐机构（大司乐）教养国家子弟，即采用"讽诵言语"的办法。《周礼·春官·大司乐》曰："以乐语教国子之兴、道、讽、诵、言、语。"汉郑玄注曰："倍文曰讽。"①"文"即指文学作品，"倍"即背，"讽"如小儿背书，"诵"则有抑扬顿挫，以声音调节之增加吟咏的音乐性。可见，朗读背诵是很古老的传统方式。

宋代理学家朱熹认为，读书"须要读得字字响亮，不可误一字，不可少一字，不可多一字，不可倒一字，不可牵强暗记，只是要多诵遍数，自然上口，久远不忘。"② 这里所提到的"读"和"诵"就是诵读。朱熹强调朗读，同时还要求读书必须"逐句玩味"、"反复精详"、"诵之宜舒缓不迫，字字分明"。要求学生从小养成正确朗读的习惯。唯有这样，才可以深刻领会其材料的意义、气韵、节奏，产生一种"立体学习"的感觉，从而也能充分感知到诵读的审美体验。曾国藩谈到自己的诵读体会时说："非高声朗读，则不能展其雄伟之概；非密咏恬吟，则不能探其深远之韵。"③ 可见，诵读不仅要声音洪亮、疾徐有致，还要眼到、口到、耳到、心到，全身心地投入，从诵读中体会节奏感，品味作品的情趣和神韵。

---

① 郑玄等. 十三经注疏：上册［M］. 北京：中华书局，1980：787.
② 束景南. 朱熹佚文辑考［M］. 南京：江苏古籍出版社，1991：63.
③ 曾国藩. 谕纪泽［M］//曾国藩. 曾国藩全集：家书一. 长沙：岳麓书社，1995：406.

第一节　经典诵读的准备工作

经典诵读是诵读者用自己的语音塑造形象、反映生活、说明道理，结合各种语言手段来完善地表达和再现经典文本思想感情的一种语言艺术。经典诵读可以使人在感知言语声音形态的同时，实现对文本的感悟理解，是一项创造性的活动。这种再创作的活动是以诵读材料为前提的，不能脱离经典文本而独立进行。当然，这一再创作活动也绝不是照字读音的简单活动，而是要求诵读者通过经典的字句，用有声语言传达出经典的主要精神和艺术美感。经典诵读要有规范的语言基本功，要求口齿清晰、字正腔圆、声情并茂。当然，经典诵读还要求有美感，这是比较高层次的要求。经典诵读的要求比经典朗读要高，常常伴随有手势、姿态等体态语。经典诵读不仅仅是口耳艺术，它还综合了其他门类艺术的特点，需要有充分的准备、娴熟的技巧以及敏锐的领悟能力。

一、经典诵读材料的选择

我们知道，并不是所有的经典文本都适宜拿来诵读。经典诵读作为一种传情达意的语言艺术，其过程就是诵读者在经典文本的基础上，实现从文字向声音转化的过程，通过经典诵读来塑造形象、传递感情，引起听众的共鸣。为了保证良好的诵读效果，需要审时度势、量体裁衣。通常情况下，在选择经典诵读材料的时候要注意以下五个方面。

第一，诵读材料的经典性。经典诵读材料的选择要求具有经典性。一是在内容上具有普适性，最好与人们普遍关注的人生问题或生活问题密切相关。二是要有思想性与影响力，通过经典诵读能够激励人们积极健康地生活。三是"具有历史性，经典诵读材料需要经过时间的淘洗"①。四是语言具有形象性。有了形象性的语言才能使得诵读者和听众有形象的感受，这是诵读过程中一个非常重要的环节。如果诵读材料多是枯燥的书面语言，就很难对诵读者和听众构成丰富的形象感受。

第二，诵读材料的阶段性。经典诵读活动重视的是传统文化的熏陶感染作用，强调吸收民族文化精髓的重要性。因此，对于经典诵读材料的选择，需要根据诵读者的年龄、心理特征、文化层次等因素，对经典诵读材料的难易程度等作出相应的规定。既要照顾到各年龄段诵读者的特点而有所侧重，又不宜将经典诵读材料作生硬机械的分割。一般可以按照诗歌、散文、小说、童话、寓言等进行分类。每个阶段的诵读材料既有突出的重点，又有彼此之间的相互交叉。可以"按照小学、初中、高中等阶段进行梯度划分，形成读物序列，形成中小学的有效衔接"②。

第三，诵读材料的层次性。按照经典文本的感知程度，可以将经典诵读分为四个层次。一是试读，主要目标是读准字音，在文本信息的获取过程中，首先形成一个大致的或者零散的感觉。试读时一般采用自由读的形式，便于学生有针对性地解决问题，也有利于他们形成个性化的感受与体验。二是略读，略读是在初步感知基础上的整体感知。具体目标是以速读的方式理清经典文本思路，把握主旨大意。略读是试读的延展，是思维的聚合。略读时要能够立足整体，通观全篇，去粗取精，化繁为简，逐步使经典的主要内容明晰起来。三是研读。研读是研究性和研讨性的诵读，就是要探幽发微，参悟体会，从而达到熟悉经典，顺畅朗读的目的。四是品读。品读是一种鉴赏性的诵读，也就是叶圣陶先生所说的"美读"，亦即"激昂处还他个激昂，委婉处还他个委婉"③。

第四，诵读材料的目的性。诵读材料要考虑目的性方面的需求。如果是课上或课下自由诵读，一般可以不考虑受众的需求，完全凭借自己喜欢

---

① 张玉芳. 小学生诵读经典的意义及方法 [J]. 西北成人教育学报，2010 (9)：71.
② 展明锋. 创新模式，推动经典诵读深入开展 [J]. 语文建设，2011 (7/8)：148.
③ 梁开喜. 谈文言文诵读教学的层次性 [J]. 语文建设，2007 (11)：35.

的程度来确定诵读的经典文本。但是，如果是公开诵读或参加诵读竞赛，就要根据诵读的场合和听众的需要，从众多经典文本中选出合适的经典作品。比如，在五四青年节或十一国庆节等时间为学生诵读，最好选择一些励志爱国的经典作品，比较适合场合和听众的需求。如果是在母亲节或重阳节举办的诵读活动，由于听众的特殊性，应该选择一些深情的经典作品，从而更好地适应场合和听众的需求。

第五，诵读材料的风格性。经典文本所表现出来的艺术特色和创作个性是一个经典文本思想、形象、形式特点的总和，是内外一致、形神统一地显现出来的经典文本的风貌、神韵和品格。经典文本诵读要考虑诵读者的实际情况。如果是公开诵读或参加经典诵读竞赛，诵读者要根据自己的爱好、实际风格和水平来选择相应的经典作品。初学诵读者要挑选一些难度小的，自己喜欢且熟悉的经典作品来诵读，同时也要考虑到作品的风格与自己的风格的适应性。比如，一个文静的小姑娘与其去演绎苏轼或辛弃疾的豪放，就不如去诵读一些婉约风味的作品。当然这也是就一般而言。对于经典诵读水平较高的人来说，适应的风格就会更广泛一些，因为他们可以更好地驾驭经典文本，演绎经典文本。总之，要根据具体情况来确定。

二、经典诵读正确的发音

经典诵读是一门学问。它除了要求诵读者忠于经典作品的原貌，不漏字、不添字、不改字以外，还要求诵读者在诵读时，在声母、韵母、声调、轻声、儿化、音变以及语句的表达方式等方面，都符合普通话语音的规范。经典文本是中华民族传统文化的精髓，只有用普通话语音诵读，才能更好、更准确地表达作品的思想内容。同时，普通话是汉民族的共同语，用普通话诵读，便于不同方言区的人们理解与接受。经典诵读活动中的普通话语音规范，既包含对声音表达的科学性的要求，同时也包含对声音表达的艺术性的要求。

（一）把握发音的科学性

第一，了解发声原理。熟悉发音的器官的位置、构造和基本原理，了解发音器官的活动和作用，这对科学发声有着很大的影响作用。人的发音的器官由口腔、鼻腔、声带三部分构成。除了声带外，其他所有的发音器官都是"兼职"。诵读时，横在呼出气流通道上的两条声带，迅速地一开一闭，把稳定的气流切成一串串的喷流，进而转换成听得见的峰音，随着舌、唇、腭等器官的运动，不断改变声道的声学性质，将峰音变成能区别的语音，通过胸腔、喉腔、咽腔、鼻腔、口腔组成的共鸣器放大而发出声音。这就是发音的全过程。从这个过程可以看出，发音效果如何，与呼吸、声带、共鸣器等有着直接的关系。"了解了发声的原理和人体发声器官的作用，我们可以对语言发声进行调节和控制。如改变用声方法、调节气息，改变共鸣腔的形状等"①，从而克服发音吐字方面的不良习惯。

第二，掌握发声方法。正确的发音就是要正确地把握每个字的声、韵、调，而且要克服方言中存在的一些问题。在经典诵读活动中，要掌握经典诵读的规律，做到"耳到、舌到、眼到"。同时要综合运用口腔和鼻腔的共鸣，把每一个音节都念全，把每一个声调念准确。如果发音不准，吐字不清，就很容易产生误差，造成歧义和误解，影响经典诵读的效果，甚至闹出笑话。只有发准每一个字、词的读音，情感的传递才能正常地进行下去。所以，我们要掌握正确的发音方法，做到吐字清晰是必不可少的。要做到科学正确地发音吐字，其途径是多方面的。比如学习一些语言学的常识；养成勤查字典，随时正音的良好习惯；广泛地从社会信息中寻求帮助，利用看电视、电影，听广播等途径有意识地听辨，矫正自己在发音吐字方面的毛病。

第三，重视发音吐字训练。掌握科学发声的理论固然重要，但是离开了发音吐字的训练就只是纸上谈兵，所以发音吐字训练不可忽视。发音吐

---

① 张莉，黄俊英. 语言素质概论［M］. 西安：西安地图出版社，2002：220.

字训练包括发音器官训练、吐字归音训练、正音训练、气息调节训练等方面。

发音器官训练。发音器官的训练是为了使唇、舌、口腔等部分的肌肉灵活自如，发音时可以灵活地控制发音器官的各种活动，使发音准确、清楚。发音器官训练主要包括四个方面。"一是口腔开合训练：把嘴张到最大，闭拢，再张大，再闭拢，反复数次。二是唇的圆展训练：把嘴唇尽量拢圆，如发 u 状，再努力向两边展开，如发 i 状，反复数次。三是舌的前伸后缩练习：舌头尽量向前伸，再向后缩，反复数次。四是舌尖训练：舌尖翘起，依次顶上齿背、齿龈、硬颚等部位，反复数次。舌尖平伸、卷起，再平伸，再卷起，反复数次。"①

吐字归音训练。"吐字归音"是我国传统的说唱艺术理论中在咬字方法上运用的一个术语。吐字归音是经典诵读必须练习的一项重要基本功。吐字归音将一个音节的发音过程分为"出字—立字—归音"三个阶段。"出字"是指声母和韵头（介音）的发音过程，"立字"是指韵腹（主要元音）的发音过程，"归音"是指音节发音的收尾（韵尾）过程。其基本要领是：出字要求声母的发音部位准确、弹发有力，有叼住弹出之感；立字要求韵腹拉开立起，要明亮充实，圆润饱满，做到"开口音稍闭，闭口音稍开"；归音趋向要鲜明、迅速"到家"，干净利索，不可拖泥带水，尤其是 i、u、n、ng 等做韵尾时，要注意口型的变化。总之，就是要求一个音节的发音过程有头有尾，构成一个"枣核型"形式：声母、韵头为一端，韵尾为一端，韵腹为核心。字的中间发音动程大，时间长；字的两头发音动程小，关合所占时间也短。

正音训练。所谓正音练习，就是根据普通话的读音标准，校正自己的地方音和习惯音。正音练习包括很多内容，主要有平舌音和翘舌音练习（z、c、s、zh、ch、sh）。有不少人，尤其是南方人，在平舌音和翘舌音的区分和发音方面，常常弄不清，发不准。问题主要出在 z、zh 不分，c、

---

① 徐华. 古典诗词诵读教学论［D］. 成都：四川师范大学文学院，2006：47 – 48.

ch 不分，s、sh 不分。前鼻音（n）和后鼻音（ng）练习，主要是 an、en、in、un、ün、ang、eng、ing、ong 等的正确发音。另外还有边音练习（n、l），送气音（p、t、k、c、ch、q）和不送气音（b、d、g、z、zh、j），等等。

气息调节训练。有的人诵读声音洪亮、持久、有力，有的人诵读音量很小，有气无力，上气不接下气，使人难以听清，这就是所谓的中气足与不足的问题。气息是声音的动力来源。充足、稳定的气息是发音的基础。除了身体素质的原因以外，气息的调节也有很大的关系。经典诵读时的正确呼吸方法，应当采用胸腹式联合呼吸法（也称丹田呼吸法），是一种介于胸式呼吸和腹式呼吸两者之间的呼吸方法。吸气时，小腹向内收缩，大腹、胸、腰部同时向外扩展，可以感觉到腰带渐紧，前腹和后腰分别向前、后、左、右撑开的力量。用鼻吸气，做到快、静、深。呼气时，小腹差不多始终要收住，不可放开，使胸、腹部在努力控制下，将肺部储气慢慢放出，均匀地往外吐。呼气要用嘴，做到匀、缓、稳。在呼气过程中，语音一个接一个地发出后，组成有节奏的有声语言。这种呼吸方法可以使腹部和丹田充满气息，为发音提供充足的气，同时，由于小腹向内收缩，胸前向外扩张，以小腹、后腰和后胸为支柱点，为发音提供了充足的力。这种气与力的交汇融合，可以为优美的诵读声音奠定坚实的基础。

（二）把握发音的艺术性

汉字的发音应该以遵循汉字的音节结构特点，要达到发音过程有头有尾的"枣核型"发音效果。但是，发音的准确只是使我们提高经典诵读质量的一个因素。事实上，如果我们严格强调字字如核，追求技巧和方法，那么就有可能违背语言交流的本质，削弱声音的感情色彩，破坏了语言的节奏。通常经典诵读的材料是一个完整的作品，是需要一系列连续的语流组成，而不是一个个单独的汉字本身。所以在掌握了正确发音的方法之后，还要进一步讲求声音的艺术性，要求声音表达得优美动听、珠圆玉润、流畅自然、明快清脆、圆浑清亮、富丽清新、坚韧清越等。要达到这样的经典诵读效果，就需要进行共鸣训练，学会控制胸、口、鼻三个共鸣器官的方法。首先要使声音圆润悦耳，有如"大珠小珠落玉盘"，使人听后心旷神怡。如进行鼻音（音色暗淡、枯涩、听起来像感冒声，从鼻中发出的堵塞的声音），喉音（声音闷在喉咙里，生硬、沉重、弹性差），捏挤（单薄、发扁、声音似从口腔挤出），虚声（小声小气的声音，有时在换气时带有一种明显的呼气声）等的专项训练。同时，在诵读过程中要注意做到恰当停顿，保持语速的适当，同时也要注意把握字词及语调的轻重适宜。只有这样，才能做到发音圆润动听，吐字清晰悦耳。

三、经典诵读文本的理解

经典诵读不同于经典朗读。经典朗读是一种出声的阅读方式，是阅读的起点，是理解经典文本的重要手段。经典诵读也不同于经典默读。经典默读是日常诵读之法，只看书，不出声。这种读法可以迅速捕捉信息，从整体上把握全篇内容。除了用于默读经典文本之外，更适合于非专业书籍、趣味性书籍、消遣性读物、报刊、专业书的第二遍阅读等。经典诵读则是用清晰、响亮的声音把经典文本背诵出来，以传达经典文本的思想内容，它不仅是记忆，而且有理解，在抑扬顿挫中理解经典文本。

经典诵读是一种具有生命力、感染力和创造力的活动。一方面，出色的经典诵读能够使平面文字立体化，可以充分展示经典文本的丰富内涵，使听众在增长知识的同时，获得审美素养的提高，增强艺术鉴赏能力。另一方面，经典诵读具有浓烈的人文色彩。它可以开阔胸怀，规范言行，健全人格，增强理解。通过经典诵读可以有效地培养对语言词汇细致入微的体味感受能力，提高我们的语言表达能力。这也有助于情感的传递，促进交流，从而提高我们的交际能力和适应社会的能力。

严格来讲，经典诵读是一个复杂的心理过程的外在表现。因为"每位读者的教育程度、个性，一个时代总的文化风气和每位读者的宗教的、哲学的或者纯技术方面的定见，每读一次都会给一首诗增加一些即兴的、外在的东西。同一个人在不同时间的前后两次诵读就可能有相当大的差别，或者因为他可能在心理上成熟了，或者由于疲劳、忧虑、心不在焉等暂时的因素减弱了他的智力①。"因此，准确把握经典诵读材料的内容，透彻理解其内在含义，是提高经典诵读效果的重要前提和基础。离开了这个前提，诵读者无法做到由内而外地表达，也就更谈不上传情达意而感动听众了。因此，诵读者要准确透彻地把握经典文本的思想内容，应该充分注意以下几个方面。

（一）要正确掌握语音

第一，要读准字音。诵读中，要特别注意每个字的声母、韵母和声调等方面的差异，同时还要注意一些特殊的语言现象。比如，要注意轻声词和儿化韵的诵读技巧，要注意上声变调，"一"、"不"变调和"啊"的音变等问题。如果不能正确地把握这些，就会给经典诵读带来不利的影响。另外，在汉语中存在很多一字多音的现象，一字多音是容易产生误读的重要原因之一，我们必须留意。如果在经典诵读中不能准确地读音，轻则破坏了作品的美感，重则歪曲了经典文本的思想内容。比如"赔了夫人又折兵"中的"折"字就是多音字，不同的读音意思相去甚远。对于一字多音的现象，我们要着重弄清多音字的各个不同的意义，从各个不同的意义去记住它的不同的读音。我们还应该注意一些人名、地名的正确诵读。如"任"和"纪"等作为姓氏的时候，其声调分别为阳平 rén 和上声 jǐ，这跟一般情况下的读音在声调方面有所变化。再如"秘鲁"作为一个国家的名称，其中"秘"的读音为 bì 而不是 mì。一些古音字或特定读音的字词也应重视，如《上邪》中的"邪"、《将进酒》中的"将"、《阿房宫》中的"房"等。当然，外来语译音等情况也应该引起我们的注意，在诵读中作正确的处理。

---

① 雷·威勒克. 文学作品的存在方式［M］//冯黎明，等. 当代西方文艺批评主潮. 长沙：湖南人民出版社，1987：48.

　　经典诵读者应该熟悉全国统一的普通话审音标准，以《新华字典》和《现代汉语词典》为根据，并且时常关注《新华字典》和《现代汉语词典》的修订情况，依据最新版本的规定读音来诵读经典文本。

　　第二，要注意方言之间的差异。对不同方言区的人来说，在诵读经典时尤其要注意在语音上方言和普通话之间的差异。在绝大多数情况下，普通话和方言在语音上的差异是有规律可寻的。比如有些方言平舌音与翘舌音的混淆（z、c、s 和 zh、ch、sh），有些方言声调的变化，等等。这种规律又有大的规律和小的规律，规律之中往往又包含一些例外，这些都要靠自己去总结。单是总结还不够，要多查字典和词典，要加强记忆，反复练习。

　　第三，要注意避免近似误读。汉字中有很多字的字形相近或偏旁类同，诵读经典时容易引起误读。由于字形相近而把甲字张冠李戴地读成乙字，这种误读十分常见。由偏旁本身的读音或者由偏旁组成的较常用的字的读音，去类推一个生字的读音而引起的误读，也很常见。所谓因"秀才认字读半边"闹出的笑话就是指的这种误读。

（二）要准确理解词句

　　叶圣陶先生认为，"吟诵（诵读）就是心、眼、口、耳并用的一种学习方法"，并且"必须理解在先"，然后才能"传出文字的情趣，畅发读者的感兴"①。经典诵读者在诵读之前，除了要搞清楚诵读材料中的文字的读音，扫除读音障碍之外，还必须搞清楚诵读材料中的生词、俗语、成语典故等的含义，避免不求甚解，甚至望文生义。在正确把握字词的音义之外，在诵读之前，诵读者还要很好地把握作品中句子与句子之间的关系。只有注意到这些，才能够更好地完成文字向声音的转化，收到良好的诵读效果。例如，在诵读复句的时候，要特别注意分句之间的关联词，根据关联词的不同来理解分句之间的关系。如"不但……而且……"表示递进关

---

　　① 中央教育科学研究所. 叶圣陶语文教育论集 [M]. 北京：教育科学出版社，1980：6.

系,"如果……就是……"表示条件关系,"一边……一边……"表示并列关系,"与其……不如……"表示选择关系,"虽然……可是……"表示转折关系,"因为……所以……"表示因果关系,等等。这对于准确的语气运用和表达是必不可少的。

(三) 要正确把握结构

正常情况下,经典文本中的任何一个自然段都表达了一个相对独立的意思。每个段落围绕中心意思,我们都能找到相对的中心句。当然,段落的组合也有很多种方式。段落内部之间的关系可以是因果关系的组合,也可以是层进关系、并列关系(包括同义近义的并列和正反内容的并列)的组合。同时,还可以是总说和分说的关系,或者分说和总说的关系,等等。总之,段落内部的关系可以有多种多样,但是无论是哪一种关系,经典诵读者在诵读前都必须理清脉络,区分主次。同理,同一篇经典文本中不同段落之间的关系也是如此。诵读者必须先研究段落与段落之间的内在关系,才能掌握篇章的结构,理清全篇的脉络,这样诵读时便能得心应手。同时诵读者要特别注意,不同的诵读文体也有不同的要求。例如抒情性经典文本注重的是浓郁的情感;议论性经典文本注重表现的是辞气的承接转折,突出其议论精密的一面。所以诵读时要特别注意不同体裁的特点与区别。

(四) 要深入领会内容

经典诵读要求清楚地表达经典文本的内容,所以诵读者应该对经典文本进行深入细致的分析和研究,理解及把握作者的思想感情,才能正确地表达作者的意思,把听众带到作者所描绘的境界中去。这要求诵读者不仅仅理解经典文本字、词、句的含义,而需要透过字里行间理解作品的内在含义,还需要对与经典文本相关的其他材料进行把握。比如,对作者所处的时代背景、生平思想、创作动机等方面都应深入地了解和领会。如很多文人的经典文本都创作于自己遭贬谪之后,情感上往往带有抑郁、愤懑之意。这些相关内容能够很好地帮助诵读者正确地理解作品的内容。我们只有对经典文本的内容有了透彻的了解，才能够在诵读中用恰当的声音、表情、语调和动作去感染和打动听众。如果是说明文，便留意分析它的层次、结构，研究它是怎样把知识、概念传达出来的。如果是议论文，便看它的主要论点是什么，它是怎样通过引论、论证、论据、结论把主张展示出来的。假若经典文本已有前人的注释或近人的评论的话，我们应该博采参考，以帮助理解。节录的经典文本，除非独立成篇，否则我们必须披阅原文，以了解它的上文下理，避免断章取义之弊。

四、经典诵读的深度揣摩

经典诵读是一项将内容与形式相结合，完成文字向声音转化的复杂活动。在正确选材和大致理解经典文本之后，诵读者还必须对经典文本进行深度的揣摩，通过对诵读材料深刻而细致的感受，感知作品的深层意蕴和把握作品的情感基调。这样，才能完成经典文本的有效呈现。

（一）要用心感受经典

"所谓感受，就是读者的心与诗人的心起了共鸣，仿佛诗人说的正是读者自己的话，诗人宣泄的正是读者自己的情感似的。"① 感受作品是经典诵读的第一个阶段，其作用在于把诵读者的思维引向情感，它只是情感的诱发因素。感受是指诵读者由视觉对于文字的刺激所产生的反应，它是一种对外界事物的感知、体会的过程，它包括眼、耳、鼻、舌、身等方面的感觉和时间、空间、运动等方面的知觉。如果诵读者对作品的感受不够深入，没有真正走进经典作品，没有把握经典作品的精髓，而是在那里主观臆造情感，即使诵读的声音再好听，声调再怎么抑扬顿挫，也难以使听众动情，从而引发共鸣。诵读者只有对经典诵读材料反复琢磨，仔细体味，

---

① 中央教育科学研究所. 叶圣陶语文教育论集［M］. 北京：教育科学出版社，1980：29.

然后进入经典，进入角色，进入情境，才能唤起听众的感情，使听众与自己同喜、同悲、同呼吸。比如我们诵读柳宗元的《江雪》："千山鸟飞绝，万径人踪灭。孤舟蓑笠翁，独钓寒江雪。"这是一幅峭拔雅致的山水画：千山无鸟鸣、万径无人走、冬天之冷、雪天之寒、小船之孤、钓翁之独，以及诗外的江天一色和群峰叠峦融为一体。整首诗给人以视觉、触觉和听觉方面的刺激。我们诵读一篇经典作品之前，必须认真体味这种因文字刺激而产生的感受。

（二）要真正理解作品

情感的传递是经典诵读的重要目的之一。语言文字作为一种人类思想交流的工具，它的生命力正在于其承载着人的感情态度。"感觉到了的东西，我们不能立刻理解它，只有理解了的东西才能更深刻地感觉它。"① 诵读者在经过对经典文本的字词句的具体分析和感受的同时，往往伴随着丰富而逼真的想象，这样才能使经典文本的内容在自己的心中、眼前活动起来，就好像亲眼看到、亲身经历一样。在经典诵读的过程中，一定要调动形象思维，把握经典文本的内容，体味经典文本的情感。如诵读王维的名句："大漠孤烟直，长河落日圆。"诵读者应该在头脑中再现诗中描述的画面，去体味"直"、"圆"二字的妙处。叶圣陶先生曾这样解释这两句诗："给'孤烟'加上'直'字，可见得没有一丝风，当然也没有风声，于是更来了寂静的印象。给'落日'加上个'圆'字，并不是说唯有'落日'才圆，而是说'落日'挂在地平线上才见得'圆'，周围的一轮'落日'不声不响地衬托在长河背后，这又是多么寂静的境界啊。一个'直'，一个'圆'，在图画方面说来都是简单的线条，和那旷远荒凉的大漠、长河、孤烟、落日正相配合，构成通体的一致……假如死盯着文字而不能从文字看出一幅画来，就感受不到这种愉快了。"② 叶圣陶先生的这段话，当是经

① 白先同. 教育心理学教程［M］. 桂林：广西师范大学出版社，1992：159.
② 叶圣陶. 驱遣我们的想象［M］//中央教育科学研究所. 叶圣陶语文教育论集. 北京：教育科学出版社，1980：292.

典诵读时运用形象思维体味经典文本内涵的范例。

（三）要准确把握基调

基调是指经典文本的基本情调，即经典文本所包含的各种态度分寸、感情色彩混合后的总的趋向。诵读者在感知和理解经典的基础上，要力求从经典的体裁、主题、结构、语言以及风格等方面入手，进行认真、充分和有效的解析，从而准确地把握经典的感情基调。通常来说，任何一部经典文本都有它本身的相对统一而完整的基调。诵读者要把经典文本变成有声语言，即把文字中流露出来的态度感情转化为有声的态度感情，这个转化过程可以说是诵读者的一种再创造。如果不能深入体会和把握经典的基调，诵读者就不会有出色的表现。

任何一个经典文本所体现出来的感情都可以是多样化的，但是每一个经典文本的基调却是整体的，是每个部分、层次、段落、语句中具体思想感情的综合表露，即具体感的总和。诵读者在深入细致理解和体会经典文本的深层蕴意之后，要准确把握经典文本的整体精神倾向。例如李白的《春夜宴桃李园序》一文，其基调是豪放、轻快、活泼的，虽然有局部内容表现作者对人生苦短的慨叹，出现了缓慢、低沉的情调，但在这种情调的映视之下，反而更显出全文那种豪迈、奔放的感情。又如唐代张若虚的《春江花月夜》，诗中虽有对人生短暂的伤感，但这只是缘于对人生的热爱与追求，诗人并没有因此而颓废和绝望，所以其基调是"哀而不伤"的。再如梁启超的《少年中国说》，通篇基调热情高昂，同时又隐含浓重的悲愤、深沉的忧虑、空前的危机感和强烈的焦灼情绪。所以，我们在经典诵读过程中要准确把握经典文本的要旨大意，准确感知经典文本表达的思想感情，才能够使经典诵读达到声情并茂、感人至深的境界。

五、经典诵读的基本训练

我们无论做任何事情，只有经过千淘万漉和千锤百炼，才有可能达到娴熟自如、炉火纯青的境界。经典诵读活动也是一样。经典诵读的准备工作，除了用心感受经典、真正理解作品、准确把握基调等方面以外，还需要在此基础上不断地强化诵读技能训练。

（一）音量的训练

音量，也称为响度，是指声音的强弱、大小。声音的响度关系到声音的圆润度和能否做到"字正腔圆"等问题。"音量取决于声带振动的振幅，声带的振幅是由气压大小来决定的，气压的大小又是由呼气强度大小来决定的。因此，训练时应从用气方面入手，有充足的气息，才能为响亮、浑厚的声音作好前提准备。"① 经典诵读的效果与音量的大小密切相关。不少人在经典诵读中把握不好音量，或大或小，很大程度上影响了经典诵读的效果。因此，音量的把握要有必要的训练。一般来说，音量训练的方法有两种。一是高音与低音的练习，要求先用低音，然后用中音，再用高音，然后再由高音回到中音和低音，低音、中音和高音梯度交替。二是强音与弱音的练习，小音量练习要求音量虽小，但吐字清晰；中音量练习要求吐字清晰，抑扬有致；大音量练习要求气息强大，高亢响亮。在训练的过程中还要注意将来诵读时受众的多少和场所的空间大小，以此来确定自己的音量，要使在场的所有听众都能毫不费力地听清你的诵读。经典诵读内容的长短也是音量练习必须要考虑的因素。经典文本较短，音量可以稍大，经典文本较长，音量可以稍小，以免因持续时间较长，影响了发音效果。

（二）音色的训练

音色是指声音的色彩。人的音色取决于多方面的因素，如声带所在的振动器官、共鸣器官的构造形态，更重要的是发声方法和技巧的把握。经典诵读要求声音圆润明亮，但根据不同性质的经典文本，需要发出刚、柔、强、弱、松、紧、明、暗、虚、实，华丽、朴实、轻快、深沉、含

---

① 段汴霞. 普通话语音与发声 [M]. 郑州：郑州大学出版社，2008：105.

蓄、奔放等丰富多彩的音色。声音色彩与感情色彩有着对应的关系。要恰如其分地表达经典文本的感情色彩，必须进行音色训练。一般来说，音色训练的方法有三种。一是实音与虚音的练习，实音练习要求音色响亮、清晰度高；虚音练习要求音量有所控制，注意字音的清晰。二是明朗音色与黯淡音色的练习，明朗音色练习要求轻松明快，朗朗上口；黯淡音色练习要求深沉凝重、含蓄有力。三是刚声与柔声的练习，刚声练习要求气息充足，铿锵有力；柔声练习要求气息舒缓，音色柔美①。经典诵读的音色练习，要根据将来诵读现场的氛围和内容来确定。比如在哀伤的氛围里，诵读纪念性或追悼性的经典文本，音色不宜轻松明快；在喜庆的氛围里，诵读高昂或欢快类的经典文本，音色就不宜深沉凝重。

（三）共鸣的训练

这里所说的共鸣是指人体器官因共振而发声的现象。"每个人的声带所产生的音量很小，只占人们讲话时音量的5%左右，其他95%左右的音量，需要通过共鸣腔放大得来。人的声道共鸣器官主要有胸腔、口腔、鼻腔等。"② 人的胸腔、口腔、鼻腔能够直接引起语音共鸣。除此之外，咽腔和头腔也有共鸣作用。诵读是以口腔共鸣为主，以胸腔共鸣为基础。是否正确地运用共鸣器是影响诵读声音质量的关键因素。要想使诵读的声音好听和持久，就要进行必要的共鸣训练。共鸣训练主要包括鼻腔共鸣训练、口腔共鸣训练、胸腔共鸣训练等。这些训练的关键在于处理好"畅"与"阻"的对立和统一关系。"畅"就是整个发音应该保证声道畅通无阻，胸部舒展，喉部放松，脊背自然伸直，以便声音流畅奔涌。"阻"是指不让声音直截了当地通过声道奔涌出来，而是通过共鸣器加工、锤炼，让它变得洪亮、圆润、雄浑、优美动听。要"做到从高声诵读到低声诵读都能运用自如，必须持之以恒地练习，教师可以在这些方面教给学生一些基本的

① 檀明山. 学会说话，学会交际 ［M］. 福州：海峡文艺出版社，2004：471.
② 张静，周久云. 实用口才训练 ［M］. 上海：东华大学出版社，2008：41.

方法，使学生在不断体会中能找到自己高音和低音的共鸣位置，学会控制共鸣腔的方法，从而达到良好的诵读效果。"①

（四）声带的训练

声带是人类的发音主体，是整个发声器官最重要的部分。声带是喉头中间两对薄膜的下面的一对，它的前后两端附着在喉头的软骨上。两片声带之间的通道叫声门。由于肌肉和软骨的活动，声门可以打开或闭拢。如果声门打开，气流可以自由通过，声带不会振动，平时呼吸、不说话时就是这种状态。在通常情况下，人们诵读时，声带的振动频率大约在60—350赫兹之间。声带的振动频率决定了发音的音响、音高、音色。声带对发音起很大的作用。声带的好坏，既有先天因素，也靠后天的训练和保护。注意恰当地运用声带、改变声带条件、保护声带，都是提高语音素质的重要方面。声带训练最基本的方法是清晨在空气清新处"吊嗓子"：吸足一口气，身体放松，张开或闭合嘴，由自己的最低音向最高音发出"啊"或"咿"的连续声响；还可以做高低音连续变化起伏的练习。声带运用要科学得当。在经典诵读之前，声带要作好准备活动。将声带放松，用均匀的气流轻轻地拂动它，使之发出细小的抖动声，仿佛小孩子撒娇时喉咙里发出的那种声音。可以逐渐加大到一定分量，使声带启动，以适应即将到来的长时间运动。在人数较多或场合较大的地方诵读时，发音要轻松自然，处理好节奏、停顿，特别是起音要高低适度，控制好音量，充分利用共鸣器的共鸣作用，要运用中气的助力来诵读，不能直着嗓子叫喊，否则，声带负担过重，会导致声带很快不堪重负，变得嘶哑，影响效果②。另外，为了保护自己的声带，平时要有意识地少抽烟、少喝酒，甚至不抽烟、不喝酒，少吃或不吃有强烈刺激性的食物，不喝过烫或过冷的汤水。因为这些行为对声带都有不良影响。

---

① 徐华. 古典诗词诵读教学论［D］. 成都：四川师范大学文学院，2006：48.
② 蒋红梅. 演讲与口才实训教程［M］. 北京：清华大学出版社，2009：40.

总之，经典诵读是一项复杂的活动，要达到好的诵读效果不是简单的事情。仅经典诵读需要的准备工作就很复杂。要精心地选择经典诵读材料，在确保正确发音的前提下需要对经典文本有正确的理解和深度揣摩，然后还需要勤奋的训练。唯有如此，才能够取得满意的诵读效果。

第二节　经典诵读的语言技巧

在经典诵读过程中，诵读者一方面要深刻透彻地把握经典文本的内容，另一方面要合理地运用各种语言技巧，从而准确地表达经典文本的内在含义。其中的语言技巧是指诵读者为了准确地表达经典文本的思想内容和感情而对有声语言所进行的设计和处理。通常情况下，这些设计和处理是从作品内容出发的，包括正确处理语言的断和连（停顿）、轻和重（重读）、扬和抑（语调）。这些语言技巧的正确把握，不仅能够增强语言的生动性和形象性，还会使语言具有表现力和音乐性。总之，无论是经典散文，还是经典诗词，"在诵读的停连、重音、语气和节奏处理上都不可能提示很具体。如何诵读，应该根据具体的诵读对象确定诵读方式，在教师的指导下，让学生自己揣摩，自己琢磨，自己领悟，找到恰当的表达方法。"①

一、经典诵读的停顿技巧

停顿是经典诵读中最常见的问题。在诵读一篇经典文本时，经典文本的各部分之间，都可能出现声音的停顿或延续，而停顿或延续的根据，则是经典文本内在的逻辑，是作者思想感情的发展。② 我们在经典诵读时，

---

① 徐华. 古典诗词诵读教学论 [D]. 成都：四川师范大学文学院，2006：54.
② 遆新英. 诵读教学谈 [J]. 中国城市经济，2010（11）：215.

既不能一字一停，断断续续地进行，也不能字字相连，一口气念到底。经典诵读需要气息，气息有长有短，但总得换气，所以必然有停顿。停顿是指诵读过程中语句或词语之间声音上的断和连。无论是对诵读者还是听众，无论是生理上还是心理上的要求，经典诵读中的停顿都是必不可少的。一方面是由于诵读者在诵读时生理上的需要，另一方面是句子上显示语法结构的需要，或者是为了充分表达思想感情的需要，这样停顿可以用来表示意义的区分、转折、呼应，还可以传达给听众要注意的信息。从这个角度来说，经典诵读中的停顿是划分语言层次、表达语意的重要手段，是诵读者明晰表达、传达感情的需要。同时，也可给听众一个领略和思考、理解和接受的余地，帮助听众加深印象。

（一）经典诵读中停顿的类型

经典诵读中的停顿主要有生理停顿、心理停顿、语法停顿、逻辑停顿、强调停顿等形式。各种停顿都有相关的要求和技巧。

第一，生理停顿。人在正常的呼吸过程中有换气的需要，在表达过程中必然要有停顿，这种为换气而产生的停顿，称为"生理停顿"，亦称为"换气停顿"。即诵读者根据气息需要，在不影响语义完整的地方作一个短暂的停歇。需要注意的是，生理停顿不应该妨碍语意表达，更不允许割裂语法结构。《庄子·秋水》记载的"濠梁之辩"有一段话，"惠子曰：'我非子，固不知子矣，子固非鱼也，子不知鱼之乐，全矣。'庄子曰：'请循其本。子曰汝安知鱼乐云者，既已知吾知之而问我，我知之濠上也。'"翻译成现代汉语的意思为，惠子说："我不是你，固然不知道你；你不是鱼，你不知道鱼儿的快乐，也是完全可以断定的。"庄子说："请回到我们开头的话题。你说'你怎么知道鱼快乐'这句话，就是已经知道了我知道鱼的快乐而问我。我是在濠水的桥上知道的啊！"在诵读最后这个长句子时，必须进行生理停顿。这里的停顿，不仅是为了换气，而且是为了加强语言的清晰度和表现力。倘若将这个长句不停顿地一口气念完，既难做到清晰，又不可能产生强烈的艺术表现力。

生理停顿需要恰当，必须服从内容和思想感情表达的需要。尽管换气停顿的具体方法每个人不尽相同，却也不能随心所欲地想在哪里停顿就在哪里停顿。否则，就不能恰当地表达思想感情了。例如，"无鸡鸭也可，无鱼肉也可。"分别在"鸡""鱼"后停顿与分别在"鸭""肉"后停顿所表达的意思完全不同。

第二，心理停顿。心理停顿又称"感情停顿"。它没有固定的模式，不受语言逻辑的制约，不受书面标点和句子语法关系的制约，完全是根据感情或心理的需要而作的停顿处理，即根据感情的需要决定停与不停。心理停顿常用于表达激动、回忆、疑虑、思考、沉吟不决等情绪感觉的地方。心理停顿可以在句子开头停顿，也可以在句子中间或结尾停顿。从停顿时间长短来看，生理停顿的时间都较短，通常最长只能是几秒钟。而心理停顿，可短亦可长，短则几秒，长则十几秒，甚至几十秒，由表达者根据所表达的内容或情感的需要，自行设计和掌握。心理停顿的特点是声断而情不断，也就是声断情连。如果心理停顿运用得好，往往能非常出彩地抓住受众，从而产生极强的艺术效果。

心理停顿主要用于以下场合。其一，设问之后回答之前需作停顿。设问通常是自问自答的。自问自答在设问后和自答前，应作停顿，既可使听众产生悬念，还可为后面出人意料的巧妙回答作出铺垫。其二，论理之后拟举例说明，需作停顿，举例结束亦作停顿。前者是为了引起听众注意，后者是为了让听众引发联想，举一反三，触类旁通。其三，感叹或感叹之余需作停顿。感叹之余，紧接着运用心理停顿，以加深听众的印象，引起听众的共鸣。例如，南宋陆游的《金错刀行》的末句："呜呼！楚虽三户能亡秦，岂有堂堂中国空无人！"其中"呜呼"与"楚虽三户能亡秦，岂有堂堂中国空无人"之间有一个比较长的停顿，然后似突如其来的晴天霹雳，掷地有声，唱出了古代爱国主义思想情感的最强音。其四，话题转移或告一段落之际需作停顿。这是为了让听众将已讲完的话题暂时搁下，作好迎接新内容的心理准备。

运用心理停顿需要注意两个问题。一是不能滥用。如果滥用心理停顿，会使受众感到诵读者在故弄玄虚，矫揉造作，降低诵读水准。二是停顿的时间长短也要适当。笨拙地、勉为其难地执行停顿，听者会觉得"抻"得难受。停顿适当则不怕时间长，听者会感到自然、舒适。如苏轼的《题西林壁》一诗中的"不识庐山真面目，只缘身在此山中"，两句间有停顿是自然的，但停"几拍儿"是有讲究的。毫无疑问，这一停顿应该是较长的。因为在有了一种切身感受后，再把它上升到一种哲理性认识，是需要一个思索过程的。所以"真面目"三字要上扬，且要拉长"目"字的节拍，之后长停，最后在"只缘"两字高起，后几字可稍快一点点儿，给人一种豁然开朗的感觉。

运用心理停顿必须要有充实的内心依据，要使停顿的瞬间充满丰富的心理活动内容，要有充分、深厚、浓烈的情感。只有这样，才能增强语言的活力和感染力，才能使受众感到"藕断丝连"，真正做到虽无言，却有情，虽无声，却意无穷。

第三，语法停顿。语法停顿是根据句子的语法结构所作的自然停顿，在书面语言里就反映为标点。语法停顿往往是为了突出强调句子中的主语、谓语、宾语、定语、状语、补语而作的短暂停顿。一般来说，语法停顿时间的长短同标点大致相关。这类停顿一般根据标点符号进行时间长短不一的停顿，凡有标点符号的地方都应有适当的停顿。例如，通常句号后的停顿比分号、冒号长；分号、冒号后的停顿比逗号长；逗号后的停顿比顿号长。但是，冒号的停顿有较大的伸缩性：它的停顿有时相当于句号，有时相当于分号，有时只相当于逗号。至于省略号、破折号、感叹号、问号等，则要根据其使用的地方和表情达意的具体情况来确定停顿时间的长短。

经典文本的层次可以借助语法停顿得到显示。一般来说，文章中的节（段）这样的大层次比较容易划分，而一节（段）文字，由于表达情感的需要，有时语句之间的标点符号停顿的时间应比正常的停顿时间稍长。如唐代韩愈《祭十二郎文》："呜呼！汝病吾不知时，汝殁吾不知日；生不能相养于共居，殁不得抚汝以尽哀，敛不得凭其棺，窆不得临其穴。吾行负神明，而使汝夭；不孝不慈，而不能与汝相养以生，相守以死；一在天之涯，一在地之角，生而影不与吾形相依，死而魂不与吾梦相接，吾实为之，其又何尤！彼苍者天，曷其有极！"在这段文字里，韩愈表达了因十二郎的逝世而产生的哀痛、悼念、惋惜的心情，节奏是缓慢的。诵读时，语句之间标点符号的停顿时间，应该比正常的停顿时间稍长一些。尤其是最后的"彼苍者天，曷其有极"，诵读时吸气的速度慢，气息深长而沉重。

第四，逻辑停顿。逻辑停顿是指在诵读过程中，有时为了表达某种感情，强调某一观点或概念，突出某一事物或现象，在句中没有标点符号的地方作适当的停顿。逻辑停顿是最小的停顿单位，是根据语言逻辑而产生的停顿。逻辑停顿常常是一个词的停顿。这种停顿要自然、合理、适当，不能违背语言习惯随意停顿，否则，不仅使句读难明，更会读破句。诵读时，短句子一般按标点符号停顿就可以了，结构比较复杂的长句子，则要根据文义，进行逻辑停顿。

第五，强调停顿。在诵读过程中，为了强调某一事物，突出句中某些重要词语、某个语意或是某种感情，同时为了引起听众的注意，加深听众的印象，而在书面上没有标点、在生理上也可不作停顿的地方作了停顿，或者在书面上有标点的地方作了较大的停顿，这样的停顿称为"强调停顿"。如明末清初侯方域《马伶传》："既奏，已而论河套，马伶复为严嵩相国以出，李伶忽失声，匍匐称弟子。兴化部/是日/遂凌出/华林部/远甚。"诵读最后一句时，如果在相应的位置作几次强调停顿，就可以使听众充分感受到马伶三年付出的辛苦、兴化部战胜华林部的喜悦，以及作者要表达的"有志者事竟成"的深刻道理。

强调停顿主要是靠仔细揣摩经典文本，深刻体会其内在含义来安排的。例如梁启超的名篇《论毅力》："更譬诸操舟，如以兼旬之期，行千里之地者，其间风潮之/或顺或逆，常相参伍。彼以坚苦忍耐之力，冒其逆而突过之，而后得从容以进度其顺。我则或/一日而返焉，或/二三日而返焉，或/五六日而返焉，故/彼岸终不可/达也。"以上句子中，"其间风潮之"与"或顺或逆"中间没有标点符号，但是为了突出"或顺或逆"的人生旅程的平坦与坎坷，此处的停顿显得尤为必要，而且比下面的其他强调停顿的时间要长一些。"或一日"、"或二三日"、"或五六日"、"故彼岸"、"不可达"这些词语后面也没有标点，但为清楚显示或强调"功亏一篑"的严重后果，停顿也是必需的。

（二）诵读中的停顿与标点符号之间的关系

通常情况下，经典诵读中最基本的行止标准是根据标点来进行的。诵读者在诵读时，根据标点符号、段落等区分停顿时间的长与短。有些句子较短，按书面标点停顿就可以。一般情况下，标点符号与停顿时间的长短有密切的关系。标点符号表示书面语言的句子结构关系和句子的语气、语调情况。但是，语流的行止，远不止这些。当遇到一些较长的句子，结构也较复杂，句中即使没有标点符号，但是从某种角度上（比如为了使经典诵读达到使语言表达更清晰明确，使感情抒发更细致动人等目的）来讲却需要停顿。

比如，唐代李白的《宣州谢朓楼饯别校书叔云》："弃我去者/昨日之日/不可留，乱我心者/今日之日/多烦忧。"两个句子都很长，每个句子都需要在两个地方有简短的停顿。相反，当经典文本表述某种连贯的情节，或当诵读者感情奔放，如行云流水不可遏制时，在意思延续或激情澎湃的地方，则需要一气呵成，需要语句的连续不断。所以书面语的标点同经典诵读中的停顿也常常有不一致的地方。这就要求我们根据具体的情况来决定诵读的停与连。例如唐代李白《行路难》中的："行路难，行路难！多歧路，今安在？"这句子中的"行路难"、"行路难"、"多歧路"、"今安在"之间尽管有标点符号，但是在诵读中为了更好地表达情感，需要连续诵读，一气呵成，以表达李白对政治险恶、人生艰难的焦虑情绪。

经典诵读中的停顿是一个很容易出现问题的环节。如果停顿得当，就会增强诵读效果，如果停顿不得当，就会破坏句子的结构，称之为"读破句"。这是诵读中的禁忌。

（三）停顿在诵读中的重要作用

经典诵读过程中的停顿，有生理停顿、心理停顿、语法停顿、逻辑停顿、强调停顿等五种。这五种停顿有机地联系在一起，是经典诵读表达停顿时不可分割的统一体。这些停顿在经典诵读中的作用主要有以下几个方面。

第一，停顿有着满足生理需求的作用。生理停顿与人的正常呼吸过程中的换气密切相关。诵读者在诵读过程中必然要有为换气而有的停顿，这是任何一个经典诵读者都有的生理需求，必须酌情进行换气停顿。从这个角度来说，诵读中的停顿至少起到了满足生理需求的作用。在诵读过程中没有停顿，是完全不可想象的。所以，在不影响经典语义完整的地方作一个短暂的停歇是必要的，更是必需的。

如唐代韩愈的《柳子厚墓志铭》中有一段话："呜呼！士穷乃见节义，今夫平居里巷相慕悦，酒食游戏相征逐，诩诩强笑语以相取下，握手出肺肝相示，指天日涕泣，誓生死不相背负，真若可信；一旦临小利害，仅如毛发比，反眼若不相识，落陷阱，不一引手救，反挤之，又下石焉者，皆是也！"在这段文字中，韩愈以长达90多字的句子形容世俗交往中人情的浇薄和险恶，不仅将世俗的丑态刻画得淋漓尽致，而且充分表达了自己对这种浇薄世风的厌恶之情。这样长的句子，诵读的时候如果没有生理停顿几乎是不可能的；即使有人能够一口气像连珠炮似的勉强诵读出来，也会使经典文本丧失了应有的美感。

第二，停顿发挥着帮助内容表达的作用。诵读中的停顿不仅仅是为了满足生理的需求，同时还有帮助内容表达的作用。语言是复杂的，尤其是书面语中往往存在着这样一种现象：诵读中，有些短语或句子在不同的地方停顿会出现完全不同的意思。

又如一副对联，上联"养猪大如山/老鼠头头死"，下联"酿酒坛坛好/造醋缸缸酸"，横批"人多/病少/财富"。如果换一种停顿方法，则会有这样的结果：上联"养猪大如山老鼠/头头死"，下联"酿酒坛坛好造醋/缸缸酸"，横批"人多病/少财富"。同样的一副对联，由于所作的停顿位置不同，意思竟会是截然相反的。

再如蒲松龄《聊斋志异·狼》中的"其一犬坐于前"。正确的节奏停顿应该是"其一/犬坐于前"，即一只狼像狗一样坐在（肉贩）面前。如果读成"其一犬/坐于前"，则意义为一只狗坐在（肉贩）面前，这就完全违背了经典的原意。可见，停顿对于帮助内容表达有着巨大的作用。

第三，停顿有明显的强调思想感情的作用。诵读者在诵读过程中的停顿，一方面满足了生理需求，同时也帮助了内容的恰当表达。诵读中虽然有了声音或形式上的停顿，但是文章的气势和文义却不能停顿，这便是所谓的"声断意连"。这时候，情感在气势的支持下，填补了声音的空白，使作品增强了思想内涵，更有震慑人心的力量。

总之，停顿在诵读中对于思想感情的强调是不容忽视的。适当的停顿会有助于诵读者表达经典文本的思想情感，同时也使听众能够从容地体会经典文本的思想感情，使听众有咀嚼、消化、思考、回味的机会。

第四，诵读中的停顿有表现诵读美感的作用。诵读是一种表情达意的手段，更是一个复杂的审美活动。诵读者在诵读过程中的停顿除了以上提及的作用之外，还有一个重要的作用，那就是追求诵读的美感，尤其是停顿产生的节奏感。如：

> 竹外/桃花/三两枝，春江/水暖/鸭先知。蒌蒿/满地/芦芽短，正是/河豚/欲上时。（苏轼《惠崇春江晚景》）
>
> 北国/风光，千里/冰封，万里/雪飘。望/长城内外，惟余/莽莽；大河/上下，顿失/滔滔。山舞/银蛇，原驰/蜡象，欲与/天公/试比高。须/晴日，看/红装素裹，分外/妖娆。（毛泽东《沁园春·雪》）

二、经典诵读的语速技巧

语速是指诵读时的速度，具体是指每个音节的长短及音节之间连接的松紧。通常以在一定的时间里容纳词语的数量为衡量标准。我们不论是日常说话，还是诵读任何一篇经典文本，都不能自始至终采用一成不变的速度。诵读者要在经典诵读过程中实现朗读速度的恰当转换，这是取得诵读成功的重要一环。《弟子规》曰："凡道字，重且舒，勿急疾，勿模糊。"这句话如果用于经典诵读就是要求语调抑扬顿挫，语速不疾不徐，读得清楚明白。

影响诵读速度的因素有很多，但是诵读者必须注意的问题是：读得快时，要特别注意吐字的清晰，不能为了读得快而含混不清，甚至"吃字"；读得慢时，要特别注意声音的明朗实在，不能因为读得慢而显得松松垮垮。总之，在掌握诵读的速度时要做到"快而不乱"、"慢而不拖"。

（一）诵读语速的类型和重要作用

第一，诵读语速的类型。经典诵读的速度，一般来说分为快速、中速、慢速三种情形。快速一般用于表达紧张、激动、惊奇、恐惧、愤怒、急切、欢畅、兴奋的心情，或者用于叙述急剧变化的事物与惊险的场景，或者用于刻画人物的机警、活泼、热情的性格等。中速一般用于感情与情节变化起伏不大的经典文本，或用于平常的叙事、议论、说明、陈述等。慢速大多用于表示沉重、悲伤、忧郁、哀悼的心情，或用于诵读庄重的经典文本。不论快速、中速、慢速，都有一个度。比如，快速，也不能像放鞭炮似的，使人耳不暇接；慢速，也不能慢慢腾腾，半天一句，使人听起来十分吃力，等得不耐烦。一句话，就是快慢要得体。

第二，诵读语速的重要作用。诵读者在诵读时，根据内容情节、体裁类别等不同因素，适当掌控诵读的速度，就可以把握好声音的抑扬顿挫、轻重缓急。从节奏感的角度来说，可以更好地呈现出规律性的回环往复的特点；从思想感情表达的角度来说，语速的不同可以更好地表达不同的思想感情。或者说，思想感情的状态决定了语速的快慢。一般来说，高兴、兴奋的感情状态适合稍快的语速，而难过、悲伤的感情更适合较慢的语速。经典文本的感情基调是多种多样的，诵读中的语速也应该在快慢之间相应调整。总而言之，恰当调控经典诵读的语速可以充分营造和渲染作品的气氛，可以更贴切地表达经典文本的思想内涵和诵读者的情绪脉动，增强语言的表达效果。

（二）影响诵读语速的因素

诵读语速有快速、中速和慢速等多种类型，诵读者在诵读中要根据不同的情况调整语速的快慢，才能收到令人满意的诵读效果。那么，通常情况下，诵读的速度取决于哪些因素呢？

第一，内容情节因素对诵读语速的影响。一般来看，经典文本的内容和情节本身是决定表达速度最主要的依据。在经典诵读过程中，诵读者要根据内容的不同，把握诵读的速度。要根据经典文本的情感基调、情节环境、人物性格等方面作出恰当处理。同时，语速的快慢急缓即使在同一篇作品中也并非一成不变，它要根据具体的情况作相应的变化。

一是情感基调影响语速。经典诵读的目的是为更好地传递经典文本的思想内涵。而诵读材料所要表达和传递的情感决定了其情感基调，而情感基调又限制了语速的选择。一般说来，热烈、欢快、兴奋、紧张的内容速度快一些，平静、庄重、悲伤、沉重、追忆的内容速度慢一些。

二是不同的心情影响语速。一般而言，若表达激动、愉悦的情调时语速语调则欢快些，高亢些。例如，辛弃疾的《西江月》："明月别枝惊鹊，清风半夜鸣蝉。稻花香里说丰年，听取蛙声一片。"诵读时需要用欢快、愉悦的语速、语调，才能读出"丰收在望"的喜悦之情。若表达痛苦、悲伤的情调时语速、语调则缓慢些、低沉些。例如，李清照的《声声慢》："寻寻觅觅，冷冷清清，凄凄惨惨戚戚……这次第，怎一个愁字了得？"诵读时需用缓慢的语速、低沉的语调，才能读出李清照惨淡的境地和柔肠百断的怨情。

通常情况下，表达紧张、焦急、慌乱、热烈、欢畅的心情时宜用快读。如梁启超《少年中国说》中的片段。

> 少年智则国智，少年富则国富，少年强则国强，少年独立则国独立，少年自由则国自由，少年进步则国进步；少年胜于欧洲，则国胜于欧洲，少年雄于地球，则国雄于地球。红日初升，其道大光；河出伏流，一泻汪洋；潜龙腾渊，鳞爪飞扬；乳虎啸谷，百兽震惶；鹰隼试翼，风尘吸张；奇花初胎，矞矞皇皇；干将发硎，有作其芒；天戴其苍，地履其黄；纵有千古，横有八荒；前途似海，来日方长。美哉，我少年中国，与天不老！壮哉，我中国少年，与国无疆！

这样的内容，只有用快速诵读才能体现出作者激昂、热烈、欢畅、期待的真实心境。

表达沉重、悲痛、缅怀、悼念、失望的心情宜用慢读。如苏轼的词《江城子》。

> 十年生死两茫茫。不思量，自难忘。千里孤坟，无处话凄凉。纵使相逢应不识，尘满面，鬓如霜。
> 夜来幽梦忽还乡。小轩窗，正梳妆。相顾无言，惟有泪千行。料得年年肠断处，明月夜，短松冈。

这样沉重的心情，如果用快速诵读显然是不合适的。所以说诵读中要充分考虑到作品的情感基调，调整适宜的诵读速度，唯有如此才能达到良好的诵读效果。

三是情节环境影响语速。一般来说，描写急剧变化发展的场面的文字宜用快读，而描写平静严肃场面的文字多用慢读。如南朝梁吴均的《与朱元思书》。

> 风烟俱净，天山共色。从流飘荡，任意东西。自富阳至桐庐，一百许里，奇山异水，天下独绝。水皆缥碧，千丈见底。游鱼细石，直视无碍。急湍甚箭，猛浪若奔。夹岸高山，皆生寒树。负势竞上，互相轩邈，争高直指，千百成峰。泉水激石，泠泠作响；好鸟相鸣，嘤嘤成韵。蝉则千转不穷，猿则百叫无绝。鸢飞戾天者，望峰息心；经纶世务者，窥谷忘反。横柯上蔽，在昼犹昏；疏条交映，有时见日。

这里描写的情境场面有变化，语速上应该体现出由慢而快的变化，唯有这样才能充分再现材料所描写的情景，使得诵读具有感染力。

四是人物性格、年龄特征的不同影响语速。不同性格和年龄的人有不同的表现特征。一般情况下，年纪较轻、性格活泼、泼辣的人物的言语和动作适宜快读，而年纪稍老、性格稳重、反映迟钝的人物的言语和动作适合用慢读。前者如明代洪楩编印的《清平山堂话本·快嘴李翠莲记》中的一个片段。

> 且说张狼进得房，就脱衣服，正要上床，被翠莲喝一声，便道："堪笑乔才你好差，端的是个野庄家。你是男儿我是女，尔自尔来咱是咱。你道我是你媳妇，莫言就是你浑家。那个媒人那个主？行甚么财礼，下甚么茶？多少猪羊鸡鹅酒？甚么花红到我家？多少宝石金头面？几匹绫罗几匹纱？镯缠冠钗有几付？将甚插戴我奴家？黄昏半夜三更鼓，来我床前做甚么？及早出去连忙走，休要恼了我们家！若是恼咱性儿起，揪住耳朵采头发，扯破了衣裳，抓破了脸，漏风的巴掌顺脸括，扯碎了网巾你休要怪，搛了你四簸怨不得咱。这里不是烟花巷，又不是小娘儿家，不管三七二十一，我一顿拳头打得你满地爬。"那张狼见妻子说这一

篇，并不敢近前，声也不作，远远地坐在半边。

后者如《触龙说赵太后》中的一个片段。

> 左师触龙愿见太后，太后盛气而揖之。入而徐趋，至而自谢，曰："老臣病足，曾不能疾走，不得见久矣。窃自恕，而恐太后玉体之有所郄也，故愿望见太后。"太后曰："老妇恃辇而行。"曰："日食饮得无衰乎?"曰："恃鬻耳。"曰："老臣今者殊不欲食，乃自强步，日三四里，少益耆食，和于身。"太后曰："老妇不能。"太后之色少解。（刘向《战国策·赵策》）

文中人物均为位高权重的老人，且赵太后正在气头上，触龙更应缓缓道来，所以其对话需用缓缓的语速来诵读。

当然，经典诵读活动中会有多种多样的情况。除了以上我们论述的经典诵读中要注意诵读材料的情感基调、情节环境、人物性格等方面以外，还有很多情况需要注意。比如人物谈话方式也会影响到语速的选择，通常辩论、争吵或急呼等情况下宜快读，而闲谈、絮语等情况宜慢读。总之，在诵读各种经典文本时，要达到完美地呈现经典内涵，就必须根据诵读材料的特点采取相应的诵读语速，来正确地表现经典中各种不同的生活现象，人们各种不同的思想感情，呈现出最好的诵读效果。

第二，体裁类别因素对诵读语速的影响。经典文本从体裁的角度可以分为散文、小说、诗歌、戏剧等。由于不同的体裁有不同的语言风格，所以诵读者在诵读中要恰当把握，有针对性地调整语速的快慢缓急。下面以散文为例进行分析。

根据散文的记叙、议论、抒情的三种功能，散文分为记叙性散文、抒情性散文和议论性散文三种。

记叙性散文以记叙人物、事件、景物为主，如《郑伯克段于鄢》、《邹忌讽齐王纳谏》、《桃花源记》、《种树郭橐驼传》等。此类散文叙事较完整，人物形象鲜明，描写景物倾注作者的情感。散文在叙事的时候需要饱蘸情感，根据该类散文内容的侧重点不同，又可将它区分为记事散文、写人散文和游记散文。比如游记散文多融情于物，情景交融，这需要语速适当放缓才能更好地传递景中之情。

抒情性散文主要用以抒发作者主观情感的散文，如《兰亭集序》、《滕王阁序》、《岳阳楼记》、《前赤壁赋》等。与其他散文相比，抒情性散文情感更强，想象更丰富，语言更具有诗意。抒情性散文主要用象征、比兴、拟人等方法，通过对外在形象的描绘来传达作者的情思，因此借景抒情和托物言志是这类散文最常用的手法。诵读者在诵读过程中就应该注意语速的调整，充分体现出语言的诗意，从而更好地传情达意。

议论性散文是以发表议论为主的散文，如《谏逐客书》、《谏太宗十思疏》、《五代史伶官传序》、《少年中国说》等。此类散文既有生动的形象，又有严密的逻辑；既要以情动人，又要以理服人；融形、情、理于一炉，合政论与文艺于一体。这类散文，尤其是在议论集中，或排比说理的时候需要语速的紧张有序，适当加快语速，有助于议论说理的气势表现，从而增强诵读的效果。

从风格的角度来讲，散文不像小说、戏剧靠虚构的故事情节、矛盾冲突和塑造的人物形象吸引读者，而是靠浓郁的诗意和理趣来感染读者。在抒情、叙事类散文中要追求诗意。无论写到什么，其目的都是为了抒发作者的生活感受和思想见解，带有浓烈的感情色彩，是"作者心灵的歌声"（高尔基）。所以诵读者在诵读过程中要充分表现散文的诗情和画意。散文在句式上富于变化，有时骈散相间，平仄相调；有时长短交错，张弛相映，诵读者在诵读过程中要适当调整语速。散文时而叙，时而议，时而抒情的特点，也需要诵读者在诵读中拿捏好语速，更好地表现作品的神韵。

以上我们着重分析了散文的情况，其他如诗歌，更加注重节奏，通常讲究顿挫，语速不会太快。小说和戏剧的情况比较复杂，要考虑到各种因素。情节（矛盾）的叙述通常用正常语速即可。但是涉及人物语言的情况，就需要综合考虑各种影响因素，包括人物的性格、性别，说话时候的心情以及背景，等等。日常生活中的诵读多是诗词文的诵读，小说和戏剧不多赘述。

第三，叙述方式因素对诵读语速的影响。不同的叙述方式会影响经典诵读的速度。作者抒发强烈的情感比如抨击、斥责、控诉、雄辩的时候，宜用快读，而一般的记叙、说明、追忆，宜用慢读。比如唐代韩愈《张中丞传后叙》的片段。

　　当二公之初守也，宁能知人之卒不救，弃城而逆遁？苟此不能守，虽避之他处何益？及其无救而且穷也，将其创残饿羸之余，虽欲去，必不达。二公之贤，其讲之精矣！守一城，捍天下，以千百就尽之卒，战百万日滋之师，蔽遮江淮，沮遏其势，天下之不亡，其谁之功也！当是时，弃城而图存者，不可一二数；擅强兵坐而观者，相环也。不追议此，而责二公以死守，亦见其自比于逆乱，设淫辞而助之攻也。

这种悲愤情绪的抒发需要诵读者在快读中淋漓尽致地体现。如果放慢语速，则很难达到该有的诵读效果。

当然，经典诵读语速的快与慢都是相对而言的。无论是快读还是慢读，都必须以表述得清晰明了，听众听得真切明白为基本出发点，要做到快而不乱，慢而不拖，快中有慢，慢中有快，快慢相间。

三、经典诵读的重音技巧

经典文本中的语句，是由若干的字、词或短语组合而成的。一句话中不同的字、词和词组之间的关系总是有重要和次重要之分。重音是指经典诵读过程中，诵读者为了准确表达语意和思想感情，对那些在表情达意上起重要作用的字、词或短语用增加声音的强度的方式来加以强调的现象。这些被强调突出的字、词或短语就是重音。重音与轻音是相对而言的。在经典诵读艺术中，重音实为强音，能够为色彩鲜明、形象生动的字词增加分量。要想在经典诵读中很好地运用重音，需要明白重音的基本类型和技巧，充分发挥重音在经典诵读中的作用，从而使经典诵读水平达到更高的标准。

（一）不同类型的重音

第一，语法重音。语法重音是指在不表示什么特殊的思想和感情的情况下，按语言习惯的自然规律重读的，是指诵读人无特殊强调的情况下反映出来的，与语法结构有关的重音。一般来说，语法重音不带特别强调的色彩。语法重音的位置比较固定。

一般短句子里的谓语部分常重读。如："季康患盗，问于孔子。"（《论语》）

动词或形容词前的状语常重读。如："此日中流自在行。"（朱熹《泛舟》）

名词前的定语常重读。如："一年好景君须记"（苏轼《冬景》）。

表示特指的疑问词要重读。如："行路难！行路难！多歧路，今安在？"（李白《行路难》）

如果一句话里成分较多，重读也就不只一处，往往优先重读定语、状语、补语等连带成分。值得注意的是，语法重音的强度并不十分强，只是同语句的其他部分相比较，读得比较重一些罢了。

第二，强调重音。诵读时，根据诵读的目的和重点，有意将某些词或短语读得重些，叫作强调重音。这种重音通常是为了表示某种特殊的感情和强调某种特殊意义而故意说得重一些。强调重音不受语法制约，目的在于引起听者注意自己所要强调的某个部分。它是根据语句所要表达的重点决定的，它受诵读者意愿的制约，在句子中的位置是不固定的。强调重音的作用在于揭示语言的内在涵义。由于表达目的不同，强调重音就会落在不同的词语上，所揭示的涵义也就不相同，表达的效果也就不一样。

至于语句在什么地方该用强调重音，并没有固定的规律，它是受诵读的环境、内容和感情支配的。要根据诵读人强调的意思决定。同一句话，强调重音不同，表达的意思也往往不同。

在实际的诵读中，语法重音与强调重音往往并存。但二者是有区别的，诵读时语法重音要服从于强调重音。从音量上看，语法重音给人的感觉只是一般的轻重有所区别，而强调重音则给人鲜明突出的印象。强调重音的音量大于语法重音的音量。从出现的位置看，强调重音可能与语法重音重叠，这时语法重音服从于强调重音，只要把音量再加强一些就行了。有时，两种重音出现在不同的位置上，此时，强调重音的音量要盖过语法重音的音量。从确定重音的难易上看，语法重音较容易找到，在一句话的范围内，根据语法结构的特点就可以确定，而强调重音的确定却与诵读者对作品的钻研程度、理解程度紧密相连。

（二）重音的作用

重音可以使诵读的作品色彩丰富，充满生气，有较强的感染力。重音处理得好，才能准确地表情达意。高音显得响亮，表示兴奋、喜悦的感情；低音显得幽沉，表示肃穆、悲哀的感情。如孟郊的《游子吟》："临行密密缝，意恐迟迟归"，重音落在"密密缝"、"迟迟归"上，为什么？因为读到这六字，我们就仿佛听到了母亲声声的叮咛，仿佛看到了母亲慈祥的面容。

讲到重音，我们不能回避轻音，这两者是相对而言的。重音和轻音主要是解决诵读材料内容词语的主次关系问题。重音和轻音一般以句子为基本划分单位。句子中关键性的字词，表达情感的所在，都是重音和轻音的地方。重音不是"加重声音"，轻音更不是像普通话的"轻声"，重音和轻音其实都是出于表情达意上的需要，把句子中重要的字词或含有特殊意义的词组或短句用轻重音技巧加以处理，用意在于通过声音的强调来突出意义，使听众对色彩鲜明、形象生动的词语加深印象。

（三）重音的技巧

第一，要明确重音的依据。诵读中的重音有很多规律可循。有些句子没有特殊的感情色彩，也没有什么特别强调的意味。这种句子的重音可以依据其语法结构来确定。一般地，需要重读的有短句中的谓语、宾语、定语、状语、补语等。这类语法重音在朗读时不必过分强调，只要比其他音节读得重些就可以了。有些句子可以依据语意和感情来确定重音。有些句子或由于构造复杂，或由于表意曲折，或由于感情特殊，它的重音往往不能一下子确定，必须联系上下文，对它细加观察，进行认真推敲，尤其要把它放到特定的语言环境中加以考察，才能确定其重音。一般情况下需要重读的部分有四类。其一，表示动作的词语。例如常建的《题破山寺后禅院》中的"山光悦鸟性，潭影空人心"，"悦"与"空"二字是表示动作的词语，应重读。其二，表示形状与程度的词语。例如王湾的《次北固山下》中的"海日生残夜，江春入旧年"，"残"与"旧"二字是表示形状的词语，应重读。其三，表示结果或程度的补语。例如李清照《如梦令》中的"知否？知否？应是绿肥红瘦"，"肥"与"瘦"二字是表示结果的补语，应重读。其四，表示疑问或指示的代词。例如苏轼的《水调歌头·明月几时有》中的"不应有恨，何事长向别时圆"，"何"字是表示疑问的词语，应重读。

第二，要学会重音的表达方法。重音的表达方法多种多样。有时是加强音量，有时是拖长音节，有时是一字一顿，主要方法是读大调值、增强音势。但也有一种重音轻读法，它是有力地转读，从音量上说，它是轻弱的，但却要求语气凝重、深沉感人。以下分别举例说明。

一是加强音量。如："壮志饥餐胡虏肉，笑谈渴饮匈奴血。待从头、收拾旧山河。朝天阙。"（岳飞《满江红》）

二是拖长音节。如："夜来幽梦忽还乡，小轩窗，正梳妆。相顾无言，唯有泪千行。料得年年肠断处，明月夜，短松冈。"（苏轼《江城子·乙卯正月二十日夜记梦》）

三是一字一顿。如："夜夜除非，好梦留人睡。明月楼高休独倚，酒入愁肠，化作相思泪。"（范仲淹《苏幕遮》）

重音的处理关键在于选择好重音词，一般是选在诵读者有意强调，以示区别之处。应当注意的是重音切忌过多，一是过多显示不了孰轻孰重，二是会造成诵读者与听众双方的疲劳。

四、经典诵读的语调技巧

在汉语中，字有字调，句有句调。我们通常称字调为声调，是指音节的高低升降，而句调我们则称为语调，是指语句的高低升降，是人们在语流中用抑扬顿挫来表情达意的所有语音形式的总和。为适应思想感情表达的需要，经典诵读时，句子总是要有高低升降的变化，这种变化就形成了语调。语调是有声语言所特有的，它是句子的语音标志，任何句子都带有一定的语调。借助语调，有声语言才有极强的表现力。诵读者在诵读时，如能注意语调的升降变化，语音就有了动听的腔调，听起来便具有音乐美，也就能够更细致地表达不同的思想感情。诵读者用以表现不同的语气，一般以音的高低变化来表现不同的语意内容。

（一）语调的基本类型

语调变化多端，根据表示的语气和感情态度的不同，可分为四种基本类型：升调、降调、平调、曲调。

第一，升调。升调表现为句子开头低，句尾明显升高，语气上扬。一般用于表示疑问、反问、惊讶、命令、号召、呼唤等语气，亦出现于表示愤怒、紧张、警告、号召的句子里，也表示语气未完结或出现在长句中的前半句。如《论语》中的一段。

> 子曰："若圣与仁，则吾岂敢！抑为之不厌，诲人不倦，则可谓云尔已矣！"（《论语》）

第二，降调。降调表现为句子句调先高后低，语势渐降，句尾字低而短，比平常短促。一般用于表示肯定、决心、自信、请求、允许、感叹等语气，亦出现于情绪平稳的时候，也表示语气完结等。一般用于陈述句、感叹句、祈使句，表示肯定、坚决、赞美、祝福等感情。表达沉痛、悲愤的感情，一般也多用这种语调。如：

> 臣密今年四十有四，祖母刘今年九十有六，是臣尽节于陛下之日长，报养刘之日短也。乌鸟私情，愿乞终养。（李密《陈情表》）

第三，平调。亦称为直调或平直调。其特点是诵读时语调平稳，起伏不大，始终平直舒缓，没有什么重读或强调的显著变化，句尾保持平直。一般多用于不带特殊感情的陈述和说明，也可以用来表示迟疑、思索、冷淡、追忆、悼念、真实、诚恳、严肃等感情的句子。如：

> 南阳刘子骥，高尚士也，闻之，欣然规往，未果，寻病终。后遂无问津者。（陶渊明《桃花源记》）
> 空山不见人，但闻人语响。返景入深林，复照青苔上。（王维《鹿柴》）

第四，曲调。又叫弯曲调，曲折调。表现为全句语调曲折变化，或先升后降，或先降后升，把句子中某些特殊的音节特别加重、加高或拖长，形成一种升降曲折的变化。曲折调往往表示特殊的感情，如讽刺、讥笑、厌恶、反语、夸张、强调、双关、惊异等。如：

> 且壮士不死则已，死即举大名耳，王侯将相宁有种乎？（司马迁《史记·陈涉世家》）
> （李贺）父名晋肃，子不得举进士，若父名"仁"，子不得为人乎？（韩愈《讳辩》）

（二）语调变化的作用

语调是多种多样的，其内涵是多方面的，无论从表达主体和听众的关系来看，还是从表达主体的心境和思想感情来看，或者从表述的内容和方式来看，它具有多姿多彩的复杂形态。语调的多样性是语言本身丰富性的反映，也是语言能力强的一种表现。

第一，语调体现表情达意的不同。语调是丰富多彩的，因人、因事、因时、因地而不同，变化多端，气象万千。语调不同，表情达意也就有不同。朱光潜先生说："诗的神情有许多要在诵读时高低急徐的变化上见出。"① 诵读过程中，我们强调语调的升降曲直是十分必要的。诵读活动本身是声音形式与思想内容的重合呈现。诵读者在诵读的时候，既要有内在的思想感情的色彩和分量，也要有外在声音的高低、强弱、快慢、虚实等形式。

不同的句子有不同的含义，即使是同一个句子，在不同的情境之中，由不同的人来说，都有可能有不同的含义。而相同的句子不同的用意的体现就需要诵读者运用不同的语调来表现。

第二，语调体现诵读的声音美感。

语调的升降曲直的变化，会使得诵读声音韵调和谐。每个句子是由一个个汉字组合而成。而每个汉字又有平仄之分。如果声调搭配得好，就可出现高低抑扬、急缓起伏之情势。平声字和仄声字交错使用，可以形成声音的抑扬相应，高低相配，急缓相间，起伏相连，从而使声音刚柔相济，协调和谐，给诵读带来声音的美感。

五、经典诵读的特殊技巧

停顿、重音、语调、节奏，是经典诵读的基本技巧，能够掌握与运用

---

① 朱光潜. 诗论 [M]. 合肥：安徽教育出版社，1997：230.

这些技巧，可以保证诵读语言具有一定的准确性、鲜明性与生动性，而要使诵读语言的运用达到绘声绘色、声情并茂的艺术境界，还需掌握与运用气音、颤音、拖腔、拟声、泣诉等特殊诵读技巧。这些特殊技巧"原本是戏曲、曲艺等表演艺术领域的发声、用气方法，在诵读时加以借鉴，得体运用，可在增加言语色彩的浓度以及情感表达的深度上收到较好的效果"①。

（一）模仿

模仿是指声音上的仿效。诵读中有时会转述别人的话语，会涉及现实世界中的某种声音。为了提高诵读的效果，可以运用模仿的方法，"角色化"地模仿别人的腔调，或者描摹某种声音。这种模仿具有艺术再创造的性质，常能唤起听众多种感觉的联想，起到营造情境、烘托气氛、增强话语表现力、感染力的作用，收到如临其境、如闻其声、引人入胜的诵读效果。例如《红楼梦》中的一段。

> 这里刘姥姥心神方定，才又说道："今日我带了你侄儿来，也不为别的，只因他老子娘在家里，连吃的都没有。如今天又冷了，越想没个派头儿，只得带了你侄儿奔了你老来。"说着又推板儿道："你那爹在家怎么教你来？打发咱们作甚事来？只顾吃果子咧。"凤姐早已明白了，听他不会说话，因笑止道："不必说了，我知道了。"（曹雪芹、高鹗《红楼梦》）

刘姥姥一进荣国府，费劲周折终于见到凤姐，开口告贷实出无奈，欲说还休的尴尬情状跃然纸上。刘姥姥由对凤姐诉说家里的艰难，到忽然转为提醒板儿说"你那爹在家怎么教你来？"然后假意指责板儿"只顾吃果子"。尴尬之事得以婉转而完整地诉说出来。在诵读时要注意把握人物心

---

① 朱儒楚. 说话艺术［M］. 海口：南海出版公司，2004：228.

理变化呈现出的不同的感情色彩。

诵读时的模仿不是表演，诵读时要注意三个方面的问题：一是要注意保持自己的音色。音色即声音的个性。即使模仿女性或儿童的声音，也不要捏紧喉咙，尖声细气地怪叫。二是模仿之前与之后应有必要的停顿。这时的停顿，可让自己有个酝酿、过渡和创造的时间，使声音能够自然转化，给听众以可能的提示与启发，更有利于增强表达的效果。三是转述高声喊叫的话，或者一种动物可怕的叫声时，切忌追求所谓的逼真，只需用略带夸张的声音传达出那种情境便可，不然其结果会是弄巧成拙的①。

（二）气音

气音是一种气声混合、气多声轻的音。发声时声门收缩不产生振动，压低嗓音，声带放松，类似耳语，会伴有明显的气息缓缓呼出。多用于表达感叹、赞叹、惊异、恐惧的情感。例如《史记》中的一段。

> 至莫府，广谓其麾下曰："广结发与匈奴大小七十余战，今幸从大将军出接单于兵，而大将军又徙广部行回远，而又迷失道，岂非天哉！且广年六十余矣，终不能复对刀笔之吏。"遂引刀自刭。广军士大夫一军皆哭。百姓闻之，知与不知，无老壮皆为垂涕。（司马迁《史记·李将军列传》）

李广的故事曾经感动过许多人。诵读时使用气音，不仅可以表达诵读者对英雄的崇敬之情，也可以恰如其分地表达人们对李广战功显赫却郁郁不得志，终以悲剧收场的同情和惋惜之情。

诵读时不可滥用气音，使用气音一定要自然适度。一旦造作或失之分寸，会使人觉得口齿"漏风"，甚至会影响语音的清晰度。尤其是话筒不

---

① 刘涛川，谢飚. 有效教学方法全集：中卷［M］. 北京：北京艺术与科学电子出版社，2004：338.

可靠得太近，带有呼吸声的语音，声音发虚，使人感到虚假。

（三）颤音

在发声中，让声门开放和阻塞急速交替，使声音稍带颤抖，这样的声音叫颤音。在诵读时，颤音常用于特别激动的情绪和某种特定的声音。例如《史记》中的一段。

> 项王则夜起，饮帐中。有美人名虞，常幸从；骏马名骓，常骑之。于是项王乃悲歌慷慨，自为诗曰："力拔山兮气盖世，时不利兮骓不逝。骓不逝兮可奈何，虞兮虞兮奈若何！"歌数阕，美人和之。项王泣数行下，左右皆泣，莫能仰视。"（司马迁《史记·项羽本纪》）

项羽并非单纯军事意义上的失败者，他的失败更多的是政治谋略上的失败。面对强劲而奸诈的对手，他坦率、天真、不用心计。死到临头，他多么企盼有一次卷土重来的机会啊！可是，他明白这种机会不会再有了，他注定要败在自己完全可以战胜的对手之下。这里为表现项羽的悲剧心理与失望心态，可用稍带颤抖的声音诵读。

（四）拖腔

拖腔是声乐表演艺术中运用音节结构有"头、腹、尾"的特点，有意地把这些音素说得层次分明，使声音曼长、委婉的一种说唱方法。运用到经典诵读中，在表示领悟回忆、迟疑支吾、气力不足、声音微弱、惊讶、惋惜、痛恨、深切呼唤等特殊情况时，有意把某些声音拖长，这类声音叫拖腔。用拖腔的目的是为了渲染诵读者的具体感受和情绪，强调所说词语的意义和感情，启发受众的想象，加深他们的印象和加强话语的感染力。例如：

此三者，自强之本也。不如是，则虽有伊尹、吕尚为之谋，吴起、李牧为之战，亦将寝衰寝灭，必无有强之一日决也。（严复《原强》）

作品提出了"自强之本"的三个方面：一是身体气力的强盛，二是聪明智力的强盛，三是道德行为的强盛。如果没有这三个方面的强盛，即使有再多的贤相和名将，国家也肯定强盛不起来。"必无有强之一日决也"，可以用适当拖长的声音来读，以表达作者焦虑、痛心的感情。

这里黛玉睁开眼一看，只有紫鹃和奶妈并几个小丫头在那里，便一手攥了紫鹃的手，使着劲说道："我是不中用的人了。你伏侍我几年，我原指望咱们两个总在一处。不想我……"（曹雪芹、高鹗《红楼梦》）

这里省略号前边的音节应用适当拖长的声音读，以表现出林黛玉说话气力不足、微弱断续的声音状态。

（五）泣诉

人在悲伤和痛苦时，声音会带有悲伤痛苦的色彩。在诵读时，根据经典文本的需要，可以让语音带上一定的呜咽和哭泣的色彩。例如：

但以刘日薄西山，气息奄奄，人命危浅，朝不虑夕。臣无祖母，无以至今日；祖母无臣，无以终余年。母孙二人，更相为命，是以区区不能废远。（李密《陈情表》）

后人有"读李密《陈情表》不流泪者不孝"的说法。作品写祖母日薄西山、祖孙相依为命，情溢言外，委婉曲折，酸楚悲恻。诵读时受感情的驱遣，诵读者的声音会不由自主地带有呜咽和哭泣的色彩。又如：

昔日戏言身后意，今朝都到眼前来。

衣裳已施行看尽，针线犹存未忍开。

尚想旧情怜婢仆，也曾因梦送钱财。

诚知此恨人人有，贫贱夫妻百事哀。

（元稹《遣悲怀》）

诗人写了在日常生活中引起哀思的几件事。为了避免见物思人，便将妻子穿过的衣裳施舍出去，将妻子做过的针线活依旧原封不动地保存起来，表达了对丧妻的深沉悲哀之情。尤其是"昔日戏言身后意，今朝都到眼前来"和"诚知此恨人人有，贫贱夫妻百事哀"两联，深切地表达了自己愧疚、惋惜、悲哀的心情，诵读时可用泣诉的方法。

泣诉有时更能引起人们的同情、怜悯，鼓动人们的情绪，激起人们强烈的恨和爱。但是，泣诉不能过分地带有表演的色彩或泣不成声，应保持语言的流畅。

（六）笑语

人类有不同的感情就会有不同声音形式的笑，如微笑、开怀大笑、哈哈大笑、狂笑、奸笑、冷笑、嗤笑等。在经典诵读时，要表现这些不同情感的笑时，可以使语音带上笑的色彩。"通过笑语，来体现人物的神情和感情状态。笑声的语义是在一定交际环境中伴随着言词才明确的，我们在运用笑声语时，要把握住人物的地位和性格特征，准确形象地表现出来。"①

众人先还发怔，后来一听，上上下下都哈哈大笑起来。湘云撑不住，一口茶都喷了出来。林黛玉笑岔了气，伏着桌子只叫

---

① 唐树芝. 口才与演讲［M］. 北京：高等教育出版社，2002：59.

"嗳哟!"宝玉滚到贾母怀里,贾母笑的搂着叫"心肝!"王夫人笑的用手指着凤姐儿却说不出话来。薛姨妈也撑不住,口里的茶喷了探春一裙子。探春的茶碗都合在迎春身上。惜春离了坐位,拉着他的奶母叫"揉揉肠子"。(曹雪芹、高鹗《红楼梦》)

这是一段写"笑"的经典文字,诵读者在诵读时如果能够准确地把握住不同的"笑语",就可以生动鲜明地描摹出不同人物的个性特征。

范进不看便罢,看了一遍,又念一遍,自己把两手拍了一下,笑了一声道:"噫! 好了! 我中了!"说着,往后一跤跌倒,牙关咬紧,不省人事。(吴敬梓《儒林外史》)

在诵读范进的"噫! 好了! 我中了"时,应用"笑语"表现出范进那种喜出望外的感情色彩,这样可以与后面范进乐极生悲"一跤跌倒,牙关咬紧,不省人事"形成鲜明的对照。

六、经典诵读各种技巧的关系

经典诵读的技巧是一个涉及面很广的复杂问题。停顿、语速、重音和语调等方面的基本要求只是一些原则性的要求,决不能机械地把诵读的各种技巧强行纳入到一些简单的公式中去。经典诵读是一种艺术性的创造性劳动。这种艺术性主要是通过各种不同的诵读技巧来加以体现的。在诵读过程中,一旦在某些方面有失调控,诵读的效果都会受到一定的影响。只有从整体上把握诵读中的停顿、语速、重音和语调等方面的问题,恰当地处理断和连、快和慢、轻和重、曲和直等问题,灵活巧妙地运用各种诵读技巧,才能使语意表达得更加顺畅、明晰、突出,才会使经典诵读达到声情并茂、生动感人的艺术境界。

（一）停顿与重音结合

停顿常常与重音配合。在所要强调的词语前面或后面加一个停顿，再对要强调的词加以重读，可以起到很好的表达效果。例如：苏轼《文与可画筼筜谷偃竹记》："夫既心识其所以然而不能然者，内外不一，心手不相应，不学之过也。故凡有见于中而操之不熟者，平居自视了然而临事忽焉丧之，岂独竹乎？"苏轼本是阐述画竹"心手相应"的道理，诵读时"岂独竹乎"中的"独"字为重音，可稍作停顿，停顿和重音结合，自然会气势恢宏地将画竹"心手相应"的道理推论到其他领域。又如全祖望的《梅花岭记》写史可法被俘就义前一段文字。"忠烈乃瞠目曰：'我史阁部也！'"其中，"我史阁部也"，宜读成"我/史阁部也"。这里的"我"为重音，停顿之后，亮明自己的身份，停顿和重音结合，表现了史可法面对敌人的那种大义凛然、视死如归、行不更名、坐不改姓的硬汉子性格。

（二）停顿与语速相关

停顿与语速有着密切关系，停顿的疏密，直接影响到语速的快慢。"停顿次数和停顿时长与语速之间的关系为：停顿次数越多，停顿时长越长，语速就越慢；停顿次数越少，停顿时长越短，语速就越快。"[①] 语速过慢，就会出现读破句的现象，影响意思的表达，语速过快如连珠炮一样，也会影响感情的表达。停顿的巧妙运用对于控制诵读的节奏，突出经典文本的逻辑重点，营造鼓舞人心的气氛都有帮助。但是，有一种停顿是应该尽量避免的，那就是诵读时因为准备不足、情绪紧张而引起的语无伦次所出现的停顿，这种停顿是非理性的结果，不利于诵读者与听众的沟通。

（三）重音与语调协调

经典诵读还需要把握重音和语调的协调。如果对文章的内容理解不

---

① 刘艳. 普通话的情感语音韵律分析［D］. 南京：南京师范大学文学院，2011：60.

深，重音和语调就很难把握。① 一般情况下，重音与语调的规律为：重且慢表示关切，轻且慢表示思索，高且慢表示傲慢，低且慢表示沉重，重且快表示粗暴，轻且快表示轻松，高且快表示急躁，低且快表示焦急。如韩愈的《祭十二郎文》中问十二郎究竟患何病、何时残等语。"汝去年书云：'比得软脚病，往往而剧。'吾曰：'是疾也，江南之人，常常有之。'未始以为忧也。呜呼！其竟以此而陨其生乎！抑别有疾而至斯乎？"这些话表面语气较低缓，好像作者在与十二郎当面闲谈，但读起来却令人分明感觉到作者锥心的痛楚，同时在行文中，造成了一种时起时伏、回旋跌宕的抒情效果。"呜呼！其竟以此而陨其生乎！"一定要用重读把在读者心里激起的强烈震动表现出来。

我们在经典诵读时，除了注意停顿与重音结合，停顿与语速和谐，重音与语调协调等问题外，还得借助一些特殊的表达手段，例如：笑语、颤音、泣诉、重音轻读等。只有掌握了停顿、语速、重音、语调等基本技巧，以及笑语、颤音、泣诉、重音轻读等特殊技巧，并灵活地把握住了这些技巧的相互关系，才能使经典诵读具有形象色彩、感情色彩、理性色彩、语体色彩、风格色彩，才能增强语言的魅力，充分调动起听众的情绪，从而引起听众的强烈共鸣。

经典诵读艺术需要技巧，但这技巧是不能凭空而来或一蹴而就的。学习和运用技巧要经过两个阶段：第一个阶段是在对文本进行整体艺术把握的前提下，刻意雕琢的阶段。"熟能生巧"，"玉不琢，不成器"，因此要重视技巧的功能，要掌握技巧的精髓。第二个阶段是返璞归真阶段，在技巧运用达到一定水平时，便超越了"刻意"，进入了"无意"，不再考虑技巧，却又是技巧无处不在，那便是"大巧若拙"，"不工者，工之极也"，"天然去雕饰"。"艺术之所以是艺术，就因为它不是自然"，但返璞归真阶段，又回归到质朴自然。不过，这自然已经是自然美了。

---

① 冯晓晶. 试论九年义务制阶段语文教学以诵读为本的教学模式和教学策略［D］. 北京：首都师范大学文学院，2007：30.

第三节　经典诵读的临场设计

作为经典诵读教学，我们对诵读者的一般要求是"不仅要读通，还要读懂，要出声地读，大声地读，读得摇头晃脑，字正腔圆，直到读出诗句的诗境语韵来"①。但如果是公众场合的经典诵读展示时，除了在声音技巧方面要更加注意停连、轻重、速度节奏、语气语调等方面以外，临场的设计是必不可少的。中华经典诵读的临场设计主要包括面部表情（尤其是眼神）、手势动作、背景音乐、气息控制的配合运用。同时，还要特别注意文体的区别。经典诵读的临场设计如果运用得好，便能声情并茂、透彻淋漓地把经典文本再现出来。

一、经典诵读的面部表情

面部表情是指通过眼部肌肉、脸部肌肉和口部肌肉等的变化来表现的各种情绪状态，是一种十分重要的非语言交往手段。如兴奋、高兴、惊讶、痛苦、恐惧、害羞、厌恶、生气等。一般来说，面部各个器官是一个有机整体，协调一致地表达出同一种情感。面部肌肉松弛表明心情愉快、轻松、舒畅；肌肉紧张表明痛苦、严峻、严肃。口腔和眼睛附近的肌肉群是面部表情最丰富的部分。

嘴部是面部最能表达情绪的部位之一。嘴部的表情主要体现在口型和嘴部肌肉的变化上。如愉快时嘴角上翘；悲伤时嘴角拉向下方，下巴上翘；害怕时嘴稍张，向后撇；惊奇时口张开，呈椭圆形或圆形；委屈时撅起嘴巴；愤恨时咬牙切齿；忍耐痛苦时咬住下唇等。

---

① 周艳敏，韩佳亮. 古诗"悟情入境"的几种做法［J］. 教育实践与研究：小学版，2008（12）：29.

宋代词人周邦彦《诉衷情》曰："不言不语，一段伤春，都在眉间。"眉间的肌肉皱纹能够表达人的情感变化。心理学家研究表明，眉毛可有二十多种动态，分别表示不同感情①：柳眉倒竖表示愤怒，横眉冷对表示敌意，挤眉弄眼表示戏谑，低眉顺眼表示顺从，扬眉吐气表示畅快，眉头舒展表示宽慰，喜上眉梢表示愉悦，等等。

眼睛是心灵的窗户，能够最直接、最完整、最深刻、最丰富地表现人的精神状态和内心活动，它能够自由地沟通彼此的心灵，能够创造无形的、适宜的情绪气氛。眼睛通常是情感的第一个自发表达者，透过眼睛可以看出一个人是欢乐还是忧伤，是烦恼还是悠闲，是厌恶还是喜欢。瞳孔可以反映人的心理变化：当人看到有趣的或者心中喜爱的东西时，瞳孔就会扩大；而看到不喜欢的或者厌恶的东西，瞳孔就会缩小。目光可以委婉、含蓄、丰富地表达爱抚或推却，允诺或拒绝，央求或强制，讯问或回答，谴责或赞许，讥讽或同情，企盼或焦虑，厌恶或亲昵等复杂的思想和愿望。

经典诵读时，眼神可以一方面与听众沟通交流，加强表达效果，也可以集中凝想，进入诗境之中。诵读者与听众之间的思想感情交流，除了借助声音的表达外，最主要的是眼神的运用。经典诵读时想象力的发挥是其中主要的条件，经典诵读不同于相声、戏剧，诵读者身体的各部分器官，多少是要受到限制的。所以，要准确贴切地表达想象，只有尽量利用最灵活且最不受限制的眼睛，等到眼睛无法表达时，才会寻求借助表情、动作、手势等。

公众场合的经典诵读展示时，要求诵读者能够熟练地背诵经典文本，主要是诵读时必须运用眼神传达思想感情。如果双眼紧盯着诵读材料，就失去了与听众"眉目传情"的机会。我们诵读李白《静夜思》这首诗时，"床前明月光"视力平射，"疑是地上霜"目光向下转移，"举头望明月"视力远射向上，"低头思故乡"眼神更下垂作沉思状。凭借着上述目光的

---

① 蔡亚兰. 一口气读懂心理学［M］. 北京：新世界出版社，2009：61.

四种变化，想象力便能活灵活现了。这是集中凝想、进入诗境的表现。

经典诵读不是表演的艺术，而是声情的艺术。经典文本感情突出的地方，须用面部表情模拟出来。诵读材料中所表现的原作者的态度和感情，诵读者必须仔细揣摩，贴切表达。诵读时面无表情、干燥枯涩，或呆若木鸡，固然是诵读的大忌；表情过火、矫揉造作，挤眉弄眼、东张西望，则属于过犹不及。

二、经典诵读的手势动作

关于经典诵读是否需要动作的问题，学界始终存在着争议。《诗大序》说："情动于中而形于言，言之不足，故嗟叹之，嗟叹之不足，故咏歌之，咏歌之不足，故手之舞之，足之蹈之也。"[①] 这说明只要是忠于诵读材料，出于自然，那么手势和动作都应该是有备而来、相时而动的，是应该被接受的。强调经典诵读的文学性的人则反对手势动作的介入，认为加入动作只表示声音技巧不足。事实上，在诵读时，情不自禁地加入一些手势动作是一种帮助诵读者进入角色的好方法。

手势动作是一种肢体语言。"所谓肢体语适切，就是要求表情、手势和身体动作适度、得体、协调、优美，能很好地服务于思想的表达、情绪的渲染。"[②] 手势动作可以说是借鉴和微缩了舞台剧的表演形式。有时，一些难以言传的微妙情感却能用表情、动作入木三分地表演出来。如赵师秀《约客》中"有约不来过夜半，闲敲棋子落灯花"一句，表现对迟迟未到友人的等待。诵读中，诵读者微皱眉头，半闭双眼，一边不紧不慢地敲击着手中的笔，口中念念有词似昏睡状，忽然笔失手落地，他方才做出惊醒的表情，俯身往桌下寻找——把久等未到那种疲惫、昏昏欲睡的感觉表现得淋漓尽致。

---

① 毛亨，郑玄，孔颖达. 毛诗正义［M］. 影印阮元《十三经注疏》本. 北京：中华书局，1980：240.

② 李鹏. 朗读与朗诵的实训模式构想［J］. 南阳师范学院学报，2009（10）：107.

公众场合的经典诵读，根据经典文本的表达，如果能够设计一些手势动作应该是值得鼓励的，何况很多诵读材料本身已富有动作性。动作要精心设计，在声音发出之前表现出来，以起暗示和引导的作用。一般说来，经典诵读中的手势动作要注意以下几个方面的问题。一是设计的手势和动作，必须与诵读材料紧密配合，不能生硬堆砌，以免产生负面效果。二是手势和动作要少而精，适当自然，并且优美合度。三是动作幅度要小，一般限于胸前，手臂挥得太远便会缺乏力量，垂得太低就不能引起听众的注意；腰部以下一般不应有所动作，顿足尤其不可。因为顿足会破坏美感，并且影响呼吸。四是身体不能经常移动，以免分散听众的注意力；只有在段落的大停顿或文义转折的地方才可移动，以表示进入意境的另一阶段或层面。

三、经典诵读的背景音乐

背景音乐的作用是"掩盖公共场所的环境噪声，创造一种轻松愉快的气氛。具体地讲有渲染感情，烘托主题；引起联想，提高效率；维系注意，消除惰性；张弛统一，以动促静的作用。"[①] 科学研究发现，人们在欣赏音乐的过程中，包括节奏、旋律、和声、音色等音乐信息对疏导大脑的整个功能起到了良好的促进作用，表现为记忆力增强、思维活跃。除此之外，音乐还能诱发出人们心中潜在的巨大力量，使头脑中众多彼此分散、孤立的信息组合起来，推动创造性思维的发展。

在经典诵读教学中，把经典文本置于画面中，同时配以与诗境、诗情相通的背景音乐。"这时的古诗词就不只是文字，而是从视觉、听觉上同时作用于学生大脑的一个立体化的事物。这样一来，诗情、诗境在画面和音乐的作用下形象化、具体化了，学生反复诵读就会自然而然地入情、入

---

① 孙新波，吕计红．背景音乐——一种通过体验和感受达到教育目的的教学方式［J］．东北大学学报：社会科学版，2003（3）：229．

境，轻松地读出诗的味道、诗的情感和诗的美感。这样的诵读，如同欣赏一幅画、聆听一首歌，快乐而令人陶醉。可见，在诵读中用艺术手段创设意境，能获得事半功倍的效果。"① 可以说，背景音乐是辅助经典诵读、提升诵读品位的有效手段，我们应予以提倡。但是，背景音乐的选择和播放有很多需要注意的地方。

第一，选择背景音乐时，旋律要和文章所表达的感情相吻合，音乐的节拍要和文章的句读相一致。另外，背景音乐播放时不能音量过大，否则会起到喧宾夺主的反作用。

第二，合理选用曲调高昂的音乐和曲调舒缓的音乐。高昂的乐曲可以激发人们的活力、能量、创造力和热情；舒缓的音乐可以使人平静、放松、惬意，适合学习。要达到这一目的，需要经典诵读者加强音乐修养并多与音乐工作者合作。

第三，诵读者要注意调整自己诵读的音调、音量和音速，制造和谐的气氛。同时要处理好诵读内容的确定性和音乐的模糊性的关系，在诵读内容与背景音乐的意境联系较强的情况下，要充分发挥音乐自身所具有的表情功能。

总之，选择经典诵读背景音乐要根据经典文本来进行，要注意反复琢磨体味音乐旋律、节奏与诵读材料的风格，确定它们是相符合的。伴着这样的背景音乐进行诵读，才能够把音乐和经典诵读完美融合。唯有这样，背景音乐才能创设经典诵读所需要的意境，烘托气氛，从而起到给经典诵读增光添色的作用。

四、经典诵读的气息控制

气息控制是指用气过程中的补气和换气。气息控制得好坏会在很大程度上影响经典诵读的效果。"气者，音之师也。"气息是声音的动力来源，

---

① 方敏. 诵读经典美文，为学生成长奠基［N］. 中国教育报，2009 – 02 – 17.

声音的强弱、高低、长短以及共鸣状况，与呼出气息的速度、流量、压力大小都有直接关系。气流的变化关系到声音的响亮度、清晰度、持久性，音色的优美圆润以及情绪的饱满充沛。声音的纵收自如仰赖于气息的纵收自如。著名表演艺术家李默然曾说："练声先练气，气足声才亮。"因此，气息控制是吐字发声、形成声音魅力的根本一环①。正常情况下，诵读是在呼气时进行的，停顿则是在吸气时进行的。如果是持续时间较长的诵读，必然要求有比平时更强的呼吸循环，为发音提供充足的力。气与力的融合，为优美的声音奠定了坚实的基础。由于经典诵读的内容各有不同，这就需要我们依情控制气息，依照感情发展的变化采取不同的用气方法。在经典诵读过程中应该注意如下几点。

第一，尽量放松自己。诵读时感到的紧张实际是口唇的紧张，在诵读之前要做些口唇练习，如：将舌头在口腔内360度大循环十五次左右。要迅速吸气，缓慢、均匀呼气，吸入的气量要适中。

第二，把握好换气时机。不要等诵读完一个长句才大呼大吸，这样会显得诵读很吃力。应该尽可能在诵读中的自然停顿处换气。还要根据自己的气量来决定，读长句时是否要中途停顿，不要为了渲染和增强表达效果而勉为其难。那样，会适得其反。

第三，有一定的呼吸储量。要口鼻共同呼吸。呼吸要深，要用丹田呼吸，将两肋打开，小腹收紧，肚皮始终是硬的，这就是气息支撑。不要管自然条件多么困难，也要把气沉下去，引起胸腔的共鸣，产生磁性的声音。

第四，保持正确的姿势。呼吸顺畅，方可语流顺畅。诵读时的姿势要尽可能地有利于呼吸。无论是站姿还是坐姿，都要抬头、舒肩、展背，胸部要稍向前倾，小腹自然内收，双脚并立平放。这样，发音的关键部位如胸、腹、喉、舌等才能处于良好的呼吸准备和行进状态之中。

① 张静，周久云. 实用口才训练［M］. 上海：东华大学出版社，2008：40.

五、经典诵读的文体区别

"诵读与作品主题、风格、基调、节奏等的关系是互动的……诵读是诵读者与文本对话的一种方式，随着诵读的逐步深入，即诵读者与文本对话的逐步深入，作品的主题、风格、基调与节奏也更加明朗化。"① 而不同的文体，在主题、风格、基调、节奏上都会有所区别，其结构样式和关键句的位置不同，重音的表达也因其内容和言语形式的不同而不同。所以，在诵读中，为了追求更好的诵读效果，要注意区别不同的文体。要从内容出发，也要注意体现文体特点。同时，诵读作为一种特殊的朗读，专用于诗歌、散文，尤其是对中国古典诗歌、散文、词曲等特定文本的朗读。②

（一）关于诗词诵读

第一，把握停顿规律。古诗有四言诗、五言诗、七言诗和杂言诗等，诵读要注意停顿规律。古诗的诵读节奏的划分，通常按音节或者按语意来划分。

四言诗，指四字诗句组成的诗歌。四言诗在上古歌谣及《周易》韵语中已有所见，到中国第一部诗歌总集《诗经》，虽杂有三、五、七、八、九言之句，而基本上是四言体。四言诗一般采用"2/2"式停顿。如："关关/雎鸠，在河/之洲"（《诗经·关雎》）；"蒹葭/苍苍，白露/为霜"（《诗经·蒹葭》）；又如"东临/碣石，以观/沧海"（曹操《观沧海》）等。

五言诗，一般采用"2/3"式停顿，如"造化/钟神秀，阴阳/割昏晓"（杜甫《望岳》）；"国破/山河在，城春/草木深"（杜甫《春望》）等。还有可分为三个音节的，其中有"2/1/2"式。如"晨兴/理/荒秽"，"夕露/沾/我衣"（陶渊明《归园田居》其三）等。这主要是因为中间的这个词

---

① 吴真. 高中散文作品诵读与作品诸因素的关系 [J]. 赤峰教育学院学报，2003（5）：116-117.

② 范蓓蕾. 古诗文教学有效诵读的求致路径 [J]. 合肥师范学院学报，2009（1）：122.

是动词，与后面的词构成了动宾结构。另外一种是"2/2/1"式。如："种豆/南山/下，草盛/豆苗/稀"（《归园田居》其三）；"绿树/村边/合，青山/郭外/斜"（孟浩然《过故人庄》）；"大漠/孤烟/直，长河/落日/圆"（王维《使至塞上》）等。这里的"1"主要是对前面内容的一个补充说明。

七言诗，主要可分为"2/2/3"式和"4/3"式停顿。如："商女/不知/亡国恨，隔江/犹唱/后庭花"（杜牧《泊秦淮》）；"人生/自古/谁无死"（文天祥《过零丁洋》）；"浅草/才能/没马蹄"，"几处/早莺/争暖树"（白居易《钱塘湖春行》）。"水面初平/云脚低"（同上）；"山重水复/疑无路，柳暗花明/又一村。"（陆游《游山西村》）。它们的区别在于意思的连贯性和成语的连读上。"水面初平"是主谓结构的连贯；"山重水复"和"柳暗花明"则是成语的连读。另外还有"2/2/1/2"节奏，如"春蚕/到死/丝/方尽，蜡炬/成灰/泪/始干"（李商隐《无题》）等。

与诗歌对应的词主要是按意义单位来划分。如"无言/独上/西楼"，"寂寞梧桐/深院/锁清秋"（李煜《乌夜啼》），这是按照动宾结构划分的。"寻寻/觅觅，冷冷/清清，凄凄/惨惨/戚戚"（李清照《声声慢》）则是按照叠字的意义划分的。值得注意的是，古诗词的停顿应做到"声断情不断"，切勿机械刻意地去体现，否则会对诗词本身的意境和流畅性构成严重损害。

第二，了解平仄规律。在鉴赏古诗文的时候，"通过反复吟咏，通过疾徐变化的语速、婉转曲折的腔调、轻重缓急和抑扬顿挫的声音走进作品的意境、作者的情感世界，从而正确把握作品中体现出来的作者的个性、气质和思想情感……古诗词的音节有特殊的规律，吟诵可以让人'由声入情'。说到这就涉及汉字音节中声、韵、调各要素，古诗词吟诵和诗词中文字音节的发声特点及平仄规律、用韵有很大关系。"① 平仄是近体诗格律

---

① 杨丽春. 古诗词吟诵教学的有关调查与实验［D］. 福州：福建师范大学文学院，2009：9－10.

的重要因素，也成为词的格律要素之一。吟诵古代诗词，首先就要辨清诗词的平仄格式，吟准平仄，体现诗词的节奏韵律。在古代汉语里面，平，即平声；仄，包括上、去、入三声。在现代汉语里，平，包括阴平、阳平；仄，包括上声、去声。平仄声调在诗词中有规律地交错出现，使作品声调富有变化，诵读起来更具音律美。

古典诗词的平仄安排主要是以两个字为一个音组，或称音步，交互组联而成。例如："白日依山尽，黄河入海流。欲穷千里目，更上一层楼。"这首五言绝句诗，就是由"仄仄平平仄，平平仄仄平，平平平仄仄，仄仄仄平平"交互组联而成。每一句都有两个双音步和一个单音步。每一个双音步的第二个音，其平仄声都交错使用，俗称二、四、六分明。这样就构成了诗句的高下疾徐，抑扬顿挫。至于词，句子中的平仄安排更加严格，所谓"句有定字，字有定声"①。

诗词的平仄还与对仗有着密切的关系。如杜甫的《绝句》："两个黄鹂鸣翠柳，一行白鹭上青天。"句子中有四种事物，即"鹂、柳、鹭、天"；有四种颜色，即"黄、翠、白、青"。这两句是工整的对偶，"两个、一行"是数量词对，"黄鹂、翠柳"与"白鹭、青天"是形容词修饰名词对，"鸣、上"是动词对。如果兼论平仄，第一句是"仄仄平平平仄仄"，第二句是"仄平仄仄仄平平"，基本上是符合平仄规定的。

另外，诵读经典诗歌时，要注意节奏鲜明，并根据作品的基本节奏采取相应的速度。该轻快的要诵读得轻快些，该沉重的要诵读得沉稳、缓慢些。就一首诗来说，诵读速度也不是固定不变的，而是要根据表现作品内容的需要来决定，并具有一定的变化。诗歌，需要凝聚的感情，需要精美的语言，需要高远的意境，需要灵动的表现。从这个角度说，诵读上有难度。但由于词语的拓开，语气的舒展，字音的绵长，韵脚的鲜明，又可以比较真切地进行艺术把握，层级的分野也比较清楚。

---

① 程芸. 沈璟"合律依腔"理论述评［J］. 文学遗产，2000（5）：92.

（二）关于散文诵读

散文是与诗歌、小说、戏剧并称的一种文学体裁，包括杂文、随笔、游记等。散文是最自由的文体，不讲究音韵，不讲究排比，没有任何的束缚及限制，形式自由，题材多样。散文一般篇幅短小、情文并茂且富有意境，适合诵读。其特点是通过叙述、描写、抒情、议论等各种表现手法，创造出一种自由灵活、形散神凝、生动感人的艺术境界。诵读经典散文要注意以下几个方面的问题。

第一，古代散文的节奏划分。古代散文中，按意义划分节奏的居多。如陶渊明《五柳先生传》中的"宅边有五柳树，因以为号焉"，其实，"因以为号焉"是"因此以之为号焉"的省略，应读成"因/以为号焉"。《晏子春秋·杂下之十》中的"橘生淮南/则为橘，生于淮北/则为枳，叶/徒相似，其/实味不同"，如果没有理解其意义，也就不会朗读了。可见，在诵读中，要在正确把握经典文本含义的基础上确定相应的节奏。又如魏学洢《核舟记》："船头/坐三人，中峨冠/而多髯者/为东坡，佛印/居右，鲁直/居左。苏黄/共阅/一手卷。"这里就是按意义划分，读起来既朗朗上口，又意思鲜明。

古代散文的节奏划分还可按短语标志进行，如"货恶其弃/于地也"（《礼记·大道之行也》），"于地"是介宾短语，即按此方法划开。还可按副词、连词单独划分。如："未尝识书具，忽/啼求之"（王安石《伤仲永》），"是故/弟子不必不如师，师不必贤于弟子。"（韩愈《师说》）在诵读中还要注意词语的特殊用法，进行正确的节奏划分。如《聊斋志异·狼》中的"其一/犬坐于前"就要知道"犬"的含义是名词作状语，而非名词"狗"，因此节奏划分时应在"犬"之前停顿。

第二，散文诵读的真情流露。散文是心灵的体现，诵读散文应力求展示作者倾注在作品中的情感。诵读时要充分把握不同的主题、结构和风格，从而充分把握这种情感基调。风格相同的散文，如果主题不同，基调也会有变化，诵读时语气语调自然也就不同了。例如，王勃的《滕王阁序》与范仲淹的《岳阳楼记》在风格上同属语言优美的写景加抒情议论的散文名篇，然而《滕王阁序》的主题是作者从铺叙滕王阁一带形势景色和宴会盛况，转而抒发"无路请缨"的感慨。全文在豪迈的气势下隐藏了一条淡淡的哀伤的情感基调，诵读时宜采用悲愤激昂的语调。而《岳阳楼记》的主题略有不同，作者在浩浩荡荡地描写岳阳楼景色之余抒发了"不以物喜，不以己悲"的旷达胸襟和"先天下之忧而忧，后天下之乐而乐"的政治抱负，全文的基调是相对放松而富有激情的，诵读时宜采用轻松豁达的语调。

同样，相同主题不同风格的散文，基调也会有所不同，诵读时语气语调也将随之而改变。

第三，散文诵读要有变化。散文语言自由舒展，表达的情感细腻生动，其抒情、叙述、描写、议论相辅相成，显得生动明快。诵读时要把握其"形散神聚"的特点，根据不同的语言风格区别对待。叙述性语言的诵读要语气舒展，声音明朗轻柔，娓娓动听；描写性语言的诵读要生动、形象、自然、贴切；抒情性语言的诵读要自然亲切、由衷而发；议论性语言的诵读要深沉含蓄、力透纸背。诵读者应把握文章的语言特点，恰如其分地处理好语气的高低、强弱，节奏的快慢、急缓，力求真切地把作者的情感抒发出来。

总之，经典诵读是一项复杂的富有创造性的活动。经典诵读首先是要作足准备，这包括精心选择经典文本。深入理解经典文本，同时保证正确的发音，把握发音的科学性和艺术性。其次是熟练掌握经典诵读的语言技巧，包括语言的停连、语速节奏的快慢、语音的轻重、语调的高低升降等。在诵读中，要做到"快而不乱，慢而不断，强而不浊，弱而不薄"[①]。再次，临场的经典诵读设计也不可缺少。面部表情、手势动作、背景音乐、气息控制、文体区别等各个方面都要注意到，把握好。

---

① 马艳丽. 论义务教育阶段的"口语交际"教学［D］. 武汉：华中师范大学语言研究所，2008：19.

　　成功的经典诵读给文字作品增添了有声语言的魅力，好的经典诵读能完美诠释语言艺术的真谛。可以说，经典诵读在我们的生活中不可缺少。它既是对传统经典文化血脉的传承，又是对当代人人文精神的熏陶。一位好的经典诵读者不仅要追求诵读上的技巧，也应下功夫校正自己的世界观、人生观、价值观、审美观。经典诵读者的美好追求是达到诵读艺术的崇高境界，即做到以高尚的情操陶冶人，以优秀的作品鼓舞人，以生命的情感启迪人。

参 考 文 献

一、著作

［1］蔡礼旭. 蔡礼旭家庭教育演讲录［M］. 北京：世界知识出版社，2011.

［2］蔡美惠. 台湾中学国文教学研究［M］. 广州：广东教育出版社，2006.

［3］巢宗祺，雷实，陆志平. 全日制义务教育语文课程标准解读［M］. 武汉：湖北教育出版社，2002.

［4］程端礼. 程氏家塾读书分年日程［M］. 北京：商务印书馆，1936.

［5］戴大明. "读经"与文化自觉［M］昆明：云南大学出版社，2011.

［6］杜伟东. 朗诵学［M］. 成都：成都科技大学出版社，1992.

［7］樊宝英. 文学经典理论研究［M］. 济南：山东画报出版社，2007.

［8］傅璇琮. 唐代科举与文学［M］. 西安：陕西人民出版社，2007.

［9］顾明远. 中国教育大系：历代教育制度考［M］. 武汉：湖北教育出版社，1994.

［10］蘅塘退士. 唐诗三百首［M］. 北京：中华书局，1959.

［11］黄俊杰. 大学通识教育的理念与实践［M］. 武汉：华中师范大学出版社，2001.

［12］蒋红梅. 演讲与口才实训教程［M］. 北京：清华大学出版社，2009.

［13］蒋庆. 中华文化经典基础教育诵本［M］. 北京：高等教育出版社，2004.

［14］襟霞阁. 清十大名人家书［M］. 长沙：岳麓书社，1999.

［15］赖配根. 新经典课堂［M］. 北京：教育科学出版社，2009.

［16］黎靖德. 朱子语类［M］. 北京：中华书局，1986.

［17］黎泽渝，马嘯风，李乐毅. 黎锦熙语文教育论著选［M］. 北京：人民教育

出版社，1996.

［18］李约瑟. 中国科学技术史：第 2 卷［M］. 北京：科学出版社，1990.

［19］梁启超. 要籍解题及其读法［M］. 北京：清华周刊丛书社，1930.

［20］梁启超. 中国近三百年学术史［M］. 北京：中国书店，1985.

［21］廖涵. 授文千法［M］. 长沙：湖南教育出版社，1989.

［22］林非. 鲁迅和中国文化［M］. 北京：学苑出版社，2000.

［23］吕大乐. 普及文化在香港［M］. 香港：曙光图书公司，1983.

［24］南怀瑾. 南怀瑾著作珍藏本［M］. 上海：复旦大学出版社，2000.

［25］浦卫忠. 中国古代蒙学教育［M］. 北京：中国城市出版社，1996.

［26］曲文军. 中国传统文化与现代化［M］. 济南：山东人民出版社，2011.

［27］谭俊明. 普通话与经典诵读实训教程［M］. 大连：大连理工大学出版社，2011.

［28］檀明山. 学会说话，学会交际［M］. 福州：海峡文艺出版社，2004.

［29］唐彪. 家塾教学法［M］. 上海：华东师范大学出版社，1992.

［30］万奇. 桐城派与中国文章理论［M］. 呼和浩特：内蒙古教育出版社，1999.

［31］王先谦. 荀子集解［M］. 北京：中华书局，1988.

［32］王正军. 诵读与鉴赏［M］. 哈尔滨：哈尔滨工程大学出版社，2006.

［33］徐梓，王雪梅. 蒙学要义［M］. 太原：山西教育出版社，1991.

［34］薛瑄. 薛文清公读书录［M］. 北京：商务印书馆，1936.

［35］颜之推. 颜氏家训［M］. 太原：山西古籍出版社，2001.

［36］叶澜. 教育概论［M］. 北京：人民教育出版社，1999.

［37］尹建国，杨瑛，曲文军. 经典诗文三百篇·大学版［M］. 北京：高等教育出版社，2010.

［38］曾国藩. 曾国藩全集［M］. 长沙：岳麓书社，1985.

［39］湛若水. 湛甘泉先生文集［M］. 济南：齐鲁书社，1997.

［40］张洪，等. 朱子读书法四卷［M］. 复性书院蓝印本，1946.

［41］张静，周久云. 实用口才训练［M］. 上海：东华大学出版社，2008.

［42］张连元. 如何实现三维目标：让学生与文本共鸣的诵读教学［M］. 重庆：西南师范大学出版社，2010.

［43］张志公. 传统语文教育初探［M］. 上海：上海教育出版社，1962.

［44］赵玉秀. 晨曦诵读［M］. 银川：阳光出版社，2011.

［45］中央教育科学研究所. 叶圣陶语文教育论集［M］. 北京：教育科学出版社，1980.

［46］周文志. 一本书读懂国学［M］. 北京：九州出版社，2010.

［47］周聿峨. 东南亚华文教育［M］. 广州：暨南大学出版社，1995.

［48］朱柏庐. 朱子家训［M］. 兰州：甘肃人民出版社，1990.

［49］朱儒楚. 说话艺术［M］. 海口：南海出版公司，2004.

［50］朱熹. 四书章句集注［M］. 北京：中华书局，1983.

［51］朱自清. 朱自清全集：第 3 卷［M］. 南京：江苏教育出版社，1988.

［52］宗培玉. 文学与素养［M］. 杭州：浙江大学出版社，2006.

二、期刊

［1］蔡毅. 经典的亵渎颠覆与传承保护［J］. 社会科学评论，2009（3）.

［2］查屏球. 名家选本的初始化效应——王安石《唐百家诗选》在宋代的流传与接受［J］. 安徽大学学报：哲学社会科学版，2012（1）.

［3］程芸. 沈璟"合律依腔"理论述评［J］. 文学遗产，2000（5）.

［4］邓洪波，陈吉良. 从学规看明代书院之课程建设——以弘道、大科、湖南三书院为例［J］. 湖南大学学报：社会科学版，2007（6）.

［5］范蓓蕾. 古诗文教学有效诵读的求致路径［J］. 合肥师范学院学报，2009（1）.

［6］方星霞. 论在港推行"儿童读经"之意义［J］. 陕西师范大学学报：哲学社会科学版，2008（S1）.

［7］伏俊琏. 谈先秦时期的"诵"［J］. 孔子研究，2003（3）.

［8］付琼. 家塾文学选本的文学教育本位［J］. 贵州社会科学，2010（7）.

［9］郭齐家. 经典教育，塑造面向 21 世纪的成功人生［J］. 读书文摘，2006（7）.

［10］郭齐家. 少儿读经与文化传承［J］. 湖南科技学院学报，2005（1）.

［11］黄新宪. 传统文化与台湾教育［J］. 上海教育科研，1993（3）.

［12］蒋庆. 中国文化的危机及其解决之道［J］. 西南政法大学学报，2005（1）.

［13］赖国全，磨铭芬. 高质量的教育方式方法原来如此简单［J］. 广西质量监督导报，2009（6）.

［14］黎海燕，鄢建江．美国的通识教育与闲暇德育［J］．当代青年研究，2008（1）．

［15］李欢喜．吟诵艺术初探［J］．内蒙古艺术，2004（1）．

［16］李俊．家长教育培训研究：从家庭教育到家长教育［J］．成人教育，2008（11）．

［17］李立．台湾小学生时兴读古籍［J］．台声，2006（11）．

［18］李鹏．朗读与朗诵的实训模式构想［J］．南阳师范学院学报，2009（10）．

［19］梁开喜．谈文言文诵读教学的层次性［J］．语文建设，2007（11）．

［20］林助雄．儿童读经与潜能开发——关于倡导儿童诵读中国文化经典的脑科学分析［J］．石油政工研究，1999（4）．

［21］刘川鄂．读经：应不应该作为教育行为？［J］．中学语文，2006（6）．

［22］刘坤生．"尊孔读经"与道德的自觉——和大学生谈《论语》［J］．汕头大学学报，1995（2）．

［23］刘晓东．"儿童读经"论辩之辨析——以秋风与薛涌论争为个案［J］．南京师大学报：社会科学版，2008（5）．

［24］刘晓东．"儿童读经运动"质疑——与南怀瑾先生商榷［J］．南京师大学报：社会科学版，2004（3）．

［25］刘晓东．"儿童读经运动"：违背科学的主张，复古倒退的教育［J］．学前教育研究，2004（5）．

［26］刘玉洁．经典诵读与大学生人文素质培养［J］．辽宁师专学报：社会科学版，2010（6）．

［27］刘贞福．谈"语文素养"［J］．语文建设，2003（4）．

［28］逯新英．诵读教学谈［J］．中国城市经济，2010（11）．

［29］潘庆玉．全球化语境中的经典教育［J］．当代教育科学，2003（12）．

［30］乔伊斯．全球视野下的现当代儒学［J］．社会观察，2004（3）．

［31］田立君，王群．学生发展性评价的实践探索——以"国学经典诵读"课程评价为例［J］．现代中小学教育，2010（12）．

［32］王财贵．儿童经典诵读基本理论［J］．北京教育：普教版，2005（4）．

［33］王财贵．文化熏陶、智能锻炼、人格完善——儿童经典诵读工程［J］．吕梁教育学院学报，2007（4）．

［34］王欣. 探析当前我国家庭教育新变化［J］. 哈尔滨学院学报, 2010 (5).

［35］吴真. 高中散文作品诵读与作品诸因素的关系［J］. 赤峰教育学院学报, 2003 (5).

［36］薛涌. 走向蒙昧的文化保守主义——斥当代"大儒"蒋庆［J］. 理论参考, 2007 (7).

［37］杨棣. 关注大学生文化经典阅读［J］. 中国农业大学学报: 社会科学版, 2004 (1).

［38］展明锋. 创新模式, 推动经典诵读深入开展［J］. 语文建设, 2011 (Z).

［39］张丽宏, 崔光成, 周宁, 等. 经典文化教育对小学生行为方式影响的对照研究［J］. 中国健康心理学杂志, 2006 (2).

［40］张天明. 关于开展大学生"读经"第二课堂的思考［J］. 教育与职业, 2007 (20).

［41］张玉芳. 小学生诵读经典的意义及方法［J］. 西北成人教育学报, 2010 (5).

［42］朱仁夫. 儒学传播新加坡两百年［J］. 云梦学刊, 2003 (6).

［43］朱永新. 读书与教师成长［J］. 生活教育, 2006 (3).

三、报纸

［1］方敏. 诵读经典美文, 为学生成长奠基［N］. 中国教育报, 2009 - 02 - 17.

［2］丰冰. 誓以"儒释道"全盘"化西"［N］. 香港文汇报, 2004 - 07 - 02.

［3］冯哲. 走近南怀瑾［N］. 中华读书报, 2001 - 07 - 25.

［4］郭晔.《中华古诗文读本》引领新"古文运动"［N］. 中华读书报, 1999 - 06 - 02.

［5］季羡林, 许嘉璐, 等. 甲申文化宣言［N］. 人民日报, 2004 - 09 - 06.

［6］吕亚芳, 等. 开展学习和诵读中华文化经典活动倡议书［N］. 光明日报, 2003 - 01 - 15.

［7］陶继新. 关于读经的大胆说法［N］. 中国教育报, 2005 - 12 - 22.

［8］王多. 今天我们怎样读四书五经［N］. 解放日报, 2003 - 01 - 06.

［9］徐洁. 我省3400所学校诵"四书五经"［N］. 齐鲁晚报, 2010 - 09 - 27 (A05).

［10］杨叔子. 素质教育应从人文教育入手［N］. 中国教育报，2000 - 03 - 29.

［11］中共中央办公厅，国务院办公厅. 国家"十一五"时期文化发展规划纲要
［N］. 人民日报，2006 - 09 - 14.

四、标准与提案

［1］台湾教育主管部门. 高级中学国文课程标准［S］. 台北：国立编译
馆，1983.

［2］中华人民共和国教育部. 全日制义务教育语文课程标准：2011 年版［S］. 北
京：北京师范大学出版社，2011.

［3］中华人民共和国教育部. 普通高中语文课程标准（实验）［S］. 语文建设，
2003（9）.

［4］赵朴初，等. 建立幼年古典学校的紧急呼吁［Z］. 第八届全国政协会议第
016 号提案，1995 - 03.

五、学位论文

［1］冯晓晶. 试论九年义务制阶段语文教学以诵读为本的教学模式和教学策略
［D］. 北京：首都师范大学，2007.

［2］康晓棠. 高中语文新课程选修课学生学业评价研究［D］. 成都：四川师范大
学，2008.

［3］赖向忠. 试论"儿童经典诵读"对当前课程改革的影响［D］. 武汉：华中师
范大学，2010.

［4］刘艳. 普通话的情感语音韵律分析［D］. 南京：南京师范大学，2011.

［5］卢永芳. 古代蒙学教材《三字经》研究［D］. 成都：四川师范大学，2010.

［6］马艳丽. 论义务教育阶段的"口语交际"教学［D］. 武汉：华中师范大
学，2008.

［7］倪孟达. 论经典教学［D］. 上海：华东师范大学，2009.

［8］石大建. "儒经"诵读思潮在民间社会的兴起及其动员机制［D］. 上海：上
海大学，2009.

［9］王敏. 澳门幼儿园主题教育活动现状、问题和对策研究［D］. 济南：山东师
范大学，2010.

［10］谢静. 小学语文经典诵读教学的问题与对策研究［D］. 长春：东北师范大学，2008.

［11］徐华. 古典诗词诵读教学论［D］. 成都：四川师范大学，2006.

［12］杨丽春. 古诗词吟诵教学的有关调查与实验［D］. 福州：福建师范大学，2009.

［13］郑映霞. 明清时期童蒙养成教育理论与实践的探析［D］. 南昌：江西师范大学，2011.

出　版　人　　所广一
责任编辑　　李正堂　　乔俊连
责任校对　　贾静芳
责任印制　　曲凤玲

图书在版编目（CIP）数据

中华经典诵读研究／曲文军主编. —北京：教育
科学出版社，2013.7
ISBN 978 - 7 - 5041 - 7783 - 4

Ⅰ.①中…　Ⅱ.①曲…　Ⅲ.①国学 - 研究　Ⅳ.
①Z126

中国版本图书馆 CIP 数据核字（2013）第 145300 号

中华经典诵读研究
ZHONGHUA JINGDIAN SONGDU YANJIU

出版发行	教育科学出版社		
社　　址	北京·朝阳区安慧北里安园甲 9 号	市场部电话	010 - 64989009
邮　　编	100101	编辑部电话	010 - 64989445
传　　真	010 - 64891796	网　　址	http://www.esph.com.cn
经　　销	各地新华书店		
印　　刷	北京中科印刷有限公司		
开　　本	169 毫米×239 毫米　16 开	版　　次	2013 年 7 月第 1 版
印　　张	22.5	印　　次	2013 年 7 月第 1 次印刷
字　　数	300 千	定　　价	38.00 元

如有印装质量问题，请到所购图书销售部门联系调换。